Hilarion Petzold, Renate Frühmann (Hrsg.)

Modelle der Gruppe in Psychotherapie und psycho-sozialer Arbeit

Band II

Reihe Vergleichende Psychotherapie
Band 7

Herausgegeben von
Prof. Dr. Dr. Hilarion Petzold, Düsseldorf
(Verfahren humanistischer Therapie)
in Verbindung mit
Prof. Dr.phil. Klaus Grawe, Bern
(Verhaltenstherapie)
Prof. Dr.med. Eckard Wiesenhütter, Salzburg
(Psychoanalyse)

Hilarion Petzold, Renate Frühmann (Hrsg.)

Modelle der Gruppe

in Psychotherapie und psycho-sozialer Arbeit

Bd. II

JUNFERMANN-VERLAG · PADERBORN

1986

C. Junfermannsche Verlagsbuchhandlung, Paderborn 1986
Lektorat: Christoph Schmidt
Einband-Gestaltung und Layout: Christof Gassner

Gesamtherstellung: Junfermannsche Verlagsbuchhandlung und Verlagsdruckerei, Paderborn.

CIP-Kurztitelaufnahme der Deutschen Bibliothek
Modelle der Gruppe in Psychotherapie und psychosozialer Arbeit
Hilarion Petzold; Renate Frühmann (Hrsg.)
Paderborn: Junfermann, 1986
Reihe Vergleichende Psychotherapie; Band 7)
ISBN 3-87387-258-7
NE: Petzold, Hilarion (Hrsg.)

ISBN 3-87387-258-7
ISSN 0720-0560

INHALT

Hartmut Dziewas, Dirk Schwoon, Hamburg

DAS KONZEPT DER GRUPPE IN DER VERHALTENSTHERAPIE

1. Einführung

Auch wenn die Verhaltenstherapie oft als auf "den Lerntheorien" basierend dargestellt wird, so ist sie doch keine Therapieschule mit eindeutiger theoretischer Fundierung. Ganz allgemein läßt sich das verhaltenstherapeutische Vorgehen als zielorientiertes, planvolles, systematisches Handeln beschreiben, das sich so eng wie möglich an den Ergebnissen empirischer und experimenteller Studien orientiert. Ziel ist dabei, individuell spezifisches, unangemessenes Verhalten abzubauen und neues, angemessenes Verhalten aufzubauen. Nachdem sich Verhaltenstherapeuten ursprünglich ausschließlich auf direkt beobachtbares Verhalten beziehen wollten, sind durch die Impulse der sogenannten "kognitiven Verhaltenstherapie" auch Erlebensprozesse wie Selbstkonzept, Einstellungen und Bewertungen Gegenstand verhaltenstherapeutischer Interventionen geworden.

Die Therapiegruppe ist insbesondere bei komplexen Störungen des Beziehungsverhaltens die geeignete soziale Situation, in der die Verhaltensprobleme des einzelnen Gruppenmitgliedes in der Beziehung zu den anderen Personen direkt auftreten. Sie werden damit unmittelbar beobachtbar und erfahrbar und können einer systematischen Verhaltensanalyse unterzogen werden. Aus dieser sind Strategien der Verhaltensänderung ableitbar, die dann wiederum direkt in der sozialen Situation der Gruppe erprobt werden können. Das Konzept der Gruppe als "sozialer Mikrokosmos" hat hier eine verhaltenstherapeutische Entsprechung.

Die Gruppe dient nun über die Verhaltensanalyse und die Verhaltensänderung hinaus dazu, die Gruppenmitglieder kontinuierlich zu individuellen therapeutischen Schritten zu motivieren. Das bedeutet, daß sie die Mitgleider darin unterstützt, nicht nur während der Therapiesitzungen selbst mitzuarbeiten, sondern auch und gerade im persönlichen Alltag entscheidende Übungsschritte zu machen.

In der Entwicklung verhaltenstherapeutischer Gruppenverfahren besteht oft das Problem, ursprünglich in der Einzeltherapie erarbeitete und überprüfte Methoden sinnvoll im Rahmen der Gruppe zur Anwendung zu bringen. Dazu ist es notwendig, die in der therapeutischen Zweierbeziehung bewährten Techniken so auf die Bedingungen der Therapiegruppe abzustimmen, daß ihre Wirksamkeit erhalten bleibt.

Wesentliche Voraussetzung für die Bearbeitung der persönlichen Verhaltensprobleme eines jeden Gruppenmitgliedes ist ein "Binnenklima", das besonders durch eine hinreichende Gruppenkohäsion, durch Vertrauen und Offenheit sowie durch eine genügend ausgeprägte kooperative Arbeitshaltung charakterisiert werden kann. Diese sogenannten "instrumentellen Gruppenbedingungen" (Grawe 1980a) stellen zentrale Dimensionen einer arbeitsfähigen Therapiegruppe dar (Krumboltz, Potter 1973; Dziewas 1980a). Das konkrete Beziehungsverhalten aller Personen einer Gruppe einschließlich der Therapeuten kann diesen Dimensionen zugeordnet und kritisch bewertet werden.

Die Beschränkung auf drei instrumentelle Bedingungen erfolgte unter dem pragmatischen Gesichtspunkt, die Komplexität des Gruppengeschehens auf wenige, ganz entscheidende Aspekte zu reduzieren, so daß der Therapeut auch tatsächlich ständig beachten kann. Seine Aufgabe besteht darin, durch geeignete Interventionen dafür zu sorgen, daß die genannten Bedingungen in hinreichendem Maße verwirklicht werden. Er muß also einerseits von Beginn an den Gruppenprozess kontinuierlich in eine konstruktive Richtung lenken, andererseits darauf abgestimmt und in den Gruppenprozeß eingebettet die persönlichen Veränderungsprozesse der einzelnen Gruppenmitglieder fördern.

In dieser Arbeit wird zunächst auf die instrumentellen Gruppenbedingungen eingegangen, besonders auf die Möglichkeit ihrer Beeinflussung durch den Therapeuten. In größerer Ausführlichkeit wurde dieses Thema in einem früheren Artikel behandelt, auf den hier ausdrücklich verwiesen sei (Dziewas 1980a). In einem weiteren Abschnitt werden einige wichtige verhaltenstherapeutische Vorgehensweisen in ihrem Bezug zur Gruppentherapie kurz dargestellt, und zwar Verhaltensanalyse, Modellernen, Verhaltenstraining und Methoden der Reizkonfrontation zur Angstbewältigung. Dann wird als Beispiel für verhaltenstherapeutische Gruppenverfahren das Interaktionelle Problemlösungsvorgehen in Gruppen in der Form eines knappen Überblicks beschrieben. Im übrigen wird nicht ausführlich, sondern nur am Rande auf die unterschiedlichen verhaltenstherapeutischen Gruppenkonzepte eingegangen, die bisher bei einer Reihe klinischer Populationen verwendet wurden. Zu diesem Thema bieten Rose (1977), Fiedler (1979) und Grawe (1978; 1980a) eine guten Überblick.

2. Instrumentelle Gruppenbedingungen

2.1. Gruppenkohäsion

Die Kohäsion gilt als der Grad der Motivation, in einer Gruppe zu sein (Shaw 1976). Sie bezieht sich auf das Ausmaß an Attraktivität von Mitgliedern, Therapeut und Gruppenaktivitäten für die Gruppenmitglieder; sie umfaßt sozialemotionale und aufgabenbezogene Aspekte der Gruppe. Aus der Kleingruppenforschung ist bekannt, daß in hoch kohäsiven Gruppen die Interaktion durch Freundlichkeit, Kooperation und Solidarität erleichtert ist und auf die Wünsche und Bedürfnisse der Mitgleider ernsthaft eingegangen wird (Shaw, a.a.O.).

Kohäsion ist die Variable der Gruppentherapie, die am ehesten der Therapeut-Patient-Beziehung der Einzeltherapie vergleichbar ist (Yalom 1975). Bei der Kohäsion handelt es sich um einen im Verlauf einer Gruppentherapie sich ständig ändernden Prozeß (vgl. Budge 1981).
In stärker kohäsiven Gruppen haben die Mitglieder Interesse aneinander; sie sind bemüht, einander zu verstehen, zu akzeptieren, zu helfen und dabei zu unterstützen, die Therapieziele zu erreichen. In einer kohäsiven Gruppe besteht ein wohlwollendes, unterstützendes und relativ freies Klima, das den Mitgliedern erlaubt, sich zu öffnen, das eigene Verhalten zu problematisieren, nach Verhaltensalternativen zu suchen und neue Verhaltensweisen zu erproben.

Ganz entsprechend haben sich in einer Reihe von Studien auch auf dem Gebiet der Verhaltenstherapie empirische Hinweise dafür ergeben (s. die Übersicht bei Dziewas 1980a), daß der Therapieerfolg von einem hinreichenden Ausmaß an Kohäsion abhängig ist. Dagegen scheint ein maximales Ausmaß an Zusammenhalt nicht günstig zu sein, da dann der Handlungsraum des einzelnen zu sehr eingeschränkt wird und die notwendige Unabhängigkeit nicht gefördert wird.
Für manche Patienten mit einer Autonomieproblematik ist es geradezu unumgänglich, daß ihnen persönlich innerhalb der Gruppe eine gewisse Distanz zugestanden wird.

Schon bei der Indikationsstellung, der Gruppenzusammensetzung und der Vorbereitung jedes einzelnen Patienten auf die Therapie muß auf eine optimale Kohäsion der zukünftigen Therapiegruppe abgezielt werden.

Bei der Indikationsstellung ist es wichtig zu klären, ob realistisch zu erwarten ist, daß die Probleme des Patienten in der vorgesehenen Gruppentherapie zumindest in gewissem Umfang gelöst werden können. Eine wichtige Voraussetzung dafür ist, daß Patient und Therapeut sich im Verlauf der Therapie in ihren Erwartungen und Vorstellungen über die Entstehung und Lösung psychischer Probleme vermutlich werden einigen können (vgl. Garfield 1982; Zimmer 1983a).

Von größter Bedeutung für die Kohäsion ist die Gruppenzusammenstellung. Selbst wenn der Therapeut die Möglichkeit sieht, zu dem einzelnen Patienten eine tragfähige, konstruktive Beziehung aufzubauen, besteht das Risiko, daß stärker beziehungsgestörte Menschen nicht miteinander in einer Gruppe zurechtkommen können, da sie im Laufe der Zeit in zu spannungsreiche Beziehungskonflikte geraten bzw. zur Entwicklung nicht mehr beeinflußbarer destruktiver Gruppenprozesse beitragen. Dieses Risiko besteht auch in den meist sehr klaren, stark strukturierten, übungsorientierten Gruppensituationen verhaltenstherapeutischer Prägung.

Eine gute Vorbereitung kann derartige Risiken der Schwächung der Gruppenkohäsion mildern und auch solchen Patienten die Teilnahme an einer Gruppentherapie ermöglichen, die unvorbereitet von einer Gruppe überfordert wären. Die Vorbereitung erfolgt meistens in ein oder zwei Gesprächen, in denen die Erwartungen des Patienten hinsichtlich seiner eigenen Rolle in der Gruppentherapie, der Rolle der übrigen Gruppenmitglieder sowie der Funktion des Therapeuten und der Gruppe insgesamt strukturiert werden. Auch wird ein vorläufiges Konzept des Problemverhaltens und der Therapieziele entwickelt. Eine längere Vorbereitungsphase mit einer ganzen Reihe von Einzelsitzungen kann bei stärker beziehungsgestörten Patienten notwendig sein. Der Schwerpunkt wird dann auf die spezifische Beziehungsproblematik gelegt, um die Voraussetzung für die Teilnahme an der Gruppentherapie zu schaffen. Auch bei aktuell nicht oder noch nicht für eine Gruppentherapie motivierten Patienten kann eine längere Vorbereitung hilfreich sein, um ein neues Problemverständnis und neue Zielvorstellungen zu entwickeln und um die Frage zu klären, ob eine Gruppentherapie überhaupt sinnvoll ist.

Im Verlauf der Gruppentherapie können bei einer ideal zusammengesetzten Gruppe allein die wechselseitige Sympathie, das gegenseitige Interesse und die intensive Arbeit aller Teilnehmer an den persönlichen Therapiezielen Grundlage einer hinreichenden Kohäsion sein (vgl. Falloon 1981). Häufig sind aber therapeutische Interventionen dann notwendig, wenn destruktive Verhaltensweisen oder Gruppenprozesse den Zusammenhalt mindern oder infragestellen. In diesen Fällen muß der Therapeut die Arbeit an den individuellen Verhaltensproblemen vorübergehend unterbrechen und die Gruppenproblematik zum aktuellen Gegenstand der Therapie machen. Dazu kann er die Aufmerksamkeit der Gruppe auf die Problematik lenken, mit der Gruppe gemeinsam eine Problemanalyse vornehmen und danach Ziele und Lösungsschritte herausarbeiten. Oft behindern einzelne oder mehrere Gruppenmitglieder durch ihr problematisches Interaktionsverhalten die Kohäsion; dann sind die Analyse und Lösung des Gruppenproblems weitgehend mit der Bearbeitung individueller Verhaltensprobleme identisch. Eine extreme Therapeutenintervention kann darin bestehen, einen Patienten aus einer Gruppe herauszunehmen, wenn er sich in einer nicht mehr veränderbaren Außenseiterposition befindet (Yalom 1975).

2.2. Offenheit und Vertrauen in der Gruppe

Eine weitere notwendige Voraussetzung für die Gruppentherapie ist eine hinreichende Offenheit. Problemlösung und Verhaltensänderung durch eine Therapiegruppe sind nur möglich, wenn die Mitglieder bereit sind, sich den anderen gegenüber zu öffnen und über ihre Schwierigkeiten, Gefühle, Einstellungen und Werte zu berichten.

Dabei muß es sich keineswegs um bedingungslose Offenheit handeln, sondern um eine genügende Bereischaft zu Durchlässigkeit und Transparenz. Rückhaltslose Offenheit kann belastend und destruktiv wirken und dadurch die Gruppenkohäsion schwächen (Shaw 1976; Sader 1976).
In empirischen Untersuchungen haben sich Hinweise für den Zusammenhang des Therapieerfolges mit angemessener Offenheit ergeben (vgl. Dziewas 1980a).

Offenheit ist eng verbunden mit einem anderen Aspekt der Beziehungen in einer Therapiegruppe, nämlich dem Vertrauen. Es gibt wohl kaum eine Bedingung, die das Verhalten in zwischenmenschlichen Beziehungen - in Therapiegruppen, Teams, Wohngemeinschaften, Familien, Partnerschaften - so entscheidend beeinflußt wie Vertrauen. Kann ein Mensch vertauen, so verhält er sich freundlich, zugewandt, wohlwollend, durchlässig, spontan, nicht ängstlich und vorsichtig; er fühlt sich entspannt, sicher, zuversichtlich, geborgen und behaglich. Er steht zu seinen wirklichen Meinungen, Einstellungen, Empfindungen, Schwächen und Stärken.

Vertauen ist ein Grundlage für fruchtbare Interaktionen, wie z.B. für die Fähigkeit voneinander zu lernen, zu kommunizieren, zu kooperieren und enge Beziehungen zu entwickeln und zu gestalten. Kooperation in einer Gruppe fördert die Entwicklung vertrauensvoller und freundlicher Beziehungen und bietet den Mitgliedern eine vertrauenswürdige, sichere und beruhigende soziale Umgebung im Unterschied zu einer Gruppe konkurrierender Mitglieder, in der eine mißtrauische, gespannte und feindselige Atmospäre besteht (Deutsch 1976).

Für den Erfolg einer Gruppentherapie muß ein Mindestmaß an Vertrauen zwischen den Patienten untereinander und zum Therapeuten geschaffen und aufrechterhalten werden. Damit sich Vertrauen entwickeln kann, bedarf es der Annahme der Patienten durch den Therapeuten, des Ausdrukkes von Wärme und Verstehen sowie der Vermittlung kooperativer Absichten (Johnson, Matross 1977).

Eine ganz besonders wichtige Voraussetzung ist die Vertrauenswürdigkeit des Therapeuten. Statt einen Katalog idealer menschlicher Eigenschaften aufzuführen, wie sie für Psychotherapeuten, Psychiater und klinische Psychologen wünschenswert sein mögen, wird hierzu auf Garfield (1982) verwiesen, der Merkmale des Therapeutenverhaltens differenziert und kritisch erörtert hat (vgl. auch Grunebaum 1983). Im Interesse der Vertrauensentwicklung plädieren wir für eine partnerschaftlich ausgerichtete Psychotherapiepraxis, bei der der Therapeut vom ersten Gesprächkontakt an den Patienten als gleichberechtigten Partner des Entscheidungs- und Erprobungsprozesses der Therapie akzeptiert (Fiedler, Konz 1981; Fiedler, van Eickels 1981) und auf diese Weise die Kompetenz des Patienten fördert, so bald wie möglich die Lösung der eigenen Probleme selbständig zu planen und zu verwirklichen. Durch eine partnerschaftliche Haltung bringt der Therapeut auch sein Vertrauen in die Bereitschaft und in die Fähigkeit des Patienten zum Ausdruck, seine Behandlung zunehmend selbst in die Hand zu nehmen. Die partnerschaftliche Haltung respektiert den Patienten und fördert sein Selbstvertrauen. Durch sie können das therapeutische Vorgehen, die Einstellungen und Werte des Therapeuten transparent werden und auch die Mittel und Wege der sozialen Beeinflussung durch Therapeuten und Gruppenmitglieder. Dadurch wird einer Mißtrauenshaltung gegenüber möglichem Machtmißbrauch und Manipulation entgegengewirkt. Für weiterführende Erörterungen der therapeutischen Beziehung in der Verhaltenstherapie sei auf Zimmer (1983a; 1983b) und Seiderer-Hartig (1980a; 1980b) verwiesen.

Das Ausmaß von Offenheit und Vertrauen in einer verhaltenstherapeutischen Gruppe ist von ihrer Zusammensetzung abhängig. Daher sollte der Therapeut bei der Zusammenstellung darauf achten, daß der Anteil von mißtrauischen oder verschlossen zurückgezogenen Menschen in einer Gruppe nicht zu groß ist. Auch ein sehr feindseliger Patient kann sich durch sein Verhalten auf Offenheit und Vertrauen destruktiv auswirken; in einer Einzeltherapie ist mit solchem Problemverhalten häufig leichter umzugehen. Auch durch geeignete gezielte Vorbereitung aller Patienten können Offenheit und Vertrauen gefördert werden. Klare Erwartungen über die Therapieziele, den Therapieverlauf, das Therapiekonzept, die Rollen von Therapeut, Patient und Gruppenmitgliedern vermindern besonders in den ersten Sitzungen Unsicherheit und Angst.

Von dem Therapeuten offen dargelegte Therapienormen können erheblich dazu beitragen, Vertrauen und Offenheit zu etablieren. Eine wichtige Grundregel besteht etwa darin, daß jedes Gruppenmitglied in seinen gegenwärtigen Möglichkeiten, sich zu öffnen und anzuvertrauen, akzeptiert wird. Andere wichtige Normen betreffen die Notwendigkeit, sich der Gruppe als ganzer gegenüber zu öffnen. Untergruppenbildung sollte als Problem bearbeitet werden, da dadurch Transparenz und Vertrauen stark beeinträchtigt werden. Frühzeitig im Gruppenprozeß wird mit dem Aufbau von Verhaltensweisen begonnen, die der Konfliktbewältigung dienen, wie angemessener Ausdruck von Ärger und Kritik sowie konstruktives Austragen von Spannungen.

Neben diesen die ganze Gruppe betreffenden Interventionen kann der Therapeut offenes und vertrauendes Verhalten der einzelnen Gruppenmitglieder ganz unmittelbar dadurch ermutigen, daß er anerkennend und bestätigend auf den einzelnen Patienten eingeht, wenn dieser sich offen und vertrauensvoll verhält oder von sich aus dazu beiträgt, daß Mißtrauen in der Gruppe abgebaut wird (s. Krumboltz, Potter 1973).

2.3. Kooperative Arbeitshaltung in der Gruppe

Eine weitere Grundbedingung für verhaltenstherapeutische Gruppentherapie ist aufgabenbezogene Kooperation, die in positivem Zusammenhang mit dem Therapieerfog steht (Dziewas 1980a). Auf eine gute Verwirklichung von zielorientierter Zusammenarbeit in einer Gruppe weisen gegenseitiges Interesse, Unterstützung, Angebote zu helfen, Bitten um Hilfe und um Beratung hin. Eine wichtige Voraussetzung für die Kooperation in der Gruppe ist die Motivation jedes einzelnen Gruppenmitgliedes zu persönlichen Veränderungen. Sie wird (nach Zimmer 1983a; Garfield 1982) gefördert durch hohen Leidensdruck, positive Erwartungen an die Therapie, Akzeptierung des Therapiekonzeptes und geringen Krankheitsgewinn aus den Symptomen. Die kooperative Arbeitshaltung einer Therapiegruppe hängt entscheidend davon ab, daß nur wenige ihrer Mitglieder Inaktivität, Passivität und Mangel an Initiative zur Überwindung der persönlichen Probleme als zentrales Problemverhalten aufweisen.

Der Therapeut kann die Kooperation bereits in Vorbereitungssitzungen fördern, und zwar dadurch, daß er das Therapiekonzept erläutert und dabei vor allem die Gruppe als kooperative Arbeitsgruppe definiert, die die aktive Mitarbeit jedes Mitgliedes erfordert.

Von Anfang an sollte der Therapeut systematisch den Aufbau kooperativer Verhaltensweisen beachten und fördern (vgl. Rose 1981), beispielsweise sich füreinander interessieren, sich loben und ermutigen, Kritik hilfreich äußern, um Hilfe bitten, angebotene Hilfe annehmen, bei der Verhaltensanalyse mitwirken oder an Rollenspielen teilnehmen.

Jedes Gruppenmitglied sollte an jeder Gruppensitzung beteiligt sein, so daß es zumindest in einer Anfangs- und Schlußrunde (vgl. Dziewas et al. 1980) über durchgeführte Therapieschritte und über die Planung von Aufgaben für die Zeit bis zur nächsten Sitzung sprechen kann.

Außerdem kann der Therapeut die Kooperation dadurch fördern, daß er viele aufgabenbezogenen Funktionen den Gruppenmitgliedern überläßt, sich zurückhält und die Interaktion der Gruppenmitglieder untereinander unterstützt.

Zu große Aktivität des Therapeuten kann das Kooperationsinteresse der Patienten schwächen und die Patienten in ihrer Kompetenz abwerten. Unumgänglich ist die Mitarbeit der Gruppenmitglieder bei Rollenspielen oder gruppenbezogenen Verhaltensübungen in der Realität.

Gerät die Arbeit an den persönlichen Therapiezielen der einzelnen Patienten ins Stocken, so geschieht das oft weniger aufgrund individuellen Widerstandes oder etablierter Vermeidungsstrategien, sondern weil sich konflikthafte Beziehungsprobleme der Patienten untereinander oder zum Therapeuten entwickelt haben. In diesem Fall ist es wichtig, die Ebene zu wechseln und sich der Analyse und Lösung der Gruppenprobleme unmittelbar zuzuwenden, bis eine ausreichende Klärung erreicht ist. In der Regel ist es notwendig, daß der Therapeut die Gruppenproblematik benennt und den Wechsel der Ebene herbeiführt, weil die Gruppenmitglieder dazu selten imstande sind.

Durch diese Überlegungen zu Kohäsion, kooperativer Arbeitshaltung, Offenheit und Vertrauen dürfte deutlich geworden sein, daß die instrumentellen Gruppenbedingungen Aspekte des Gruppenprozesses darstellen, die in enger Wechselwirkung zueinander stehen und sich breit überlappen. Ihre hinreichende Ausprägung zu gewährleisten ist nicht Selbstzweck, sondern unabdingbare Voraussetzung für persönliche Erfahrungen im Therapieprozeß eines jeden Patienten.

Die Gruppe stellt somit einerseits ein wichtiges Instrument im Sinne einer Rahmenbedingung dar, andererseits ist sie eine ganz eigenständige therapeutische Grundstruktur, durch die vor allem in der Einzeltherapie entwickelte verhaltenstherapeutische Vorgehensweisen ihre besondere Ausprägung erfahren.

3. Wichtige verhaltenstherapeutische Vorgehensweisen und ihr Bezug zur Gruppe

3.1. Gruppe und Verhaltensanalyse

Die Gruppe bietet für die Verhaltensanalyse besonders geeignete Bedingungen, da sich in den vielfältigen zwischenmenschlichen Beziehungen einer Gruppe ein wesentlich breiterer Ausschnitt des Interaktionsverhaltens eines Menschen zeigt als in der therapeutischen Zweierbeziehung. Die Verhaltensanalyse hat den Zweck, das Problemverhalten im Rahmen des gesamten Erlebens und Verhaltens eines Menschen verstehbar zu machen und damit die Voraussetzungen für adäquate Problemlösungen zu schaffen.

Hatte sich die Verhaltensdiagnostik lange Zeit intensiv um die Erfassung der funktionalen Beziehungen zwischen problematischem Verhalten bzw. Symptom und Umweltbedingungen bemüht (Schulte 1974), so hat sich u.a. im Zuge der kognitiven Psychologie (Neisser 1974) und der sozialen Lerntheorie (Bandura 1979) die kognitive Verhaltenstherapie entwickelt (Mahoney 1977; Meichenbaum 1977; Hoffmann 1979; Jaeggi 1979), die sich nicht nur auf das unmittelbar beobachtbare Verhalten beschränkt, sondern auch Einstellungen, Überzeugungen, Erwartungen, Wünsche und Empfindungen eines Menschen berücksichtigt. Diese wesentlich breitere und der klinischen Realität angemessenere Perspektive stellt sich vor allem im multimodalen Ansatz von Lazarus (1978) dar.

Aus informations- und handlungstheoretischem Blickwinkel hat Grawe (1980b) ein Verhaltensmodell formuliert, bei dem er der Zielgerichtetheit des Handelns Rechnung trägt und von der Annahme der hierarchischen Struktur des Verhaltens ausgeht. Im Anschluß an Miller et al. (1973) sieht er jedes auf die Umgebung Einfluß nehmende Verhalten funktional in Zusammenhang mit hierarchisch übergeordneten steuernden Plänen. Die in diesem Modell entwickelte vertikale Verhaltensanalyse untersucht weniger die Zusammenhänge des Verhaltens mit zeitlich vorangehenden oder nachfolgenden Ereignissen, sondern fragt zentral danach, von welchem Plan oder welchen Plänen das betreffende Verhalten gesteuert wird (Grawe 1982; Caspar, Grawe 1982). Die vertikale Verhaltensanalyse ist nicht nach den Vorbereitungsgesprächen und den ersten Therapiesitzungen abgeschlossen, sondern es handelt sich um eine Aufgabe, die sich über den gesamten Verlauf der Therapie erstreckt.

Für die Erarbeitung der Planstruktur des Verhaltens eines Patienten hat der Therapeut (nach Grawe 1980b) aus Erstgespräch und vorbereitenden Einzelgesprächen folgende Informationsquellen: Berichte des Patienten über seine wichtigsten zwischenmenschlichen Beziehungen, besonders seine Beschreibung des interaktionellen Geschehens mit relevanten Bezugspersonen; seine Antworten auf gezielte Fragen zu seinen Einstellungen, Erwartungen und Empfindungen gegenüber den Bezugspersonen; Beobachtungen aus der unmittelbaren Patient-Therapeut-Interaktion während des Erstgespräches, besonders in bezug auf die Reaktionstendenzen, die der Patient beim Therapeuten auslöst, sowie darauf, welche Arten von Interaktionen durch den Patienten behindert werden.

Mit dem Beginn der Gruppentherapie steht für die Verhaltensanalyse eine wesentlich breitere Imformationsbasis zur Verfügung als in den Einzelgesprächen. Dazu gehören: Das Interaktionsverhalten des einzelnen im Hinblick darauf, mit wem der Betreffende bevorzugt interagiert und wie deren Interaktionen auf seine abgestimmt sind; das nonverbale Verhalten im Rahmen der Interaktionen, besonders Blickkontakt, Mimik, Gestik, Körperhaltung, Lautstärke und Ausdruck der Stimme; wichtig ist auch, wie konsistent das nonverbale Verhalten in seinen unterschiedlichen Aspekten ist und welche Diskrepanzen zum verbalen Verhalten bestehen; ausdrückliche Metakommunikation in der Gruppe über das Interaktionsverhalten des einzelnen und Rückmeldung darüber, wie die anderen sein Verhalten erleben; Berichte der Gruppenmitglieder über das Verhalten des einzelnen außerhalb der eigentlichen Gruppensitzungen.

Da die Gruppensituation also einen wesentlich breiteren Verhaltensausschnitt als die Einzeltherapie bietet, ist es berechtigt, mit Grawe (1980b) allein schon im Interesse der Verhaltensanalyse zu fordern, daß Patienten mit zwischenmenschlichen Beziehungsstörungen bevorzugt in einer Gruppe behandelt werden, sofern sie nicht durch die Gruppensituation überfordert werden.

Auch aus einem weiteren Grunde ist die Gruppe für die Verhaltensanalyse besonders geeignet. In Gruppen kommt es häufig vor, daß andere Gruppenmitglieder aus eigener Erfahrung nicht nur dem Problemverhalten, sondern der gesamten sozialen Wirklichkeit des einzelnen Patienten wesentlich näher stehen als der Therapeut. Daher können sie wichtige Anregungen zum Problemverständnis geben und zur Bestimmung angemessener Verhaltensziele.

3.2. Modellernen in der Gruppe

Das Konzept des Modellernens hat besonders durch die Arbeiten von Bandura (z.B. 1969) eine große Bedeutung erhalten. Therapeutisch wird Modellernen dazu genutzt, daß Menschen aus der Beobachtung anderer Personen neue Verhaltensweisen, Einstellungen und Bewertungen aufbauen (Marlatt, Perry 1977). Bandura (a.a.O.) unterscheidet im zeitlichen Ablauf eine Aneignungsphase von der folgenden Ausführungsphase. Aneignung wird durch erfolgreiche Modelle, die positive Konsequenzen erfahren, erleichtert. Die Ausführung kann durch Bestrafung gehemmt, durch Verstärkung erleichtert und verfestigt werden.

Es können drei Haupteffekte des Modellernens unterschieden werden: Das Erlernen neuer Verhaltensweisen oder neu integrierter Verhaltensmuster; die Förderung oder Hemmung von Verhaltensweisen, über die der Beobachter schon verfügt, die aber aus irgendeinem Grunde unangemessen realisiert werden; die Erleichterung von Verhaltensweisen, die der Beobachter bereits gelernt hat und die nicht eingeschränkt sind (Marlatt, Perry, a.a.O.).

Modellernen hat sich als ein Konzept erwiesen, das in Therapiegruppen sehr wirksam ist (s. Rose 1977). Verhaltenstherapeutische Gruppenangebote werden oft mit dem erklärten Ziel konzipiert, Lernen am Modell optimal zu ermöglichen. Im Gruppenprozeß ergeben sich vielfältige soziale Situationen, in denen Gruppenmitglieder handeln und für die anderen möglicherweise ein Beispiel geben.
Durch ausdrückliche Beachtung positiver, d.h. für den Gruppenprozeß oder für individuelle Problemlösungen förderlicher Modelle kann durch Feedback und Verstärkung zur Nachahmung angeregt werden. Soweit wie möglich sollten Therapeut und Mitpatienten sich auf solche positiven Verhaltensanteile beziehen, da auf diesem Wege Vertrauen und kooperative Arbeitshaltung eher begünstigt werden und neue Verhaltensweisen eher gewagt werden, als wenn sich die Gruppe auf die Unterbindung unerwünschten Verhaltens durch Bestrafung konzentriert.

Tauchen spontan bestimmte Verhaltensweisen nicht auf, so können sie jederzeit im Rollenspiel dargestellt werden. Erwünschtes Zielverhalten braucht nicht nur beschrieben zu werden, sondern kann vom Therapeuten oder anderen Gruppenmitgliedern unmittelbar modellhaft vorgeführt werden.

Gerade weil viele Patienten aufgrund der erlebten großen sozialen Distanz den Therapeuten in seinem Verhalten nicht als Modell akzeptieren können (vgl. Goldstein 1978), gewinnen in einer Gruppentherapie die Mitpatienten große Bedeutung als besser geeignete Modelle, da sie dem einzelnen wegen gemeinsamer Symptome, ähnlichen Problemverhaltens und des gesamten sozialen Hintergrundes nahe stehen können.

3.3. Gruppe und Verhaltenstraining

Das Verhaltenstraining ist ein wichtiges Mittel verhaltenstherapeutischer Gruppentherapie. Seine therapeutische Wirksamkeit ist nachgewiesen (Rose 1977; Grawe 1978), vor allem anhand von Untersuchungen zum Assertive-Training, durch das soziale Kompetenz bei gehemmten Menschen gefördert wird (Ullrich de Muynck et al. 1980). Für das Verhaltenstraining in den Gruppensitzungen wird am häufigsten das Rollenspiel eingesetzt. Dabei kann allein oder überwiegend die diagnostische Funktion zur genauen Erfassung des Problemverhaltens betont werden, oder es dient als Übung im engeren Sinne dem Aufbau sozialer Fertigkeiten. Das Verhaltenstraining ist äußerst variabel. Je nach Umständen ist es möglich, einerseits nach einer kurzen Instruktion eine ausgedehnte facettenreiche Szene zu gestalten oder andererseits in vielen kleinen Schritten mit allmählicher Steigerung des Schwierigkeitsgrades einzelne Verhaltenselemente aufzubauen und diese schließlich zu einem komplexen Verhaltensmuster zusammenzufügen ("shaping" oder Verhaltensformung).

Durch die Gruppe kann das Verhaltenstraining vielfältig und optimal genutzt werden: Andere Gruppenmitglieder sind Partner für Rollenspiele; durch Rollentausch kann ein besseres Verständnis für die Position des Gegenüber erreicht werden; die Gruppenmitglieder können eine bestimmte Verhaltensübung ganz verschieden ausgestalten, wodurch ein Spektrum unterschiedlicher Verhaltensmodelle zur Verfügung steht. Der Schwierigkeitsgrad von Übungen kann gestuft durch die Wahl unterschiedlicher Rollenspielpartner, erhöht werden. Die an die Verhaltensübung anschließende Diskussion der Gruppenmitglieder trägt dazu bei, das Verhaltensproblem immer genauer zu verstehen und das erwünschte Zielverhalten immer angemessener auszuformen. Der unmittelbar erlebbare Erfolg eines kleinen

Übungsschrittes motiviert den Betreffenden weiterzuarbeiten und kann auch andere Gruppenmitglieder anspornen. Interesse, Unterstützung, Ermutigung und Trost der anderen helfen vor allem bei der Überwindung von immer wieder auftauchenden Schwierigkeiten und Mißerfolgen.

Zur Festigung neu erwobener Verhaltensweisen ist die Übertragung aus der Therapiegruppe in den konkreten Alltag mit der gegebenen sozialen Umwelt eines Patienten unbedingt erforderlich. Verhaltensübungen im Alltag können unter Umständen von mehreren Gruppenmitgliedern gemeinsam durchgeführt werden; dadurch erhält der einzelne Unterstützung und unmittelbar an die Übung anschließende Rückmeldung. Eine Gruppe bietet also ein ideales Umfeld für Verhaltensübungen. Das hat dazu geführt, daß eine ganze Reihe von verhaltenstherapeutischen Gruppenverfahren (vgl. z.B. Liberman et al. 1975; Ullrich de Muynck, Ullrich 1976; Feldhege, Krauthan 1979) das Verhaltenstraining als zentrales Behandlungselement verwenden.

3.4. Angstbewältigung in der Gruppe

Die hervorragenden Möglichkeiten der Gruppe zur Unterstützung, Motivierung und Solidarität der in ähnlicher Weise Leidenden haben dazu geführt, daß ursprünglich in der therapeutischen Zweierbeziehung entwickelte verhaltenstherapeutische Verfahren zur Angstbewältigung auch in Gruppen verwendet werden. Das gilt für die systematische Desensibilisierung, das Habituationstraining, das Angstbewältigungstraining und andere Methoden der Reizkonfrontation (Fliegel et al. 1981).

Bei der systematischen Desensibilisierung (Wolpe 1969) werden die angstauslösenden Stimuli in ihrem Intensitätsgrad abgestuft geordnet ("Angsthierarchie") und dann der Reihe nach zunächst in der Vorstellung dargeboten. Der Patient befindet sich dabei in einem Zustand der Entspannung, die häufig durch das Verfahren der progressiven Entspannung nach Jacobson (1938) herbeigeführt wird. Man beginnt mit dem am wenigsten ängstigenden Reiz. Bei geeigneten Bedingungen werden dann auch aversive Reize in der Realität verwendet (Morris 1977). Für die Verwendung der systematischen Desensibilisierung in der Gruppe (Florin 1975) ist es notwendig, gemeinschaftliche Angsthierarchien zu bilden. Im Verlauf der Darbietung der angstauslösenden Stimuli können in Gruppen Schwierigkeiten auftreten, weil die Stufen für einzelne Mitglieder zu groß bzw. zu klein sind; daraus kann einerseits Überforderung und andererseits Langeweile mit Ungeduld folgen. Dagegen werden als Vorzüge der Gruppe die personelle und zeitliche Ökonomie aufgeführt sowie die Möglichkeit des Modelllernens und der starke motivationale Anreiz, besonders der verstärkende Effekt der Angstüberwindung (Fliegel et al., a.a.O.).

Bei dem Habituationstraining handelt es sich um ein Verfahren, bei dem Patienten unmittelbar in der Realität mit sehr aversiven Situationen konfontiert werden, wobei man abgestuft entsprechend einer Angsthierarchie vorgeht. Kennzeichnend ist die u.U. lange Dauer der Konfrontation mit einer Situation, da die Sitzung erst bei angstfreier Bewältigung der jeweiligen Situation beendet wird (Fliegel et al., a.a.O.).

Das Angstbewältigungstraining strebt den Aufbau von Angstbewältigungsstrategien an (Richardson 1978). Dazu dient das Erlernen von Entspannung, das frühzeitige Erkennen von Empfindungen von Anspannung und Angst, die schrittweise Annäherung an angstauslösende Alltagssituationen und die frühzeitige aktive Herbeiführung von Entspannung in diesen Situationen (Fliegel et al., a.a.O.).

Durch das tatsächliche Durchleben der angstauslösenden Situationen mithilfe von Methoden der direkten Reizkonfrontation wird vor allem eine Veränderung der Angsterwartung gelernt. Der Betroffene leitet aus Erfahrung die Erwartung ab, die zuvor angstauslösenden Situationen bewältigen zu können. Dabei erfolgt auch eine Habituation in dem Sinne, daß sich die Bereitschaft für Vermeidungsreaktionen abschwächt. Die Therapie führt also letztlich zu einer Neubewertung der ängstigenden Situation und der zur Verfügung stehenden Bewältigungsmöglichkeiten. Zur Überwindung des Vermeidungsverhaltens sind Erfolgserwartung, Vertrauen in die eigene Sicherheit und in die Therapie ausschlaggebend (nach Fliegel et al., a.a.O.; Franks, Wilson 1979; Bribaumer 1977). Daher ist verständlich, daß die Gruppe bei Reizkonfrontationsmethoden neben dem ökonomischen Aspekt eine Reihe von Vorteilen gegenüber einer Einzeltherapie hat (Hand 1975; Marks 1978): Die Mitglieder kohäsiver Gruppen übernehmen im Verlauf einer Therapie Verantwortung füreinander. Sie gewähren einander Hilfe, Unterstützung und Verständnis. Sie können den anderen als ähnlich Betroffenen bei der Angstüberwindung als Modell dienen.

Befürchtungen, daß offen angstvolles Verhalten einzelner Gruppenmitglieder modellhaft wirken und sich in der ganzen Gruppe ausbreiten könnte, sind nicht begründet. Hand (a.a.O.) betont, daß bei seinen Gruppenbehandlungen von Patienten mit Agoraphobien Gruppenpaniken nicht auftraten. Die Gruppe bietet offensichtlich einen guten Rahmen für den Versuch humorvoller Distanzierung von den Ängsten und für gemeinsame Freude über den erlebten Fortschritt.

4. Das Interaktionelle Problemlösungsvorgehen in Gruppen

Als Beispiel für eine Form verhaltenstherapeutischer Gruppentherapie, bei der die bisher aufgeführten Gesichtspunkte berücksichtigt wurden, soll nun das Interaktionelle Problemlösungsvorgehen in Gruppen (IPV) kurz zusammenfassend dargestellt werden. Über dieses Gruppenverfahren liegen bereits ausführliche Beschreibungen zu theroretischen Grundlagen und praktischer Anwendung vor, auf die hier verwiesen sei und auf die sich die folgenden Ausführungen stützen (vor allem Grawe et al. 1980; Grawe 1980b; Dziewas et al. 1980; Dziewas 1980b): Das IPV wurde von unserer Arbeitsgruppe unter ambulanten und stationären Bedingungen bei psychiatrischen Patienten mit ausgeprägter neurotischer Gehemmtheit angewendet (Dziewas et al. 1979), darauf aufbauend bei Alkoholabhängigen, depressiven Menschen, bei komplexen Familienproblemen sowie im Rahmen der psychiatrischen Krisenintervention.

Das IPV kann durch drei hauptsächliche Merkmale charakterisiert werden: Seine Grundstruktur ist am Problemlösungsprozeß orientiert; systematisch wird das in den Gruppensitzungen aktuelle Interaktionverhalten der Patienten in die Therapie einbezogen; die instrumentellen Gruppenbedingungen sind ausdrücklich Gegenstand therapeutischer Reflexion und Intervention.

Damit die Behandlung des einzelnen Patienten in einer Gruppentherapie erfolgreich verlaufen kann, müssen von Anfang an mehrere Voraussetzungen erfüllt sein:

- Für jeden Patienten muß eine individuelle Problemdefinition erarbeitet werden, die der Patient für sich als gültig akzeptiert und die ihn motiviert, sich aktiv um eine Problemlösung zu bemühen. Die Problemdefinition wird im Rahmen der vertikalen Verhaltensanalyse konzipiert. Deren Ziel ist es, den Zusammenhang der einzelnen problematischen Verhaltensweisen durch übergeordnete interaktionelle Pläne zu erfassen. Die Problemdefinition wird in den Vorgesprächen in groben Umrissen zu formulieren versucht und im Verlauf der Gruppentherapie immer weiter präzisiert und vertieft. Gegenstand der Problemanalyse ist neben seinem Problemverhalten außerhalb der Gruppentherapie besonders sein problematisches Interaktionverhalten gegenüber den anderen Gruppenmitgliedern und dem Therapeuten. Denn es wird angenommen, daß das aktuelle Interaktionsverhalten des Patienten in der Gruppe weitgehend seinem Verhalten gegenüber seinen bedeutsamsten gegenwärtigen und lebensgeschichtlichen Bezugspersonen entspricht.

- Eine weitere notwendige Voraussetzung ist eine gute Beziehung des Therapeuten zu jedem Gruppenmitglied. Deren Herstellung und Aufrechterhaltung kann durch empathisch-verstehendes, akzeptierendes und unterstützendes Verhalten des Therapeuten erreicht werden. Bestimmte Patienten können jedoch den Therapeuten in seinem Verhalten dadurch stark einschränken, daß sie sich z.B. kritisch-abwertend, zurückweisend, verschlossen, passiv und desinteressiert verhalten und auf diese Weise den Therapeuten in seinem Bemühen entmutigen. Hilfreich ist häufig ein genaues Verständnis der Funktion des problematischen Interaktionsverhaltens; gelingt es, durch die Verhaltensanalyse die Planstruktur zu erfassen, so ist es dem Therapeuten oft möglich, eine konstruktive interaktionelle Strategie einzuschlagen und beizubehalten. Eine systematisch verfolgte interaktionelle Strategie fördert eine möglichst wirksame soziale Verstärkung, führt zu einer hohen Wertzuweisung für die durch den Therapeuten vermittelten Informationen und erlaubt die Befriedigung von der Therapiesituation angemessenen sozialen Bedürfnissen des Patienten.
- Außerdem bedarf die verhaltenstherapeutische Gruppentherapie der kontinuierlichen, systematichen Beachtung von Gruppenprozessen; dazu wurden oben schon die instrumentellen Gruppenbedingungen Kohäsion, Offenheit und Vertrauen sowie kooperative Arbeitshaltung beschrieben.

Sind die genannten Voraussetzungen gegeben, so kann jeder einzelne Patient mit Unterstützung von Therapeut und Gruppe gezielt und systematisch Problemlösungsschritte unternehmen, die auf seine persönlichen Therapieziele abgestimmt sind.

Interventionen des Therapeuten können in vier Kategorien eingeteilt werden: Maßnahmen

- zur Förderung der instrumentellen Gruppenbedingungen,
- zur Herstellung und Aufrechterhaltung einer funktionsfähigen Therapiebeziehung,
- zur Erarbeitung einer angemessenen und motivierenden Problemdefinition,
- Maßnahmen, die direkt auf die Herbeiführung der persönlichen Therapieziele des einzelnen Patienten ausgerichtet sind.

Diese Arten therapeutischer Interventionen hängen logisch in komplexer Form miteinander zusammen. Inhaltliche Problemlösungsmaßnahmen, die den Therapiezielen des einzelnen Patienten dienen, setzen voraus, daß eine angemessene, motivierende Problemdefinition erarbeitet wurde; beide Maßnahmen erfordern das Bestehen einer funktionsfähigen Beziehung zwischen Therapeut und Patient. Die bisherigen drei Gesichtspunkte gelten auch für die Einzeltherapie. Die Therapie mehrerer Patienten in einer Gruppe erfordert darüber hinaus als umfassende Grundvoraussetzung konstruktive instrumentelle Gruppenbedingungen.

Die therapeutischen Maßnahmen sind auf drei deutlich unterscheidbare Ebenen des Gruppentherapieprozesses bezogen:
- Die Gruppenebene, auf der die gruppendynamischen Prozesse ablaufen und die sich durch die instrumentellen Gruppenbedingungen beschreiben läßt,
- die Beziehungsebene mit den Beziehungen der Gruppenmitglieder zueinander und zum Therapeuten, also die Ebene der interaktionellen Pläne und der therapeutischen interaktionellen Strategien;
- und die Ebene der inhaltlichen Problematik, die die Arbeit an den individuellen Therapiezielen der Patienten betrifft.

Priorität hat im Konzept des IPV die inhaltliche Problemebene, da Kommunikation auf dieser Ebene in der Verhaltenstherapie Voraussetzung und wichtigstes Mittel für gezielte Verhaltensänderungen ist. Die ausdrückliche Arbeit auf den beiden anderen Ebenen ist nur dann legitim, wenn die instrumentellen Gruppenbedingungen der Verbesserung bedürfen oder eine Klärung der Beziehungen für den inhaltlichen Problemlösungsprozeß des einzelnen Patienten von Nutzen ist.

Im IPV ist die Grundlage aller therapeutichen Interventionen das Paradigma des Problemlösungsprozesses (Urban, Ford 1971). Dabei wird das Problemlösungsvorgehen als verhaltenssteuernder Plan im Sinne von Miller et al. (1973) mit einer Hierarchie von Unterplänen betrachtet. Dieser Plan ermöglicht dem Therapeuten eine Orientierung darüber, an welcher Stelle des Therapieprozesses er sich befindet und in welche Richtung er den Therapieprozeß weiter zu lenken hat. Für unsere Praxis hat sich die Unterscheidung von sieben Schritten als zweckmäßig erwiesen, im folgenden am Therapieprozeß einer einzelnen Person verdeutlicht:

- Die Spezifizierung jedes einzelnen Problems bis hin zum konkreten Verhalten in Situationen;
- die kontinuierlich fortschreitende vertikale Verhaltensanalyse zur Erfassung der funktionalen Zusammenhänge der einzelnen Probleme mit übergeordneten verhaltenssteuernden Plänen;
- die Auswahl von Zielen, die dem jeweils aktuellen Stand der Problemdefinition angemessen sind;
- die Planung von Schritten, die zur Erreichung der Ziele geeignet sind;
- die Selbstverpflichtung des Patienten, die ausgewählten Schritte auch wirklich durchzuführen;
- die Durchführung der Schritte als zentrales Element des Problemlösungsprozesses;
- die Bewertung des Ergebnisses der bisher vollzogenen Problemlösungsmaßnahmen im Hinblick auf die angestrebten Ziele.

Dieser Prozeß wird im Verlauf einer Therapie immer wieder durchlaufen. Auch die Patienten lernen es zunehmend mehr, das Problemlösungsschema auf ihre Schwierigkeiten anzuwenden. Der offene Umgang mit dem Schema wirkt einem dirigistischen Therapeutenverhalten entgegen und fördert ein möglichst autonomes Arbeiten der Patienten.

Betrachten wir nun auf der Grundlage der bisherigen Ausführungen die verhaltenstherapeutische Gruppentherapie insgesamt, so kann man sie als ein komplexes Gefüge zahlreicher, gleichzeitig auf unterschiedlichen Ebenen ablaufender Problemlösungsprozesse ansehen. Das Kernstück sind die individuellen Problemlösungsprozesse der einzelnen Patienten zur Erreichung ihrer persönlichen Therapieziele. Hinzu kommen die Problemlösungsprozesse, die der Herstellung und Aufrechterhaltung günstiger instrumenteller Gruppenbedingungen dienen und weiterhin diejenigen, die der Förderung einer guten Beziehung des Therapeuten zu jedem Patienten bzw. der Patienten untereinander dienen.

Die Komplexität des Therapieprozesses kann an einer einzelnen Äußerung eines Patienten verdeutlicht werden; sie hat wie jedes Ereignis in der Gruppe Auswirkungen auf allen Ebenen und ist gleichzeitig Bestandteil der unterschiedlichen Problemlösungsprozesse; unterstützt z.B. ein Patient ein anderes Gruppenmitglied durch freundliche Ermutigung, so

- kann er den persönlichen Problemlösungsprozeß des Mitpatienten fördern;
- auf der Beziehungsebene die Entwicklung oder Aufrechterhaltung einer freundschaftlichen Beziehung unterstützen;
- auf der Gruppenebene einen positiven Beitrag zur Förderung der instrumentellen Gruppenbedingungen, z.B. der Kohäsion und der kooperativen Arbeitshaltung, leisten;
- in der Beziehung zum Therapeuten sich unabhängig und eigenverantwortlich verhalten.

In dem oben genannten Beispiel wirkt das Verhalten des Patienten auf jeder Ebene positiv. Häufig ist in Gruppentherapien ein bestimmtes Verhalten auf einer Ebene konstruktiv, auf einer anderen Ebene aber ungünstig:

- Z.B. hat ein Patient zwar den persönlichen Problemlösungsprozeß eines Mitpatienten gefördert,
- zugleich aber durch seine Äußerungen eine schon bestehende Koalition zu dem Mitpatienten weiter verstärkt und andere Gruppenmitglieder behindert, ihrerseits auf den Patienten einzugehen,
- und dadurch auf Gruppenebene durch Untergruppenbildung die Kohäsion der Gesamtgruppe geschwächt.

Für den Therapeuten ist es bedeutsam, die wechselseitige Abhängigkeit aller Ebenen voneinander zu beachten und dabei sorgfältig zu registrieren, auf welcher Ebene der aktuelle Schwerpunkt des Therapiegeschehens liegt, so daß er gegebenenfalls hilfreich eingreifen kann. Ihn begleitet letztlich ständig folgende Leitfrage: Welcher Problemlösungsschritt auf welcher Ebene erfordert wann welche Therapeutenintervention? Seine Aufgabe besteht darin, auf diese Frage in seinem Planen und Handeln konstruktiv zu reagieren, also systematisch, zielorientiert und geplant den Gruppenprozeß zu beeinflussen und zugleich die individuellen Therapieprozesse der einzelnen Gruppenmitglieder. Da die Patienten im Verlauf der Therapie allmählich immer mehr Einblick in das Konzept gewinnen, übernehmen sie in zunehmendem Maße Planungsfunktionen, besonders bezüglich ihres eigenen Veränderungsprozesses.

In der Hand des Therapeuten bleiben in der Regel die Lenkung des Gruppenprozesses, die Herbeiführung eines u. U. notwendigen Wechsels der Ebenen sowie die Auswahl der technischen Mittel zur Bearbeitung bestimmter Verhaltensprobleme und die Information und Anleitung bei deren Anwedung. Auf die nähere Beschreibung des praktischen Vorgehens und der institutionellen Rahmenbedingungen kann hier nicht eingegangen werden; dazu und zu den ersten Ergebnissen der Evaluation sei auf die o.g. Veröffentlichungen hingewiesen.

Zusammenfassend halten wir das Interaktionelle Problemlösungsvorgehen für ein vielseitiges Rahmenkonzept verhaltenstherapeutischer Gruppentherapie, auch wenn es bisher, wie oben erwähnt, von uns nur bei einigen psychiatrischen Patientenpopulationen verwendet wurde. Welche spezifischen Ausgestaltungen das Konzept bei den einzelnen psychischen Störungsformen benötigt, muß der klinischen Erprobung und empirischen Forschung überlassen bleiben.

5. Zusammenfassung

In der Verhaltenstherapie ist die Gruppe ein wichtiges Instrument zur Bearbeitung zahlreicher Verhaltensprobleme. Sie bietet teils gute, teils hervorragende Voraussetzungen für Verhaltensanalyse, Motivierung und Verhaltensänderung. Als wichtige Aspekte des therapeutischen Gruppenprozesses werden instrumentelle Gruppenbedingungen aufgeführt, und zwar Gruppenkohäsion, Offenheit und Vertrauen sowie kooperative Arbeitshaltung. Deren ständige Beachtung und Förderung ist eine wichtige Aufgabe des Therapeuten.

Verhaltenstherapeutische Techniken und Methoden, die ursprünglich oft in der Einzeltherapie entwickelt wurden, bedürfen der Adaptation an die Bedingungen der Gruppe, damit ihre Wirksamkeit erhalten bleibt. Das wird am Beispiel von Vorgehensweisen wie Verhaltensanalyse, Modelllernen, Verhaltenstraining und Methoden der Reizkonfrontation zur Angstbewältigung verdeutlicht.

Als Rahmenkonzept für die verhaltenstherapeutiche Gruppentherapie wird der Problemlösungsprozeß vorgeschlagen. Ausdrücklich ist das beim Interaktionellen Problemlösungsvorgehen in Gruppen erfolgt. Über dieses

Gruppenkonzept wird ein kurzer Überblick gegeben. Allenfalls am Rande berührt und nicht ausdrücklich behandelt werden konnten so wichtige Themen wie die Therapeut-Patient-Beziehung im Rahmen der Gruppentherapie, Motivationsklärung und -förderung in der Gruppentherapie oder der Umgang mit Widerstand in der Gruppe.

Literatur

Bandura, A., Principles of behavior modification, Holt, Rinehart and Winston, London-New York 1969.

-, Sozial-kognitive Lerntheorie, Klett-Cotta, Stuttgart 1979.

Birbaumer, N., Die Bewältigung von Angst: Gewöhnung oder Hemmung?, in: Birbaumer, N. (Ed.), Psychophysiologie der Angst, Urban & Schwarzenberg, München-Wien 1977, S. 80-91.

Budge, S., Group coheseiveness reexamined, Group 5, 1981 S. 10-18.

Caspar, F.M., Grawe, K., Vertikale Verhaltensanalyse (VVA). Analyse des Interaktionsverhaltens als Grundlage der Problemanalyse und Therapieplanung, Forschungsberichte aus dem Psychologischen Institut der Universität Bern 1982.

Deutsch, M., Konfliktregelung, Reinhardt, München-Basel 1976.

Dziewas, H., Instrumentelle Gruppenbedingungen als Voraussetzung des individuellen Lernprozesses, in: Grawe, K. (Ed.), Verhaltenstherapie in Gruppen, Urban & Schwarzenberg, München-Wien-Baltimore 1980a, S. 27-55.

-, Das Interaktionelle Problemlösungsvorgehen (IPV) in ambulanten und stationären Gruppen, Habilitationsschrift, Hamburg 1980b.

-, Grawe, K., Wedel, S., Singmann, M., Tönsing, J., Wegner, J., Verhaltenstherapeutische Gruppentherapie unter stationären und ambulanten Bedingungen, in: Klinische Psychologie, Mitteilungen der DGVT, Sonderheft II, 1979, Tübingen 1979, S. 9-35.

-, Grawe, K., Wedel, S., Anwendung und Wirkung des Interaktionellen Problemlösungsvorgehens (IPV) in Gruppen bei gehemmten Neurotikern, in: Grawe, K. (Ed.), Verhaltenstherapie in Gruppen, Urban & Schwarzenberg, München-Wien-Baltimore 1980, S. 307-338.

Falloon, I.R.H., Interpersonal variables in behavioral group therapy, Brit. J. Medical Psychology, 54, 1981, S. 133-141.

Feldhege, F.-J., Krauthan, G., Verhaltenstrainigsprogramm zum Aufbau sozialer Kompetenz, Springer, Berlin-Heidelberg-New York 1979.

Fiedler, P.A., Zur Theorie und Praxis verhaltenstherapeutischer Gruppen, in: Heigl-Evers, A., Streek, U. (Ed.), Lewin und die Folgen, Psychologie des 20. Jahrhunderts, Band 8, Kindler, Zürich 1979, S. 900-910.

Fiedler, P.A., Konz, H., Partnerschaftliche Problemlösung und Kooperation in Psychotherapien, in: Fiedler, P.A. (Ed.), Psychotherapieziel Selbstbehandlung, edition psychologie, Weinheim-Basel 1981, S. 1-10.

Fiedler, P.A., van Eickels, N. , Kooperation, Transparenz und Veränderung: Auf dem Weg zu einer lern- und personenzentrierten Psychotherapieforschung, in: Fiedler, P.A. (Ed.), Psychotherapieziel Selbstbehandlung, edition psychologie, Weinheim-Basel 1981, S. 133-154.

Fliegel, S., Groeger, W.M., Künzel, R., Schulte, D., Sorgatz, H., Verhaltenstherapeutische Standardmethoden, Urban & Schwarzenberg, München-Wien 1981.

Florin, I., Die Praxis der Systematischen Desensibilisierung, in: Florin, I., Tunner, W. (Ed.), Therapie der Angst, Urban & Schwarzenberg, Berlin-München-Wien 1975, S. 241-267.

Franks, C.M., Wilson, G.T.,Jahresüberblick der Verhaltenstherapie 1979, Mitteilungen der DGVT, Sonderheft III, Tübingen 1980.

Garfield, S.L., Psychotherapie. Ein eklektischer Ansatz, Beltz, Weinheim-Basel 1982.

Goldstein, A.P., Strukturierte Lerntherapie. Ansätze zu einer Psychotherapie der sozial Benachteiligten, Urban & Schwarzenberg, München-Wien 1978.

Grawe, K., Verhaltenstherapeutische Gruppentherapie, in: Handbuch der Psychologie, Band 8, Klinische Psychologie, 2. Halbband, Hogrefe, Göttingen-Zürich 1978, S. 1849-1883.

-, Verhaltenstherapie in Gruppen, Urban & Schwarzenberg, München-Wien 1980a.

-, Die diagnostisch-therapeutische Funktion der Gruppeninteraktion in verhaltenstherapeutischen Gruppen, in:

Grawe, K. (Ed.), Verhaltenstherapie in Gruppen, Urban & Schwarzenberg, München-Wien 1980b, S. 88-223.

-, Implikationen und Anwendungsmöglichkeiten der Vertikalen Verhaltensanalyse für die Sichtweise und Behandlung psychischer Störungen. Forschungsberichte aus dem Psychologischen Institut der Universität Bern, 1982.

Grawe, K., Dziewas, H., Wedel, S., Interaktionelle Problemlösungsgruppen - ein verhaltenstherapeutisches Gruppenkonzept, in : Grawe, K. (Ed.), Verhaltenstherapie in Gruppen, Urban & Schwarzenberg, München-Wien 1980, S. 266-306.

Grunebaum, H., A study of therapists' choice of a therapist, Am. J. Psychiatry, 140, 1983, S. 1336-1339.

Hand, I., Symptom-zentrierte Gruppentherapie bei Phobien - die Problemorientierte Arbeitsgruppe in der Psychotherapie, Fortschritte der Neurologie-Psychiatrie, 43, 1975, S. 185-304.

Hoffmann, N. (Ed.), Grundlagen kognitiver Therapie, Huber, Bern-Stuttgart-Wien 1979.

Jacobson, E., Progressive relaxation, University Press, Chicago 1939.

Jaeggi, E., Kognitive Verhaltenstherapie. Kritik und Neubestimmung eines aktuellen Konzepts, Beltz, Weinheim 1979.

Johnson, D.W., Matross, R.P., Methoden der Einstellungsänderung, in: Kanfer, F.H., Goldstein, A.P. (Ed.), Möglichkeiten der Verhaltensänderung, Urban & Schwarzenberg, München-Wien 1977, S. 56-102.

Krumboltz, J.D., Potter, B., Behavioral techniques for developing trust, cohesiveness and goal accomplishment, Educational technology, 13, 1973, S. 26-30, dt. in: Grawe, K. (Ed.), Verhaltenstherapie in Gruppen, Urban & Schwarzenberg, München-Wien 1980.

Lazarus, A.A., Multimodale Verhaltenstherapie, Fachbuchhandlung für Psychologie, Verlagsabteilung, Frankfurt a.M. 1978.

Liberman, R., King, L.W., DeRisi, W., McCann, M., Personal effectiveness, Research Press, Champaign, Illinois 1975.

Mahoney, M.J., Kognitive Verhaltenstherapie, Pfeiffer, München 1977.

Marks, I., Behavioral psychotherapy of adult neurosis, in: Garfield, S.L., Bergin, A.E. (Ed.), Handbook of psychotherapy and behavior change: An empirical analysis, Wiley, New York 1978, S. 493-547.

Marlatt, G.A., Perry, M.A., Methoden des Modellernens, in: Kanfer, F.H., Goldstein, A.P. (Ed.), Möglichkeiten der Verhaltensänderung, Urban & Schwarzenberg, München-Wien 1977, S. 133-177.

Meichenbaum, D.W., Kognitive Verhaltensmodifikaion, Urban & Schwarzenberg, München-Wien 1977.

Miller, G.A., Galanter, E., Pribram, K.H., Strategien des Handelns. Pläne und Strukturen des Verhaltens, Klett, Stuttgart 1973.

Morris, R.J., Methoden der Angstreduktion, in: Kanfer, F. H., Goldstein, A.P. (Ed.), Möglichkeiten der Verhaltensänderung, Urban & Schwarzenberg, München-Wien 1977, S. 261-308.

Neisser, U., Kognitive Psychologie, Klett, Stuttgart 1974.

Richardson, F.C., Angstbewältigungstraining: Ein multimodaler Ansatz, in: Lazarus, A.A. (Ed.), Multimodale Verhaltenstherapie, Fachbuchhandlung für Psychologie, Verlagsabteilung, Frankfurt a.M. 1978, S. 163-182.

Rose, S.D., Group therapy. A behavioral approach, Prentice-Hall, Englewood Cliffs, New Jersey 1977.

-, How group attributes relate to outcome in behavior group therapy, Soc. Work Res. Abs., 17, 1981, S. 25-29.

Sader, M. Psychologie der Gruppe, Juventa, München 1976.

Schulte, D. Der diagnostisch-therapeutische Prozeß in der Verhaltenstherapie, in: Schulte, D. (Ed.), Diagnostik in der Verhaltenstherapie, Urban & Schwarzenberg, München-Berlin-Wien 1974, S. 60-73.

Seiderer-Hartig, M., Beziehung und Interaktion in der Verhaltenstherapie, Pfeiffer, München 1980a.

-, Die Rolle des Therapeuten und die therapeutische Beziehung in der Verhaltenstherapie, in: Petzold, H. (Ed.), Die Rolle des Therapeuten und die therapeutische Beziehung, Junfermann, Paderborn 1980b, S. 83-104.

Shaw, M.E., Group dynamics. The psychology of small group behavior, McGraw-Hill Book Company, New York -London 1976.

Ullrich de Muynck, R.,Ullrich, R., Das Assertiveness-Training-Programm ATP: Einübung in Selbstvertrauen und soziale Kompetenz, 3 Bände, Pfeiffer, München 1976.

Ullrich de Muynck, R., Ullrich, R., Grawe, K., Zimmer, D. (Ed.), Soziale Kompetenz, Band 2: Experimentelle Ergebnisse zum Assertiveness-Training-Programm ATP. Klini-

sche Effektivität und Wirkungsfaktoren, Pfeiffer, München 1980.
Urban, H.B., Ford, D.H., Some historical and conceptual perspectives of psychotherapy and behavior change, in: Bergin, A.E., Garfield, S.L. (Ed.), Handbook of psychotherapy and behavior change, Willey, New York 1971, S. 3-35.
Wolpe, J., The practice of behavior therapy, Pergamon, London 1969.
Yalom, I.D., The theory and practice of group psychotherapy, Second editon, Basic books, New York 1975.
Zimmer, D., Die Therapeut-Klient-Beziehung in der Verhaltenstherapie, in: Zimmer, D. (Ed.), Die therapeutische Beziehung, edition psychologie, Weinheim-Basel 1983a, S. 82-97.
-, Kommunikationstherapeutische Überlegungen zur Therapeut-Klient-Beziehung, in: Zimmer, D. (Ed.), Die therapeutische Beziehung, edition psychologie, Weinheim-Basel 1983b, S. 114-129.

Greta Petersen, Heidelberg

DAS KONZEPT DER GRUPPE IN DER TRANSAKTIONALEN ANALYSE

1.1 Vorbemerkung der Verfasserin

Ich möchte voranschicken, daß ich diesen Aufsatz als eine nicht-mehr und vielleicht noch-nicht-wieder TA-Gruppentherapeutin[1] schreibe, die mehrere Jahre in TA-Gruppen vielerlei Art und in vielerlei Rollen zugebracht hat, bis ich mich schließlich nicht mehr mit dem Konzept der Gruppe, welches ich als diesen Gruppen inhärent erkannte, identifizieren konnte und mich von der TA löste. Eine derartige Lösung ist meistens mit Ressentiments (auf beiden Seiten) verbunden, kann aber dennoch zu einer fruchtbaren Auseinandersetzung mit dem betreffenden Sujet beitragen. Ich schreibe also aus einer kritischen (und auch etwas wehmütigen) Distanz zu der TA und vor dem Hintergrund meiner langjährigen Erfahrungen als Therapeutin in gesprächspsychotherapeutischen und psychoanalytisch orientierten Gruppen (vgl. Petersen 1981).

Das Konzept, an dem ich die TA-Gruppentherapie messe, ist eines, in dem die Gruppe als Gruppe zu ihrem Recht kommt - nicht nur der Einzelne in der Gruppe oder die Gruppe ohne Berücksichtigung des Einzelnen, sondern eine lebendige, mit einem vibierenden Eigenleben ausgestattete Gruppe aus lauter Individuen.

1.2 Begrenzung des Themas

Transaktionale Analyse[2] ist (a) eine Persönlichkeitstheorie, die Aussagen darüber macht, wie der seelische Apparat des Menschen funktioniert und funktionieren sollte, und (b) ein (heute, vgl. Groder 1974) in sich geschlossenes System von Auffassungen darüber, was Psychotherapie im Sinne der TA ist, welche Ziele sie verfolgt, welcher Techniken sie sich bedient, in welchem Rahmen sie sich abspielt. Hinsichtlich der Beschreibung des theoretischen Begriffsystems der TA (Ich-Zustände, Transaktionen, Rackets, Spiele, Lebensskript, Tranaktions-, Spiel- und Skriptanalyse u.v.m.) möchte ich den

Leser auf die einschlägige Literatur verweisen[3]. Ich werde im folgenden nur versuchen, die Besonderheit und den Stellenwert der Gruppe in der TA herauszuarbeiten. Vor allem geht es mir um eine Analyse des therapeutischen Arrangements, welches der TA zugrunde liegt, und seiner Auswirkungen auf den Charakter der betroffenen Gruppe. Die Darstellung der Anwendung der einzelnen Techniken, die ja auch in der Einzelsitzung zum Tragen kommen, wird dabei in den Hintergrund treten.

1.3 Ursprünge

Die TA wurde in den 50er Jahren von einem nordamerikanischen Psychiater, Eric Berne, entwikkelt, der etliche Jahre als Armee-Psychiater tätige war und dem nach einer 12 Jahre währenden psychoanalytischen Ausbildung 1956 der Titel eines Psychoanalytikers vom San Francisco Psychoanalytic Insitute verweigert wurde.

Claude Steiner, einer seiner kreativsten Schüler und Freunde, meint, daß "diese Zurückweisung für ihn" vermutlich "sehr schmerzvoll" war; "sie verstärkte jedoch in ihm seinen alten Ehrgeiz, die Theorie der Psychoanalyse zu erweitern. Über die Gründe seiner Ablehnung hat er, wahrscheinlich aus Zorn, nie gesprochen. Ich vermute, daß er sich dem psychoanalytischen Konzept nicht genügend anpassen wollte ... Sein Hauptstreitpunkt mit der Psychoanalyse war" 1958 "seine Auffassung, daß sich ein wirklich guter Therapeut aktiver in den therapeutischen Prozeß eingeben müsse, als es das damalige psychoanalytische Konzept zuließ" (Steiner 1982, S. 24). "Theoretisch blieb er immer mit der Psychoanalyse verbunden. Sie verlor jedoch mit den Jahren an Bedeutung für sein Denken; in seiner Gruppenarbeit hatte sie schließlich gar keine Bedeutung mehr. Ursprünglich war er der Meinung, daß die Transaktionsanalyse lediglich helfen könne, zwischenmenschliches Verhalten besser zu steuern (social control), also das 'Ausagieren' zu steuern, wohingegen die Psychoanalyse die echte therapeutische Arbeit zu leisten imstande wäre. Allmählich sah er, daß die Tranaktionsanalyse bei der 'Heilung' des Patienten die Hauptrolle spielte und lediglich der schwierige Vorgang der Skriptanalyse psychoanalytischer Technik vorbehalten sei. Schließlich führte er auch die Skriptanalyse ohne psychoanalytische Methoden aus" (Steiner, S. 26/27).

2. Eric Bernes Konzept der Gruppe

2.1 Bernes Werthaltungen

Nachdem Berne 1956[4)] und 1961 seine Auffassungen über TA publiziert hatte, trat er 1963 mit einem Buch an die Öffentlichkeit, "The Structure and Dynamics of Organisations and Groups", an das seine 19jährigen Erfahrungen "als Beobachter, Teilnehmer und Leiter verschiedener Gruppen, darüberhinaus ... als Lehrer und Fachbeauftragter für Gruppentherapeuten sowie als Berater für die Kursleiter von funktionsgestörten Gruppen und Organisationen der verschiedensten Art" (S. 7) eingeflossen sind. Auf diesem Buch baut das 1966 erschienene und speziellere "Principles of Group Treatment" auf, welches leider noch nicht in deutscher Übersetzung vorliegt. Es beschäftigt sich mit Bedingungen und Durchführung der Behandlung psychiatrischer Patienten in kleinen (8 - 10 Teilnehmer) Gruppen durch ausgebildete Gruppentherapeuten, sitzend, redend und mit Erwachsenen. "Behandlung in Gruppen" (Group treatment) wird hier scharf getrennt von "Gruppentherapie" (Group Therapy), weil Berne den Akzent auf die Heilung der Patienten legt und die Gruppentherapie sich seiner Meinung nach manchmal mit Dingen beschäftigt, die mit der Heilung nur indirekt zu tun haben (S. 4). Schon hier in der Begriffsklärung wird also der sehr pragmatische Akzent transaktionsanalytischer Therapie in Gruppen deutlich.

Weitere Beachtung verdienen die Termini "psychiatrische Patienten" und "psychiatrische Störungen" (psychiatric disabilities, S. 3), die nicht näher erklärt werden und wohl hauptsächlich auf Bernes Ausbildung als Psychiater verweisen; ebenso seine Absicht, aus den Lesern seines Buches "real doctors" "or the equivalent thereof" zu machen (Einleitung), weil ein "richtiger Doktor"

1. *seine Patienten heilt,*
2. *die Behandlung so plant, daß er in jeder Phase weiß, was er tut und warum er etwas tut,*
3. *Therapie und Forschung trennt und erstere bevorzugt,*
4. *die alleinige und vollständige Verantwortung für das Wohlergehen seiner Patienten übernimmt (Einleitung).*

Wir sind hier mit ethischen Prinzipien konfrontiert, die sich von einem medizinischen Berufsverständnis herleiten lassen und sich stark von den humanistischen Gleichheitsidealen von Therapeut und Klient sowie den (heute verbreiteten) eher absichtslosen psychoanalytischen Behandlungsvorstellungen unterscheiden.

Auf den folgenden Seiten, die sich mit Bernes Konzeption der TA-Gruppentherapie befassen, beziehe ich mich, wenn nicht anders vermerkt, auf seine Ausführungen dazu in "Principles of Group Treatment" (1966). Ich übersetze und zitiere relativ frei, deshalb fehlen die Anführungszeichen. Die Seitenzahl in Klammern zeigt aber an, daß es sich um ein derartiges Zitat aus Bernes Buch handelt.

2.2 Gruppenrelevante Aspekte der TA

2.2.1 TA ist eine vertragsmäßige Therapie

Für das Verständnis des Klimas in einer TA-Gruppe ist es wichtig, sich klarzumachen, daß alle Transaktionen unter dem Vorzeichen ablaufen, daß sie ein vereinbartes Ziel verfolgen sollen - ob sie es tun, ist eine zweite Frage, aber vereinbart ist es. Diese Vereinbarung stellt der sog. "Therapievertrag" dar, eine Besonderheit der TA, ein wenig vergleichbar mit dem Arbeitsbündnis in der Psychoanalyse. Berne spaltet die vertragsmäßige Seite der Therapie wieder in zwei Untergruppen auf: Therapie in einer Institution oder in einer privaten Praxis. Zunächst zu den Implikationen in der Institution.

Der Therapeut ist nach zwei Seiten hin gebunden, einmal an die Institution, zum anderen an die Patienten. Beide Vertragspartner sind unter jeweils drei Gesichtspunkten zu betrachten: administrativ, professionell und psychologisch (S. 18). Was die Patienten angeht, sollte der Therpeut erklären, in welcher Beziehung er selbst und auch sie zur Insitution stehen. Er sollte dabei beachten, wie die Patienten diese seine Erklärung wohl aufnehmen werden.

Die professionelle Ebene der Verträge bezieht sich auf die Therapieziele, wie sie in "psychiatrischen Termini" (S. 16) ausgedrückt werden können. Das Problem für Therapeut und Patient besteht hier in der Tatsache, daß die Erreichung mancher Ziele bedeutet, daß der Patient auf die Hilfe der Institution verzichten muß, da in dieser z.B. nur Menschen behandelt werden, die an etwas leiden, was der Patient durch die Therapie überwunden haben wird.

Die psychologische Ebene des Vertrages besteht bei beiden Vertragspartnern in den unausgesprochenen Erwartungen, die sie aneinander haben. Für den Therapeuten ist es sehr wichtig, sich über die unausgesprochenen Erwartungen seiner Vorgesetzten klar zu sein, aber auch die der Patienten zu kennen, kann nur von Vorteil sein. Der Vertrag zwischen Therapeut und Patient wird deshalb in klaren und eindeutigen Sätzen und Begriffen formuliert werden müssen, damit alle Hintertüren erkannt und geschlossen werden können. "Der Therapeut sollte sich skeptisch, ja, sogar zynisch zurückhalten, bis er seine klinischen Erfahrungen genutzt und die wirklichen Ziele aller Beteiligten, sich selbst eingeschlossen, festgestellt hat" (S. 19).

Dies gilt auch für die Therapie in der Privatpraxis, nur daß hier die institutionelle Seite wegfällt, als verbindliche Werteskala die des Therapeuten übrig bleibt, vielleicht noch die seiner Supervisoren. Wichtig ist hier, wer die Therapie bezahlt, weil u.U. noch ein dritter Vertragspartner zu berücksichtigen ist (S. 20).

Um seinen Vertrag zu erfüllen, muß der Patient nichts anderes tun, als von Zeit zu Zeit Beispiele seines Verhaltens den Gruppenmitgliedern gegenüber in Gegenwart des Therapeuten zu geben. Wenn der Therapeut denkt, daß es etwas nützt, wird er sagen, was ihm dazu einfällt. Er hat nicht behauptet (und denkt es auch nicht), daß die Gruppentherapie auf jeden Fall helfen wird. Er hat nur mit den Patienten in aller Offenheit vereinbart, daß man es damit versuchen wird, daß man hofft, daß es sich lohnt und warum dies ... Der Therapeut ist verpflichtet, vom Patienten zu lernen; vom Patienten wird erwartet, daß er von dem, was der Therapeut sagt, lernt. Darüberhinaus wird nur erwartet, daß er Beispiele seines Verhaltens gibt, was immer das auch ist (S. 92). Der Therapeut sitzt nicht da, unbewegt, nachdenklich, und "sammelt Material", sondern freut sich echt, wenn der Patient einen Fortschritt macht. Kurz gesagt, in dieser vertragsmäßigen Art von Therapie wird vom Patienten fast nichts erwartet, hingegen darf er über alles sprechen, wenn er will. Der Therapeut hingegen muß sein Vorgehen Schritt für Schritt planen statt in opportunistischer Weise das beste zu hoffen (S. 93). Soweit Berne, den ich hier in freier Übersetzung zitierte.

Man merkt vielleicht gerade den letzten Zeilen Bernes Auseinandersetzung mit dem psychoanalytischen Vorgehen an, auf welches er sich im folgenden Absatz auch explizit bezieht: Auch Psychoanalytiker sind mit Verträgen arbeitende Therapeuten, allerdings nur unilateral ... Der Analytiker ... sagt nur nicht immer klar und deutlich, wie er den Vertrag versteht, so daß die Patienten im Dunkeln gelassen werden, was seine Funktionen angeht (S. 93).

2.2.2 Zeitstrukturierung

Ein interessanter Aspekt der TA ist es, daß sie das Gruppengeschehen in verschiedene Grade von Intensität einstuft, welche mit verschiedenen Namen belegt werden. Als niedrigste Form des Kontaktes miteinander sieht sie das "Sich-Zurückziehen" an, entweder, indem man sich gedanklich mit Dingen beschäftigt, die außerhalb der Gruppe liegen, oder aber, indem man sich mit sich selbst unterhält, seine Gedanken aber den anderen nicht mitteilt, aus Angst oder aus Vorsicht. Dies nennt Berne "autistische Transaktionen" (S. 231).

Eine etwas ausgeprägtere Form des Kontaktes der Gruppenmitglieder untereinander vollzieht sich in Ritualen wie dem des Sich-Begrüßens oder über-das-Wetter-Redens. Man hat zwar Kontakt miteinander, aber die persönliche Ebene, wie man zueinander steht, kann nur indirekt erschlossen werden.

Zeitvertreib ist da schon etwas mehr. Man unterhält sich über Autos oder Frauen (Männer), ohne viel aus seinem persönlicheren Leben preiszugeben. Im Anfang einer Therapiegruppe ist diese Form des Kontaktes häufig anzutreffen. Man kennt sich noch nicht und versucht, über das Sich-Zuspielen von allgemein gängigen Themen etwas über den anderen zu erfahren oder über sich mitzuteilen.

Die persönliche Ebene ist ebenfalls nur indirekt berührt, wenn man miteinander arbeitet. Gruppen können nach der Sitzung auf dieses Gebiet ausweichen, indem sie etwas organisieren oder einen Arbeitskreis über ein wichtiges Thema bilden. Sie können auch während der Therapiesitzung auf die Arbeitsebene gehen, indem sie ihre Gefühle für- und Wünsche aneinander wegschieben und stattdessen miteinander an "den Problemen" arbeiten.

Eine hochstrukturierte, aber nicht offene Form, etwas über andere zu erfahren und bestimmte Erfahrungen miteinander zu machen, sind die "Spiele", ein Markenwort der TA. Dies ist der Stoff, aus dem die Gruppen sind, die Spielanalyse ist die Haupttätigkeit eines TA-Therapeuten, das Verstrickt-Sein in Spiele die des Neurotikers. Ein Spiel ist eine Reihe von verdeckt ablaufenden Transaktionen mit einem Knalleffekt, die ungute Gefühle, nicht O.K.-Gefühle, zum Ergebnis haben. Diese Transaktionen werden unbewußte inszeniert, laufen jedoch auf eine vorhersagbare Weise ab, nachdem man die Anfangzüge (den "Köder") erkannt hat. Durchs "Spielen" bestätigt man sich alte, ungute Auffassungen von sich und den anderen, rückt eine Stufe weiter vor auf der Leiter seines unglücklichen Lebensskripts - kurz, macht sich und anderen Menschen das Leben schwer. Die interessanteste und auch populärste Sammlung von "Spielen" findet sich in Bernes "Spiele der Erwachsenen" (1967).

Die Rolle der Gruppe bei der Spielanalyse besteht in folgendem:

a) Obwohl Spiele auch ohne Partner gespielt werden können (vgl. Wollams u.a. 1978, S. 147), sucht sich der Spieler gerne ein Gegenüber, das sich so verhält, wie er (unbewußt) möchte. In der Einzeltherapie wäre der Therapeut der Partner - eine Rollenzuweisung, die eine Ichspaltung erfordern würde. In der Gruppe kann der Therapeut sich aus dem Spiel heraushalten und gleichzeitig es sich entfalten lassen.

b) Spielen verbindet. Wenn der Therapeut seinen Patienten gestattet, sich natürlich, also neurotisch, zu verhalten und in Spiele zu verwickeln, entwickeln sich leidenschaftliche, echte Beziehungen unter den Patienten, die dann auch die nötige Motivation haben, diese Beziehungen zu verbessern.

c) Da in den meisten Spielen die Rollen Opfer, Helfer und Verfolger zu vergeben sind, kann der Therapeut bei der Spielanalyse (mindestens) drei Patienten gleichzeitig kurieren. Die Zustimmung der nicht am Spiel beteiligten Patienten zu den Ausführungen des Therapeuten erhöht deren Durchschlagkraft. Die nicht beteiligten Patienten bekommen eine Blick (und ein Gefühl) für die Köder, mit denen Spieler ihre Partner zu angeln versuchen. -

Die höchste Form menschlichen Zusammenseines nennt Berne "Intimität" (S. 231) und unterscheidet sie aufs schärfste von dem, was in vielen Gruppen unter dem Deckmantel "Ausdruck von Gefühlen", "tiefe Gefühle", "gut gearbeitet" läuft. Intimität ist nur dann vorhanden, wenn die Gefühle authentisch sind, nicht einer Gruppennorm entspringen, sondern der Freiheit, man selbst zu sein, und der Anerkennung der anderen als wertvollen, meine ganze Wahrheit verdienenden Mitmenschen.

2.2.3 Gruppentypen und Reaktionen

Einen guten Einblick in Bernes Verständnis des optimalen Funktionierens einer Gruppe bekommen wir, wenn wir seine Reaktionen auf verschiedene Patientenäußerungen in der Gruppe lesen. Je nach Art der vorherrschenden Zeitstrukturierung unterscheidet er vier Gruppentypen: 1) vorwiegend Zeitvertreib im Sinne von "Ist es nicht schrecklich?",[5] oder "Warum muß das immer mir passieren?", einer Gruppe also, die nicht wirklich an sich arbeiten will, sondern eigentlich sich nur über schlimme oder sie nicht befriedigende Zustände beklagt. So schnell wie möglich sollte der Therapeut hier versuchen, der Gruppe klarzumachen, daß nur das Reden über irgendetwas allein die Patienten nicht von ihren Symptomen befreien wird (S. 111).

Falls er damit Erfolg hat, werden die Patienten fragen: "Also, was sollen wir dann hier machen?" = Gruppe Typ 2. Hier ist die Therapie schon schwieriger, denn diese Patienten spielen z.B. "Treibhaus"[6] in der Gruppe und agieren ihre wirklichen Symptome, z.B. Suizidabsichten, außerhalb der Gruppe aus. Der TA-Therapeut wird hier Verträge mit ihnen machen, daß sie sich 1) nicht umbringen und 2) keine wichtigen Entscheidungen treffen, ohne sich vorher mit der Gruppe beraten zu haben. Sie werden dann versuchen, diese Verträge irgendwie zu umgehen. Sie wollen, daß der Therapeut sich persönlich um sie sorgt, aber das ist ein Luxus, den sich niemand erlauben kann (S. 115). Möglichst objektiv bleiben, ist hier die Alternative (S. 116).

In der Gruppe dritten Typs wird der Therapeut verherrlicht und kann darauf reinfallen. Dieses Spiel heißt "Sisiwum!!"[7]. Sie tun, was er möchte, aber es hat alles keinen Wert, weil sie es nur machen, damit er sie von ihren Symptomen befreit. Wirklich ändern wollen sie sich nicht. Hier wird der TA-Therapeut darauf achten, möglichst schnell auf die Ebene des Erwachsenen-Ich zu kommen, die magischen Elemente im Denken der Patienten in ihr Bewußtsein zu bringen und eine solide Arbeitsbasis herzustellen (S. 123).

Im letzten Typ der von Berne beschriebenen Gruppen wird eine größere Anzahl von Spielen gespielt als in den beiden vorangegangenen, man kommt gleich zum Wesentlichen, zum Kern der Neurose, so daß der TA-Therapeut die Gruppe in ihrem besten Sinne benutzen kann, um zu zeigen, auf wie vielfältige Art die Teilnehmer sich verstricken können, wenn sie sich dessen, was abläuft, nicht voll bewußt sind (S. 126). Wenn nach dieser Analyse sich alle entspannt zurücklehnen, am weiteren interessiert sind, neugierig und vielleicht ein bißchen amüsiert, ist die Sache gut gelaufen (S. 128). Ziel ist die Nachreifung der Persönlichkeit, indem dem Patienten geholfen wird, das unangepaßte Verhalten aufzugeben, ohne den Grad von Reife zu gefährden, den er schon erreicht hat. Technisch ausgedrückt ist dies das Durcharbeiten der Übertragungswiderstände (vgl. Kaplan 1971, S. 83). Wie Berne dafür sorgt, daß eine genügend tiefe Übertragung zustande kommt, beschreibt er nicht (Kaplan, S. 90), hingegen führt er eine Reihe von Interventionen auf, die sich in der TA als nützlich erwiesen haben (S. 233):

Fragen, mit denen man das Er des Patienten aktiviert: "Welche Worte haben Sie benutzt, als Sie ihn beschimpften?"

Festhalten: Wenn während der Therapie ein wichtiges Verhalten oder eine wichtige Einsicht auftaucht, wird der Therapeut sich bemühen, dies zu unterstreichen, damit es im Bewußtsein bleibt.

Konfrontation: Wenn ein Patient mit hochrotem Kopf und lauter Simmc erklärt, er sei nicht wütend, sagt der Therapeut ruhig und ohne Vorwurf: "Sie schreien." Das Er soll erreicht werden.

Erklären: Wenn eine Situation unklar und der Patient bereit ist, eine Erklärung anzunehmen, kann der Therapeut sie in TA-Termini analysieren und damit erhellen. Wieder soll das Er gestärkt werden.

Illustrationen: Wenn eine Konfrontation angenommen wurde, kann der Therapeut ihren Effekt verstärken, indem er die Szene in einem Bild festhält, das anregend genug ist, um das K (Kindheits-Ich) des Patienten zu erreichen, und ausreichend wohlwollend, um ihn nicht zu verärgern.

Bestärkung einer zuvor geäußerten Hypothese: Wenn der Patient erneut "Beweismaterial" liefert, daß er z.B. gerne "Mach mich fertig!" spielt, kann der Therapeut dies als Gelegenheit nehmen, den Inhalt einer früheren Konfrontation zu erhärten.

Interpretationen in der TA gleichen denen in der Psychoanalyse. Von Er zu Er lauten sie wie: "Dieses Ungeheuer in Ihren Träumen könnte möglicherweise der übelwollende Teil ihrer Mutter sein". Über das Er soll das K erreicht werden.

Kristallisierungen: Hier bringt der Therapeut die Situation des Patienten auf den Punkt, z.B.: "Jetzt können Sie aus dem Spiel aussteigen, wenn Sie wollen." Die Wahl steht dem Patienten frei, aber der Therapeut freut sich natürlich, wenn er sie auch trifft.

2.2.4 Der Blickpunkt des Gruppendynamikers

Nach Dusay und Steiner (1971) ist für Berne die Kenntnis der Anatomie und Physiologie kleiner Gruppen genauso wichtig wie die Analyse einer Transaktion zwischen ihm und einem Patienten. Da in der transaktionsanalytischen Gruppe der Therapeut die oberste Autorität darstellen soll, ist es wichtig zu wissen, auf welchen Machtverhältnissen sie beruht. "Der eigentliche Leiter einer Therapiegruppe in einer öffentlichen Anstalt (ist) der Chefarzt der Klinik ... ; der unsichtbare Führer einer Therapiegruppe in einer Privatpraxis ist dagegen ... der Vater (oder die Mutter) des betreffenden Therapeuten" (Berne 1979, S. 260). "Die Autorität innerhalb der Gruppe selbst hängt von den Fähigkeiten des Führers ab. Ist der leitende Therapeut schwach, können seine Patienten sich unter Umständen an seine Vorgesetzten wenden und dadurch seine Führungsposition unterminieren. Ist der Therapeut beruflich kompetent, wird so etwas nur selten vorkommen." Dennoch ist "jeder, der in einer Klinik beschäftigt ist, ... sich unterschwellig durchaus der Tatsache bewußt, daß jederzeit irgendein Patient einen Brief an ... irgendeinen ... leitenden Beamten schreiben und daß dieses Schreiben ... entscheidenden Einfluß auf die eigene Karriere des betreffenden Therapeuten ausüben kann" (S. 259). Jeder, der eine Psychotherapiegruppe zusammenstellt, sollte daher vorher "unbedingt ein Autoritäts-Diagramm zeichnen lassen, um zu klären, was von einem Therapeuten wie ihm erwartet wird" (S. 260).

Die Machtverteilung schlägt sich auch in dem Struktur-Diagramm (vgl. Berne 1966, S. 149) nieder: Der Therapeut ist der Führer, die Patienten sind die Mitglieder. "Einige Gruppen erhalten für die manifeste Struktur einen Ko-Therapeuten, obwohl es den Patienten sehr wohl bekannt ist, daß der sogenannte Ko-Therapeut in Wirklichkeit nur ein Assistent ist, der in einer entscheidenden Kraftprobe gezwungen wäre, die Autorität des ranghöheren Therapeuten anzuerkennen. Ein derart heuchlerischer Vorgang im Bereich der Führung schlägt sich im Gruppenbild der

Patienten nieder und bewirkt, daß Heuchelei und scheinheiliges Gerede in die Gruppenkultur Eingang finden ... Die Einführung einer weiteren Person als Stütze der Führung muß daher stets mit großer Vorsicht vorgenommen werden" (Berne 1979, S. 261/2). Dies gilt auch für Tonbandaufzeichnungen der Sitzungen: die Besorgnis der Patienten darüber aktiviert ihre Abwehrmechanismen, und diese verändern ihrerseits die Gruppenprozesse (Gruppendynamik).

Gruppenprozeß wird in der TA definiert als Transaktion über eine der Gruppengrenzlinien. Der Gruppenprozeß gibt eine Leitlinie ab für Entscheidungen des Therapeuten, wann er in das Gruppengeschehen eingreift, an wen er sich wendet und wer z.B. neben wem sitzen sollte (vgl. Dusay,Steiner). Die äußere Gruppengrenzlinie trennt die Gruppe von der äußeren Welt, die innere den Therapeuten von seinen Patienten. Die transaktionsanalytische Therapiegruppe ist durch die Trennung des Leiters von seinen Patienten definiert. Wenn der Therapeut seine Leiterfunktion aufgibt und eines der Gruppenmitglieder werden will, wird die Gruppe von Transaktionsanalytikern nicht mehr als Therapiegruppe angesehen (vgl. Dusay, Steiner, S. 222). Der Therapeut soll sich von seinen Patienten getrennt halten, und er soll klar zwischen seinen therapeutischen und mehr administrativen Funktionen trennen; dies gilt insbesondere für Therapeuten, die in Institutionen arbeiten.

Als Gruppenprozeß erster Ordnung (major internal group process) werden Transaktionen zwischen dem Therapeuten und einem Patienten bezeichnet, meistens zwischen dem K des Patienten und dem Eltern-Ich des Therapeuten (nach Dusay, Steiner, S. 223). Die wichtigsten Spiele sowie die Übertragungs- und Gegenübertragungsreaktionen fallen in diese Kategorie. - Eine zweite innere Gruppengrenzlinie und ein Gruppenprozeß 2. Ordnung (minor internal) besteht zwischen den Patienten. Dieser Kategorie wird in den Lehrbüchern der TA nicht so viel Aufmerksamkeit geschenkt wie der ersten.

Der äußere Gruppenprozeß findet über die äußere Gruppengrenzlinie statt. Hier werden Einwirkungen von außen auf die Gruppe als auch Wirkungen der Gruppe auf die äußere Realität zum Gegenstand der Betrachtung. Berne berücksichtigte im wesentlichen den Einfluß äußerer Gegebenheiten auf die Gruppe: den der Institution, draußen wartender Patienten, den des Supervisors. Ein Nachfolger

Bernes, G. Barnes, hält auch einen äußeren Gruppenprozeß von innen nach außen für wünschenswert (s. 3.6). Ich zähle zu den äußeren Einflüssen, die auf die Gruppe wirken, auch den der jeweiligen "Psychoszene", in der die Therapie stattfindet, außerdem kulturelle und gesellschaftspolitische Bewegungen, die das Lebensklima zur Zeit der Gruppe prägen. Auch diese Aspekte sind in der Berneschen Betrachtungsweise schon angelegt.

2.3 TA im Vergleich mit anderen Gruppenmethoden

Berne vergleicht in einem Überblick die von ihm entwickelte Gruppenmethode mit den schon vorhandenen Verfahren, die ebenfalls in Gruppen angewendet werden, und kommt zu folgendem Ergebnis:

1) In welchem Ich-Zustand befindet sich der Therapeut, während er die Gruppe leitet? In den mehr analytisch orientierten Verfahren ist der Therapeut im Er, dies ist (nach Berne) auch in der TA der Fall, sie gehört also zu den analytisch orientierten Verfahren (S. 103).

2) Ein anderer Gesichtspunkt ist der Brennpunkt therapeutischer Aufmerksamkeit; er unterscheidet sich bei den analytisch orientierten Verfahren. Im Gegensatz zur Gruppenanalyse (Foulkes), in der die Gruppe als eine Einheit behandelt wird, betrachtet die TA jede ganzheitliche Konzeption der Gruppe, die über die Summe ihrer individuellen Mitglieder hinausgeht, als nahezu völlig irrelevant für den größten therapeutischen Nutzen des einzelnen (auf den es dem TA-Therapeuten hauptsächlich ankommt) (S. 103). Nur wenn "die Gruppe" dem Behandlungsprogramm im Weg ist, erweist sich die gründliche Kenntnis der eher pragmatischen Seite der Gruppendynamik für die Fortführung der Transaktions-Analyse als sehr hilfreich (S. 104). (Dazu mehr in einem späteren Kapitel.) Da eine genaue Analyse der Transaktionen und ganzer Abfolgen von Transaktionen auch eine Klärung der individualgeschichtlichen Hintergründe erfordert, überlappt sich die TA in diesem Aspekt mit der psychoanalytischen Gruppentherapie (S. 104). Berne beschreibt sie als eine harte, klare (crisp) und aufdeckende (fundamental) Therapiemethode, insofern die Therapieziele eindeutig definiert sind und auf dem schnellsten Weg erreicht werden sollen (S. 104).

3) Indikation: Da Berne 1966 noch davon ausging, daß die psychoanalytische Behandlung nur für die sog. Über-

tragungsneurosen geeignet sei, empfiehlt er die TA für alle anderen Störungen, auch die Psychosen, außerdem auch für die Übertragungsneurosen, sofern kein Psychoanalytiker verhanden ist. Weiterhin sieht er in der TA eine vorbereitende Therapie für andere Verfahren, da die TA weniger speziell, breiter angelegt sei und sich in ihren späten Stadien mit psychoanalytischen und existentiellen Ansätzen vereinbaren lasse. Er akzeptiert also Patienten aus vielen diagnostischen Kategorien und wählt sie zufällig aus, um eine Gruppe, so heterogen wie möglich, zu bekommen.

4) Ziele: Berne berichtet schnelle Erfolge und Ergebnisse, die so stabil sind wie die, die durch andere Verfahren erreicht werden - besonders bei Borderline-Störungen, für die das Verfahren gedacht zu sein scheint. Die Patienten würden Vertrauen in die Methode haben und ihre Anwendung leicht lernen. Das Ziel der Therapie ist, den Patienten zu heilen, zum Beispiel, wie Berne es ausdrückt, "Schizophrene zu Nicht-Schizophrenen zu machen" - und jede Technik, die dem Therapeuten zur Verfügung steht, darf angewandt werden, um diese Heilung so schnell wie möglich zu erzielen (vgl. Kaplan u.a. 1971, S. 90).

2.4 Zusammenfassung

Bernes Konzept einer Therapiegruppe kann man folgendermaßen beschreiben:

1) Die Gruppe findet in einem Feld sozialer Spannungen statt, die von außen über den Leiter der Gruppe auf die Gruppe einwirken (Gruppendynamik 1 - 4).

2) Der Therapeut ist den Patienten nicht gleichgeordnet, sondern befindet sich in einer zentralen Position (Strukturdiagramm einer Therapiegruppe, S. 149).

3) Sein über allen andern Aspekten stehendes Ziel ist die möglichst schnelle und ökonomische Heilung seines Patienten gemäß des zwischen beiden abgeschlossenen Therapievertrages.

4) Um dieses Ziel zu erreichen, versucht der Therapeut, die Gruppe auf das Niveau von Gruppentyp Nr. 4 zu bringen: Interaktionen, die möglichst unverblümt den neurotischen Kern der Gruppenteilnehmer zum Ausdruck kommen lassen.

5) Dennoch ist nicht die Gruppe Ziel der therapeutischen Aktionen, sondern der einzelne Patient in der Gruppe.

6) Von sog. "Einzelarbeit", wie wir sie durch spätere TA-

Therapeuten kennenlernen, ist bei Berne aber keine Rede. Jeder kann "Beispiele seines Verhaltens" geben, wann er möchte, die "heilige Stille" und "Treibhaus"[8] -Gefühle gelten als Spielelemente, nicht als authentische Interaktionen.

7) Am Beginn der Therapie wird der Akzent auf die Auflösung der Widerstände gelegt - die unguten Spiele, die der Patient in der Gruppensitzung spielt. Nachdem sich die Symptome des Patienten gelegt haben, können die Widerstände analysiert werden, aber die Aufdeckung der Ursachen seiner Probleme und unbewußten Materials wird nicht forciert. Die Arbeitshypothese lautet, daß der Patient aus freiem Willen imstande sein wird, sein authentisches Selbst von einem Ich-Zustand in einen anderen zu transformieren. Am Beginn der Therapie wird dieser Wechsel noch mit der Hilfe des Therapeuten oder der Gruppenmitglieder angeregt; wenn die Therapie fortgeschrittten ist, vollzieht er sich mehr und mehr autonom. Die Authentizität des sozialen Verhaltens wird gefördert (vgl. Kaplan u.a. 1971, S. 90).

Nach Spotnitz (in Kaplan) ist die entscheidende Frage, ob die Patienten und der Therapeut trotz der schlauen Spiele, in die sie verstrickt sind, echte Gefühle füreinander entwickeln können. Diese Gefühle seien unabdingbar für die Nachreifung der präödipalen Persönlichkeit (S. 90).

2.5 Kommentar

Den sich aus Bernes Anweisungen ergebenden Stil einer Therapiegruppe empfinde ich als hart, arbeitseffektiv und ökonomisch. Nur - hilft das den Patienten? Wo ist der Aspekt der "holding - function" aus der Psychoanalyse, wo der des "unbedingten Annehmens" aus der Gesprächspsychotherapie? Berne möchte, daß der Therapeut vor allem im Er bleibt, alles Elternhafte, also die Übernahme elterlicher Funktionen, wie der des Holding, wertet er ab als "Unterstützende Therapie" im Gegensatz zur aufdeckenden, wie die TA eine sein soll. Dieses Klima wird verständlicher, wenn man Claude Steiners Anmerkungen zu Eric Bernes Lebensskript und seine Einstellung zu Streicheleinheiten ("strokes" finde ich adäquater) liest: "Ich glaube, er hat nur wenige solcher Situationen erlebt (in denen er "strokes" bekommen hätte, G.P.) und auch nur selten einmal eine Streicheleinheit bekommen: Sein Leben war von

Arbeit bestimmt und von seinem Hauptanliegen, Bücher über die Heilung von Menschen zu schreiben" (S. 31). Diese Haltung finde ich in seinen Anweisungen zur Gruppentherapie wieder. So sinnvoll und aufklärend seine Ausführungen über Gruppendynamik auch sind, so einfühlsam und erheiternd (oder erschreckend) seine Spielanalysen, so unerbittlerlich auf Entlarvung eingestellt doch seine Warnungen, den Patienten "at face value" zu nehmen, sich auf ihn einzulassen als einen Mitmenschen und die Beziehung zu erleben, statt sie nur zu analysieren.

Seine Wertschätzung der Therapiegruppe hingegen kann ich teilen. Berne war der Meinung, daß wenige Wochen Arbeit in der Gruppe mehr Informationen über ein Skript zutage fördern, als viele Monate auf der Couch (Steiner 1982, S. 27). Schon die Art und Weise, wie jemand in der Gruppe um einen Aschenbecher bittet (und ihn erhält oder nicht z.B.), konnte für Berne das ganze Skript dieses Menschen enthüllen [9]. So sagt er auch, daß die Transaktionsanalyse eine genuin aus der und für die Gruppe entwickelte Methode sei, für die Patienten leicht erlernbar und für die Therapeuten leicht anwendbar. Um so bedauerlicher finde ich es, daß die praktizierte TA, so wie ich sie über mehrere Jahre kennengelernt habe, gerade diesen transaktionalen Aspekt der Transaktionalen Analyse immer mehr vernachlässigte, so daß die Gruppen schließlich aus lauter "Einzelarbeitern" bestanden, die sich zwar nach der Arbeit lobten oder manchmal auch kritisierten ("nach" heißt nicht nach Beendigung der Gruppe), doch wurden diese Transaktionen nicht zum Gegenstand der Gruppenarbeit genommen, so als zählten sie nicht zu dem analysierbaren Verhalten der Gruppenmitglieder. Der eigentliche Gruppencharakter der Gruppe ging dadurch verloren, es blieb eine Ansammlung von therapiewilligen Individuen, die sich natürlich verbunden (oder auch abgestoßen) fühlten durch die gemeinsam erlebte Arbeit der einzelnen und sich wohl auch über die gemeinsame Gruppentherapeutin definierten, aber sich nicht als Gruppe verstanden in dem Sinne, daß sie z.B. eine gemeinsame Aufgabe hätten, an der sie alle mitarbeiten konnten, ja, sich wohl noch nicht einmal als geschlossene Gruppe fühlten.

Lag diese möglich gewordene Entwicklung daran, daß Berne die Heilung des einzelnen Patienten so sehr über die Beachtung der Gruppe gestellt hatte? Wurde darin vielleicht eine Geringschätzung der Kräfte einer Gruppe gesehen, die entwickelt werden können, wenn die Therapeutin die Gruppe auch und nicht nur den einzelnen Patienten zum Gegenstand ihrer wertschätzenden Aufmerksamkeit macht? Eigentlich spricht Berne abwertend über die Gruppenanalyse, die ja die Gruppe zum Zentrum der Therapie macht. Die Gruppenanalyse sei gut für Gruppe Typ II ("Psychiatrie")[10]. Die "besseren" Verfahren, Psychoanalytische Therapie in der Gruppe und Transaktionale Analyse, sind dann auch für die "besseren" Gruppen (III und IV) aufgehoben (vgl. Berne 1966, S. 129).

Andererseits war es ja gerade das natürliche Verhalten der Patienten in der Gruppe, welches Berne zum Ausgangspunkt seiner therapeutischen Analysen machte. Deswegen ließ er den Gruppenteilnehmern auch so viel Raum wie möglich, sich an den therapeutischen Diskussionen zu beteiligen. Auch dieses wird von Berne nachfolgenden Transaktionsanalytikern (z.B. Wollams und Brown) zwar nicht völlig, aber doch weitgehend, zumindest während der eigentlichen "Einzelarbeit", unterbunden. Die Kontrolle des Therapeuten über das Gruppengeschehen nimmt damit zu. Gleichzeitig tritt die Skriptanalyse gegnüber der transaktionalen Analyse in den Vordergrund auch der Gruppenarbeit. Und diese Skriptanalyse wurde von Berne lange Jahre in psychoanalytischer Manier ausgeübt: Therapeut ohne Blickkontakt mit dem Patienten und dieser, von ihm abgewandt, auf einer Couch liegend.

3. Nachfolgende Entwicklungen und Autoren

Die erste "Schule" innerhalb der TA war die von Berne begründete sog. "Klassische Schule" (vgl. Barnes 1977, S. 13) und darin die sog. "San Francisco Gruppe", zu der auch Claude Steiner gehörte, dessen Ansatz ich im folgenden darstellen werde. Nach Bernes Tod im Jahre 1970 (er war damals erst 60 Jahre alt) setzte eine rasante Entwicklung in der TA und der TA durch alle Kontinente ein, die vor allem durch die Einbringung von Philosophie und Methoden aus der humanistischen Psychologie und Bewegung in Theorie und Praxis der TA gekennzeichnet ist. Innerhalb der Klassischen Schule entwickelten sich viele Führer und Richtungen, u.a. auch die von Steiner und Wyckoff vertretene "Radikale Psychiatrie". Einen guten Überblick dieser Entwicklung gibt der von Barnes herausgegebene Reader "Transactional Analysis after Eric Berne" (1977).

Auch Martin Groder, den ich später zitiere, wird von Barnes zu der Klassischen Schule gerechnet. Er gründete in einer Strafvollzugsanstalt eine therapeutische Gemeinschaft auf der Grundlage des Synanon Modells, die TA als ihre grundlegende Behandlungstechnik aufnahm. Wollams und Brown hingegen, auf die ich später eingehe, müßten nach dem Modell von Barnes (S. 14) zu der Neuentscheidungs-Schule gezählt werden, die natürlich auch auf Berne zurückgeht, aber in Watsonville(Kalifornien von Mary und Robert Goulding begründet wurde. Sie arbeiten verstärkt in Marathon-Gruppen und wenden viel Gestalttherapie im Sinne der Zwei-Stühle-Technik an. Wollams und Brown gründeten das "Huron Valley Institute" in Michigan; sie bezeichnen sich selber als eklektische Transaktionsanalytiker (S. 246), weil sie sowohl in der Theorie als auch methodisch Anleihen bei anderen therapeutischen Ansätzen (u.a. Freud) und transaktionsanalytischen Schulen machen. Der Beitrag des letzten der von mir referierten Autoren, Barnes, besteht in einer Ausweitung des Gegenstandsbereiches transaktionsanalytischer Arbeit auf die die Gruppe umgebende Umwelt.

3.1 Claude Steiner

Steiner gibt 1974 eine Begründung, warum er die Gruppentherapie für effektiver und sinnvoller hält als die Einzeltherapie (dt. 1982, S. 260 ff). Die Gruppe dient dem Klienten als Möglichkeit, die eigenen Probleme zu relativieren, "sein zwischenmenschliches Handeln zu erleben und zu analysieren". Aus Steiners Sicht spielen sich die meisten Transaktionen während der Gruppenarbeit auf der Arbeitsebene ab (S. 284). Sein Gruppenmodell ist: Aktivität der Gruppe bei Abklärung der "Tagesordnung", bei der dann stattfindenden "Arbeit" ist hauptsächlich der Therapeut aktiv, die Klienten können "den 'Saft' der Eltern- und Kindheits-Ebene" (S. 285), beisteuern. Wenn diejenige, die "dran" ist, einen Vorschlag des Therapeuten "unmittelbar in Anwesenheit aller anderen Gruppenmitglieder in die Tat umsetzt (in offene Wut oder Weinen ausbrechen, ehrlich sein ...), dann ist sie anschließend häufig sehr erschüttert und braucht Wärme, Nähe und Geborgenheit". Dies geben die Gruppenmitglieder. Steiner vermeidet Körperkontakt und soziale Kontakte mit seinen Klienten. Seine Gruppenpatienten ermuntert er zu beidem, bittet sie aber, keine intimen Kontakte untereinander einzugehen.

Sie sollen sich unterstützen und "Geleitschutz" (S. 294) geben, keine neuen Spiele anfangen. Sie sollen sich so verhalten, daß ein Gruppenmitglied gute Erfahrungen macht, wenn es aus seinem Skript aussteigt; schlechte liefert die Realität in ausreichendem Maße.

Dieser "Gegengewicht"-Einfluß der Gruppe (S. 297) setzt sich fort in den sog. "Erlaubnis"-Gruppen und den Marathons (S. 298). Zu den Erlaubnisgruppen kommt der Klient mit einem ganz speziellen Kontrakt, z.B. andere zu berühren, sexuell eindeutiges Verhalten zu zeigen, zu führen statt zu folgen. Die anderen Teilnehmer dienen als Gegenüber für die verschiedenen auszuprobierenden Verhaltensweisen. Die Gruppen werden in der Regel nicht von dem Leiter der Therapiegruppe, sondern von einem anderen Therapeuten geleitet. Falls ein Klient in seiner therapeutischen Entwicklung an einem Punkt stecken bleibt, über den er in der Gruppenarbeit nicht hinwegkommt, kann ihn der Therapeut zu einem Marathon einladen, auf dem er sich speziell diesem Punkt widmet. Häufig bewirkt das Marathon eine geradezu euphorische Stimmung, "die ein bis zwei Wochen anhält" (S. 299).

Diskussion

Am meisten fällt mir die große Disziplin ins Auge, mit der Steiner seine Gruppen in der Hand zu haben scheint. Alles erscheint mehr oder minder geregelt: die Behandlungsziele, die Reihenfolge der "Arbeitenden" in einer Gruppensitzung, was man darf und nicht darf in der Gruppe, ebenso was man tun sollte, um "gesund" zu werden (oder dem Therapeuten zu gefallen). Ein bißchen erinnert die Situation an die Schule, besonders, wenn dann auch noch "Hausaufgaben" (S. 299) gegeben und gemacht werden müssen und in der nächsten Gruppensitzung darüber berichtet werden muß. Hat Berne (in guter psychoanalytischer Tradition) seinen Klienten noch erlaubt, sich so zu verhalten, wie (neurotisch auch immer) sie sind, sind bei Steiner nur "gesunde" Transaktionen erlaubt. Der Leiter hat dafür zu sorgen, daß die "Gruppe nicht in Spiele abgleitet" (S. 286), daß die Gruppenzeit intensiv genutzt wird, die Gruppenarbeit innerhalb des Rahmens des vereinbarten Kontraktes bleibt. Zwar liegt die Verantwortung für die Gestaltung der Zeit in einer gut funktionierenden Gruppe bei den Teilnehmern selbst, aber Steiner läßt sie m.E. dennoch nicht ihren eigenen Weg finden. Dazu ist viel zu wenig Raum für die Umwege in der menschlichen Entwicklung, die sowohl bei "Gesunden" als auch - und hier besonders - bei einmal "aus dem Tritt Geratenen" notwendig sind, um wieder ein inneres Gleichgewicht zu erlangen. Diese Umwege manifestieren sich in einer nur sanft geleiteten Gruppe in zeitweilig langen, quälenden Schweigephasen, destruktiv wirkenden aggressiven Sequenzen ... in der TA ist sogar dieser Austausch kanalisiert: "Negative Gefühle äußern", S. 301. Die Therapiegruppe wird damit zu einer Arbeitsgruppe, die emotionalen Beziehungen der Gruppenmitglieder untereinander und zum Therapeuten werden oberflächlich entschärft, man ist zusammen, um vertraglich vereinbarte Ziele zu erreichen, und zu diesem Zwecke werden die echten (auch echt belastenden) Beziehungen am besten unterdrückt. Dementsprechend tritt die Spielanalyse, die Nicht-OK-Transaktionen der Gruppenteilnehmer zum Inhalt hat, zugunsten der Skriptanalyse mit dem Einzelnen (Vereinzelten) im Zentrum in den Hintergrund. Konfliktpartner sind hauptsächlich die (vorgestellten) Eltern, die Gruppenmitglieder werden zu loyalen Erfüllungsgehilfen des Therapeuten. Weitere kritische Überlegungen zu dieser Problematik finden sich in Kopp (1982, S. 69 ff) und Petersen (1980, S. 284 ff).

3.2 Hogie Wyckoff

Eine kalifornische Feministin, Hogie Wyckoff, die 1969 zusammen mit Claude Steiner das "Radical Psychiatry (RaP) Center" gegründet hat, entwickelte Steiners gruppentherapeutische Konzepte für ihre therapeutischen Frauengruppen weiter. In ihrem Buch "Solving Womens' Problems" (1977) beschreibt sie die Arbeitsweise der Gruppen, die im RaP-Center stattfinden: 1. Sieben oder acht Klienten (people) treffen sich jede Woche für zwei Stunden mit einem Gruppenleiter (und einem Beobachter, der sich in der Ausbildung befindet), um Probleme zu lösen. 2. Jeder Klient macht einen Therapievertrag. 3. Solange er der Gruppe angehört, verzichtet der Teilnehmer auf die Möglichkeit, sich umzubringen. 4. Die Teilnehmer sagen, was sie bekommen oder tun möchten, die anderen helfen ihnen, ihre Ziele zu erreichen. 5. Die Mitglieder sind ehrlich und unterstützen sich. 6. Neue Mitglieder kommen mindestens für vier Wochen zur Gruppe ... 8. Sie haben keinen sexuellen Kontakt miteinander. 9. ... und nehmen an keiner anderen Therapie teil. 10. Mitglieder, die während der Gruppensitzung unter dem Einfluß von Drogen stehen, beteiligen sich nicht an der Problemlösungsarbeit, können aber Strokes erbitten und bekommen (S. 67/68).

Die Gruppen laufen über mehrere Jahre. Mitglieder, die ihre Ziele erreicht haben, können ausscheiden. Dann kommt ein neues Mitglied in die Gruppe. Die mittlere Verweildauer in der Gruppe beträgt ein Jahr.

Die Gruppensitzung ist folgendermaßen organisiert: Zu Beginn der Gruppe schreibt jede Teilnehmerin an eine Tafel, wieviel Zeit sie heute für sich in Anspruch nehmen möchte. U.U. muß dann verhandelt werden, wer etwas von seiner Zeit abgeben möchte. Ein Mitglied achtet auf die Zeit und übernimmt sozusagen den Gruppenvorsitz, indem sie fragt, ob jemand sagen möchte, wie es ihr geht, oder ob jemand irgendwelche Gefühle habe, die einer besonderen Behandlung bedürfen. Zu dieser Zeit der Gruppensitzung können dann z.B. gruppendynamische Probleme geklärt werden, aber möglichst kurz. Dann beginnt die eigentliche Arbeit, während der immer wieder gefragt wird, was die Arbeitende erreichen möchte mit dem, was sie gerade tut. Die Gruppe gibt Feedback als Antwort auf Fragen, die den Teilnehmerinnen beim Problemlösungsprozeß kommen (S. 89/90).

Vergleich mit Berne

1. Die Stellung der Therapeutin. Bei Berne bestimmt der Therapeut, mit wem er wann wie lange arbeitet, bei Wyckoff haben die Patientinnen selber diese Entscheidung übernommen, die Therapeutin hält sich aus den Anfangsverhandlungen weitgehend heraus. Stand bei Berne der Therapeut, wie aus dem Strukturdiagramm einer Therapiegruppe hervorgeht (1966, S. 148), im Mittelpunkt der Gruppe und erwartete auch, daß kindliche Übertragungen auf ihn ausgerichtet waren, ist die Therapeutin bei Wyckoff fast den Teilnehmerinnen gleichgeordnet, "verdient nicht mehr Liebe und Aufmerksamkeit als die anderen" (S. 22) und soll vor allem keine Gruppenautorität werden, die entscheidet, was die einzelne Frau tun sollte (S. 21).

2. Dies sollen vor allem die Verträge verhindern, die im Unterschied zu Berne nicht nur zwischen Therapeutin und Klientin abgeschlossen werden, sondern zwischen allen Gruppenmitgliedern, die zur Zeit des Abschlusses der Verträge anwesend sind (S. 21). Zu diesen Verträgen gehören auch die oben zitierten Vereinbarungen 1 - 10.

3. Die Autonomie der Gruppe bei Wyckoff kommt auch zum Ausdruck in der Tatsache, daß die Gruppenteilnehmerinnen zumindest einen Einfluß darauf haben, wer nach dem Ausscheiden einer Frau aus der Gruppe als nächste kommt (S. 66). Berne ging noch davon aus, daß die Gruppe so heterogen sein solle wie möglich, um möglichst viele verschiedenartige Transaktionen erhalten zu können (1966, S. 32). Bei Wyckoff dürfen die Frauen in der Gruppe Wünsche äußern, welche Art von Frau sie als nächste in der Gruppe haben wollen (z.B. eine lesbische oder eine mit Kindern).

4. Hier kommt das RaP-Prinzip zum Ausdruck, daß Menschen, die sich und etwas verändern wollen, Unterstützung von Gleichgesinnten und Freunden brauchen. Auch nach Berne resultieren die "unspezifischen Effekte der Teilnahme an einer Gruppe aus den Strokes und der Anerkennung" (1966, S. 316). Aber die Gruppe wurde nicht danach zusammengestellt, ob sich die Mitglieder bei ihrer Veränderung besonders gut unterstützen können; außerdem rangierte die Unterstützung unter "unspezifischen" Effekten. Bei Wyckoff und Steiner hingegen ist Unterstützung neben Kooperation (Vereinbarung Nr. 5, s.o.) eine der wichtigsten Variablen in der Gruppe überhaupt.

3.3 Eigene Erfahrungen mit diesem Modell

Ich habe in der oben beschriebenen Art etwa 3 Jahre lang sowohl "gemischte" Gruppen als auch therapeutische Frauengruppen geleitet. Ein Großteil der Spannungen, die die Gruppendynamik in einer Gruppe ausmachen, äußerte sich in den Schwierigkeiten, die der Gruppe zur Verfügung stehende Zeit am Anfang der Sitzung zur Zufriedenheit aller zu verteilen. Einige Patienten arbeiteten gar nicht, was auf die Dauer zu einer unerträglichen Situation für die anderen Gruppenmitglieder führte, die aber in diesem Modell nicht die Gelegenheit hatten, sich mit dem Schweigenden auseinanderzusetzen, wenn dieser nicht wollte. Wir konnten nur darauf hinweisen, daß einige ihren Vertrag nicht erfüllten und damit den Zweck ihrer Teilnahme an der Gruppe verfehlten. Aber eine richtige Auseinandersetzung, wie sie in einer "frei" verlaufenden Gruppe stattfinden kann, war nicht möglich. Erstens war die Zeit meistens verplant, und zweitens besteht in der TA der Grundsatz, daß der Therapeut nicht mehr als 50 % der Arbeit des Patienten tun soll. Daß ein schweigender bzw. störrischer Patient für eine Gruppe eine wichtige Funktion haben kann und es den anderen vielleicht erst ermöglicht, relativ frei von Zweifeln und Konflikten arbeiten zu können, fiel bei diesem Modell völlig unter den Tisch.

Die Gruppen schienen mir unter einem ziemlichen Leistungsdruck zu stehen. Die Teilnehmer hatten die Aufgabe, sich überlegt zu haben, was sie in der heutigen Sitzung für die Erfüllung ihres Vertrages tun wollten. Darin versuchten sich dann manche Teilnehmer zu übertreffen, sie wollten vielleicht auch den Therapeuten gefallen, auf jeden Fall entstand eine eifrige Arbeitsatmosphäre, in der es zwar schlechte Schüler gab, aber kaum ein Akzeptieren von sog. Ausagieren: daß jemand nicht arbeiten wollte oder nicht sein Ziel erreichen wollte oder die ganze Gruppe nicht mochte oder nur nicht die Therapeuten ... Wir haben gefördert, daß die Patienten sich aneinander anschmiegten, wenn sie sich beschützt fühlen wollten, was dann zeitweilig dazu führte, daß die ganze Gruppe einander mehr oder weniger in den Armen lag, und nur derjenige, der gerade dran war, einigermaßen senkrecht saß. Da kam es mir dann manchmal vor, als ob der Arbeitsstreß des zeitlimitierten, genau geregelton Vorgehens zwar dazu führte, daß keine langwierigen Pausen entstandon, aber andererseits die Patienten so erschöpfte, daß sie Zuflucht beieinander suchen mußten.

Man könnte einwenden, daß dieser Leistungsdruck durch die an der jeweiligen Gruppe beteiligten Personen entstanden sei. Ich beziehe mich aber auf Erfahrungen, die ich in verschiedenen Gruppen in verschiedenen Rollen in den späten siebziger Jahren in der BRD und in den USA machte. Nun mag sich die TA seitdem verändert haben, die geschilderten Entwicklungen scheinen dennoch in der Theorie angelegt zu sein.

Die meisten Patienten, seltsamerweise, fanden diese Gruppen gut. Sie hatten nicht das Bedürfnis, sich in einer weniger strukturierten Gruppe bewähren zu müssen. Vielen bot der feste Rahmen einen Halt. Das Risiko, im Konkurrenzkampf einer Gruppe zu unterliegen, wurde durch das Einhalten der Gruppenregeln verringert: Kooperation; jederzeit alles sagen, was man sich wünscht; fragen, ob der erwünschte Andere es einem geben möchte etc. ...
Auch haben wir im Sinne von Steiner (S. 307)vertreten, daß ein unerfüllter spezifischer Wunsch in einen erfüllbaren weniger spezifischen umgewandelt wird. So konnten dann in einer Gruppe relativ viele Wünsche erfüllt werden.

Noch lange, nachdem ich, aufgrund meiner eigenen Abwendung von der TA, in meinen Gruppen nicht mehr auf die Einhaltung all dieser Regeln achtete, sondern die Entwicklung der Gruppe mehr dem "freien Spiel der Kräfte" der beteiligten Personen überließ, hielten sich die Gruppenteilnehmer, welche in einer nach dem Modell der TA geführten Gruppe angefangen hatten, an die dort erlernten Regeln. Sie sagten z.B.: "Heute will ich arbeiten", und fragten die anderen, ob sie damit einverstanden wären, daß sie jetzt damit anfingen. Auf diese Weise hielt sich etwas, was ich trotz aller körperlichen Nähe als "Berührungsangst" in der TA bezeichnen möchte: die Teilnehmer hatten Angst, sich gegenseitig in ihrer "Arbeit" zu unterbrechen, den begonnenen Faden für ein neues oder verwandtes Thema aufzunehmen. Sie sagten dann auch, wenn sie ihre "Arbeit" beendet hatten: "Ich bin fertig", und deuteten damit an, daß jetzt ein anderer könne, wenn er wolle. Andererseits hielt sich in dieser Gruppe (im Gegensatz zu anderen, die ich leitete) ein Bewußtsein, für die eigenen Probleme zum größten Teil selbst verantwortlich zu sein, etwas an ihnen ändern zu können, wenn man nur wolle, eine Art praxisorientierter Umgang mit den eigenen Schwierigkeiten, der im Gegensatz zu der oft dumpfen Verhaftetheit anderer Gruppen in ihren Problemen für mich oft erfrischend und ermutigend war.

3.4 Wollams und Brown

Stan Wollams und Michael Brown widmen in ihrem 1978 erschienenen und sehr empfehlenswerten Lehrbuch der TA der "Gruppenpsychotherapie" ganze vier Seiten (von insgesamt 295). Sie führen als die Vorteile der Therapie in Gruppen u.a. folgende Gründe an: 1.) Mehr und mehr verschiedene Übertragungen. Alle diese Übertragungsbeziehungen können für die Therapie[11] genutzt werden (S. 257). 2.) Wenn eine Patientin sich durch die Übertragungsbeziehung hindurcharbeitet, kann sie auf Unterstützung von seiten der anderen Gruppenmitglieder rechnen. 3.) Der Therapeut wird von der Gruppe auf seine Gegenübertragung aufmerksam gemacht. 4.) In Gruppen wird die Zeit besser genutzt. Wenn die Klientin in der Sitzung an einen Engpaß kommt oder wenn nichts von Nutzen passiert, kann sie oder die Therapeutin beschließen, ihre Arbeit bis auf weiteres zu beenden. Es kommt vor, daß so eine Klientin manchmal nur fünf Minuten lang arbeitet und dann sie oder die Therepeutin sich dafür entscheidet, aufzuhören. Die Therapeutin kann dann ihre Aufmerksamkeit jemand anderem zuwenden und sich der ersten Klientin wieder widmen, wenn diese bereit ist, weiterzugehen (S. 258).

So konzentrieren sich Wollams und Brown während der Gruppensitzung hauptsächlich auf eine Klientin zur Zeit darauf bedacht, ihr zu helfen, ihren Vertrag zu erfüllen. Innerhalb des gesamten Behandlungsplanes wenden sie auch Encounter oder Methoden an, die den Gruppenprozeß miteinbeziehen, aber dies nur, um der einzelnen Klientin zu helfen, eine Neuentscheidung fällen zu können. Die Gruppenmitglieder können dabei mit Strokes und Einfällen behilflich sein, dürfen sich jedoch nicht auf die "Sensitivity-Training"-Art verhalten (S. 259). Sie können der Klientin eine neue Umgebung bieten, die ihr Skript nicht bestätigt (dies vor allem auf Marathons).

In einem späteren Kapitel geben Wollams und Brown Anweisungen für die Durchführung der Therapie (S. 265). Eine der Regeln lautet: Bearbeite die hier-und-jetzt-Probleme, die zwischen den Teilnehmern (einschließlich der Therapeutin) existieren ... bevor der Inhalt des Vertrages in Angriff genommen wird. Beispiele: Rivalität, Eifersucht, Dinge, die übelgenommen werden, Liebesgeschichten, Ängste, wie es um die Vertraulichkeit bestellt ist, Gefühle gegenüber neuen Mitgliedern oder alten, die die Gruppe verlassen, und Spannungen zwischen Ko-Therapeuten. Ebenso soll den Ereignissen, die im realen Leben der Gruppenteilnehmer stattfinden, vorrangig Beachtung geschenkt werden: Tod einer Angehörigen, Heirat, Trennung oder Scheidung, Krankheit oder Verletzung, Geburtstage (S. 267).

Im Gegensatz zu Steiner und Wyckoff, die jedes "Spiel" sofort in seinen Anfängen bremsen, kennen Wollams und Brown im Einklang mit Berne auch die Möglichkeit für den Therapeuten, ganz bewußt auf das Spielangebot einer Klientin einzusteigen, um die für eine Aufdeckung und Bearbeitung eines Spiels erforderlichen "Beweise" zu erhalten (S. 148). Diesen Weg wählen sie aber nur, wenn eine sofortige Konfrontation der Klientin mit ihrem Spiel diese überfordern würde.

Kommentar

Wir finden bei Wollams und Brown eine dem Berneschen Konzept der Gruppentherapie verwandte Auffassung, insofern den Beziehungen der Beteiligten eine übergeordnete Bedeutung beigemessen wird. Wollams und Brown verwenden

das Miniskript von Kahler mit seiner Unterscheidung von Prozeß und Inhalt eines Skripts, sowie die Ideen von Bandler/Grinder, die die Beziehung zwischen Therapeut und Klient in den Vorgängen des pacing und leading betonen. Wollams und Brown vertreten eine eklektische Position, in die sowohl die eher psychoanalytisch geprägten Begriffe wie Übertragung und Gegenübertragung via Berne einfließen, als auch die Neuentscheidungs- und Neue-Umwelt-Konzepte der Gouldings. Die Rolle des Therapeuten ist wie bei allen bisher referierten Autoren (außer Wyckoff) auf die eines Leiters und Exekutors festgelegt: er leitet die Einzelarbeit, er sorgt dafür, daß Gruppenmitglieder sich da raushalten, er erlaubt ihnen, seine Arbeit zu unterstützen, wenn er es für richtig hält. Die Bearbeitung der Beziehungen der Gruppenmitglieder untereinander ist nicht das hauptsächliche Material des Therapeuten (wie noch bei Berne), sondern eigentlich nur Mittel zum Zweck, eine ungestörte Einzelarbeit an den ungelösten Entwicklungsproblemen zu gewährleisten. Danach darf die Gruppe dann als Übungsplatz fungieren, um neues Verhalten auszuprobieren, zu belohnen und wieder auftretende
tern.

3.5 Sheldon Kopp als Kritiker der TA

Ich möchte diese Arbeit nicht schließen, ohne etwas ausführlicher Sheldon Kopp (1982) zu zitieren, wie er sich (wie immer sehr persönlich und leidenschaftlich) mit einigen Aspekten der amerikanischen TA auseinandersetzt. Seine Version der TA in der Gruppe:

"In diesem Rahmen kann der Patient in Aktion beobachtet werden, bis der Therapeut und andere Gruppenmitglieder seine Transaktionen ausfindig machen und analysieren. Wie die Spiele erhält auch das Lebensskript einen bestechenden Namen; zum Beispiel wird die Lebensgeschichte des Patienten 'Aschenputtel', ... 'Der einsame Soldat' oder nach irgendwelchen anderen bekannten Märchen ... benannt.

Die Etiketten der T.A. sind immer hervorragende Vereinfachungen für ein unglückliches Leben. Die Spiele des Patienten und sein Lebensskript 'herauszustellen', wird dann dazu benutzt, ihn zur Zielscheibe der Anschuldigung, Lächerlichkeit und Ermahnung für die Gruppe werden zu lassen. Wenn er nur erkennen würde, was er da macht, zugäbe, daß er sich mit seiner Art irrt, und wirklich versuchte, ein Leben in positiver Anpassung an die bewährte gesellschaftliche Meinung zu führen, dann wäre er fähig zu sagen: 'Ich bin O.K., und alle anderen sind auch O.K.'.

... Der Gruppendruck ... ist überwältigend. Die Vorbereitung bis zum Zeitpunkt der Bekehrung kann häufige Treffen der Transaktionsgruppe über viele Monate in Anspruch nehmen, der Moment der Erleuchtung aber, kombiniert mit dem Entschluß, mit dem sündenvollen Leben zu brechen, ist immer ein Spitzenerlebnis. Sein Erfolg hält ungefähr so lange vor wie die Encountergruppen-'Esalen-Allzweck-Vermeidungs-Umarmung'.

Die T.A.-Bekehrungen im Lebensskript verschwinden schnell, wie die guten Vorsätze zum Neuen Jahr, falls der Patient nicht von einer (S. 69) die Lehre vertretenden, anfeuernd unterstützenden Gruppe abhängig bleibt. Der Lebensstil eines Patienten wird als 'autonom' bezeichnet, wenn er ein an dieses besonders beruhigende, geschlossene System angepaßtes T.A.-Leben führt. ... Berne scheint für das menschliche Ringen mit manchen Problemen, die vielleicht nie zu lösen sind, ohne Respekt zu sein.

Manchmal sind seine oberflächlichen Forderungen an die Menschen, seine klug ausgeheckten, ins Lächerliche ziehenden Abkürzungen, seine vereinfachten Schemen einfach lieblos ... Das sieht dann so aus, als lebe der Mensch außerhalb (S. 70) der Geschichte und der Zweideutigkeit von unvermeidbarer Unsicherheit, Schuld und Furcht. T.A. ist schrecklich beruhigend, bietet schlaue Mini-Hilfe, reduziert sich aber schließlich auf eine verkleinerte, geringschätzige Sicht der Menschen, deren Weisheit eingeschränkt und kostspielig ist" (S. 71).

Kommentar

Kopp spricht m.E. von der Position eines Menschen aus, dem es weniger um gut angepaßtes Funktionieren in einer vorgegebenen Wirklichkeit geht, als um seine Selbstfindung, Selbsterkenntnis, Selbstbestimmung und Selbstverwirklichung in einer als kompliziert, verwirrend und einschränkend erlebten Welt. Deshalb auch sein Plädoyer für den individuellen Weg und das Akzeptieren auch von unangenehmen Gefühlen wie "leeren Tränen" (S. 71) und allein genossenem Ärger (S. 72). "Ich weine," antwortet Solon, "eben gerade, weil es nichts bringt." (Sewall 1959, S. 6, zit. nach Kopp, S. 71). Dieses l'Art pour l'Art möglicher Therapie, auch Gruppentherapie, scheint Kopp in der TA zu fehlen. Ihre Ausrichtung auf Effektivität und Praktikabilität stößt ihn ab.

Daß auch eine Gruppe das Recht hat, sich in ihrer Individualität zu entfalten und den Therapeuten einzuspinnen in ihre Traumwelt, wird in den Beiträgen der TA-Therapeuten nicht erwähnt. Der Wunsch nach Kennenlernen und Ausleben dessen, was in einem verborgen ist und vielleicht erst einmal abstrus und unvernünftig wirkt, scheint in der Therapie Bernscher Machart keinen Platz zu haben. Er fand Einlaß, indem humanistisch ausgerichtete Therapeuten (wie die Gouldings z.B.) Gestalttherapie und andere Primärtherapie als Methoden in die TA einbrachten. Dies aber immer nur im Rahmen eines vorher festgelegten Vertrages, womit die Grenzen sprengende Kraft dieser Ansätze eingedämmt wurde.

3.6 Graham Barnes

Graham Barnes denkt in seiner Einleitung zu dem Reader "Transactional Analysis after Eric Berne" (1977) über die zukünftigen Aufgaben der TA nach. Zuerst zitiert er Martin Groder, der 1974 feststellt, daß sich die TA von einer klinischen Disziplin wieder zurückentwickeln müsse zu dem, was sie einmal gewesen ist: Sozialpsychiatrie (Barnes, S. 24). Daran anknüpfend entwirft Barnes den Plan zu einer neuen TA-Gruppenkultur, die auch die Beschäftigung mit der äußeren Realität zum Inhalt hat:

"Therapiegruppen sollten auch für soziale Aktionen Gelegenheit bieten. Dabei sollten für Klienten Wahlmöglichkeiten enthalten sein, mit unterschiedlichen Formen von Problemlösungsverhalten zu experimentieren. Teilnehmer in Therapiegruppen könnten eingeladen werden, einen Gruppenvertrag zu schließen, einige Aspekte einer Organisation zu verändern oder ein kommunales Problem zu beeinflussen, genauso wie sie Verträge schließen, an ihren persönlichen Problemen zu arbeiten. Mitglieder der Gruppe könnten darin übereinstimmen, solange zusammenzubleiben, bis die Aufgabe gelöst ist, die sie sich in gegenseitiger Absprache gestellt haben. Dabei würde die Gruppe sich dafür einsetzen, bestimmte Formen institutioneller oder sozialer Unterdrückung zu überwinden. Die Gruppenmitglieder könnten durch gemeinsamen Konsens entscheiden, welches soziale Problem sie lösen wollen. Sie könnten auch beschließen, wie sie aktiv werden wollen, für welche Aktivitäten sich die einzelnen engagieren und wie lange sie sich diesem Problem widmen wollen. Bei jeder Zusammenkunft könnten die Mitglieder der Gruppe einen Teil ihrer

Zeit der Arbeit an ihren persönlichen und zwischenpersönlichen Problemen widmen und einen Teil ihrer Zeit dem gemeinsamen Projekt. Die Mitglieder der Gruppe könnten auch ermutigt werden, als autonome Bürger in einer unabhängigen Gemeinschaft aktiv mitzuarbeiten, die sich mit Problemen sozialer Gerechtigkeit befaßt und Alternativen sucht. Dies könnte getan werden, ohne daß die speziellen Bedürfnisse und Probleme eines jeden Gruppenmitgliedes vernachlässigt würden, seien es somatische Schwierigkeiten, ungelöste Skriptptobleme, unangenehme Beziehungen mit Familienmitgliedern und Berufskollegen oder andere berufliche und fachliche Probleme" (aus der deutschen Übersetzung S. 46).

Kommentar

Dieses Modell einer Arbeit in der Gruppe erinnert an die themenzentrierte Interaktion Ruth Cohns: der Einzelne, die Gruppe und das gemeinsame Thema stehen gleichberechtigt nebeneinander. Es erinnert auch an den Anspruch der RaP-Leute, Steiner, Wyckoff u.a., die neben der Befreiung des Einzelnen auch die Veränderung der Gesellschaft anstreben. Falls das Modell von Barnes zur Anwendung käme, hätten wir die oft geforderte und lang gewünschte Verbindung des Individuums mit der Gesellschaft auch in der Therapie, ein Unterfangen, welches m.W. erst in Ansätzen verwirklicht wird, u.a. von H.E. Richter, hier allerdings auf psychoanalytischer Grundlage.

Der Beitrag der TA wird in dem Barneschen Modell besonders deutlich: die Zielvorstellungen werden im Sinne eines Vertrages aus der Gruppe entwickelt. Es handelt sich also nicht um unkontrolliert verlaufende Spontanaktionen. Die Problematik des Einzelnen wird ebenfalls berücksichtigt, auch dafür sorgt der Vertrag. Die Gruppenarbeit kommt nicht zu kurz, denn die Gruppe hat sich geeinigt, für eine bestimmte Zeit zusammenzubleiben, um die gemeinsamen Ziele zu erreichen. Die Vorteile der vertragsmäßigen Absprache kommen hier voll zur Geltung.

Kopp kritisierte an der TA, daß sie den Menschen an ein vorgegebenes Weltbild anpassen wolle. In dem von Barnes entworfenen (und von Steiner u.a. ansatzweise praktizierten) Therapiemodell wird dem Patienten seine die Welt verändernde Rolle wieder zugestanden. Die emotionale Pilgerschaft, die Kopp meinte, ist damit allerdings noch nicht gesehen. Dennoch sollte man die sprengende Kraft, die in dem Barnesschen Ansatz liegt, nicht unterschätzen. Nicht umsonst wendet sich Groder, auf den Barnes sich bezieht, von dem ab, "was sich bisher in der privaten Praxis der Psychotherapie oder auch in Ausbildungsinstituten ... abspielt" (Barnes 1979, S. 44), wenn er den gesellschaftlichen Kontext wieder in die TA hineinnehmen will. "Menschen können in dem Maße autonom sein und sich selbst bestimmen, in dem sie sich in einem Rahmen erleben, den sie selbst geschaffen haben" (Barnes 1979, S. 47). Ich würde mich freuen, wenn die TA-Therapeuten diese Erkenntnis zuallererst auf die Gestaltung ihrer Therapiegruppen anwenden würden.

3.7 Zusammenfassung

Vergleicht man die hier berücksichtigten Gruppenkonzepte mit dem Berneschen, läßt sich einerseits eine (1) Verengung, andererseits eine (2) Erweiterung feststellen. Verringert hat sich bei Steiner und Wollams/Brown das Ausmaß der Interaktion der Gruppenteilnehmer, sie sind stärker auf den Therapeuten ausgerichtet, die Verträge umschließen die Gruppe fester. Innerhalb dieses engeren Rahmens werden andere und neue Methoden angewandt: Gestalt (s. Goulding), Hypnose (Wollams/Brown), Bioenergetik (Wyckoff). Groder und Barnes versuchen, via Verträge die Reichweite transaktionsanalytischer Therapie wieder zu vergrößern: Die in der Gruppe angestrebten Ziele betreffen auch die Veränderung der Gesellschaft.

ad 1) Der Schwerpunkt der Gruppendynamik hat sich verlagert. Berne versteht sich mehr als Beobachter bzw. Facilitator des Gruppengeschehens, bei Steiner und Wollams/Brown steuert der Therapeut eindeutig das Gruppengeschehen, initiiert auch Prozesse. Dementsprechend nimmt die Interaktion der Teilnehmer untereinander ab, die Transaktionen über die major internal boundary zu. Folgerichtig tritt die Spielanalyse, die die Gruppeninteraktion voraussetzt, zugunsten der Skriptanalyse, die den Einzelnen zum Zentrum hat, in den Hintergrund. Der Therapeut spricht mehr. Er ist derjenige, von dem die heilenden Impulse ausgehen. Eine mögliche Erklärung für diese Entwicklung könnte in der zunehmenden Verwendung der TA in kurzfristigen Workshops sein, was die Entwicklung einer tragfähigen Gruppenkultur erschwert.

ad 2) Die Verwendung TA-fremder Methoden in der transaktionsanalytischen Gruppe hat nur implizit einen verändernden Einfluß auf die Gruppe. Per se ist die TA nicht an bestimmte psychotherapeutische Methoden gebunden. Doch die neuen Methoden brachten auch eine Veränderung der Rolle des Therapeuten mit sich, und das wiederum hatte entscheidenden Einfluß auf die Gruppe (s.o.).

Die Ausweitung der Ziele auf gemeinsames politisches Handeln wird ebenfalls eine Veränderung der Gruppe bewirken. Der klinische Rahmen, in dem TA bei Berne sich abspielte, kann nicht aufrechterhalten werde, wenn der Einzelne Teil einer politischen Aktion ist.

Anmerkungen

1) TA = Abkürzung für Transaktionale Analyse.
2) In Anlehnung an Petzold (1976) verwende ich Transaktionale Analyse als Oberbegriff, der auch die Transaktionsanalyse umfaßt.
3) Dilthey 1979; Hellinger 1978, Petersen 1980; Wollams und Brown 1978; Barnes (Hrsg.) 1977.
4) im Literaturverzeichnis unter 1957, vgl. Berne (1966, S. X).
5) ein anschauliches Beispiel dafür in Petersen (1980, S. 275 ff).
6) s. Berne (1967, S. 146).
7) Sisiwum!! = "Sie sind wunderbar, Herr Michelmeier!!" = "Verehrerin". Vgl. Berne (1967, S. 209).
8) Berne (1967, S. 193).
9) Einen Aspekt davon hat Kahler (1977) das Miniskript genannt.
10) Berne (1967, S. 212).
11) Statt der männlichen Form verwenden die Autoren die weibliche.

Literatur

Barnes, G. (Hrsg.), Tansactional Analysis after Eric Berne. Teachings and Practices of Three TA Schools, Harper's College Press, New York 1977; dt.: TA seit Eric Berne, Insitut für Kommunikationstherapie, Berlin 1979.

Berne, E., Ego States in Psychotherapy, Am.Jnl.Psychother. 11, 1957, S. 293-309.

-, Transactional Analysis in Psychotherapy, Grove Press, New York 1961.

-, The Structure and Dynamics of Organisations and Groups, J.B. Lippincott Company, Philadelphia/Pa. 1963; dt.: Struktur und Dynamik von Organisationen und Gruppen, Kindler, München 1979.

-, Games People Play, Grove Press, New York 1964; dt.: Spiel der Erwachsenen, Rowohlt, Reinbek bei Hambug 1967.

-, Principles of Group Treatment, Oxford University Press, New York 1966.

Cohn, R.C., Von der Psychoanalyse zur Themenzentrierten Interaktion, Klett, Stuttgart 1975.

Dilthey, D., Transaktionale Analyse in Gruppen, in: Die Psychlogie des 20. Jahrhunderts Bd. VIII, Kindler, Zürich 1979, S. 891-899.

Dusay, J.M., Steiner, C., Transactional Analysis in Groups, in: Kaplan, H.I. (Hrsg.) 1971, S. 198-240.

Goulding, R., No Magic at Mt. Madonna, in: Barnes, G. (Hrsg.) 1977, S. 77-98.

Groder, M., "Editorial", Transactional Analysis Journal 4, Nr. 4, 1974, S. 1-6.

Hellinger, A.S., Die Transaktionsanalyse - ein neues Modell der Struktur der menschlichen Person und der Dynamik ihres Verhaltens, Gruppenpsychother. Gruppendynamik 13, 1978, S. 209-216.

James, M. (Hrsg.), Techniques in Transactional Analysis, Addison-Wesley Publishing Company, Reaging, Mass. 1977.

Kahler, T., The Miniscript, in: Barnes, G. (Hrsg.) 1977, S. 223-256.

Kaplan, H.I., Sadock, B.J. (Hrsg.), Comprehensive Group Psychotherapy, The Williams & Wilkins Company, Baltimore 1971.

Kopp, S., This side of tragedy - Psychotherapy as theatre, Science and Behavior Books, 1977; dt.: Rollenschicksal und Freiheit, Psychotherapie als Theater, Junfermann-Verlag, Paderborn 1982.

Petersen, G., Transaktionale Analyse, in: Linster, H.W., Wetzel, H. (Hrsg.), Veränderung und Entwicklung der Person. Grenzen und Möglichkeiten psychologischer Therapie, Hoffmann und Campe, Hamburg 1980, S. 264-291.
-, Gesprächspsychotherapeutische Frauengruppen, GwG-info 44, 1981, S. 50-66.
Petzold, H., Paula, M., Transaktionale Analyse und Skriptanalyse, Wissenschaftlicher Verlag Altmann, Hamburg 1976.
Sewall, R.B., The Vision of Tragedy, Yale University Press, New Haven/London 1959.
Sponitz, H., Comparison of Different Types of Group Psytherapy, in: Kaplan 1971, S. 72-103.
Steiner, C.M., Scripts people live. Transactional Analysis of Life Scripts, Bantam Psychology Books, New York 1974; dt.: Wie man Lebenspläne verändert. Die Arbeit mit Skripts in der Transaktionsanalyse, Junfermann, Paderborn 1982.
Steiner, C.M., Steiner, U., Permission Classes, Transactional Analysis Bulletin 7, 20, 1968, S. 89.
Wollams, St., Brown, M., Transactional Analysis, Huron Valey Institute Press, Dexter, Michigan 1978.
Wyckoff, H., Solving Womens Problems through Awareness, Action & Contact, Grove Press, New York 1977.

Ullrich Sollmann, Bochum

DIE ROLLE DER GRUPPE IN DER BIOENERGETISCHEN ANALYSE

Die Bioenergetische Analyse ist sowohl der Versuch, den Menschen in seiner Körperlichkeit und durch diese zu verstehen. Sie ist auch ein spezielles therapeutisches Verfahren. Sie ist durch den amerikanischen Arzt Alexander Lowen, Schüler von Wilhelm Reich, in den 50er Jahren begründet und entwickelt worden. Lowen, der selber lange vor seinem ersten Treffen mit Reich gemerkt hatte, wie körperliche Aktivität die allgemeine Wachheit fördert, ist fasziniert durch Reichs Konzepte der psychosomatischen Einheit des menschlichen Organismus und dessen energetischen Charakter. Er beginnt seine eigene Analyse bei Reich und lernt Reichs Ideen mit den neuartigen therapeutischen Techniken des direkten Körperkontakts in der Arbeit am Widerstand zu verknüpfen und in seiner eigenen therapeutischen Praxis erfolgreich anzuwenden. Im Verlauf der dann folgenden Jahre entwickelt Lowen zusammen mit J. Pierrakos und anderen die körperlich begründete charakteranalytische Arbeit Reichs zu einem neuartigen körpertherapeutischen Verfahren der Bioenergetischen Analyse weiter (Lowen 1981). Die bioenergetische Analyse ist nach Lowen

"ein Weg, die Persönlichkeit vom Körper und seinen energetischen Prozessen her zu verstehen. Diese Prozesse, d.h. die Energieproduktion durch Atmung und Stoffwechsel und die Entladung der Energie in Bewegung, sind die grundlegenden Vorgänge des Lebens. Wieviel Energie man hat und wie man diese Energie gebraucht, bestimmt die Art, wie man auf Lebenssituationen antwortet. Je mehr Energie man frei in Bewegung und Ausdruck umsetzen kann, desto besser kann man mit den verschiedensten Situationen umgehen" (Lowen 1977, S.11).

Ich möchte im folgenden die fünf Hauptkonzepte, auf denen Theorie und Technik der Bioenergetischen Analyse basieren, genauer benennen (Lewis, Lowen 1974).

(1) "Die Person ist der jeweilige Körper"

Ausgehend von Reichs These der Einheit und Antithese aller lebendigen Prozesse versteht Lowen die Person als Aufeinander-bezogen-Sein und Zusammenwirken der Bereiche: Körper, Gefühl, Geist und Verhalten. Der spezifische Charakter des einzelnen Menschen drückt sich - und das ist eine neue Erkenntnis in der Wissenschaft - in der Form und Bewegungsfähigkeit des Körpers aus. Der Körperausdruck zeigt, wie jemand in der Welt steht, auf seine Lebensumstände reagiert und seinen Charakter ausgeformt hat. Die im Organismus aufeinander bezogenen Bereiche sind dabei funktionell identisch.

(2) "Die Einheit ist ein Phänomen des Organismus"

Der menschliche Organismus wirkt wie eine einzelne Zelle, deren zentrale Funktionen die der Kontraktion und Ausdehnung, des Zurückziehens und Ausgreifens, des Einverleibens und Abgebens sind. Da diese Funktionen den Organismus als Ganzen kennzeichnen, wirken sich funktionelle Störungen organismisch ganzheitlich aus. Sie beeinträchtigen bei komplizierteren Systemen wie dem Menschen den einzelnen Bereich und ändern gleichzeitig die Gesamtfunktion. So wirken sich beispielsweise erfolglose Versuche des Babies, auszugreifen, muskulär in einer Verhärtung der Brustmuskulatur, gefühlsmäßig in einem Mangelerleben und auf der Kommunikationsebene durch Abhängigkeitsverhalten aus.

(3) "Das Leben ist wesensmäßig ein Erregungsprozeß"

Der Bioenergetischen Analyse liegt im Wesen ein energetisches Konzept zugrunde. Der Therapeut betrachtet den Menschen unter dem Aspekt seiner Lebendigkeit. Da jeder Mensch lebendig ist, unterscheiden sich die Menschen durch die jeweilige Art ihrer Lebendigkeit, deren Tiefe, Empfindsamkeit und Organisation. Gefühle, Einstellungen und Verhalten lassen sich energetisch bestimmen, indem klar gemacht wird, wieviel Energie ein Mensch besitzt und wieviel er empfindet und körperlich nutzt.

Es reicht dabei nicht aus zu sagen, ein Mensch sei wütend oder traurig. Diese qualitative Aussage heißt für jeden Menschen in jeder Situation wahrscheinlich etwas anderes. Versteht man Wut oder Trauer energetisch (quantitativ), erhält man Kenntnis über die Art (Tiefe) der Wut und Trauer, wieviel davon vorhanden ist, wie exakt sie gerichtet ist und über welchen Zeitraum mit welchen Schwankungen.

Der Körper bildet sich energetisch im Erregungsprozeß. Seine jeweilige Form ist Ausdruck und Quelle der lebensgeschichtlichen Lebendigkeit. Die Atmung spielt dabei als Schlüssel zum Energie-Stoffwechsel des Körpers eine zentrale Rolle. Sie ist eng mit dem Muskelgeschehen und dem Gefühl des Menschen verknüpft. Wenn das Gefühl sich ändert, ändert sich die Atmung und umgekehrt. Die Atmung ist zu einem großen Teil eine Muskeltätigkeit. Eine Änderung der Atmung drückt sich also auch in einer geänderten Muskeltätigkeit aus und umgekehrt.

Atmung und Muskelgeschehen gehören zur physiologischen Grundausstattung des Menschen. Sie erfahren als energetische Faktoren ihre jeweilige Ausprägung und individuelle Funktion im lebensgeschichtlichen Entwicklungsprozeß, indem sie in bestimmten Situationen mit einzelnen Menschen zu vielleicht ganz einzigartigen Anlässen eine gewisse Energiemenge produzieren, durchlassen oder aber eine weitere Entladung oder größere Erregung abblocken. Atmung und Muskelgeschehen als energetische Erregung sind nie statisch. Sie sind in komplizierter Weise mit dem Gefühl, der Empfindsamkeit und Art der Lebendigkeit des einzelnen Menschen verknüpft.

(4) "Die Summe aller Spannungs-Muster einer Person ergibt deren Charakterstruktur"

Die lebensgeschichtliche Vielfalt der individuellen Erfahrungen und die Verschiedenartigkeit der dabei entstandenen Verspannungsmuster im Körper finden in der Charakterstruktur ihren psychischen Ausdruck. Sie entspricht als psychologische Komponente der Form und Beweglichkeit des Körpers und ist funktionell mit diesem identisch. Sie ist allen Veränderungen und Einflüssen von außen gegenüber sehr widerstandsfähig. "Die Energie, die Spannung und der Charakter sind untereinander verbunden, da ja das gesamte Spannungs-Muster die Stärke und den Gebrauch der Körperenergie kontrolliert, d.h. man kann die Energiedynamik einer Person ohne das Konzept der Charakterstruktur nicht voll verstehen" (Lewis, Lowen 1974, S.217).

Die starre eingefrorene Körperhaltung ist Ausdruck frühkindlicher Mangelerlebnisse, Versagungen, Frustrationen und Unterdrückung. Sie entspricht psychischen Verdrängungen und Abspaltungen. Die eingeschränkte Beweglichkeit und Erregbarkeit des Körpers verursachen gleichfalls in Zukunft neue emotionale Probleme, die mit den Anforderungen des Erwachsenenlebens in Konflikt stehen. Organismische Regungen und äußere Realität treten immer mehr in einen Widerstreit miteinander. Dieser Konflikt wird durch das Maß der Angstspannung im einzelnen geprägt. Wenn die angstbesetzte Situation nicht gelöst (entladen) und das Erleben verdrängt wird, bleibt in der Regel die körperliche Verhärtung (z.B. Angst-Atmung) bestehen. Der Mensch ist bemüht, eine Wiederholung derartiger schmerzlicher Situationen zu vermeiden. Er dämmt sich selbst ein und verringert den Umfang, Lebensfreude zu empfinden und sich zu entwickeln. Er verringert den Kontakt zum Lebensprozeß.

Die Charakterstruktur drückt also einerseits das individuelle Überlebenskonzept aus, indem sie gegen die "Außenwelt" schützt. Andererseits behindert sie das Ausdringen der "Innenwelt". Sie signalisiert gleichsam die Art der Dialogfähigkeit des Menschen.

Der Konflikt zwischen Überleben und Dialog ist in der Charakterstruktur konserviert. Es gibt weder ein Zurück noch ein Vorwärtskommen. Körperlich wird dabei viel Energie gebunden, die das Angstpotential noch erhöht. Der Kreislauf schließt sich.

(5) "Grounding"

Das "Erden" oder "festen Grund fassen" ist wohl das bekannteste von Lowen entwickelte bioenergetische Konzept. Es ist wesentlicher Ausdruck des menschlichen Lebens, indem es das Erregungsgeschehen im Menschen mit dem Körper, der Sexualität, der Erde, d.h. der äußeren Realität verbindet. Der Mensch kann beim Erden überschüssige Erregung und Spannung entladen. Die nach unten gerichtete bioenergetische Arbeit (Erden) wird als gefühlsmäßige Abwärtsbewegung in Form von Angst erlebt. "Beim Herunterkommen empfinden die meisten Menschen eine Furcht vor dem Fallen, die gewöhnlich unterdrückt wird... Sie (diese Angst, d.V.) gehört zu den am tiefsten verwurzelten Ängsten des Menschen" (Lowen 1979, S.172). Außerdem steigert das Vibrieren in den Beinen beim Entladen Empfindung und Gefühl. Der Mensch fühlt sich im Kontakt mit sich, erlebt mehr Sicherheit über seinen Stand und seine Balance. Er weiß, wo und wie er steht, wer er ist und daß er jemand bestimmtes ist. "Der Weg zur Freude führt unweigerlich durch Verzweiflung".

Viele stehen unsicher auf den eigenen Beinen, da sie Angst haben, alleine zu stehen. Der erwachsene Mensch steht zunächst alleine in der Welt, obwohl er stets auf andere bezogen ist. Dieses Alleinsein oder die Individualität in ihrer Wesensmäßigkeit kennzeichnet unter anderem die Realität des Daseins. Der Mensch verharrt oft in Angst, da er Selbständigkeit mit Alleinsein und Verlassensein verwechselt. Problemhafte, eingrenzende Partnerbeziehungen stellen dann eine Krücke dar. Der Einzelne klammert sich aus Angst vor Alleinsein an den anderen und zerstört hierdurch gerade den fruchtbaren konflikthaften Dialog. Würde er weniger verkrampft die Beziehung lockern, um sich auf die eigenen Beine zu stellen, müßte er erleben, daß die Beziehung sich oft bessert und/oder daß er mit einem geringeren Maß an Angst in der Welt bestehen kann.

"Die Schwierigkeit liegt im Übergang. Wenn man nämlich den Griff nach der Beziehung lockert und wieder festen Boden unter den Füßen zu finden versucht, durchläuft man ein Zwischenstadium, in dem man das Gefühl des Fallens und die daraus resultierende Angst erlebt" (Lowen 1979, S.173).

Die Ausbildung in Bioenergetischer Analyse

Lowen hat mit seinen Mitarbeitern am "Internationalen Institut für Bioenergetische Analyse" in New York ein spezifisches Curriculum zur Ausbildung in bioenergetischer Analyse entwickelt. Die standardisierten Ausbildungsrichtlinien müssen in allen Curricula, die von assoziierten Ausbildungsinstituten entworfen werden, enthalten sein. Derjenige, der das Ausbildungsprogramm durchläuft und graduiert wird, ist befähigt, Charakteranalyse auf der Grundlage der Bioenergetischen Analyse durchzuführen, die die Wiederherstellung der Körper- und Lebensfunktion des Klienten bewirken soll.

Lowen selbst sagt, daß die Bioenergetische Analyse eine Einzeltherapie oder eine Einzeltherapie in und vor der Gruppe ist. Man findet daher auch nur einen Punkt im Curriculum, der sich mit speziellen Gruppentechniken befaßt. Mir leuchtet ein, daß Lowen die bioenergetische Analyse zunächst als Einzeltherapie erprobt hat. Er hat viel Kraft aufgebracht, um sich einerseits durch das Einbeziehen des Körpers in die psychoanalytische Arbeit nach außen hin abzugrenzen, andererseits das Konzept der bioenergetischen Charakteranalyse in einem überschaubaren Rahmen, nämlich der therapeutischen Zweierbeziehung, hinreichend ausformulieren und erproben zu können. Er bestätigte mir dies auf dem Internationalen Kongreß für Bioenergetische Analyse in Mexiko 1982 und betonte: "Ich lasse andere Therapeuten die Bioenergetische Analyse als Gruppentherapie näher bestimmen. Ich möchte jeden dazu ermutigen."

Die Ausbildung in Bioenergetischer Analyse für Europäer wurde in den 60er Jahren und Anfang der 70er Jahre hauptsächlich in New York am Internationalen Insitut durchgeführt. Ausbildungskandidaten fuhren mehrere Male pro Jahr zu einem Training nach New York. In diesen Trainingsgruppen waren Therapeuten aus der ganzen Welt versammelt. Jedes Training hatte eine andere personelle Zusammensetzung. Die Ausbildungskandidaten machten gelegentlich Einzelsitzungen und Einzel-Supervision. Der Arbeitsstil war, wie mir berichtet wurde, durch Einzeltherapie in der Gruppe, Demonstration und Partnerübungen zu Zweit oder zu Dritt gekennzeichnet. Die Feedback-Runde in der Gruppe bezog sich auf die vorausgegangene Einzelarbeit oder die gemeinsame Übung. Oft ging eine Einzelarbeit in die nächste über.

Ich denke, daß die damalige Form der Ausbildung die Gruppe als Rahmen und Reservoir nutzte. Sie bildete laut Absprache für einen überschaubaren Zeitraum einen festen Rahmen insofern, als mehrere Therapeuten die bioenergetische Einzelarbeit gleichzeitig miterleben, verstehen und besprechen konnten. Sie bildete ein fruchtbares Reservoir von sehr unterschiedlichen Gefühlen und Einstellungen beim Feedback. Die Integration von Körperarbeit und psychoanalytischer Charakterarbeit wurde vertieft und einer breiten Öffentlichkeit von interessierten Fachleuten vorgestellt. Diese praktizierten, wie ich selbst erlebte, den Stil von Gruppenarbeit in ihren eigenen Trainings- und Therapiegruppen.

Die Ausbildung wird in den letzten 10 Jahren vornehmlich in einer Ausbildungsgruppe im eigenen Land durchgeführt. Diese Gruppen erhalten durch die enge Verbindung mit dem Internationalen Institut eine ganz spezielle zeitliche und inhaltliche Struktur. Hinzu kommt, daß bislang die Ausbildung in den Gruppen immer noch durch kontinuierliches Feedback gekennzeichnet ist. Erst in der letzten Zeit, und dazu noch hauptsächlich in Europa, werden neue Wege in der Gruppenarbeit entwickelt und erprobt.

Die Mitglieder der Ausbildungsgruppen bleiben über den Zeitraum von 4 Jahren zusammen und werden in der Regel durch Trainer des Internationalen Instituts betreut. Der verantwortliche Trainer sieht seine Gruppe in der Regel einmal, höchstens zweimal pro Jahr für eine Woche. Ich habe ein derartiges Ausbildungsprogramm durchlaufen und möchte die Rolle der Gruppe dabei näher skizzieren.

Die Rolle der Gruppe

In der Regel demonstrieren die Trainer in und vor der Gruppe, ähnlich wie es zuvor in New York praktiziert worden ist. Die Tatsache, daß die Ausbildungsgruppe zusammen bleibt, prägt zu einem großen Teil den Charakter jedes Trainings. Es entwickelt sich ein bestimmtes Klima, ein eigenständiges Leben in der Gruppe, das in jeder Trainingswoche mehr oder weniger präsent oder wirksam ist. Die Trainer beachten diese Prozesse in der Gruppe selten. Nur in den wenigsten Fällen werden die Gruppenprozesse als eigenständiger, mit der Körperarbeit eng verknüpfter Bereich thematisiert. Einerseits sind die Trainer für die Thematisierung von Gruppenprozessen nicht ausgebildet, andererseits gelten noch die Ausbildungsregeln der Vermittlung von bioenergetischer Arbeit als Einzeltherapie.

Die zeitliche und inhaltliche Abhängigkeit von den Trainern und den Standards aus New York schränken die Beachtung und das Potential der Gruppenprozesse ein. Manchmal wird die Thematisierung der Gruppenprozesse als Widerstand gegen die Arbeit mit dem Körper verstanden. Dieses hat gelegentlich seine Richtigkeit, muß jedoch gerade deshalb thematisiert und als Geschehen in der Gruppe verstanden werden. Andererseits fehlen Zeit und Verständnis des Trainers. Dieser sieht die Gruppe vielleicht einmal und will seinen Ausbildungsauftrag, z.B. Arbeit mit Sexualität, Körperlesen, Problem der Übertragung und anderes, erfüllen. Das Erleben in der Gruppe und die damit oft verknüpften Schwierigkeiten im Prozeß schränkt er ein oder verschiebt sie als Empfehlung auf die Lehranalyse des Einzelnen.

Die Gruppe besitzt eine wichtige Aufgabe, im Feedback das Geschehen aus der Einzelarbeit zu spiegeln, zu bereichern und zu hinterfragen. Der Umstand, daß weder Raum noch Intention vorhanden sind, Gruppenprozesse zu thematisieren, muß dazu führen, daß die meisten später in ihrer therapeutischen Praxis ähnlich arbeiten werden. Gruppen werden zu Feedback-Gruppen reduziert. Der Körper kann nicht in Wechselbeziehung zu den Prozessen in der Gruppe erlebt und benannt werden.

Die Illusion der "Therapeutischen Allmacht"

Ich verstehe den spezifischen Umgang mit den Prozessen in der Ausbildungsgruppe als Übergangslösung auf dem Weg zu einem ausgereiften Gruppenkonzept. Aktuell dient er vielen als Unterstützung der Illusion einer "therapeutischen Allmacht" in der gruppalen Körperarbeit. Was dabei geschieht, ist, daß der Körper aus dem Gruppengeschehen herausgeschält und nicht selten wie eine Ware isoliert behandelt wird. Der Therapeut behält durch diesen Schritt der Individualisierung:

1. größtmögliche Verfügung über das körperlich-therapeutische Geschehen,
2. die Entscheidungsbefugnis, auf Körperebene zu arbeiten,
3. die Illusion, er könnte die Wechselbeziehung von Körper und Geschehen in der Gruppe unterbrechen bzw. mit gutem Recht trennen,
4. den Anschein, er könnte durch die "Abtrennung" des Körpers Gruppenprozesse handhaben.

Verstärkend wirkt dabei die Art und Weise der Durchführung der Lehranalyse. Einige Ausbildungskandidaten haben lediglich einige Einzelstunden bei ein und demselben Trainer genommen. Andere machen bei verschiedenen Trainern jeweils einige Stunden, um gezielt an bestimmten Problemen zu arbeiten. Allgemein kennzeichnend finde ich hierbei die Gefahr, den Körper in Charakterstücke aufzuteilen. Dies wird gerade durch eine falsch verstandene Charakteranalyse unterstützt. Gleichzeitig kann bioenergetische Charakterarbeit weniger prozeßhaft erlebt und verstanden werden. Die Bedeutung der Übertragungsbeziehung ist eingeschränkt auf die aktuelle Situation der Einzelsitzung und nicht Charakteristikum des Therapieprozesses überhaupt.

Erfreulicherweise gibt es immer mehr Stimmen im Kreis der bioenergetischen Analytiker, die solche Vorgänge hinterfragen. Die nächsten Jahre werden sicherlich die Qualifikationsdebatte vertiefen und korrigieren müssen.

Zur Sozialisation der Körperlichkeit und Energiehaftigkeit

Die Bioenergetische Analyse bemüht sich, den Menschen gerade im Hinblick auf seine Körperlichkeit zu verstehen. Stellungnahmen Lowens zur Realität des Individuums beziehen sich auf: (1) die funktionelle Entsprechung von Körper und Geist, (2) die Energiehaftigkeit des Körpers, (3) die Ausprägung der Körperlichkeit durch familiäre Einflüsse, (4) die Charakterbildung als Verhältnis von Abwehrhaltung und Vitalität, (5) das Gegründet-sein in eine bestimmte gesellschaftliche Realität und die Abhängigkeit von Illusionen, diese Realität zu meistern.

Die Lebenserfahrungen strukturieren den Körper, während dieser wiederum neue Lebenserfahrungen ermöglicht oder behindert. "Während der menschliche Organismus wächst, bereichert er die Persönlichkeit laufend durch neue Schichten, die im Erwachsenen weiterleben und weiterwirken". Keleman versteht diesen Vorgang eher energetisch als "formbildenden Prozeß", in dem der Mensch sich selbst gestaltet. "Körperliche Wirklichkeit ist die allumfassende Formung des Erlebens, ist Geschichte und gegenwärtige Ausrichtung auf ein befriedigenderes Leben. Unsere Fleischwerdung, unsere Verleiblichung ist die Art und Weise, wie wir mit unserer Geschichte, mit anderen Menschen und mit dem Kosmos in Verbindung treten. An dieser Wirklichkeit teilhaben heißt, Befriedigung, Lust und einen empfundenen Bezugsrahmen zu gewinnen" (Keleman 1982, S.14).

Der Mensch ist nicht nur sein Körper, wie Lowen sagt, sondern lebt seinen Körper (Keleman). Der Körper ist sowohl Quelle von Vitalität, Lust und Befriedigung als auch Bereicherung und Erfüllung durch die Fähigkeit, das Leben selbst zu gestalten. Wie wir die Welt wahrnehmen und wie wir mit ihr umgehen, hängt zutiefst von unserer Lebendigkeit, der Erregbarkeit und der "Ausdehnung" ab. Lowen faßt dieses Geschehen in dem folgenden Schema zusammen (Lewis, Lowen 1974, S.222): Energie drückt sich in Bewegung aus, wird als Gefühl spürbar und richtet sich spontan nach außen. Der Mensch erlebt sich in diesem Selbst-Ausdruck als eigenständiges Wesen, als Persönlichkeit. Er gewinnt in diesem Kreislauf von Energie und Selbst-Ausdruck an Identität und Lebenssinn.

Entsprechend den Untersuchungen Wilhelm Reichs stützt die bioenergetische Analyse sich auf ein ausdifferenziertes charakteranalytisches Konzept. Der Charakter ist die

Grundeinstellung, mit dem der Mensch dem Leben gegenübersteht, sei es in der Therapie oder der eigenen Lebenswirklichkeit. Der Charakter bezeichnet unter anderem das individuelle Abwehrverhalten, sich auf die Prozesse des Lebens einzulassen, den Widerstand in der Analyse und die spezielle Funktion in der Libido-Ökonomie des Organismus. In diesem Sinn ist die bioenergetische Charakterklassifikation eine Benennung von außen und pathologisch.

Der Mensch ist als soziales Wesen in seiner Identitätsbildung eng mit seinem Umfeld verbunden. Die menschliche Entwicklung drückt sich lebensgeschichtlich für jeden Einzelnen im folgenden Wechselverhältnis aus: Ein Kind wird in einen gesellschaftlichen Zusammenhang hineingeboren. Es bringt eine körperlich-energetische Grundausstattung mit. Die zunächst noch diffusen körperlichen Regungen und Empfindungen des Kindes werden im Verlauf der frühen Eltern-Kind-Beziehung zu Gefühlen, Einstellung und Verhalten ausgeprägt. Diese Beziehung ist ein Dialog zwischen den körperlichen Äußerungen des Kindes und der Antwort durch die Eltern, wobei es zu bestimmten Verhaltensmustern, zu Entwicklung und Differenzierung von Gefühlen und zur speziellen Ausprägung des Körpers kommt. Diese äußert sich in der Körperhaltung, der Art der Bewegung, der Mimik, Atmung, Stimme und anderem.

Der Mensch drückt sich in drei psychosozialen Funktionsbereichen aus:
(1) Er wird sich seiner Persönlichkeit, seines Körpers, seiner Gefühle und Einstellungen bewußt und strebt danach, in Kontakt mit sich in der jeweils gegebenen Wirklichkeit zu bleiben (Persönlichkeit).
(2) Er steht in Beziehung zu anderen. Dieser Umstand bewegt ihn, seine Vorstellungen von dem, wie er sein will und wie er sein soll, in Einklang zu bringen. Er bemüht sich darum, gegebenenfalls wie ein anderer zu fühlen, zu denken und zu handeln (Beziehungspartner, Rollenträger).
(3) Er drückt sich aus, wendet sich an andere, um sein inneres Erleben und sein Rollenverständnis "sichtbar und verstehbar" zu machen. Er handelt, bezieht Position und richtet sich körperlich ausdrucksvoll auf andere (Akteur).

Diese drei Merkmale manifestieren sich im menschlichen Körper. Die Art und Weise, wie man sich bewegt, steht, atmet, spricht, lacht und schreit, spiegelt dabei frühe lebensgeschichtliche Erfahrungen als auch die augenblickliche Stimmungs- und Beziehungslage wider.

Die menschliche Entwicklung als szenisch-dialogischer Austausch

Das Gefühl der Ich-Identität ist ... das angesammelte Vertrauen darauf, daß der Einheitlichkeit und Kontinuität, die man in den Augen des anderen hat, einer Fähigkeit entspricht, eine innere Einheitlichkeit und Kontinuität ... aufrechtzuerhalten" (Erikson 1965). Die Identitätsbildung umfaßt unter anderem die persönliche Eigenart des Menschen, wie er diese zum Ausdruck bringt und zur Wirkung auf andere kommen läßt. Die Faktoren dieser Wirkungsqualität kennzeichnen als dynamische Faktoren in jeder lebensgeschichtlichen Szene das Zusammenwirken von:
(1) bio-physischer Grundausstattung des Menschen (Triebspannung), (2) angeborenem Temperament (enstanden während der Reifung im Mutterleib), (3) psycho-physischer Reifung und Identitätsbildung und (4) sozialer Verwobenheit in äußeren sozialen Rahmenbedingungen und fließenden Verständigungsprozessen der beteiligten Partner und Gruppen.

Die Beziehung des Kindes zu seinem ersten Beziehungspartner (bei uns ist das meist die leibliche Mutter) hat grundlegende Bedeutung für jede weitere Entwicklung des Kindes. Die Spannung zwischen Lust und Unlust beim Kind und der Wechsel von Triebbefriedigung und Versagung sind dabei als Motor dieser Entwicklung anzusehen. Die allmählich ausdifferenzierten Körperbedürfnisse finden zunächst in dieser Beziehung zur Mutter ihre Befriedigung. Ebenfalls stellt sich die Mutter-Kind-Beziehung als eine Wechselbeziehung dar, in der sich die beiden Pole Mutter und Kind schrittweise auf ein gemeinsames Interaktionsspiel "einigen".

Diese Situation stellt gleichsam eine Teilaufnahme gesellschaftlicher Realität dar. Das Kind begegnet der Gesellschaft, in der es lebt, atmosphärisch in der Mutter und ihrem Erleben dieser Gesellschaft. Die Mutter ist nämlich Mitglied dieser Gesellschaft und einer bestimmten sozialen Schicht. Das heißt: die Mutter stillt nicht nur ihr Kind. Sie interpretiert in diesem Vorgang bereits aus ihrem gesellschaftlichen Hintergrund heraus, was das bedeutet, was sie jetzt mit dem Kind tut. Das Kind lernt die reinen Körperbedürfnisse allmählich zu differenzieren.

Das Erlebnis ist Lorenzer zufolge ein Ensemble körperlich-materieller Prozesse, die als Körperbedürfnisse, als Triebe "inhaltlich" ins Erleben eingehen. Erleben ist triebbestimmt. "Solcherart triebbestimmtes Erleben ist nicht abhängig von der Beziehung zu 'Liebesobjekten'.

Triebbestimmtes Erleben ist zugleich Erfahrung von Interaktionen, ist körperbestimmte Interaktion - womit eine Verbindung hergestellt wird, die im Triebbegriff selbst schon angelegt ist. Trieb ist e definitione: Körperbedürfnis 'in-Beziehung-zu'"(Lorenzer 1972, S.17). Ich möchte das Persönlichkeitsbild, das charakteranalytische Verständnis der bioenergetischen Analyse um drei Faktoren erweitern und konkretisieren. Es besteht die Gefahr, daß die Mutter-Kind-Dyade in der Therapiesituation durch eine starre charakteranalytische Sicht des Menschen verfälscht und beschnitten wird. Wenn das Kind lernt, seine geistige, soziale und körperliche Natur nur in dialogisch-szenischem Austausch mit der Mutter auszugestalten und sich anzueignen, so lernt es nicht nur, in der gesellschaftlichen Wirklichkeit zu überleben, indem es sie sich aneignet, sondern es verinnerlicht gerade körperlich die dynamischen Wirkungs- und Produktionsfaktoren der es umgebenden gesellschaftlichen Realität, um diese innerlich zu reproduzieren und um lebensfähig zu bleiben.

Für die therapeutiche Situation heißt das nichts anderes, als daß der Klient mit dem Therapeuten ebenfalls in einen dialogisch-szenischen Austausch tritt. Die bioenergetische Analyse wird sich also sowohl mit den charakteranalytischen Anteilen beim Klienten als auch der szenischen Reproduktion derselben in der Übertragungsbeziehung befassen müssen.

Die therapeutische Technik und Didaktik der Bioenergetischen Analyse sind noch nicht entwickelt genug, um die Verbindung der charakteranalytischen und dialogisch-szenischen Faktoren zu operationalisieren. Ich denke, daß an dieser Stelle die bioenergetische Analyse sich zu einem spezifisch gruppentherapeutischen Verfahren öffnen kann und muß. In den folgenden beiden Abschnitten möchte ich einige konzeptionelle Überlegungen zum Verständnis der Rolle und Funktion der Gruppe in meiner eigenen bioenergetischen Praxis aufzeigen.

Die Notwendigkeit des prozeßhaften Verstehens in Bioenergetisch-Analytischen Gruppen

Die Bioenergetische Analyse ist von Alexander Lowen zunächst als Einzeltherapie und/oder als Einzelanalyse in und vor der Gruppe entwickelt worden. Es gibt viele Bioenergetische Anylatiker, die mit Gruppen arbeiten, ohne jedoch eine spezifisch psychoanalytische Konzeption von bioenergetischer Gruppenarbeit zu haben. Der Arbeitsstil in der Gruppe ist meistens durch Einzelarbeit in der Gruppe, Demonstration und Partnerübung zu Zweit oder zu Dritt gekennzeichnet. Die Feedback-Runde bezieht sich auf die vorausgegangene Einzelarbeit oder die gemeinsame Übung. Oft geht eine Einzelarbeit in die nächste über, ohne daß die wechselseitigen Identifikationsprozesse in der Gruppe verstanden oder thematisiert werden.

Ich habe mich vor meiner psychotherapeutischen Ausbildung intensiv mit den wechselseitigen Identifikationsprozessen in Gruppen befaßt. Der Psychoanalytiker Professor Carl Klüwer ermöglichte uns Studenten und diplomierten Sozialwissenschaftlern an der Abteilung für Sozialpsychologie der Ruhr-Universität Bochum die jahrelange praktische sowie theoretische kritische Auseinandersetzung mit Konzepten einer dynamisch-materialistischen Sozialpsychologie auf der Grundlage der Psychoanalyse. Ich fühle mich gerade heute dieser Zeit, den Anregungen Klüwers, der gemeinsamen Konzeptioalisierung und Erprobung neuer Lern- und Arbeitsformen verbunden, wenn nicht sogar verpflichtet. Ich entdecke mehr und mehr, daß ich Situationen in bioenergetischen Gruppen prozeßhaft wie damals verstehe, sie analytisch in und mit der Gruppe thematisiere, um charakteranalytisch und bioenergetisch zu intervenieren. Ich sehe große Schwierigkeiten, die damit verbunden sind, meine Tätigkeit als Bioenergetischer Analytiker psychoanalytisch, d.h. gruppenanalytisch hinreichend konzeptionell darzustellen und theoretisch einzuordnen. Ebenso bin ich noch nicht in der Lage, meine Gruppenarbeit als spezifisch bioenergetisch-analytische zu begründen. Ich sehe zunächst die Notwendigkeit,
(1) das Gruppengeschehen in bioenergetischen Gruppen als Prozeß zu verstehen, (2) diesen Prozeß als wechselseitig sich bedingende Identifikationsprozesse zu sehen, (3) die Arbeit in bioenergetischen Gruppen unter dem Aspekt der psychosozialen Induktion zu differenzieren und (4) das sich verdichtende Verstehen in der Gruppe als therapeutisches Handlungskonzept bioenergetisch-analytisch zu nutzen.

Der im Anschluß skizzierte psychoanalytische Ansatz, in und mit Gruppen zu arbeiten, ist nicht neu. Neu ist der Versuch, bioenergetisch-analytische Arbeit in der Gruppe psychoanalytisch als Gruppenanalyse zu definieren.

Die Bioenergetische Gruppe als lebendiges Gruppengeschehen

Tritt eine bioenergetische Gruppe zusammen, so sind sich die Teilnehmer in der Regel fremd. Jeder stellt sich in der Gruppe vor, präsentiert sich sowohl verbal als auch durch sein körperliches Auftreten. Die Teilnahme an einer bioenergetischen Gruppe ergibt sich vornehmlich aus dem geäußerten Wunsch: körperliche Spannungen abzubauen, sich selber zu erfahren usw. Für jede spezifische Größe ist immer wieder die Frage zu stellen: Wie kommen die Teilnehmer untereinander klar? Wie gehen sie miteinander um? Wieviel Raum wird jedem eingeräumt? Wird der Therapeut mit jedem individuell arbeiten oder nur Übungen vorschlagen? Die Teilnehmer werden sich also vortasten, um sich als Gruppe, als Erfahrungszusammenhang auf Zeit, zusammenzufinden. Dabei ist es unerheblich, ob und wie weit der Therapeut hierauf gezielt Einfluß ausübt.

In Anlehnung an den englischen Psychoanalytiker Ezriel möchte ich sagen, daß der manifeste Inhalt einer bioenergetischen Gruppe praktisch jeder beliebigen Art sein kann. Die Gruppe kann miteinander zu sprechen beginnen, eine gemeinsame Übung machen, in einer Grounding-Stellung stehen oder ähnliches. Wesentlich ist bei der psychoanalytischen Arbeit in der Gruppe immer die Annahme, daß sich parallel hierzu ein darunter liegendes Gruppenproblem, eine gemeinsame Spannung entwickelt. Die Gruppe ist sich dessen in der Regel nicht bewußt, obwohl dieser Vorgang das Verhalten der Teilnehmer in der Gruppe bestimmt. In einer bioenergetischen Gruppe werden die Spannungen in der Gruppe durch das Ensemble der charakterlichen Körpermerkmale und Körperfunktionen unterstützt. So wird der eine oder andere nach einer Übung zu Anfang seine Erlebnisse, Gedanken und Gefühle berichten, andere werden schweigen. Oft werden solche Bemerkungen überhaupt nicht von den anderen aufgefangen, offensichtlich weil sie nicht zu dem passen, was auf dem eigenen unbewußten Verstehenshintergrund liegt. Wenn eine Äußerung jedoch in den Zusammenhang mit der eigenen Person zu bringen ist, wenn sie paßt, trifft sie vielleicht auf eine unbewußte Phantasie anderer Gruppenmitglieder. Allmählich beginnt das gemeinsame unbewußte Verstehen an Bedeutung zu gewinnen und sich in der Gruppe determinierend auszuweiten. Der Bioenergetische Analytiker sieht sich in der Gruppe also immer sowohl der Thematik der verbalisierten, in der Regel individuell-charakterlichen (Körper-)Äußerungen der Teilnehmer ausgesetzt als auch den unbewußten Phantasien in der Gruppe mit dem jeweiligen gruppalen Spannungsniveau. Das Besondere für den Bioenergetischen Analytiker ist, daß er immer, auch wenn er in Einzeltherapie vor der Gruppe arbeitet, mit diesen Identifikationen als unbewußtem Gruppengeschehen konfrontiert ist. Ich möchte diesen Identifkationsprozeß in der Gruppe näher durchleuchten und beziehe mich wieder auf die Anfangsphase einer bioenergetischen Gruppe.

Jeder in der Gruppe, sei er auch nur an Einzelarbeit, an einer individuellen Betreuung durch den Therapeuten interessiert, wünscht unbewußt immer eine ausreichende Beteiligung in der Gruppe. Diese unbewußte Beteiligung kann dann sein, daß er entweder das Geschehen in der Gruppe verfolgt oder so beeinflußt, daß er zum "richtigen" Zeitpunkt seinen persönlichen Wunsch erfüllt bekommt. Er ist bemüht, die Auswirkungen des gruppalen Geschehens für sich zu verstehen und zu nutzen. Andere bemühen sich auf ihre Art. Die Beteiligung der Gruppenmitglieder wächst und geht in ein wechselseitig sich bedingendes Beziehungsgeschehen über. Das prozeßhafte Ansteigen des Pegels der unbewußten Aufmerksamkeit und Identifikation in der Gruppe führt nicht unbedingt dazu, daß jeder seinen Wunsch auf Gruppenebene erfüllt bekommt. Die wachsende Intimität in der Gruppe mobilisiert nun aber nicht nur die Wünsche der Teilnehmer, sondern auch deren Befürchtungen. Die Gruppe gerät in einen Prozeß, der als Abfolge von Wünschen, Konflikten, Konfliktlösungen, neuen Konflikten und neuen Konfliktlösungen verstanden werden kann. In einem Gruppenprozeß gibt es nämlich nicht die Möglichkeit, daß dem Bedürfnis geradlinig gleich die Befriedigung folgt, vielmehr ist der Prozeß durch den Ablauf bestimmt:

Bedürfnis →
Konflikt →
Lösung →
Befriedigung

Der Fokalkonflikt ist die kleinste Einheit im Gruppengeschehen

In einer bioenergetischen Gruppe sind die Mitglieder wie in jeder anderen Kleingruppe darauf angewiesen, sich gegenseitig zuzuhören, zunächst aber herauszufinden, wie sie sich gegenseitig verstehen können. Sie müssen ihre persönlichen Wünsche und die Bedürfnisbefriedigung selbst als auf das szenische Geschehen in der Gruppe bezogen verstehen lernen. Vielleicht macht der Wunsch eines oder mehrerer Gruppenmitglieder anderen Angst, sich nicht genügend einbringen zu können. Diese Mitglieder versuchen nun auf ihre Art, sich am Geschehen in der Gruppe zu beteiligen. Die Gruppe gerät, wie Stock-Whitacker und Lieberman (1965) beschrieben, in einen dialektischen Prozeß, dessen kleinste Einheit als Fokal-Konflikt bezeichnet werden kann. "Er ist dadurch gekennzeichnet, daß ein beunruhigendes Motiv - psychoanalytisch ein Wunsch - und ein reaktives Motiv - eine Furcht - aufkommt, zwischen denen die Gruppe eine Lösung finden muß" (Klüwer 1974, S.67).

Der Fokal-Konflikt ist einerseits szenischer Ausdruck des Zusammenspiels der unbewußten Wünsche der Gruppenmitglieder und ein Ausschnitt des Identifikationsprozesses in der Gruppe, andererseits mobilisiert er die entsprechenden individuellen Fokal-Konflikte aller Gruppenmitglieder. Die Situation in der Gruppe gerät in eine Spannung. Die Gruppe kann dieser unbewußten Spannung nicht ausweichen, sie muß eine Lösung finden, mit ihr umzugehen.

Die Gruppenlösung selbst kann in zwei Richtungen erfolgen, denn es besteht eine Spannung zwischen Wunsch und Furcht.

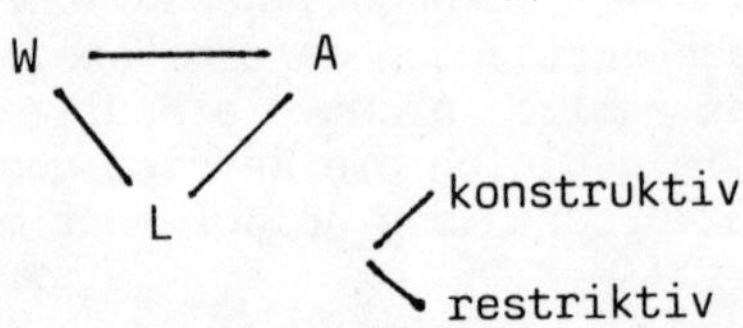

Der Grad Angst, der aufkommt, entspricht dabei der Spannungsintensität in der Gruppe. Die Lösung kann eine ermöglichende (konstruktive) sein, wenn das beunruhigende Motiv, der anfängliche Wunsch, etwas unmittelbarer erlebt oder deutlicher geäußert werden kann. Die Lösung der Gruppe gibt dem Wunsch und dessen Befriedigung mehr Raum.

Eine Lösung der Gruppe kann eine restriktive sein, wenn sich die reaktive Furcht mehr durchsetzt. Der Wunsch der Gruppe wird etwas eingeengt oder zurückgedrängt im Unterschied zum Moment des Aufkommens des Wunsches. Auch diese Lösung mindert die Spannung in der Gruppe.

Jede Lösung eines Fokal-Konfliktes bedingt das Aufkommen eines neues Wunsches, einer neuen Furcht. Es ist deutlich, daß jede Lösung nur einen Schritt im Prozeß der Gruppe ausmacht. Jeder Fokal-Konflikt bedingt einen neuen, das Geschehen in der Gruppe wird somit zu einer dialektischen Abfolge von Fokal-Konflikten.

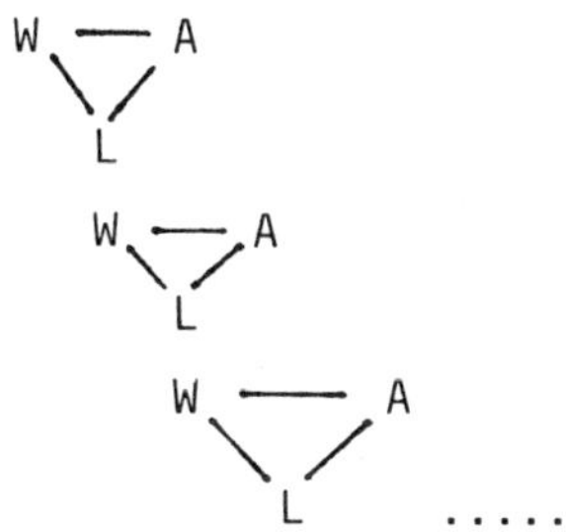

Herrschen restriktive Lösungen vor, erhöht sich der Grad der Individualisierung in der Gruppe. Das Gruppengeschehen wird eingeengt, bis schließlich die Gruppe sich auflösen wird. Findet die Gruppe eher zu konstruktiven Lösungen, so findet der einzelne sich in seinen lebensgeschichtlichen Anteilen im Gruppengeschehen wieder, und die Gruppe entwickelt sich prozeßhaft Schritt für Schritt von Szene zu Szene weiter. Sie findet ihr spezielles Thema und handelt dieses unbewußt als solches ab.

"In der Art und Weise, wie die Gruppe Erfahrung gewinnt und Methoden entwickelt, mit dem Spannungsniveau bei der Abhandlung der Themen so umzugehen und im Stile der Auseinandersetzungen ein solches Arrangement zu finden, daß es ihr zuträglich ist, schafft sie eine Gruppenkultur. Die Kultur ist sozusagen das Ensemble aller möglichen Funktionen in der Gruppe, mit denen die Gruppe in der Konfliktverarbeitung vorwärtsgeht" (Klüwer 1974, S.68).

Der wechselseitig sich bedingende Identifkationsprozeß in der Gruppe

Tritt eine bioenergetische Gruppe zusammen, so wird diese Dynamik der Gegenkultur wirksam. Zum anderen werden sich die Spannungsfaktoren, die Dynamik körperlicher Vorgänge im einzelnen Individuum, die durch die Übungen und die körperlichen Interventionen mobilisiert werden, auf Gruppenebene widerspiegeln. Im Prozeß einer bioenergetisch-analytischen Gruppe kann man also sehen, daß jeder Teilnehmer versucht, die vorgeschlagene Übung jeweils auf seine Art "sinnvoll" mitzumachen und zu erleben. Der Therapeut erhält sowohl durch die spezifischen körperlichen Reaktionen während der Übung als auch durch die im Anschluß an die Übung mitgeteilten individuellen Erlebnisäußerungen wichtige Informationen. Die Mitglieder bemühen sich nun im weiteren Geschehen oder werden dazu ermuntert, sich für die anderen vorstellbarer und nachvollziehbarer einzubringen. Die Anschaulichkeit kann dabei unterschiedliche Grade haben. Indem jemand versucht, seine körperlichen Vorgänge und sein Erleben anschaulich zu vermitteln, gerät er in der Gruppe in eine bestimmte Lage: Er ist derjenige, der Körperlichkeit benennt, in Worten ausdrückt und auf sein Leben bezieht. Er repräsentiert in der Gruppe durch seine Teilidentifikation in der Übung ein hohes Maß an emotionaler Gestimmtheit. Ein anderer Teilnehmer bringt durch seine Schilderung vielleicht einen anderen Erlebnisaspekt der Übung oder des speziellen Körperbereichs an, ein dritter wiederum einen anderen.

Der Bioenergetische Analytiker ist wie jeder andere Teilnehmer am Gruppenprozeß unter wechselnden Teilidentifikationen beteiligt. Er wird sich ebenso einbeziehen, indem er versucht, das Gesagte oder die körperlichen Reaktionen nachzuvollziehen und zu verstehen. Das heißt, die Teilidentifikation ist sowohl für den berichtenden Gruppenteilnehmer als auch für die anderen erforderlich, die die Situation verstehen wollen. Sie werden in ihrer Einstellung die emotionalen Anteile nacherleben wollen, welche bei der Körperübung für den Berichtenden typisch sind.

Der Bioenergetische Analytiker kann sowohl im Gespräch als auch durch das Angebot einer seinem Verstehen entsprechenden Körperübung sich am Prozeß der wechselnden Teilidentifikation in der Gruppe beteiligen. Die bioenergetische Körperübung stellt somit einen analytischen Beitrag im Prozeß der Gruppe dar. Der Vorgang der Teilidentifikation beim einzelnen wird vertieft, das Geschehen auf Gruppenebene durch den spezifischen Wechsel von Übung und Gespräch analytisch verdichtet. Werden nun die unterschiedlichen erlebnismäßigen Aspekte eines Körperbereiches durch die Berichte der Teilnehmer eingebracht und durch die neuen Übungen verdichtet, lernen die Teilnehmer zu verstehen, beginnt sich die Dynamik der emotionalen Gehalte eines Körperbereichs in der Gruppe zu entfalten. In dieser Reaktualisierung eröffnet sich für den Teilnehmer ein Zugang zum Problem auch auf Gruppenebene. Klüwer spricht bei diesem Vorgang von der "psychosozialen Induktion in der Gruppe".

Die "geheime Phantasie" in der Gruppe

Die durch die Übung, das Gespräch und die wechselseitigen Teilidentifikationen mit dem Körperbereich sich allmählich entwickelnde "geheime Phantasie" in der Gruppe sagt sowohl etwas aus über die emotionale Dynamik des Körperbereichs und über die aktuellen emotionalen Beziehungen in der Gruppe als auch über die Verknüpfung körperlicher und gruppaler Vorgänge (vgl. Argelander 1967). Eine bioenergetisch-analytische Gruppe muß also einige Bedingungen erfüllen, um energetisch "in Fluß zu bleiben". Zunächst einmal muß sie zusammen kommen, dann müssen die Mitglieder untereinander in eine Beziehung, in einen Kommunikationsprozeß treten. Ziel ist, daß in der Gruppe ein Verstehen zustande kommt, in dem jeder sich wiederfindet und seine Wünsche annähernd befriedigt sieht. Das gemeinsame Verstehen führt somit zu einer Verminderung der Spannungsintensität in der Gruppe und einer Verbesserung des Gruppenklimas. Jeder muß sich auf seine Art entscheiden, das Gruppengeschehen als Nährboden für weitere Bedürfnisbefriedigung zu erhalten, den Prozeß in der Gruppe so zu unterstützen, daß die aufkommende Angst nicht zu einer Bedrohung der Gruppe und/oder zu einer Vereinzelung der Mitglieder führt.

Verlauf eines Bioenergetik-Workshops

Ich möchte nun die Analyse des Verlaufs einer Bioenergetischen Gruppe (Workshop), die ich durchgeführt habe, zur Veranschaulichung der konzeptionellen Gedanken nehmen. Ich hoffe, dadurch exemplarisch mein bioenergetisch-analytisches Verstehen und Intervenieren in Gruppen so zu skizzieren, daß es zur Diskussion aufruft und/oder zur eigenen Erprobung ermutigt.

Der Beginn der Gruppe

Es treffen sich 15 Berufstätige aus unterschiedlichen Tätigkeitsbereichen: Lehrer, Diplom-Psychologen, Theologen u.a. zu einer Fortbildungsveranstaltung unter dem Thema: Bioenergetische Analyse. Diese Veranstaltung ist Teil der Ausbildung in Themenzentrierter Interaktion nach Ruth Cohn (TZI). Die Teilnehmer, je zur Hälfte Männer und Frauen, wollen die Bioenergetische Analyse kennenlernen. Die Vorstellungsrunde zu Anfang verdeutlicht mir, daß das Interesse einerseits aus Selbsterfahrung besteht, "etwas mit dem Körper zu machen", andererseits aus dem Wunsch, körperliche Aspekte menschlichen Verhaltens differenzierter wahrzunehmen, um sie gezielter in der eigenen Tätigkeit zu identifizieren und zu "nutzen". Ich entnehme dem Anfangsgespräch, daß jeder sich bereits seit längerem in einem Selbsterfahrungsprozeß befindet. Die Mehrzahl der Teilnehmer hat Erfahrung mit Meditation und zudeckenden Körperverfahren wie Autogenem Training und Yoga.

Wir beginnen mit körperlichen Aufwärmübungen (warming up) zur Lockerung und bioenergetischen Erdungsübungen (grounding), um den Kontakt zum Körper und zur umgebenden Wirklichkeit zu verstärken. Alle machen bereitwillig mit. Die Stimmung ist neugierig zurückhaltend. Es wird gelacht, wenn jemand gähnt. Ich gebe gelegentlich kurze Erklärungen zu den Übungen und ermuntere gerade auch durch meine eigene Beteiligung an den Übungen, weniger zu denken und zu fragen als eine Übung zu machen und zu spüren, was im eigenen Körper geschieht.

Die Gruppe bemüht sich tränenlos

Ich will nach der Pause den Ausdruck von Energie und das körperliche Erleben vertiefen und wähle eine Übung, bei der die Teilnehmer sich hinlegen und abwechselnd mit den Füßen auf den Boden trampeln, mit dem Becken auf die Matratze klopfen oder mit den Fäusten schlagen. Ich bitte jeden, zwischendurch keine Pause zu machen, um an den Punkt der individuellen körperlichen Erschöpfung zu kommen. In der Regel dauert diese Übung bei einiger Ermutigung durch mich ca. 10 Minuten. Viele Teilnehmer in anderen Gruppen drücken ihre Erschöpfung dann durch Lachen, Weinen, Toben u.a. aus, bevor jeder Einzelne sich individuell entscheidet aufzuhören. Die Teilnehmer dieser Gruppe machen die Übung sehr lange (ca. 30 Minuten), beklagen sich dabei wenig und halten sowohl den gefühlsmäßigen Ausdruck ihrer Energie beim Trampeln, Klopfen und Schlagen als auch den der Erschöpfung zurück. Die Gruppe ist leise. Keiner lacht, weint oder tobt.

Ich bemerke dieses und unterstütze nur gelegentlich, indem ich daran erinnere, keine Pause zu machen. Ich bin unsicher und ringe mit mir, wie ich das Geschehen zu verstehen habe, und ob ich stärker ermuntern soll, weiterzumachen und/oder das Gefühl auszudrücken. Gelegentlich ertappe ich mich bei der Phantasie, "es müsse etwas passieren", verstehe sie dann aber gegen Ende der Übung als unbewußte gruppale Delegation eines Leistungsanspruchs an mich, eines Leistungsanspruchs, den m.E. die meisten Teilnehmer der Gruppe meist gut aus ihrem Leben kennen.

Die Gruppe ist bei der Übung ziemlich ruhig, kaum einer stöhnt oder lärmt bei der Anstrengung. Niemand weint oder wird wütend. Ich gehe in der Gruppe herum, um mir von jedem einen persönlichen Eindruck zu verschaffen. Einige ermuntere ich, vorsichtig weiterzumachen, andere frage ich, wie es ihnen geht. Ein junger Mann, J., (Theologe in einem Krankenhaus) bemüht sich intensiv. Sein Körper ist hager und verhärtet, sein Gesicht bei der Anstengung verzerrt und/oder ängstlich. J. windet sich auf der Matratze, wenn die Anstrengung größer wird, ohne jedoch aufzuhören oder sein Gefühl auszudrücken. Er bleibt ruhig dabei. Gelegentlich rutscht ein Impuls zu weinen in sein Gesicht. Nur seine Augen öffnen sich ab und zu, als würden sie etwas suchen. Ich gehe zu ihm, unterstütze ihn und frage nach, was in ihm wühle. J. berichtet mir, daß er schon als kleiner Junge auf dem Bauernhof seiner Eltern auf Geheiß seines Vaters zentnerschwere Säcke schleppen mußte. Seine Wirbelsäule tut ihm bei der Übung genauso weh wie damals beim Schleppen der Säcke. J. reißt sich zusammen, schluckt seinen Wein-Impuls herunter und fängt immer wieder an zu trampeln, zu schlagen oder zu klopfen. J. fühlt sich mehr und mehr bei mir aufgehoben, wenn ich ihn befrage und bei ihm verweile. Ich empfinde mit ihm und spüre besonders seine Sprachlosigkeit und die ständige Last der Säcke auf den jugendlichen Schultern. Ich erinnere mich, daß J. zu Anfang der Sitzung von seinen Schwierigkeiten berichtet hat, auf die Sorgen der Patienten im Krankenhaus eingehen zu können. Am liebsten wolle er keinen Kontakt mehr mit ihnen, aber er geht immer wieder hin.

Als alle Teilnehmer der Gruppe ruhig liegen, lasse ich jeden über seine Erlebnisse erzählen. Gelegentlich frage ich nach. Ich spüre eine getragene Stimmung im Raum, ohne sie jedoch schon in Worten ausdrücken zu können. Ich greife in meinen Bemerkungen Kernsätze aus den Berichten der Teilnehmer auf (sharing), um meinen Eindruck von der gruppalen Stimmung zu vertiefen und den anderen mitzuteilen. Mehr und mehr Teilnehmer beginnen, sich unbewußt mit der Thematik der Tränenlosigkeit zu identifizieren. Die Stimmung kann sich in der Gruppe ausbreiten, ohne daß sie schon explizit ins Bewußtsein dringt.

Der Versuch der männlichen Kampfansage

Ich erlebe die Gruppe wie eine tränenlose Gruppe, die die Anforderungen des Lebens und der Körperarbeit hier und jetzt schafft. Man bemüht sich weiterzumachen, macht sich hart dabei, klagt wenig und bleibt aufmerksam im Hinblick auf das, was ich sage und mache. Als ich meinen Eindruck ausspreche, spüre ich bei den Teilnehmern zunächst Betroffenheit und vorsichtige Zustimmung. Einige, zumeist Frauen, nehmen sich jetzt Zeit, von sich und ihren Bemühungen während der Übung als auch im Leben zu berichten.

Gegen Ende der Abendsitzung, als deutlich wird, daß ich gleich gehen werde, wird von den Männern mir gegenüber Unmut geäußert. Ich sei fordernd, anspruchsvoll und würde etwas sehen, was nicht stimmt. Ich wolle, sagt man, daß die Gruppe weint. Für einen Moment bin ich von dem "männlichen" Widerstand mir gegenüber überrascht und überlege, wie ich erwidern soll, ob ich die Kampfansage annehmen soll. Ich spreche die gruppale Kampfansage an mich an und beziehe mich dann noch einmal auf meinen Eindruck vom unbewußten Gruppenthema: der ungeweinten Tränen. Meines Erachtens ist der Wunsch zu kämpfen in dieser rigiden Gruppe eher ein sekundäres Gefühl, eine unnötige Verstärkung von bereits gut vorhandenen Ich-Qualitäten. Ich lehne die Kampfansage ab, um mich wieder auf die vorausgegangene Arbeit mit J. zu beziehen, seinen tiefen Wunsch, ein kleiner Junge zu sein, lachen und weinen zu können, ohne schuften zu müssen. Der Konflikt zwischen Kämpfen, tränenlosem Durchhalten auf der einen Seite und dem Wunsch, klein und weich zu sein, gestützt zu werden, beginnt sich zuzuspitzen.

Als ich gehe, ist die Auseinandersetzung nicht beendet. Das gruppale Spannungsniveau bleibt erhöht. Einige lachen erleichtert, einige sind nachdenklich, andere wollen mich weiterhin mit der Kampfansage locken.

Die Opferung des "kleinen Jungen" als Teil des rigiden Schicksals

Ich beginne am nächsten Morgen mit Dehn- und Grounding-Übungen. Die Gruppe ist wach. Ich spüre keine Notwendigkeit, das Thema des letzten Abends anzusprechen, schlage jedoch eine Übung vor, um die Atemräume, insbesondere die Vorderseite des Körpers, zu dehnen, um weiche Gefühle zu lockern. Jeder legt sich für einige Minuten auf eine kleine Deckenrolle, die jeweils unter der Taille, den Rippenbögen und längs der Wirbelsäule zwischen den Schulterblättern liegt. Die Teilnehmer werden dadurch mit der Möglichkeit und den Schwierigkeiten (Schmerzen) konfrontiert, loszulassen, tiefer zu atmen und weiche Gefühle zu spüren.

Die Gruppe ist im Unterschied zu vielen anderen Gruppen wieder sehr leise. Bei einigen schmerzt die Rolle/Dehnung erheblich. Ich sehe dies am Gesichtsausdruck und an der Art, wie die Deckenrolle verschoben wird, doch niemand sagt etwas, beklagt sich oder weint. Ich gehe wieder herum und unterstütze sehr behutsam die Dehnung im Körper, die Atemtiefe und den Energiefluß. Manchmal berühre ich nur mit meiner Hand die Schulter oder die Brust mit einem Finger, manchmal weise ich jemanden darauf hin, seinen fast versteckten Ton von Schmerz und Weinen zu hören. Manchmal habe ich fast Sorge, daß allein mein Herumgehen und meine Unterstützung, es müsse doch "etwas Lautes" geschehen, schon forcierend wirken könnten.

Beim anschließenden Sharing sitzt jeder auf seiner Matratze und berichtet über seine Gefühle. Das Gespräch ermutigt die Teilnehmer, einige beginnen jetzt zu weinen, andere schweigen betroffen, wenn sie von den Schmerzen der anderen hören. Viele Teilnehmer beziehen sich mehr oder weniger deutlich auf die Erinnerung von J., an seinen "kleinen Jungen", der damals so hart hatte schuften müssen. Ich identifiziere das Thema des tränenlosen Weinens als Teil des rigiden Schicksals. Da die Angstspannung in der Gruppe durch das Weinen am Morgen stark vermindert ist, kann ich mich direkt auf die gestrigen Ereignisse beziehen, um sie mit den aktuellen Vorgängen in der Gruppe zu verbinden. Die Stimmung in der Gruppe ist warm und verbindend. Obwohl jeder noch auf seiner Matratze sitzen bleibt, spüre ich den hohen Grad an Aufmerksamkeit füreinander.

Jeder läßt den Kopf hängen

Nachmittags herrscht zunächst eine gelöste, fröhliche Stimmung vor. Wir machen einige Gruppenspiele. Es wird viel gelacht. Die Gruppe bittet mich dann, mit den Schultern, dem Nacken und dem Kopf zu arbeiten. Sie will diese Bereiche mehr lockern, um die Kontrolle über die körperlich-seelischen Vorgänge zu verringern. Wir arbeiten in Paaren. Jeder lernt, für eine Weile seinen Kopf hängen zu lassen. Viele werden aggressiv, als sie merken, wie verspannt der Schulter-/Nackenbereich und wie fest die Brust ist. Verspannungen entladen sich bei einigen heftig in Schreien, Schlagen oder Trampeln. Als zum Schluß der Partner den hängenden Kopf langsam anhebt und trägt, weinen die meisten bitterlich. Sie sind glücklich und traurig zugleich, ihren Kopf an jemanden zu übergeben, der ihn sorgsam trägt. Diese Gefühlsqualität vermißt der Rigide seit langem in seinem Leben. Er hat sich hart gemacht, das Leben um den Preis gemeistert, daß sein Herz und die zarten, weichen Gefühle tief verschlossen bleiben. Ich entscheide mich am dritten Tag, den Wunsch der Gruppe, mit Sexualität zu arbeiten, und mein Interesse, die weichen Gefühle der Teilnehmer in der Gruppe auf jemanden zu richten, miteinander zu verknüpfen. Ich beginne mit Grounding und speziellen Drehübungen. Die Teilnehmer fühlen sich dabei wach und anwesend.

Da ich mich entschieden habe, keine Einzelarbeit vor der Gruppe oder Übungen in Kleingruppen zu machen, bitte ich jeden, sich hinzulegen, um sich auf die Übung vorzubereiten. Mir wird immer deutlicher, daß ich mich selbst ohne erkennbaren Grund erschöpft fühle, vielleicht auch gerade deshalb so empfänglich bin für die spezifische gruppale Auseinandersetzung mit Rigidität. In der Art und Weise, wie ich mit der TZI-Fortbildungsgruppe arbeite, achte ich einerseits darauf, die Ich-Anteile in der Gruppe nicht zu überstrapazieren, und bemühe mich andererseits, weich zu bleiben, indem ich mich nicht zwinge, zu sehr körpertherapeutisch bei den Einzelnen zu intervenieren.

Das Erleben der frühen sexuellen/ödipalen Ablehnung und Enttäuschung

Die Teilnehmer stellen sich nun ihre Mutter vor und sich selbst als Kinder, die die Arme zu ihr ausstrecken. Ich bitte die Teilnehmer nun, ihre Arme in die Luft zu strecken um das Gefühl zu intensivieren und es durch den körperlichen Ausdruck ganzheitlicher zu erleben. Sie spüren ihre Sehnsucht, ihre Wünsche und Nähe zu ihr. Ich bitte die Teilnehmer, sich vorzustellen, die Mutter würde das Ausreichen ihrer Arme (reaching out) erwidern. Viele Teilnehmer sind glücklich, andere weinen aus Traurigkeit.

Dann ändere ich die Vorgabe. Die Teilnehmer nehmen ihre Arme runter. Sie sollen nun ihr Becken leicht bewegen, um allmählich mit diesem Körperbereich und den dort verankerten sexuellen Gefühlen vertraut zu werden. Ich ermuntere die Teilnehmer, ihre sexuellen Gefühle, ihre Kraft und sexuelles Selbstbewußtsein zu spüren.

Nach etwa 2o Minuten verbinde ich das "reaching out" zur Mutter mit dem Erleben der sexuellen Gefühle. Ich fordere die Teilnehmer auf, die Arme zur Mutter auszustrecken und das Becken ganz vorsichtig, aber spürbar zu bewegen. Sie werden nun im Unterschied zu ihrer Kindheit und Pubertät mit der Realität der Verbindung zweier zentraler Gefühle und der Ablehnung durch die Mutter bewußt konfrontiert. In der Regel läßt die Mutter die Verbindung dieser beiden kindlichen Gefühle nicht zu. Sie wendet sich ab oder ignoriert einen Teil dieser kindlichen Gefühlswelt oder lehnt das Kind ab. Das Kind fühlt sich im Innersten getroffen, weil es die dann folgenden elterlichen Reaktionen nicht verstehen kann. Es verschließt sein Herz, trennt die Herzens- von den sexuellen Gefühlen und verliert die Kraft der Quelle der sexuellen Gefühle.

Die Enttäuschung, der Schmerz, der Selbstwertverlust breiten sich explosionsartig in der Gruppe aus. Fast alle weinen. Einige trampeln oder schlagen aggressiv mit Händen und Füßen auf die Matratze ein. Andere wieder fallen enttäuscht und kraftlos in sich zusammen. Das Herz vieler schmerzt. Das sexuelle Selbstbewußtsein wirkt erschlagen. Ich selbst fühle mich tief aufgewühlt, als ich mich diesem tiefen Schmerz und seinem körperlichen Ausdruck ausgesetzt sehe. Es ist, als könnte ich nichts machen, als würde der Schmerz ewig andauern. Jeder in der Gruppe spürt, wie ich sehen und hören kann, den Schmerz körperlich. Es ist, als ob jeder an der Schmerzgrenze ist, der Schmerzgrenze des Bereichs, den jeder noch imstande ist, voll und bewußt zu erleben, ohne sich wehren oder körperlich (durch Verspannungen) verschließen zu müssen. Das Erleben des Schmerzes ermöglicht meines Erachtens hier den Teilnehmern einen neuen Kontakt zum eigenen, rigid verhärteten Körper und zu den zurückgehaltenen, verschütteten Gefühlen. Das anschließende Sharing verdichtet die Stimmung in der Gruppe und deckt den lebensgeschichtlichen Hintergrund der Kindheit auf. Die Männer in der Gruppe erzählen von ihrer Enttäuschung der Mutter und der eignen Sexualität gegenüber. Die Frauen berichten von ihrer Ablehnung der Mutter gegenüber und der tiefen, oft nicht eingestandenen, fast schon verloren gegangenen Sehnsucht nach dem Vater. Die Männer suchen und fragen nach dem "kleinen Steppke" in ihnen. Die Frauen sind erschüttert und wie wachgerüttelt durch das Erleben der Sehnsucht nach dem Vater.

Die Auflösung der rigiden Verhärtung in einen Wechsel von Ermüdung und Erweichung

Ich möchte darauf verzichten, den weiteren Verlauf der Gruppe im einzelnen nachzuzeichnen. Ich hoffe, den Ansatz meiner bioenergetischen Verstehens- und Arbeitsweise anhand des Beispiels des Gruppenprozesses verdeutlicht zu hahen. Hier nun die weiteren Entwicklungsschritte der Gruppe, ihre bioenergetisch-analytische Charakterisierung und meine körperlichen Interventionen.

Den Gruppenmitgliedern wird immer klarer, um was es geht. Sie erinnern sich den an "kleinen Jungen" oder das "kleine Mädchen" in ihnen und die damit verknüpften Gefühle von Sehnsucht, Schmerz und fast verloren gegangener Weichheit. Sie erkennen, daß ihr Leben vielfach daraus besteht, das Herz zu verschließen, sich anzustrengen und durchzuhalten. Ich greife ihre Art der Lebensbewältigung durch einen speziellen Interventionsstil auf. Ich wähle Körperübungen, die den Körper mit seiner Härte und Verspannung ermüden, und vermeide zu große Anstrengung sowie Streß. Zwischendurch machen wir eine Theoriesitzung, die zu Anfang der Woche schon geplant war. Die Art der Fragen und das Engagement im Gespräch zeigen klar die dichte Beteiligung aller Gruppenmitglieder. Jeder erkennt sich wieder in dem kleinen Jungen/Mädchen und hat entsprechende Gefühle in den speziellen Körperübungen. Die Lebendigkeit in der Gruppe ist an die Stelle von Verhärtung, Zaghaftigkeit und Angst getreten. Ich bin mir dieser Verädernung vor allem dann sicher, wenn ich sehe, wie intensiv jeder bei den leichtesten Korrekturen der Körperhaltung durch mich erlebt bzw. wie der Körper jedes Einzelnen reagiert. Die Vibrationen und die Atmung werden stärker, die Bewußtheit klarer, das Gefühl eher spürbar. Ich werde wiederholt zu der Verbindung der Bereiche Energie, Körper, Lebensgeschichte und Gefühl befragt. Ich antworte direkt durch eine Erklärung und/oder durch eine spezielle Formung der Körperhaltung, damit der individuelle körperliche Charakteranteil als Teil der allgemeinen Antwort erlebt wird.

Am letzten Tag arbeite ich mit dem Thema: Jemandem etwas geben und von jemandem etwas annehmen können. Ich wähle eine Übung, bei der die Gruppenmitglieder mit geschlossenen Augen von jemandem irgendwo am Körper berührt werden. Es ist dabei nicht wichtig zu wissen, wer berührt. Ich lege Wert darauf, daß die Gruppenmitglieder die jeweils unterschiedlichen Qualitäten von Berührung Einzelner spüren, zulassen und für sich verstehen lernen. Dieses Thema stellt für mich eine aufbauende Arbeit dar. Da ich am Nachmittag zuvor durch spezielle bioenergetische Übungen den Beckenbereich mit den entsprechenden Gefühlen gelockert bzw. geöffnet habe und die Gruppenmitglieder die körperliche Lockerung im Becken zulassen konnten, halte ich es für angebracht, die sexuellen und erotischen Gefühle auf jemanden zu richten. Dieser Vorgang ist insofern aufbauend, als er, da die Augen geschlossen sind, die Beührung und die damit verbundenen körperlich-seelischen Sensationen angeht. Die Kontrolle durch die Augen und das lebensgeschichtlich geprägte Nachdenken/Kategorisieren der Berührung wird hierdurch erheblich abgeschwächt. In diesem Stadium der Gruppenentwicklung verringert sich die innere Kontrolle jedes einzelnen entsprechend dem Ansteigen der Berührungsintensität. Der Einzelne schöpft Kraft aus dem neuartigen körperlichen Erleben, der Weichheit im Gefühl und der verringerten Abhängigkeit von den rigid verhärteten Teilen der Lebensgeschichte.

Einschränkungen und Ausblick

Ich hoffe, daß die Analyse des zufällig gewählten Gruppenprozesses die Berührung zu Lowens fünf Hauptkonzepten der Bioenergetischen Analyse verdeutlicht. Ebenso hoffe ich, daß ich das Geschehen in einer Bioenergetischen Gruppe als prozeßhaften, wechselseitig sich bedingenden Identifikationsprozeß erkennbar gemacht habe. Und doch muß ich meine Bemühungen einschränken und hinterfragen. Einige meiner Überlegungen sind:

(1) Die Bioenergetische Analyse baut auf der Ich-Psychologie auf und versteht sich als charakteranalytisches Konzept. Die Vielfalt der (bioenergetisch-) und analytischen Definitionen von Charakter (Lowen, Keleman, Lewis, Sebastian u.a.), die "Verwechslung" von Charakter und Persönlichkeit, die Unklarheit darüber, ob der Charakter pathologisch oder gesunder menschlicher Ausdruck ist, all diese Überlegungen müßten erst noch hinreichend diskutiert und aufeinander bezogen werden.Wird der analytische Begriff "Charakter" nicht abgegrenzt, befürchte ich in Zukunft eine tiefe Verwirrung und eine Abwertung der Bioenergetischen Analyse als ausdifferenziertem analytischen Verfahren in der wissenschaftlichen Gemeinschaft. Gleichzeitig bemerke ich bei vielen Trainern und Therapeuten die Überbetonung eines Ich-psychologischen Ansatzes, die auf Kosten des regressiven frühkindlichen therapeutischen Verstehens und Bemühens geht. So sind z.B. Lowens Konzepte des Grounding, sein Interventionsstil, nämlich die Arbeit mit dem Atemschemel u.a., spezifisch Ich-psychologischer Art. Erst in letzter Zeit werden mehr regressive Techniken, geburtsdynamische Konzepte u.a. vermittelt. Es bleibt der weiteren Entwicklung überlassen, wie sich das Verhältnis von Ich-psychologischen, regressiven, triebökonomischen und anderen Ansätzen gestalten wird. Ich selbst verfolge interessiert die Möglichkeit, das Konzept des symbolischen, szenisch-dialogischen Austauches in die Bioenergetische Analyse einzubauen (vergleiche Lorenzer, Klüwer u.a.).

(2) Die psychoanalytische Arbeit ist stark geprägt durch die Auseinandersetzung mit dem Widerstand. Für mich bleibt an dieser Stelle noch zu klären, wie das Verhältnis von Widerstandsanalyse und wechselseitiger Identifikation im Fokalkonflikt in der Gruppe im Einzelnen aussieht.

(3) Das Geschehen in der Bioenergetisch-Analytischen Gruppe ist für mich immer Übertragungsgeschehen. Einerseits sind Übertragungsqualitäten situativ während einer Übung etc. implizit im Geschehen wirksam, oftmals sogar bewußt und gewollt induziert. Andererseits wird der Stil, miteinander umzugehen in einer Gruppe, auf der Übertragungsebene zum Therapeuten hin unbewußt geprägt. Ich bin als Teil der Gruppe am wechselseitig sich bedingenden Identifikationsprozeß selbst beteiligt. Gleichzeitig bin ich Objekt der unbewußten Übertragung der Gruppe. Für mich ist bislang noch nicht geklärt, wie ich mich im Spannungsfeld als Mitglied und Übertragungsobjekt zu verstehen und zu

bewegen habe. Aus meiner bisherigen Erfahrung ziehe ich vorab den Schluß: Je eher eine Bioenergetisch-Analytische Gruppe eine Therapiegruppe ist, desto eher arbeite ich mit der Übertragungsbeziehung zu mir. Dasselbe gilt, wenn ich in einer Bioenergetisch-Analytischen Gruppe Ich-Qualitäten erlebe. Auch dann fühle ich mich eher mit der Übertragungsproblematik konfrontiert.

(4) Abschließend möchte ich noch auf die didaktischen Schwierigkeiten hinweisen, die Bioenergetische Analyse als Gruppenanalyse im Ausbildungsprogramm fest zu verankern. Einerseits ist eine theoretische Erweiterung des Bioenergetisch-Analytischen Verständnisses erforderlich, andererseits wird es Aufgabe sein, einen didaktischen Stil zu entwickeln, bei dem sowohl die Körperarbeit als auch die Thematisierung des Gruppengeschehens hinreichend berücksichtigt sind. Die didaktischen Schwierigkeiten werden m.E. zu institutspolitischen internen Auseinandersetzungen führen müssen. Die bisherige Orientierung,wonach Bioenergetische Analyse eine Einzelanalyse sei und ich als Therapeut über den Körper Verfügung habe, gilt dann nicht mehr oder nur noch eingeschränkt. Diese Orientierungserweiterung wird notwendigerweise zur Frage nach der inhaltlichen, didaktischen und institutspolitischen Kompetenz führen. Ich glaube, daß eine solche Auseinandersetzung furchtbar für die Zukunft der Bioenergetischen Analyse gerade als Gruppenanalyse sein wird.

Literatur

Argelander, H., Das Erstinterview, Psyche 7 (1967), 21. Jg.
Erikson, E.H., Kindheit und Gesellschaft, Stuttgart 1965.
Ezriel, H., Psychoanalytic Approach to Group Treatment, Brit. Journal of Med. Psychology 23 (1950)
Keleman, S., Leibhaftes Leben, München 1982.
Klüwer, C., Kinder und Jugendliche im psychosozialen Spannungsfeld, Teil 1, Bochum 1974.
Lewis, R., Lowen, A., Bioenergetische Analyse, in: H. Petzold (Hrsg.), Psychotherapie und Körperdynamik, Paderborn 1974.
Lorenzer, A., Zur Begründung einer materialistischen Sozialisationstheorie, Frankfurt 1972.
Lowen, A., Bioenergetik für jeden, Gauting 1977.
-, Bioenergetik, Reinbek 1979.
-, Körperausdruck und Persönlichkeit, München 1981.
Stock, Whitaker, D., Liebermann, A., Psychotherapy through the group process, London 1965.

Hilarion G. Petzold, Angelika Berger, Düsseldorf

DIE ROLLE DER GRUPPE IN DER INTEGRATIVEN BEWEGUNGS-THERAPIE

Die Integrative Bewegungstherapie (IBT) und Bewegungspädagogik ist ein Verfahren psycho-physischer Therapie und Agogik, das auf den Menschen als Leib-Seele-Geist-Subjekt in seinem sozialen und ökologischen Feld gerichtet ist (Petzold 1974, 1985a; vgl. dieses Buch Bd. II). In seinem ganzheitlichen Ansatz geht es vom Menschen aus, der sich in der Welt und auf sie hin bewegt. Dieses "être-au-monde" (Merleau-Ponty 1945) erweist sich im Kern als leibhaftige Koexistenz mit der Welt und den Menschen. Die theoretischen Grundlagen des Verfahrens, das in den sechziger Jahren von Hilarion Petzold (1970) entwickelt wurde (Ullmann 1984) beziehen sich auf das Konzept der Integrativen Therapie (Petzold 1965, 1980, 1984) und liegen damit in der phänomenologischen Philosophie und Psychologie und im Existenzialismus, insbesondere den Arbeiten von Gabriel Marcel (1978), Maurice Merleau-Ponty (1945, 1964) und F. J. J. Buytendijk (1956) begründet. Die Quellen des therapeutischen Ansatzes sind die Gestalttherapie von F. S. Perls (1975, 1980; Petzold 1984a), das Therapeutische Theater V. N. Iljines (1942; 1972), die "aktive Technik" Sandor Ferenczis, die körpertherapeutischen Arbeiten Wilhelm Reichs und seiner Schüler (Lowen 1977; Vööbus 1956; Raknes 1973), und verschiedene Ansätze der Atem-, Entspannungs- und Bewegungstherapie (Petzold, Berger 1977b).

Das besondere Charakteristikum des Verfahrens, durch das es sich von den herkömmlichen Metholden funktionaler Bewegungstherapie und -agogik unterscheidet, ist das Einbeziehen spezifisch psychotherapeutischer Aspekte in die Bewegungsarbeit. Gegenüber den klassischen Formen der Psychotherapie wiederum ergibt sich eine Unterscheidung dadurch, daß gezielt Körper- und Bewegungsarbeit im therapeutischen Procedere verwandt wird. Die Kombination von konfliktzentriert-aufdeckender, übungszentriert-funktionaler und erlebniszentriert-agogischer Arbeit in einem Verfahren ermöglicht ein breites Spektrum an Indikationen und Anwendungsbereichen. Inzwischen liegen Erfahrungen mit der Methode aus verschiedenen klinischen und agogischen Bereichen vor; aus der Therapie mit Kindern und Jugendlichen (Metzmacher 1985), mit Alkoholikern (Kombecher 1977), mit Drogenabhängigen (Rienast 1978; Petzold, Metzmacher 1984; Petzold, Epe 1984), mit psychiatrischen Patienten (Petzold, Berger 1977b; 1973; Hausmann 1985), dem Bereich der Geriatrie und der Altenbildung (Petzold, Berger 1978; Petzold 1985e) sowie der Schulpädagogik (Rosenkranz 1978; Petzold 1978), Prävention und Erwachsenenbildung (Ullmann 1981). Diese Erfahrungen zeigen die Effizienz und vielfältige Verwendungsmöglichkeit der Methode.

Der vorliegende Beitrag will sich mit der spezifischen Frage beschäftigen, welche Bedeutung die Gruppe in der Integrativen Bewegungstherapie hat und wie in diesem Verfahren therapeutische Gruppenarbeit gehandhabt wird.

1. Einzel- und Gruppenarbeit als Formen der Bewegungsarbeit

Die Integrative Bewegungstherapie kann sowohl als einzeltherapeutisches als auch als gruppentherapeutisches Verfahren eingesetzt werden. Die einzeltherapeutische Arbeit empfiehlt sich für Patienten, bei denen eine Gruppentherapie wegen ihrer Problematik nicht indiziert ist, sei es, weil sie gar nicht in der Lage sind, die Komplexität des Beziehungsgefüges einer Gruppe zu ertragen oder sei es, weil ihre Erkrankung aufgrund eines akuten Zustandsbildes und spezifischer Problemstellung eine Einzeltherapie erforderlich macht. Eine Einzelbehandlung kann weiterhin angezeigt sein, wenn die Probleme des Patienten für eine Gruppe zu belastend wären, z. B. bei sexuellen Perversionen, schweren Zwangsvorstellungen und akuten psychotischen Zuständen.

Methoden der Integrativen Bewegungstherapie werden als Einzeltherapie auch zur funktionalen Behandlung eingesetzt. Interventionen, die auf die Regulierung der Atmung und des Tonus abzielen, die unmittelbar auf das Angehen muskulärer Verpanzerung gerichtet sind, und die deshalb direkte Arbeit am Körper erforderlich machen, sind nur in Einzelarbeit möglich, weil sie die volle Aufmerksamkeit des Therapeuten verlangen, wie in der funktionalen Massage, Atemtherapie oder Psychomotorik.

Neben diesen Möglichkeiten des Vorgehens ist die Integrative Bewegungstherapie eine Methode therapeutischer Gruppenarbeit, die konfliktzentriert-aufdeckend, übungszentriert-funktional und erlebniszentriert-agogisch arbeitet (Petzold 1985e; Petzold, Orth 1985). Einzel- und Gruppentherapie sind demnach keine Alternativen, sondern zwei Möglichkeiten des Verfahrens, die je nach Indikation separat oder miteinander verbunden eingesetzt werden können. So ist es durchaus möglich, daß ein Patient an Einzelsitzungen etwa mit funktionaler Atemarbeit oder mit konfliktzentrierter Körperarbeit teilnimmt und zugleich Mitglied einer fortlaufenden Therapiegruppe ist.

In der Gruppe werden Möglichkeiten des sozialen Lernens bereitgestellt, die die Einzelarbeit nicht zu bieten vermag. Die Einzelarbeit hingegen läßt eine Differenziertheit und Kontinuität zu, die in der Gruppe nicht immer erreicht werden kann. Der therapeutische Prozeß im Einzel- oder Gruppensetting weist zum Teil unterschiedliche Qualitäten auf, die sich eine differenzierte Indikationsstellung zunutze machen kann. Im Folgenden soll die Rolle der Gruppe in der Integrativen Bewegungstherapie näher dargestellt werden: die Möglichkeiten, die gruppentherapeutische Bewegungsarbeit bietet und die Faktoren, die eine solche Arbeit bestimmen.

2. Zur Begründung bewegungstherapeutischer Gruppenarbeit

Es ist zunächst die Frage zu stellen, warum in einem bewegungstherapeutischen Ansatz der Gruppe eine Bedeutung zugemessen wird, die über die einer Übungsgemeinschaft hinausgeht. Es ist ein Mangel der herkömmlichen Bewegungstherapie und der Gymnastikgruppen in der Psychiatrie, daß den gruppalen Aspekten keine oder nur wenig Beachtung geschenkt wird. Nicht nur, daß damit therapeutische Möglichkeiten vergeben werden, es werden auch Faktoren nicht beachtet, die für Störungen im Arbeitsprozeß verantwortlich sein können. Wir konnten immer wieder feststellen, daß Lustlosigkeit, Fehlquoten, mangelnde 'Ernstwertung' in der Regel Ausdruck ungeklärter Gruppensituationen waren. Gerade in der übungszentrierten Arbeit besteht die Gefahr, daß latente Spannungen zwischen Gruppenmitgliedern oder Untergruppen nicht beachtet und bearbeitet werden. Dem kann zwar dadurch abgeholfen werden, daß regelhaft Übungsfolgen oder Spiele eingestreut werden, um die Gruppensituation zu entschärfen und zu konsolidieren, wie z. B. Ball- und Mannschaftsspiele. Aber gerade derartige Spiele sind auch dazu geeignet, die Gruppensituation offen zu legen und bewußt zu machen. In ihnen nämlich werden Wahlen, Präferenzen und Konkurrenzsituationen deutlich erkennbar. Sie können in einem 'ludischen Kontext' angesprochen werden, ohne daß sofort Widerstand und Abwehr einsetzen. Konkurrenz wird im Spiel selbstverständlicher mitgeteilt als die tatsächlichen Spannungen im Alltagsleben. Die Spielsituation ist unverfänglicher und weniger risikoreich. Zuweilen müssen Auseinandersetzungen allein auf der spielerischen Ebene belassen werden, so daß schwelende Konflikte nur indirekt angegangen werden können, weil die direkte Auseinandersetzung zu angstauslösend wäre. Es kann auch durch derartige Maßnahmen eine ausgeglichene Gruppenatmosphäre hergestellt werden, in der ein gutes Arbeitsklima möglich ist. Besser aber ist es, wenn die anstehenden Situationen konkretisiert und ausgetragen werden. Eine Gruppenarbeit, in der keine offene Interaktion möglich ist, in der Hostilitäten überspielt werden und in der keine Bewußtheit für ablaufende Prozesse herrscht, ist in ihrer Effektivität eingeschränkt. Dies gilt für die meisten herkömmlichen Ansätze der Bewegungstherapie.

In der Integrativen Bewegungstherapie geht es hingegen nicht nur um das körperliche Ausdrücken und Ausagieren von Konfliktsituationen, sondern wesentlich auch um eine Schulung der Awareness für den eigenen Leib, für den Leib anderer, für soziale Konstellationen. Aus diesem Grunde können die Beziehungen in der Gruppe nicht ausgeblendet werden. Sie stellen im Gegenteil ein wertvolles Übungsfeld für den Umgang mit Konflikten, für die Problemlösungsfähigkeit und die Schulung der Selbst- und Fremdwahrnehmung dar. Die soziale Kompetenz der meisten Patienten ist defizitär. Ihnen fehlt oftmals das Gefühl für die Gruppe. Ein wesentlicher Teil ihrer Probleme ist in der persönlichen Isolation zu sehen, ihrer Unfähigkeit, Kontakt zu schließen, besonders aber verbal in Gruppen zu kommunizieren. So stellt die Kombination von verbalem und nonverbalen Ansatz der Gruppenarbeit in der Integrativen Bewegungstherapie ein ideales Medium dar, derartige Defizite anzugehen.

3. Zur Zusammenstellung von Gruppen

Die Zusammenstellung einer Gruppe ist für den Charakter der nachfolgenden Gruppenarbeit von entscheidender Bedeutung. Die Fragen, die mit der Zusammenstellung von Gruppen verbunden sind, sind jedoch außerordentlich komplex (Yalom 1974), so daß hier nicht mehr als ein Abriß gegeben werden kann, der die spezifische Position der Integrativen Bewegungstherapie wiedergibt.

Die Zusammenstellung von Gruppen ist in der Regel von äußeren Realitäten bestimmt, z. B. der Art der Einrichtung, in der die Gruppe stattfindet.

Therapeutische Patientengruppen sollten nicht mehr als acht Teilnehmer haben, pädagogisch ausgerichtete Gruppen können größer sein (vgl. Petzold 1977). Bei schwer erkrankten psychiatrischen Patienten empfiehlt es sich oft, nur mit fünf oder sechs Teilnehmern zu arbeiten.

Grundsätzlich ist für die Zusammenstellung von Gruppen eine Heterogenität ohne Extrempositionen anzustreben, z. B. kann durchaus eine Altersstreuung vorhanden sein, ohne daß in der Gruppe einzelne Teilnehmer besonders jung oder besonders alt sind. Jugendliche und alte Menschen müssen für kontinuierliche Arbeit in homogenen Gruppen zusammengefaßt werden, da ihr Erfahrungshintergrund und ihre Erlebens- und Verhaltenscharakteristik sich so sehr unterscheiden, daß die Arbeit auf Dauer für die einen oder die anderen wenig fruchtbar ist. Von den Krankheitsbildern her ist eine gute Durchmischung zu empfehlen. So sollte auf keinen Fall die Zahl der depressiven Patienten in einer Gruppe überwiegen, da ansonsten das Arbeitsklima insgesamt gedrückt und wenig dynamisch wird. Eine Homogenität der Gruppenzusammenstellung empfiehlt sich nur bei Suchtkranken (Alkoholiker, Drogenabhängige, Polytoxikomane), da diese aufgrund ihrer spezifischen Problematik ein besonderes Vorgehen erfordern und weiterhin gemeinschaftlich an dem sie verbindenen Problem besonders effektiv arbeiten können. Schließlich wird die Arbeit in homogenen Gruppen bei schwer erkrankten psychiatrischen Patienten, z. B. akuten Psychotikern, aber auch bei chronifizierten Psychosen und Defekten erforderlich. Obgleich eine Zusammenfassung dieser Kranken in homogenen Gruppen ein hohes pathologisches Potential akkumuliert, in dem wenig positive Imitationsmodelle gesetzt werden und eine sehr spezifische, interaktionsarme Gruppendynamik entsteht, ist eine Durchmischung mit weniger schwer gestörten Patienten, z. B. Neurotikern oder psychosomatisch Erkrankten, kaum möglich, da für diese der Umgang mit akuten Psychosen seelisch zu belastend ist und die Arbeit etwa mit Defektschizophrenen durch ihre Schwerfälligkeit die therapeutische Entwicklung neurotischer Patienten beeinträchtigt. Die Unterschiede in der Antriebsdynamik und im Hinblick auf noch vorhandene Kompetenzen sind zu groß. Eine Heterogenität ohne Extrempositionen wäre nicht gewährleistet.

In jedem Falle wünschenswert sind Gruppen mit männlichen und weiblichen Teilnehmern. Sie bieten gegenüber geschlechtshomogenen Gruppen vielfältige Vorteile. Insgesamt ist die Dynamik lebendiger und lebensnäher. Der in der Regel gestörte Bereich der Partnerbeziehungen und der Sexualität kann besser angesprochen werden und sich erlebnisnah konkretisieren. Auch hier gilt, daß keine Extrempositionen geschaffen werden, etwa dadurch, daß auf eine Gruppe von acht Patienten nur eine oder zwei Patientinnen kommen oder umgekehrt. Ein Drittel sollte nicht unterschritten werden, da sonst Minderheitspositionen entstehen, die sowohl für die betroffene Minderheit als auch für die Gruppenmehrheit sich nicht positiv auswirken.

Schließlich sollte bei der Zusammenstellung einer Patientengruppe darauf geachtet werden, daß die Differenzen, was Introspektionsfähigkeit und Verbalisationsfähigkeit, also sprachliche, personale und soziale Kompetenz anbelangt, nicht zu groß werden. So wesentlich die Entwicklung einer gewissen Toleranz ist, so störend können sich zu große Divergenzen für den Behandlungsprozeß auswirken.

Wie in der Praxis eine Gruppe zusammengestellt werden kann, ist natürlich von den vorhandenen Patienten und der Struktur der Einrichtung abhängig. So gibt es leider in der Psychiatrie immer noch genügend reine Männer- oder Frauenkrankenhäuser, in denen gemischte Gruppen nicht stattfinden können.

4. Initialsituationen in Bewegungsgruppen

Ist es gelungen, eine einigermaßen ausgeglichene Gruppe zusammenzustellen, so gilt es, in den ersten Sitzungen aus jener Ansammlung von Menschen, die sich zum ersten Mal im Gruppenraum treffen, eine tragfähige Gruppe zu bilden, die durch ein dichtes Netz von Beziehungen, durch Offenheit und Direktheit der Kommunikation, durch gegenseitige Wertschätzung und Bereitschaft, aufeinander einzugehen, gekennzeichnet ist. Eine solche Gruppe unterscheidet sich von einer Ansammlung fremder Menschen, die immer bedrohlich ist, weil sie Unbekanntes und Unverfügbares impliziert. Die Sicherheitsdistanz, die die Teilnehmer in derartigen Initialsituationen aufbauen, und die oft nur sehr schwer zu überwinden ist, wenn man sich allein auf verbale Interaktionen beschränkt, muß reduziert werden zugunsten einer Nähe, in der Kontakt und Begegnung möglich wird, die aber jedem Teilnehmer noch genügend Freiraum läßt. Es ist diese Mischung von Nähe und Freiraum, in der ein Klima von Vertrauen entstehen kann und in dem Wachstumsprozesse möglich werden. Unter dem Druck von Aggression oder Angst können sich persönliche Entwicklung und Gesundung nicht realisieren. Die Gruppe muß in dieser Hinsicht ein Klima entwickeln, das dem einer guten Familie ähnelt und das von Sicherheit und Freiheit gekennzeichnet ist. Das Medium der Bewegung, der nonverbalen körperlichen Übung, in der Nähe und Distanz sich auf natürliche Weise regulieren, bietet hier ausgezeichnete Voraussetzungen, um Gruppenkohäsion aufzubauen.

Bei Patienten, denen verbaler Kontakt ohnehin schwer fällt, ist die konkrete Gruppenaktivität, selbst wenn sie nur aus einfachen Übungen besteht, eine große Hilfe. Die Übungen verweisen den Patienten zunächst auf seinen eigenen Körper, der eine bestimmte Aufgabe ausführen muß. Bei ihm liegt die primäre Zentrierung der Awareness. Da die Übungen mit anderen Teilnehmern ausgeführt werden, wird Kontakt eine 'beiläufige Selbstverständlichkeit', durch die Angst reduziert und 'en passant' Beziehungen aufgebaut werden können.

Durch entsprechende Übungsfolgen, die über Partnerarbeit, Arbeit in Dyaden, Triaden und größeren Untergruppen immer stärker auf die Gesamtgruppe hinführen, kann Kohäsion systematisch aufgebaut werden. Die aufzuwendende Zeit wird dabei durch das Zustandsbild der Teilnehmer wesentlich bestimmt. Bei Patienten, deren soziale Kompetenz noch nicht sehr beeinträchtigt ist, gelingt es meistens sehr schnell, eine gute Kohäsion zu erreichen. Sehr zurückgezogene Patienten hingegen erfordern ein sehr behutsames, geduldiges Heranführen. Bei ihnen liegt die Bedeutung der Gruppe nicht im Aufarbeiten ungeklärter oder spannungsgeladener Beziehungen, denn solche sind allenfalls rudimentär vorhanden, sondern darin, Beziehungen erst möglich zu machen und ein Gruppenklima herzustellen, in dem Vertrauen, Wärme und Offenheit die Grundlage der Interaktion bilden. Die direkte körperliche Tätigkeit miteinander, die wechselseitigen Übungen und die spielerische Atmosphäre bieten hierzu die ideale Voraussetzung.

5. Zum Konzept der Gruppe in der Integrativen Bewegungstherapie

In der Integrativen Bewegungstherapie wird die Gruppe als eine Einheit angesehen, die in einem in sich gestaffelten Kontext steht: im Kontext der Klinik, des Gesundheitswesens in diesem Lande, der Gesamtgesellschaft. Die therapeutische Gruppe ist ein System in einem komplexen Systemgefüge. Folgende Aspekte sind für die Gruppe konstitutiv: Der Kontext (Systemzusammenhang), die einzelnen Teile (Teilnehmer), die Beziehungen, die die einzelnen Teile zueinander haben (Interaktionsprozesse). Das Zusammenwirken dieser Komponenten, die "Synergie" (Petzold 1974), konstituiert die Gruppe als ein Ganzes, das nicht unbedingt mehr, aber in jedem Falle etwas *anderes* als die Summe der einzelnen Teile ist.

Diese Kategorien aus der Gestalttheorie, Systemtheorie bzw. dem Strukturalismus ermöglichen ein komplexeres Verständnis der Gruppe als summative Definitionen, die unter einer Gruppe eine Anzahl von Personen verstehen, die miteinander direkte Kontakte unterhalten (Homans 1950), durch eine Situation (Lindgren 1973) oder durch gemeinsame Ziele verbunden sind, ein Rollensystem und spezifische Normen ausgebildet haben.

All diese in den vielfältigen Gruppendefinitionen der Sozialpsychologie gängigen Kategorien sind wesentlich (vgl. Fengler, dieses Buch Bd.I), aber sie tendieren dazu, die Gruppe als Ganzheit von eigener Charakteristik außer acht zu lassen. Das Ganze der Gruppe hat eine eigene Qualität, die im therapeutischen Prozeß sehr wesentlich ist (Battegay 1976). Das aber bedeutet durchaus nicht, daß die einzelnen Teile ('Unterganzen'), die einzelnen

Personen, Dyaden, Subgruppen, ihre Eigenständigkeit und ihren Charakter verlieren. Ganzes, Teile, Prozesse und Kontext müssen in der Gruppenarbeit gleichermaßen berücksichtigt werden. Eine einseitige Zentrierung auf die Gruppe, wie dies in bestimmten gruppendynamischen Verfahren der Fall ist (z. B. Tavistock-Modell), ist mit dem Arbeitsstil der Integrativen Bewegungstherapie genau so wenig vereinbar, wie die Zentrierung auf den Einzelnen, die bestimmte Therapieformen kennzeichnet, z.B. die klassische Gestalttherapie und das personzentrierte Psychodrama (vgl. Petzold, Frühmann, dieses Buch, Bd. II).

Der Einzelne wird Figur vor dem Hintergrund der Gruppe. Die Gruppe gewinnt Gestalt aus dem Zusammenwirken, der Synergie, ihrer Teilnehmer im jeweiligen Kontext. Der Kontext wirkt auf die Gruppe, die Gruppe wirkt auf den einzelnen Teilnehmer: ein Gefüge von Wirkungen und Rückwirkungen. Dem Zusammenwirken der einzelnen Komponenten kommt deshalb die zentrale Bedeutung zu.

6. Person- und gruppenzentrierte Arbeit

Es ist daher eine der wichtigsten Aufgaben der therapeutischen Arbeit, die Verwobenheit zwischen Figur und Grund, den Systemzusammenhang als Kontext im Auge zu behalten und person- und gruppenzentrierte Arbeit zu verbinden. Bringt z. B. ein Klient in einer Gruppensitzung ein Problem, sei es dadurch, daß er es verbal äussert, oder dadurch, daß er es in der Bewegung ausdrückt, so ist dies zwar sein eigenes, ganz spezifisches Anliegen, aber er hat im gleichen Moment die Gruppe als Matrix und Verweisungshorizont.

Es ist das Klima der Gruppe, das das Einbringen des Problems zum gegebenen Zeitpunkt ermöglicht. Irgendetwas in der Gruppeninteraktion, irgendeine vorausgegangene Bewegungskonstellation, Äußerung, Beziehungsqualität oder Gestimmtheit in der Gruppe kann als auslösende Anregung angenommen werden. Diese Annahme ist kein Muß. Es kann durchaus sein, daß ein Klient unter dem Einfluß seiner aktualen Lebenssituation (Kontext) ein Thema in die Gruppe bringt und damit seinerseits die Gruppe in ihrer Charakteristik beeinflußt. Oft genug aber ist die Gruppe insgesamt Auslöser, oder es bedingen sich individuelle und gruppale Impulse und Einflüsse aus dem Kontext. So ist denn immer die Frage zu stellen, wenn ein Gruppenteilnehmer ein spezifisches Thema bringt, welche Bedeutung es für die Gruppe insgesamt hat, was dieses Thema für die Gestimmtheit, die Situation, die Zielrichtung der Gruppe aussagt, welche Einflüsse aus dem Kontext wirksam werden.

Petzold (1973, S. 17) hat für die gestalttherapeutische Gruppenarbeit, die für die Entwicklung der Integrativen Bewegungstherapie wichtige Impulse gegeben hat, vier Stile der Gruppenarbeit unterschieden (vgl. dieses Buch, Bd.I):

1. Personzentrierte Arbeit, die eine "Einzeltherapie in der Gruppe" darstellt. Die Therapeuten arbeiten mit dem Patienten und die übrigen Teilnehmer sind beteiligte Zuschauer, die erst im auf die Arbeit folgenden Gruppengespräch aktiv teilnehmen können und zwar durch ihr "Sharing", der Mitteilung des eigenen Betroffenseins, durch ihr "Feedback", der Mitteilung von Beobachtungen und in der "Analyse", durch interpretative Überlegungen zum Geschehen.

2. Gruppenzentrierte Arbeit, die auf die Interaktion zwischen den Gruppenteilnehmern im Hier und Jetzt gerichtet ist und die gesamte Gruppe einbezieht, ohne daß persönlich-biographische Elemente größeren Raum einnehmen.

3. Gruppengerichtete Arbeit, in der das Thema eines Klienten Bedeutung für die gesamte Gruppe hat und die Gruppe an der Bearbeitung des Themas durch verbale und aktionale Beiträge aktiv teilnehmen kann.

4. Themenzentrierte Arbeit, in der ein vorgegebenes Thema im Mittelpunkt steht und Ergebnisse zum Thema erarbeitet werden sollen. Im themenzentrierten Vorgehen spielen gruppenzentrierte und gruppengerichtetes Vorgehen zusammen.

In der praktischen Arbeit gestaltet sich das Zusammenspiel von personzentrierter, gruppengerichteter und gruppenzentrierter Arbeit als ein dynamisches Geschehen, das sich aus der konkreten Situation entwickelt. Es ist z.B. möglich, daß in einer Bewegungsimprovisation oder einem Gruppengeschehen plötzlich ein Klient sein ganz persönliches Thema findet, das er 'personzentriert' bearbeitet, wobei die Gruppe ganz in den Hintergrund tritt.

Oft aber kommt ein Patient und bringt ein Thema, das unmittelbar von der gesamten Gruppe aufgenommen und im Gruppengespräch oder in der Bewegungsarbeit 'gruppenzentriert' vertieft wird. Das scheinbar ganz 'persönliche Thema' war das latente Thema der Gruppe. Es hat bei allen Teilnehmern Resonanz gefunden. Eine solche Resonanz kann sich auch darin ausdrücken, daß die Gruppe sehr aufmerksam dabei ist, wenn der Patient mit den Therapeuten sein Problem personzentriert durcharbeitet. Die Auswertung für die Gesamtgruppe ergibt sich dann in der Integrationsphase nach der Arbeit und zeigt sich in lebhaftem 'Feedback' und sehr persönlichem und engagiertem 'Sharing'.

Ein Teilnehmer berichtet z.B., wie er gezwungen wurde, bei Tisch immer alles aufzuessen. Diese Erfahrung ist vielen Gruppenteilnehmern nicht fremd. Sie können das Geschehen mitvollziehen. Die Arbeit ist zwar nicht gruppenzentriert, aber sie läßt die Gruppe auch nicht aus. Auf der strukturellen Ebene sind die Gemeinsamkeiten noch viel größer. Jeder Patient hatte Vater und Mutter. Viele haben Geschwister und diese Familienstrukturen wurden von Interaktionen bestimmt, die von Zuwendung oder Ablehnung, Freiheit oder Unterdrückung, Geborgenheit oder Unsicherheit usw. charakterisiert sind. Je allgemeiner derartige Strukturaspekte von Teilnehmern an einer personzentrierten Arbeit geteilt werden können, desto stärker ist diese Arbeit auf die Gruppe gerichtet (group oriented). Werden derartige Strukturelemente dann Thema des Gruppengespräches, so ist es in der Analyse der Zusammenhänge durchaus möglich, daß in der Gruppe selbst zwischen den einzelnen Teilnehmern in ihrer Beziehung untereinander oder zu den Therapeuten derartige Strukturen entdeckt und offengelegt werden. Damit ist die Gesamtgruppe wieder einbezogen. Es kann aber auch der umgekehrte Verlauf eintreten, daß eine gruppenzentrierte Interaktion im Hier-und-Jetzt, in der sich zwei Teilnehmer über eine Alltagsbanalität (z. B. die Verteilung des Aufräumdienstes auf der Station) auseinandersetzen, zu einer Situation führt, in der Elemente aus der persönlichen Biographie zum Tragen kommen, und die nur durch die Aufhellung dieses Hintergrundes verständlich wird.

Dieser beständige Wechsel zwischen Einzelarbeit in der Gruppe und Arbeit mit der Gesamtgruppe ist von Kontinuität und Diskontinuität gekennzeichnet. Er läßt sich nicht durch Regeln und Gesetzmäßigkeiten vorausbestimmen. Es ist möglich, daß sich ein Thema in der Gruppe über einige Sitzungen hin entwickelt, daß Einzelarbeiten eingestreut sind, die in dieser Themenrichtung liegen (Kontinuität), es ist aber auch möglich, daß eine Einzelarbeit aufkommt, die sich mit der Themenlinie nicht verbinden läßt oder daß das Gruppenthema plötzlich umschlägt (Diskontinuität, Kipphänomen), um gegebenenfalls in eine neue Kontinuität einzumünden, wenn nämlich die Gruppe eine neue Themenlinie findet.

7. Gegenwarts-, Vergangenheits- und Zukunftsorientierung in der Gruppenarbeit

Der Wechsel von personzentrierter und gruppenzentrierter Arbeit geht oftmals mit einem Wechsel der Zeitdimension einher. Gruppenzentrierte Arbeit ist in der Regel von den aktualen Interaktionen im Hier-und-Jetzt bestimmt. Personzentrierte Arbeit in der Gruppe ist häufiger biographisch orientiert und auf die individuelle Vergangenheit des Klienten gerichtet. Da aber jeder Teilnehmer seine Vergangenheit hat und diese persönlichen Vergangenheiten oftmals strukturelle und inhaltliche Gemeinsamkeiten aufweisen, besteht für die Gesamtgruppe vielfach die Möglichkeit zur Identifikation und Teilnahme im gruppenorientierten Prozeß.

Die Gegenwartsorientierung des gruppenzentrierten Vorgehens wird jedoch nicht dogmatisch gehandhabt, wie in der klassischen T-Gruppe, in der aufkommende biographische Elemente nicht aufgenommen, abgewiesen oder gar unterdrückt würden. Wenn sie sich deutlich genug artikulieren, wechselt die Arbeitsmodalität der Gruppe. Die für die Klärung der Gruppendynamik notwendige Zentrierung auf das 'hic et nunc' darf nicht so gehandhabt werden, daß das 'tum et olim' der individuellen Biographie ausgeblendet wird. Die persönliche Lebensgeschichte eines jeden Teilnehmers spielt in das aktuale Gruppengeschehen hinein, denn jeder kann sich nur so darstellen, wie er ist. Er präsentiert sich in seinem persönlichen So-geworden-sein. Der Teilnehmer verhält sich so, wie er sich immer in Gruppen und Beziehungen verhalten hat und zeigt damit seine Kompetenzen und seine Pathologie. Er prägt durch die Art, wie er ist, das Gruppenklima, trägt zu der Gestalt der Gruppe insgesamt bei.

In der Integrativen Bewegungstherapie gehen wir, ähnlich wie in der analytischen Gruppentherapie, von der Annahme aus, daß sich Verhalten in Gruppeninteraktionen reproduziert. Dies aber - und hier greift der integrative Ansatz weiter - nicht nur auf der Ebene der Übertragung, wie sie sich verbal artikuliert, sondern auch auf der Ebene konkret geäußerten, leibhaftigen Verhaltens: Mimik, Gestik, Haltung, Bewegungsabläufe. Das Hier-und-Jetzt der Gruppeninteraktion umfaßt daher immer die individuelle Vergangenheit der Teilnehmer in der Reproduktion pathologischen und gesunden Verhaltens und zwar als leibhaftige Vergangenheit, denn dem Leib ist die Lebensgeschichte des

Patienten eingegraben, der Leib selbst ist Geschichte (Marcel 1978; Petzold 1977b).

In der Integrativen Bewegungstherapie nehmen wir also an, daß die Gruppe neben dem im Vordergrund stehenden Aktualaspekt - nämlich eine Gemeinschaft zu sein, die mit dem Ziel zusammenkommt, bewegungstherapeutisch zu arbeiten - Hintergrunddimensionen hat, die gleichfalls mehr oder weniger ausgeprägt in das Hier-und-Jetzt hineinwirken. Zu diesen Hintergrundaspekten gehören nicht nur die spezifischen Fakten der persönlichen Biographie, sondern auch allgemeine Konfigurationen, die von jedem in seiner Primärgruppe internalisiert wurden und seine Zukunftsentwürfe begründen.

Wir sind also der Auffassung, daß die Gruppe, ähnlich wie es verschiedene Schulen der analytischen Gruppenpsychotherapie vertreten, Aspekte der Primärgruppe aktualisiert (Ammon 1974) und aus diesem Grunde regressive Phänomene und die Reproduktion früherer Verhaltensmuster gefördert werden. Eine derartige Aussage darf aber keinesfalls dazu verleiten, die Gruppe auf diese Dimension zu begrenzen. Der Bezug zur Primärgruppe wird im Erleben der Patienten durch Strukturähnlichkeiten evoziert. Das Therapeutenpaar kann prototypisch für das Elternpaar stehen, die Gruppenteilnehmer prototypisch für die Geschwister. Weil der Strukturbegriff aber Elemente und Prozesse impliziert, Systemteile und Systemrelationen, können im Bewußtsein der Teilnehmer hier und jetzt Ankläge an die Primärgruppe besonders gut aufkommen, wenn die Interaktionen zwischen den einzelnen Gruppenmitgliedern die Qualität von Nähe und positiver wie negativer Intimität aufweist, wie dies für die meisten Familiengruppen charakteristisch ist.

Die bewegungstherapeutische Arbeit fördert ein derartiges Klima außerordentlich. Der unmittelbare körperliche Kontakt, das Vertrauen, das ganz selbstverständlich aufkommt, wenn man miteinander eine Übung macht, in der sich der eine Partner auf den anderen verlassen muß, emotionale Anteilnahme, Zuwendung und Trost, die die Gruppe im 'Sharing' vermittelt, all das sind Faktoren, die Gemeinsamkeiten mit dem Klima einer Primärgruppe aufweisen. Eine solche Atmosphäre ist geeignet, Korrektive für Negativerfahrungen zu setzen oder defizitäre Erfahrungen nachzusozialisieren. Es sind also nicht nur die konfliktzentriert-aufdeckende Arbeit oder das funktional-übungszentrierte Vorgehen Variablen im therapeutischen Prozeß, durch die Fähigkeiten und Fertigkeiten restituiert und entwickelt werden, sondern auch dem Gruppenklima, dem emotionalen Beziehungsnetz zwischen den Teilnehmern muß ein hoher therapeutischer Wert zugebilligt werden. In ihm können sich Nachreifungsprozesse vollziehen, können Alternativerfahrungen gemacht werden. Die Gruppe als Ort der Sicherheit und Freiheit vermag ein Stück 'Urvertrauen' heranzubilden. Die Bewegungsgruppe bietet hier durch den unmittelbaren körperlichen Kontakt besondere Möglichkeiten, da sie auf der Ebene ansetzt, in der Sicherheit und Vertrauen ihren Ursprung haben: der Ebene des Körperkontaktes, wie er in der Mutter-Kind-Beziehung selbstverständlich ist. In der Gruppenarbeit werden aus diesem Grund im übungszentrierten Vorgehen ganz gezielt Konstellationen hergestellt, die das Erleben von Sicherheit und Vertrauen fördern: führen und geführt werden, wiegen und sich wiegen lassen, halten und gehalten werden, stützen und gestützt werden usw.

Dadurch, daß die Teilnehmer im Rollenwechsel beide Positionen, die des Kindes und die des Elternteils einnehmen, also in ihrer kindhaft-regressiven und ihrer Elternseite angesprochen werden (in der Terminologie der Transaktionsanalyse ihr 'Kind-Ich' und ihr 'Eltern-Ich', vgl. Berne 1975; Petzold 1976), wird eine ausschließlich regressionsbetonte Arbeit vermieden. Die Aussprache zwischen den Partnern oder in der Gruppe nach derartigen Übungen, die Reflextion des Erlebens und seine Auswertung für den Lebensvollzug des Alltags, stellen eine weitere Relativierung des regressiven Settings dar (man könnte sagen, die Reflexion erfolgt zwischen erwachsenen Menschen auf der Ebene des 'Erwachsenen-Ichs').

Die voranstehenden Ausführungen seien an einem Beispiel konkretisiert:

Eine Patientin berichtet in der Auswertung einer Partnerübung, die die Struktur 'stützen und gestützt werden' beinhaltete, daß sie sich noch nie in ihrem Leben habe so fallen lassen können, wie mit ihrer Partnerin. Sie habe ein Gefühl von Geborgenheit und Nähe gehabt, das sie fast erschreckt habe. Ein Gruppenteilnehmer fragt zurück, ob sie denn derartige Erfahrungen nie bei ihren Freunden oder in ihrem Elternhaus gehabt habe. Die Patientin teilt darauf mit, daß in ihrem Elternhaus ein sehr strenges und kaltes Klima geherrscht habe. Sie sei nie auf den Schoß oder in den Arm genommen worden. Die Patientin kann sich erinnern, daß sie einmal von der Mutter einer Freundin in den Arm genommen und gedrückt worden sei und sie bei jedem Besuch gehofft habe, daß sich diese Umarmung wiederhole. Die Familie aber sei dann weggezogen.

Ein anderer Gruppenteilnehmer bemerkt, daß die Patientin auch in der Gruppe ein Verhalten zeige, als würde sie immer auf etwas warten, ohne je konkret zu äußern, was sie wolle: "Wenn du Zuwendung willst, dann mußt du auch etwas dafür tun, dann mußt du was sagen und auf andere zugehen! Von nichts kommt nichts!" Therapeut: "Aber Zurückweisungen sind schmerzlich!" Bei dieser Interpretation des Therapeuten zuckt die Patientin zusammen. Patientin: "Ich bin in meinem Leben oft zurückgewiesen worden!" Eine Reihe von anderen Gruppenteilnehmern berichtet über ähnliche Erfahrungen. Der Therapeut schlägt darauf eine nonverbale Übung vor, in der jeder Teilnehmer einen anderen, und zwar den, mit dem er am meisten Schwierigkeiten hat, um Zuwendung bitten soll.

Die Übung wird danach im Gespräch zwischen den Gruppenteilnehmern aufgearbeitet. Dabei wird den Beteiligten deutlich, wie sehr sich vergangene Erfahrungen und gegenwärtiges Verhalten bedingen können. Im nachfolgenden Gruppengespräch können zahlreiche Verbidnungspunkte zum Aktualverhalten in der Gruppe gefunden werden. In der Sitzung konnte auf diese Weise gruppenzentrierte Arbeit im Hier-und-Jetzt und personzentrierte Arbeit ohne Bruch verbunden werden.

8. Verbale und nonverbale Arbeit

Ein Charakteristikum in der Integrativen Bewegungstherapie ist darin zu sehen, daß verbale und nonverbale Arbeit, Bewegung in der Gruppe und Gruppengespräche miteinander verbunden werden. Eine Gruppe ist neben den schon aufgeführten Charakteristika u.a. auch dadurch gekennzeichnet, daß sich Personen in einem Raum befinden und verbal und nonverbal miteinander interagieren. Es handelt sich, wenn man diese Konstellation einmal physikalisch betrachtet, um eine Anzahl von Körpern im Raum, die sich zueinander in veränderbaren Distanzen befinden, je nachdem, ob sie sich aufeinander zu oder voneinander weg bewegen. Dabei können die Bewegungen verschiedene Qualitäten haben. Ein solches System bzw. Strukturgefüge impliziert 'Sinn', noch ehe dieser in sprachlicher Bedeutung gefaßt ist. Dieser vorsprachliche Beziehungsmodus ist der Urgrund aller Bedeutungen, verwurzelt in der "stummen Erfahrung" (Husserl 1963) zwischen Mutter und Säugling, den Gefühlsqualitäten, die Hautkontakt, Blicke, Mimik und Gestik, Körperhaltung auslösen und vermitteln. Wenn auch mit der Entwicklung der Sprache nach und nach viele dieser präverbalen Qualitäten mit zunehmender Differenzierung benannt werden können, so werden sie von der Sprache doch nie in ihrer ganzen Fülle erfaßt. Die Benennung bleibt dem Erleben nachgeordnet (Merleau-Ponty 1966; 1964). Petzold (1974 und 1977 S. 385) hat den Begriff "nonverbal" wie folgt spezifiziert:

1. präverbal: Hierunter werden alle Formen des Körperausdrucks gefaßt, die einer verbalen Botschaft vorausgehen: Empfinden und Ausdruck vor der sprachlichen Benennung, wobei Benennung nicht unbedingt als Konsequenz erfolgen muß.

2. periverbal: Hierunter werden alle Verhaltensweisen gefaßt, die den sprachlichen Ausdruck begleiten: die Sprache der Hände, die Sprache des Gesichtes während des Redeflusses.

3. transverbal: Hierunter werden alle die Formen des körperlichen Ausdrucks verstanden, die an die Stelle von Sprache treten, weil ihre Aussage über das, was sprachliche Benennung zu vermitteln vermag, hinausgeht: eine Geste des Trostes oder der Hoffnungslosigkeit, ein Blick zwischen Liebenden, ein Gesicht, in dem sich 'namenloses' Entsetzen wiederspiegelt.

Neuere Untersuchungen zur nonverbalen Kommunikation (Argyle 1978; Scheflen 1975; Watzlawick 1969) haben gezeigt, welche immense Bedeutung der nonverbale Anteil in unserer scheinbar vorwiegend sprachlich charakterisierten Kommunikation hat. In den herkömmlichen Psychotherapien wird dem nonverbalen Verhalten fast keine Beachtung geschenkt. In herkömmlichen nonverbalen Therapien, z.B. der Heilgymnastik, Atemtherapie, funktionaler Bewegungstherapie, Tanztherapie wird die sprachliche Dimension vernachlässigt. Diese Aufspaltung der Kommunikation verkürzt die menschliche Realität und schränkt die therapeutische Aktivität ein. Erst in jüngster Zeit beginnen sich hier, besonders unter dem Einfluß der Gestalttherapie, Veränderungen abzuzeichnen (Briner 1977).

In der Integrativen Bewegungstherapie wird bewußt versucht, die nonverbale Dimension einzubeziehen, ohne sie von der verbalen zu trennen, wobei nachdrücklich darauf verwiesen wird, daß es eine Dimension des Averbalen gibt, die der "stummen Erfahrung" (Husserl 1963), die der transverbalen Aussage, für die die Sprache nicht mehr zureicht. Die nonverbale Arbeit in der Gruppe führt den Menschen unmittelbar an sein Erleben und unmittelbar an erlebnisintensive Konstellationen in seiner Biographie, traumatische wie positive. Die freie Bewegungsimprovisation des Einzelnen für sich, in der Gruppe, mit einem Partner, mit der Gruppe insgesamt, erschließt Erlebnisqualitäten, die zu integrativen Erfahrungen werden können. Die 'hautnahe' Erfahrung von Zuwendung und Sicherheit ist bedeutsamer als eine verbale Versicherung und dennoch bleibt die Benennung, die persönliche sprachliche Aussage wichtig. Sie stellt eine Hilfe dar, Erfahrung einzuordnen.

Auf jede Bewegungsimprovisation folgt eine Auswertung im Gespräch. Sei es zwischen den Partnern, die miteinander gearbeitet haben, sei es in der Gesamtgruppe. Dabei ist es oftmals wichtig, darüber zu wachen, daß Erfahrungen nicht zerredet werden. Genauso wesentlich aber ist es, darauf zu sehen, daß sie nicht 'sprachlos' bleiben, sondern daß die verbale und nonverbale Dimension, wo immer möglich, integriert wird. Eine Geringwertung der Sprache kann niemals Ziel ganzheitlicher und integrativer Therapie sein. Aus diesem Grunde ist die Bezeichnung 'nonverbale Therapie', die heute vielfach für die verschiedenen atem-, bewegungs- und körpertherapeutischen Verfahren verwandt wird, nicht sehr glücklich. Genauso wie es Realitäten gibt, die sprachlich nicht auszudrücken sind, gibt es solche, die nonverbal nicht vermittelt werden können. Deshalb gilt es, Einseitigkeiten zu vermeiden.

In der Praxis der therapeutischen Gruppenarbeit des integrativen Ansatzes wechseln freies Gruppengespräch und freie Bewegungsimprovisation, vorgegebene Bewegungsübungen und strukturierte verbale Auswertung. Bei jeder personzentrierten Arbeit erfolgt zunächst das Sharing der Gruppe, in dem die übrigen Teilnehmer dem Protagonisten mitteilen, was sie während seiner Arbeit erlebt haben, darauf das Feedback der Gruppe, in dem die Teilnehmer dem Protagonisten vermitteln, wie sie ihn in seinen Äußerungen und seinem Verhalten erlebt haben. Schließlich kann die Information des Feedbacks in einer Analyse noch weiter aufgeschlüsselt und bearbeitet werden, wobei Verbindungen zur gesamten Gruppe hergestellt werden. Dieses strukturierte Gespräch erlaubt es, verbale und nonverbale Arbeit zu integrieren.

Die nonverbale Arbeit erschließt aber nicht nur für den

Einzelnen Erlebnis- und Ausdrucksmöglichkeiten, auch die Gruppe als Ganzes kann zum anstehenden Thema bewegungstherapeutische Arbeit leisten. Z. B. kann jeder seine Befindlichkeit in der Gruppe durch Bewegungen ausdrücken. Eine Geste der Abneigung, etwa ein einfaches Sich-Abwenden, wird oftmals leichter vollzogen als eine verbale Zurückweisung. Durch die Bewegung kann jeder seine Position zu einem imaginierten oder konkret gekennzeichneten 'Gruppenmittelpunkt' finden und sehen, ob er weit vom Zentrum entfernt ist, also am Rande steht, oder ob er sich nahe am Mittelpunkt befindet. Da bei der räumlichen Anordnung jeder jeden sieht, wird die gruppendynamische Situation weitaus plastischer wahrgenommen als in der Sitzrunde herkömmlicher Gruppentherapie und versandet nicht im Gewirr wenig durchschaubarer Reden. Dennoch wird die Verbalisierung nicht überflüssig. Sie erhält ihren Stellenwert im sprachlichen Ausdruck dessen, was de facto in der Gruppe vor sich geht.

Wenn Gruppendynamik als Beziehungsstruktur zwischen den Teilnehmern einer Gruppe gekennzeichnet werden kann, so stellt sie zunächst ein vorsprachliches Phänomen dar, das sich in der Regel auch zuerst auf der nonverbalen Ebene durch Blicke, Gesten, Haltungen zeigt und sich erst dann, wenn überhaupt, in Rede und Gegenrede artikuliert. In der Integrativen Bewegungstherapie wird diese präverbale Ebene unmittelbar angegangen. Z. B. wird in der Bewegungsimprovisation zur Musik die Möglichkeit zum unbewußten, spontanen Ausdruck von Beziehung gegeben. Die Teilnehmer können, ganz ihren Impulsen und Neigungen folgend, aufeinander zugehen, sich voneinander entfernen, sich isoliert an den Rand stellen. Dabei wird die Qualität der Bewegungen genauso aussagekräftig wie die Zahl der Kontakte und der Ort der Bewegungsimprovisation. Es ist nicht unerheblich, ob ein Teilnehmer sich eine Stelle aussucht, an der sich z. Z. eine größere Gruppe aufhält, ob er alleine steht oder nur zu einem Partner Kontakt aufnimmt. Derartige Konstellationen werden von fortgeschrittenen Gruppen selbstverständlich zum Thema eines Gruppengespräches gemacht. Aus dem Gespräch entwickelt sich nach einiger Zeit wiederum das Bedürfnis, in die Bewegung zu gehen, um Erkanntes umzusetzen oder neue Aspekte zu explorieren. Genauso wie es für verbale Therapiegruppen ein Habitus geworden ist, auf Stühlen in der Runde zu sitzen, für Psychodramagruppen eine Selbstverständlichkeit, Szenen zu spielen, wird es für Gruppen in der Integrativen Bewegungstherapie eine 'ganz natürliche Sache', Gespräch und Bewegung abwechseln zu lassen.

Dies ist das Resultat eines Lernprozesses, in dessen Zentrum eine ganz wesentliche Erfahrung steht: die Wiederentdeckung des Leibes. Wer die Möglichkeit der Sensibilität, des Ausdrucks, des Bewegungspotentials, der Kraft und der Elastizität, die der Körper bietet, wieder entdeckt hat, dem wird Bewegung in der Tat ein wesentliches Bedürfnis.

Eine ihrer wichtigsten Aufgaben sieht die Integrative Bewegungstherapie und Bewegungserziehung deshalb darin, Menschen zu helfen, wieder Freude an der Bewegung zu gewinnen. Die gemeinsame nonverbale und verbale Arbeit in der Gruppe vermag hierzu einen entscheidenen Beitrag zu leisten.

9. Konfliktzentrierte, erlebniszentrierte, übungszentrierte Modalität der Arbeit in der Gruppe

Im integrativen Ansatz werden die gesunden Verhaltensweisen, die noch vorhandenen Kompetenzen an Kontakt- und Begegnungsfähigkeit, an Wahrnehmungs-, Bewegungs- und Ausdrucksmöglichkeiten, als ein wesentlicher Ausgangspunkt genommen. Die therapeutische Gruppe ist in erster Linie ein Gruppe von Menschen, die miteinander umgehen, und zwar nicht nur dadurch, daß sie über ihre Krankheit, über traumatischer Ereignisse der Vergangenheit sprechen, sondern auch dadurch, daß sie miteinander in konstruktive Aktionen treten, daß sie sich miteinander bewegen, Körperfunktionen üben, zusammen spielen. Im Unterschied zu den meisten Formen therapeutischer Gruppenarbeit ist der Schwerpunkt des Geschehens nicht ausschließlich von der Pathologie, dem gemeinsamen Kranksein bestimmt, sondern auch von dem gemeinsamen Ausüben und Entwickeln natürlicher Funktionen. Dieses Faktum ist für die Teilnehmer entlastend, und zwar in einer Weise, durch die nichts von dem Leidensdruck genommen wird, den die analytische Therapie mit Recht als den 'Motor der Behandlung' ansieht. Jedoch auch die Erfahrung des Tun-Könnens, des Fähigseins, des persönlichen und gemeinsamen Erfolges kann als ein wesentlicher Antrieb angesehen werden.

Die Bewegungsarbeit in der Gruppe macht derartige Erfahrungen möglich. So kommt zu dem Wechsel von personzentrierter und gruppenzentrierter Arbeit, biographischer und aktualer Ausrichtung, verbaler und nonverbaler Praxis, noch der Wechsel zwischen konfliktzentrierter, erlebniszentrierter und übungszentrierter Arbeit. So gesehen umfaßt die Gruppenarbeit den gesamten Menschen in seinem Kontext; sein 'total behaviour', seine persönliche Geschichte, sein aktuales Verhalten im sozialen Miteinander und seine Zukunftsentwürfe.

Das Gruppengeschehen ist damit so komplex wie das Leben, und es bietet die Möglichkeit, all die Vielfalt zu erschließen, die gesundes, reiches Leben zwischen Menschen zu bieten vermag. Je gesünder die Gruppe ist, d.h. je vielfältiger, klarer und prägnanter in ihrer Struktur, desto größer sind die Chancen für den Einzelnen, in ihr zu gesunden. Damit wird ein weiterer, wichtiger Gesichtspunkt für die Bedeutung der Gruppe angesprochen: Die Gruppe bietet die Chance, daß die Vielfalt noch vorhandener Kompetenzen, die die einzelnen Teilnehmer einbringen, insgesamt ein größeres Potential an positiven Möglichkeiten bietet, als es dem Einzelnen zur Verfügung steht. Die Gruppe bildet damit ein Reservoir an positiven Impulsen, an Verhaltensmöglichkeiten, an Imitationsmodellen, die jeder Einzelne für sich fruchtbar machen kann. Selbstverständlich bietet sie in gleicher Weise ein Sammelbecken für pathologische Verhaltensweisen, negative Gestimmtheiten usw.

Da jedes Individuum beide Elemente, positive wie negative, in seinem Verhalten in der Gruppe freisetzen kann und damit die Charakteristik der Gruppe prägt, besteht eine wesentliche Aufgabe des Gruppentherapeuten darin, das Gruppenklima so zu regulieren, daß das positive Potential überwiegt, ohne daß dabei die negativen Anteile gänzlich ausgeblendet werden. Es wird in einer positiven Grundstimmung möglich, Probleme zu aktualisieren und zu bearbeiten, Konflikte zuzulassen und auszutragen. Wenn die Gruppe zu einem Ort werden soll, der auf alltägliches Verhalten vorbereitet, so dürfen Konflikte nicht ausgeblendet werden, sie dürfen aber auch nicht das ausschließliche Thema darstellen, wie es in vielen Therapiegruppen der Fall ist. Die Gefahr einer therapeutischen Subkultur, eines artifiziellen Gruppensettings, das Transferleistungen in das tägliche Leben erschwert, darf nicht unterschätzt werden. Die ständige Thematisierung von Krankheit kann alles andere als einen heilenden Effekt haben. In der Integrativen Bewegungstherapie wird deshalb ein ausgewogenes Verhältnis zwischen gemeinsamer Arbeit an Konflikten, gemeinsamen Aktionen in übungszentrierter Arbeit und gemeinsamen Erfahrungen in erlebniszentrierter Arbeit angestrebt. Die Gruppenmitglieder bleiben dadurch nicht nur Leidensgenossen, sie werden Aktionspartner und Mitspieler. Sie teilen das körperliche Ausagieren in Aggressionsübungen, die schmerzlichen Vergangenheitserlebnisse genauso miteinander wie die kreative Bewegungsimprovisation.

Der Übergang von konfliktzentrierter und erlebniszentierter Arbeit vollzieht sich in der Regel durch den Wechsel von Themen in der Gruppe. Oftmals hat eine übungs- oder erlebniszentrierte Sequenz eine entlastende Funktion, wenn eine intensive problemzentrierte Sitzung die Teilnehmer sehr beansprucht hat. Die Möglichkeiten der Bewegungsspiele und der Tanzimprovisation zur Musik können hier ein wichtiges Regulativ bilden. Über dem Ernst der therapeutischen Arbeit darf das Lachen, die gemeinsame Freude nicht verloren gehen. Gerade in der Gruppenarbeit kommt eine heitere, gelöste Stimmung gut zum Tragen, denn 'sie steckt an', wenn sie authentisch ist. Sie unterscheidet sich deutlich von 'mangelnder Ernstwertung' als Phänomen der Abwehr. In der gelockerten Atmosphäre erlbeniszentrierter Arbeit können auch depressive Patienten sich oft dem 'Ansteckungseffekt' nicht entziehen. Der therapeutische Wert solcher Sitzungen ist gegenüber den konfliktzentrierten durchaus nicht geringer zu veranschlagen.

10. Der Gruppenprozeß in der Integrativen Bewegungstherapie

Der Gruppenprozeß in der Integrativen Bewegungstherapie vollzieht sich als primordialer und intersubjektiver "Ko-respondenzprozeß" (Petzold 1978; Petzold/Sieper 1977). Intersubjektive Ko-respondenz ist leibhaftige Begegnung und Auseinandersetzung über ein Thema in einer konkreten Situation (Kontext). Kontext ist das Gruppensetting mit all den Komponenten aus dem Außenfeld, z.B. dem Klinikalltag, der persönlichen aktualen Lebenssituation der Klienten. Das Thema ergibt sich aus der jeweiligen Interaktion zwischen zwei oder mehreren Teilnehmern. Dabei hat jedes Thema wiederum einen eigenen Kontext, einen Bezugsrahmen, der, wenn auch nicht immer explizit angesprochen, so doch immer präsent ist, z.B. die Frage nach dem Kranksein und dem Gesundwerden, nach den Lebensbedingungen in der Klinik oder im Alltag bis hin zu den historischen, ökonomischen und gesellschaftlichen Faktoren, die diese Bedingungen hervorbringen oder bestimmen.

Diese implizierten Rahmen- oder Hintergrundthemen können nicht in allen Gruppen angesprochen werden, weil die Aktualproblematik vordergründiger ist oder der Horizont der Patienten noch nicht genügend Weite gewonnen hat; vielleicht aber auch, weil eine Ausdehnung der Perspektive eine Ablenkung von unmittelbar im Vordergrund stehenden Themen nach sich ziehen würde.

Wenn intersubjektive Begegnung und Auseinandersetzung das Zentrum der mit "Ko-respondenz" bezeichneten therapeutischen Interaktionen zwischen den Gruppenmitgliedern ist und zu diesen gehört, - wenn auch in spezieller Funktion der Therapeut bzw. die Therapeuten -, so müssen Bedingungen geschaffen werden, in denen ein gemeinsames Antworten auf aufgeworfene Fragen, ein Sich-in-Beziehung-setzen zu Menschen, Dingen und Themen (co-respondere) möglich wird. Die rechte Beziehung zu den Mitmenschen und der Welt ist ja gerade d a s , was bei den meisten Patienten ver-rückt ist. Intersubjektive Ko-respondenz gründet in einer vorsprachlichen, "primordialen" Ebene: der Wahrnehmung durch den Leib. "Das 'dies da', auf das sich mein Bewußtsein wortlos bezieht, ist weder Bedeutung noch Idee, obwohl es als Ausgangspunkt logischer Explikationsakte sprachlicher Ausdrücke dienen mag" (Merleau-Ponty 1945, S. 228).

Ausgangspunkt in der Integrativen Bewegungstherapie ist die "Awareness", die wache Ausrichtung des "totalen Sinnesorgans" Leib auf das, was in mir und um mich herum vor sich geht. Diese Ausrichtung, die Husserl (1923) als "Intentionalität" bezeichnet, ist immer ein Sich-in-Beziehung-Setzen. Primordiale Ko-respondenz mit dem eigenen Körper, den Dingen, den Menschen, beginnt, wenn ich meine Sinne, meine Awareness auf sie lenke (Petzold 1978). Die Gruppenarbeit in der Integrativen Bewegungstherapie ist darauf gerichtet, den Teilnehmern den Vorgang der "primordialen Ko-respondenz" ins Bewußtsein zu rufen, ihnen deutlich zu machen, wie sie sich in jeder Situation zu ihrer Umgebung und zu den anderen Menschen in Beziehung setzen, und wie dieses nichtverbale Ko-respondieren das Verhalten bis in die Körperlichkeit bestimmt. Kommt man z.B. in eine größere Gesellschaft, in der man unbekannt ist und sich nicht wohlfühlt, so setzt man sich vielleicht in einen Eckplatz oder setzt sich so, daß man die

Wand im Rücken hat. Die Atmung wird vielleicht flacher, der Herzschlag beschleunigt sich, die Muskulatur verspannt sich, o.ä.). Nähert sich dann ein anderer Mensch, so wird er wahrgenommen und zwar zunächst "atmosphärisch". Seine Erscheinung und "Ausstrahlung" (das ist die Gesamtheit der ausgesandten und wahrgenommenen Stimuli) übt eine Wirkung aus, die oft genug in einem vorbewußten Stadium bleibt, aber dennoch unsere Handlungen beeinflußt. Die Vielfalt der Informationen, die unsere Sinne uns in jedem Augenblick vermitteln, und die uns zu Verhalten veranlassen, sollen verfügbar und für das Bewußtsein prägnanter gemacht werden. Deshalb beginnt unsere Gruppenarbeit mit einem "Awarenesstraining". Die Teilnehmer der Gruppe richten ihre Aufmerksamkeit auf ihren Körper, treten mit ihm in Ko-respondenz: Die sinnenhafte Wahrnehmung wird in diesem Moment bewußt und die bewußte Selbstwahrnehmung in der Situation führt dazu, daß die Beziehungen zum Kontext, zu den Menschen und Dingen des Raumes deutlich werden.

Die Bewegung im Raum, durch die ich meinen Standort, meinen räumlichen Bezug, verändern kann, ist deshalb eines der wichtigsten Medien in der Bewegungsarbeit. Die Teilnehmer können, "ihrem Gefühl folgend", sich zu anderen Teilnehmern in Beziehung setzen, indem sie sich näher oder weiter entfernt von ihnen placieren, und indem sie in der Bewegung, in Haltung, Mimik und Gestik ihre Gestimmtheit dabei ausdrücken. Sprachliche Benennung ist für dieses Geschehen möglich, aber nicht nötig. Die Teilnehmer nehmen sich bei der Bewegung im Raum wechselseitig wahr: sie reagieren aufeinander, indem sie Distanzen verändern, sie ko-respondieren miteinander dadurch, daß sie in Distanzen Beziehungsqualitäten ausdrücken, die noch unbenannte Bedeutungen haben. Vieles von dem, was "unterhalb der Sprache" in den Kommunikationen mitschwingt, wird in dieser Form der Gruppenarbeit deutlich. In dem Moment, wo die Veränderung der Distanzen ein Wechselspiel wird, wo zwei Teilnehmer aufeinander reagieren, sich einander zuwenden, wird die primordiale Ko-respondenz, das unspezifische Miteinander-in-Beziehung-Sein, zur intersubjektiven Ko-respondenz, zu einem bewußten Miteinander-in-Beziehung-Treten. Auch dieses beginnt nonverbal und bleibt es auch dann, wenn die sprachliche Kommunikation hinzu kommt. Selbst wenn der Inhalt der Rede Vordergrund wird, wenn zwei Subjekte sprachlich miteinander ko-respondieren, bleibt die Gegenwärtigkeit (présence) zweier Leiber (Marcel 1978), die sich wahrnehmen und die wahrgenommen werden und jenseits der Sprache in einer primordialen Ko-respondenz stehen. Weiterhin läuft mit der Sprache, sie begleitend, sie umspielend, mit ihr zusammenwirkend das periverbale Geschehen von Mimik, Gestik und Haltung ab.

Für den Patienten in der Gruppenarbeit ist es wichtig, diese Dimensionen zu erfahren, oder besser, sich in diesen Dimensionen zu erfahren. Und für derartige Erfahrungen braucht er den anderen, dem er begegnen kann, mit dem er sich auseinandersetzen und zu dem er sich in Beziehung setzen kann. Dieses als Ko-respondenz bezeichnete Geschehen (Petzold 1978) macht das Wesen therapeutischer Einzel- und Gruppenarbeit aus. In dem Moment, in dem der Patient sich zu anderen Menschen, Gruppen, Dingen, Institutionen in eine angemessene Beziehung setzen kann, gewinnt er seine Gesundheit wieder. Dies aber erfordert auch, daß er sich zu den Ereignissen seiner Vergangenheit und Zukunft in Beziehung zu setzen vermag und sie in eine rechte Beziehung zu seiner Gegenwart bringen kann. Ohne Mitmenschen, ohne Gesprächs- bzw. Ko-respondenzpartner, ist dies nicht möglich. Sie bilden die Bezugspunkte, sind Markierungen, machen Grenzsetzungen möglich und werden dadurch konstitutiv für den Gewinn von Identität.

Intersubjektive Ko-respondenz als Begegnung und Auseinandersetzung zwischen Menschen in einem gegebenen Kontext ist in verschiedenen Intensitäten möglich. Je klarer und unmittelbarer sie ist, je weniger sie von Ängsten, Vorbehalten und Vorurteilen verzerrt ist, desto "gesünder" sind die Beziehungsstrukturen und die in ihnen agierenden Menschen.

In der nonverbalen Gruppenarbeit werden durch den Umgang mit räumlichen Distanzen Beziehungen möglich, die durch die Komplexität der Sprache unbelastend sind. Wenn sie klar und prägnant sind, kann die sprachliche Ko-respondenz hinzukommen, ohne daß Verwirrung entsteht. Es ist charakteristisch für die therapeutische Arbeit in Bewegungsgruppen, daß die Teilnehmer, wenn die verbale Auseinandersetzung ins Stocken gerät, wenn im Moment keine Lösung oder sinnvolle Alternative gefunden werden kann, als Gruppe "in die Bewegung gehen". Diese Praxis darf nicht als ein Vermeiden aufgefaßt werden. Es wird lediglich die verbale Ko-respondenz zu Gunsten einer nonverbalen zurückgestellt, wodurch einerseits Komplexität reduziert wird und andererseits Qualitäten prägnant werden können, die von der Rede überdeckt waren: die emotionalen Dimensionen von Beziehungen, die oftmals mit Erlebnissen aus der persönlichen Vergangenheit verbunden sind. Die Arbeit in der Bewegung stellt damit eine Art "Inkubationsphase" dar, wie wir sie aus der Kreativitätsforschung kennen (Landau 1969). Sie ist für eine Zeit das Aussetzen des Bemühens, auf der verbalen Ebene zu Ergebnissen zu kommen (suspended judgement, Osborn 1964), aber kein Wegschieben von Entscheidungen. Die aufgeworfene Fragestellung wirkt fort und artikuliert sich erneut, wenn ihre Prägnanztendenz stark genug wird. So kommt es oftmals vor, daß in den Bewegungsaktionen einzelner Teilnehmer oder der Gruppe insgesamt neue Aspekte deutlich werden. Diese werden entweder in pantomimischer Improvisation in das Geschehen eingebracht und damit zu einem neuen Impuls, oder sie führen zu erneutem Gespräch. In diesem gelingt es dann vielleicht, die verschiedenen Aspekte zu integrieren, was eine neue Ausrichtung, eine Veränderung im Verhalten der Einzelnen oder im Gruppengeschehen zur Folge hat. Schaut man auf die Struktur eines solchen Ko-respondenzprozesses, der den vertikalen Verlauf in der Therapie, d. h. eine Sitzung oder kürzere Sitzungsfolge (= therapeutische Einheit) bestimmt, so sieht man, daß er wie ein Problemlösungsprozeß verläuft. Wir haben ihn an anderer Stelle in diesem Buch (Bd. I) beschrieben.

Das tetradische Prozeßmodell, das die vertikale Dimension eines mittelfristigen oder kurzfristigen therapeutischen Verlaufs kennzeichnet und damit im wesentlichen den Lösungsprozeß für ein Problem oder einen Problemkreis innerhalb einer oder mehrerer Sitzungen - wir sprechen von therapeutischen Einheiten - darstellt, dieses Prozeßmodell muß in ein Konzept über die horizontale Dimension der Therapie, d. h. den Langzeitprozeß, eingebettet sein. Ein solcher Langzeitverlauf kann als eine Folge von Ko-respondenzprozessen mit spezifischer Charakteristik aufgefaßt werden, als eine Reihe miteinander verflochtener "Ko-respondenzgeschichten" im Kontinuum eines Wachstums- bzw. Sozialisationsprozesses.

Wir können davon ausgehen, daß die Fähigkeit von Begegnung und Auseinandersetzung in Gruppen nicht von Anfang an gegeben ist. Sie setzt bei den Teilnehmern eine persönliche Stabilität und Integrität voraus, die wir bei vielen Patienten nicht finden. Die Ko-respondenz, das Sich-in-Beziehung-Setzen auf einer intersubjektiven Ebene, ist oft erst das Ergebnis eines Lern- und Wachstumsprozesses, den der Einzelne in der Gruppe und die Gruppe als Ganzes durchläuft. Der Verlauf des Gruppenprozesses kann, in seiner Gesamtheit gesehen, als ein solches Wachstumsgeschehen aufgefaßt werden, der in gewisser Weise die Entwicklungsphasen der Sozialisation nachbildet. Der Prozeß der therapeutischen Sozialisation beginnt mit einer anfänglichen Phase der Fremdheit, der sozialen Klischees, des Agierens in habituellen,Sicherheit gebenden Rollen (Klischeephase, Rollenspielphase, Perls 1969; Petzold 1973), um dann, wenn die Abwehr der damit verbundenen Angst und Unsicherheit (Blockierungsphase, ibid.) überwunden wird, in einen regressiven Verlauf überzugehen. Die Gruppe vermag in dieser Entwicklungsstufe ein Klima aufzubauen, das dem der frühen Familiensituation vergleichbar ist. Es entsteht dadurch für den Teilnehmer die Möglichkeit, einerseits leichter mit traumatischen Ereignissen aus dieser Periode in Kontakt zu kommen und sie durchzuarbeiten, andererseits durch die Wärme und Zuwendung in der Gruppe Defizite aufzufüllen, in einen Nachreifungsprozeß einzutreten, in dem fehlendes "Urvertrauen", stabile Erlebnisgestalten, eindeutige Ko-respondenz u. ä. nachsozialisiert werden können. Durch die körperorientierte Arbeit in der Bewegungsgruppe finden sich weniger Widerstandsphänomene gegen die Regression als in rein verbalen Therapiegruppen und kann eine präverbale Erlebnisebene leichter erreicht und nachhaltiger in die Arbeit einbezogen werden. Die weitere Entwicklung des horizontalen Verlaufes, die an anderer Stelle (dieses Buch, Bd.I) beschrieben wird, ist durch die Verwendung altersspezifischer Bewegungsangebote gekennzeichnet.

Gelungene Wachstums- und Ko-respondenzprozesse zeichnen sich nicht nur durch Resultate aus, etwa dadurch, daß die Gruppe über ein Problem Konsens gefunden hat oder daß ein Einzelner in der Gruppe und mit der Gruppe "Sinn" für sich finden und seine Persönlichkeit entfalten konnte; sie sind auch Prozesse von "guter Gestalt" durch ein ausgewogenes Verhältnis von personenzentrierter und gruppenzentrierter Arbeit, konflikt- und erlebniszentriertem Geschehen, von Gegenwarts-, Vergangenheits- und Zukunftsausrichtung, von Gespräch und Bewegungsarbeit. Bestimmt wird das Geschehen durch das Zusammenwirken, die Synergie all der Faktoren, die sich in der gegebenen Situation finden und die zu immer neuen Gestalten, Konstellationen, Ereignisfolgen führen. Aus diesem Grunde ist trotz der gewissen Regelhaftigkeit, die die tetradische Struktur des Problemlösungsprozesses und das Phasenkonzept des Entwicklungsprozesses bieten, und trotz thematischer Kontinuitäten, die sich für eine Zeitlang stabilisieren können, das Geschehen in jeder Bewegungsgruppe neu und anders.

Literatur

Ammon, G., Dynamische Psychiatrie, Hoffmann & Kampe, Hamburg 1974.

Argyle, M., Körpersprache und Kommunikation, Junfermann, Paderborn 1978.

Battegay, R., Der Mensch in der Gruppe, 3 Bde., Huber, Bern 1976.

Berne, E., Was sagen Sie, nachdem Sie guten Tag gesagt haben? München 1975.

Briner, F., Tanztherapie, Integrative Therapie 2 (1977) 72-90.

Brown, G.I., Petzold, H., Gefühl und Aktion. Gestaltmethoden im integrativen Unterricht, Flach, Frankfurt 1978.

Buytendijk, F.J.J., Allgemeine Theorie der menschlichen Haltung und Bewegung, Springer, Berlin 1956.

Hausmann, B., Integrative Bewegungstherapie in der Arbeit mit frühgestörten und psychotischen Patienten, Fritz Perls Institut Düsseldorf 1985 (mimeogr.).

Heinl, H., Spiegel-Rösing, I., Gestalttherapie und Orthopädie, Integrative Therapie I (1978) 58-65.

Homans, G.C ., Theorie der sozialen Gruppe, Westdeutscher Verlag, Köln, Opladen 1960.

Husserl, E., Cartesianische Meditationen, Nijhoff, Den Haag 1963.

Iljine, V.N., Das therapeutische Theater, in: Petzold (1972/1978) 238-246.

Kirchmann, E., Rhythmische Bewegungstherapie, Integrative Bewegungstherapie und konzentrative Bewegungstherapie, ein Methodenvergleich. Graduierungsarbeit,Fritz Perls Institut, Düsseldorf 1978; als: Moderne Verfahren der Bewegungstherapie, Junfermann, Paderborn 1979.

Kombecher, J., Integrative Bewegungstherapie mit Alkoholikern. Graduierungsarbeit, Fritz Perls Institut, Düsseldorf 1977.

Kreuzer, K.J., Handbuch der Spielpädagogik, 4 Bde., Schwann, Düsseldorf 1984.

Landau, E., Psychologie der Kreativität, Reinhardt, München 1969.

Lindgren, H.C., Einführung in die Sozialpsychologie, Beltz, Weinheim 1973.

Lowen, A., Bioenergetische Analyse, in: Petzold (1977b) 51-61.

Marcel, G., Leibliche Begegnung, in: A. Kraus (Hrsg.), Leib, Geist, Geschichte, Hüthig, Heidelberg 1978 47-73, repr. in: Petzold (1985) 15-46.
Maslow, A., Religion, Values and Peak-Experiences, Ohio State University Press, Ohio 1964.
Maurer, Y., Petzold, H., Die therapeutische Beziehung in der Gestalttherapie, in: Battegay, R., Trenkel, A., Die therapeutische Beziehung, Huber, Bern 1978.
Merleau-Ponty, M., Structure du comportement, Gallimard, Paris 1942, 2. Aufl. 1949; dtsch. de Gruyter, Berlin 1976,
-, Phénoménologie de la perception, Gallimard, Paris 1945; dtsch. de Gruyter, Berlin 1966.
-, Le visible et l'invisible, Gallimard, Paris 1964.
Metzmacher, B., Integrative Bewegungstherapie mit Kindern, in: Petzold, Ramin (1986).
Meyer, E., Konzentrative Bewegungstherapie, in: Petzold (1974a).
Osborn, A.F., Applied imagination, New York 1963.
Perls, F.S., Gestalttherapie in Aktion, Klett, Stuttgart 1975.
-, Gestalt, Wachstum und Integration, Junfermann, Paderborn 1980.
Pesso, A., Movement in Psychotherapy, International Universities Press, New York 1969.
-, Experience in Action. A Psychomotor Psychology, International Universities Press, New York 1973.
Petzold, H., Géragogie - nouvelle approche de l'education pour la vieillesse et dans la vieillesse, Publications de L'Institut St. Denis 1 4-16; dtsch. in. Petzold (1985d).
-, Thérapie du mouvement, training rekaxatif, thymopratique et éducation corporelle comme integration, Paris 1970, mimeogr.
-, Angewandtes Psychodrama, Junfermann, Paderborn 1972, 2. Aufl. 1978.
-, Gestalttherapie und Psychodrama, Nicol, Kassel 1974.
-, Psychotherapie und Körperdynamik, Junfermann, Paderborn 1974a, 4. Aufl. 1984.
-, Integrative Bewegungstherapie 1974b, in. Petzold (1974a) 289-406.
-, Konzepte der Transaktionalen Analyse, in: Petzold, H., Paula, M. (Hrsg.), Transaktionale Analyse und Skriptanalyse, Altmann, Hamburg 1976.

-, Die neuen Körpertherapien, Junfermann, Paderborn 1977b.
-, Das Ko-respondenzmodell in der Integrativen Agogik, Integrative Therapie 1 (1978) 21-58.
-, Integrative Körper- und Bewegungserziehung, in: Brown, G.I., Petzold, H., Gefühl und Aktion, Gestaltmethoden im integrativen Unterricht, Flach, Frankfurt 1978, 100-114.
-, Gegen den Mißbrauch von Körpertherapie, in: Petzold (1977b) 478-490.
-, Die Rolle des Therapeuten und die therapeutische Beziehung in der Integrativen Therapie, in: Petzold, H., Die Rolle des Therapeuten und die therapeutische Beziehung, Junfermann, Paderborn 1980, 223-290.
-, Vorüberlegungen und Konzepte zu einer integrativen Persönlichkeitstheorie, Integrative Therapie 1/2 (1984) 73-116.
-, Die Gestalttherapie von Fritz Perls, Lore Perls und Paul Goodman, Integrative Therapie 1/2 (1984a) 5-73.
-, Leiblichkeit. Philosophische, gesellschaftliche, therapeutische Perspektiven, Junfermann, Paderborn 1985.
-, Die modernen Verfahren der Bewegungs- und Leibtherapie und die "Integrative Bewegungstherapie", 1985a, in: Petzold (1985) 347-419.
-, Der Schrei in der Psychotherapie, 1985b, in: Petzold (1985) 547-573.
-, Zur Ausbildung von dynamisch orientierten Leib- und Bewegungstherapeuten, 1985c, in: Petzold (1985) 587-604.
-, Mit alten Menschen arbeiten, Pfeiffer, München 1985d.
-, Bewegung ist Leben - körperliche Gesundheit, Wohlbefinden und Lebensfreude im Alter durch integrative Bewegungstherapie, Tanztherapie und Isodynamik, 1985e, in: Petzold (1985d).
-, Berger, A., Integrative Bewegungstherapie, Atem und Mensch 2 (1973).
-, Berger, A., Integrative Bewegungserziehung, in: Petzold (1974a) 407-426.
-, Berger, A., Integrative Movement Therapy, in: Kogan, G., Your Body Works, Transformation Press, Berkeley 1978.
-, Berger, A., Integrative Bewegungstherapie und Bewegungspädagogik als Behandlungsverfahren für psychiatrische Patienten, in: Petzold (1977b) 452-477.
-, Berger, A., Integrative Bewegungstherapie und Agogik in der Arbeit mit alten Menschen, in: Petzold, H., Bubolz, E., Psychotherapie mit alten Menschen, Junfermann, Paderborn 1979, 379-423.

-, Epe, C., Das Spiel und seine Bedeutung für die stationäre Langzeittherapie mit drogenabhängigen Jugendlichen in der Integrativen Gestalttherapie, in: Kreuzer (1984), Bd. 4, 399-412.
-, Metzmacher, B., Kreative Medien, Awareness-Training und Interaktionsspiele der Integrativen Gestalttherapie in der Arbeit mit Kindern und Jugendlichen, in: Kreuzer (1984), Bd. 4, 253-269.
-, Orth, I., Poesie und Therapie, Über die Heilkraft der Sprache, Junfermann, Paderborn 1985.
-, Ramin, G., Schulen und Methoden der Kindertherapie, Junfermann, Paderborn 1986.
-, Sieper, J., Quellen und Konzepte Integrativer Agogik, in: Petzold, H., Brown, G.I., Gestaltpädagogik, Pfeiffer, München 1977, 14-36.
Raknes, O., Wilhelm Reich und die Orgonomie, Fischer, Frankfurt 1973.
Rienast, M., Integrative Bewegungstherapie mit drogenabhängigen Jugendlichen, Graduierungsarbeit, Fritz Perls Institut, Düsseldorf 1978.
Rosenkranz, M., "Hände" - Ein beitrag zur integrativen Körper- und Bewegungstherapie, in: Brown, G.I., Petzold, H., (1978) 115-134.
Schefflen, A.E., Körpersprache und soziale Ordnung, Klett, Stuttgart 1976.
Seiffge-Krenke, I., probleme und Ergebnisse der Kreativitätsforschung, Huber, Bern 1974.
Sheleen, L., Dropsy, J., Expression corporelle et relations humaines, Bull. Psychol. 13/16 (1969/1970) 750-758.
-, Maitrise Corporelle und menschliche Beziehungen, in: Petzold (1974a) 39-58.
Stolze, H., Konzentrative Bewegungstherapie, in: Petzold 1977 (2. Aufl. v. 1974a) 157-175.
-, Möglichkeiten der Psychotherapie von Angstzuständen durch konzentrative Bewegungstherapie, Zeitschrift für Psychotherapie u. med. Psychol. 14 (1964) 107-111.
-, Die konzentrative Bewegungstherapie. Grundlagen und Erfahrungen, Verlag Mensch und Leben, Berlin 1984.
Ullmann, R., Lernen, den Leib zu (be)achten. Integrative Bewegungserziehung in der Prävention, Zeitschrift für humanistische Psychologie 3/4 (1981) 43-55.
-, Integrative Bewegungstherapie, in: Maurer, Y., Bedeutende Psychotherapieformen der Gegenwart, Hippokrates, Stuttgart 1985, 185-198.

Vööbus, K., L'analyse corporelle, approche nouvelle pour l'integration personelle, Wilhelm Reich Research Center, Montreal 1956.

Watzlawick, P., Beavin, J.H., Jackson, D.D., Menschliche Kommunikation, Formen, Störungen, Paradoxien, Huber, Bern 1969, 4. Aufl. 1974.

Yalom, I.D., Gruppenpsychotherapie, Kindler, München 1974.

Paul Matzdorf, Königswinter

DAS GRUPPENKONZEPT IN DER THEMENZENTRIERTEN INTERAKTION

Einstellung - das ist die Art und Weise, wie ich mich selbst sehe als dieses einmalige Individuum mit meinen Möglichkeiten und Mängeln und wie ich den anderen als solches anerkenne; wie ich mich in der Gemeinschaft als Mensch sehe, der seinem Wesen nach zugleich getrennt und gemeinschaftlich mit anderen lebt, mit allen Möglichkeiten und Mängeln eines solchen Zusammenlebens; wie ich die Welt, die nächste und die weiteste, und das Verhalten der Menschen zu dieser ihrer sichtbaren und unsichtbaren Welt sehe; wie ich all dies bewerte, wie ich das "Wozu?" beantworte und welchen Sinn ich darin sehe, daß dies und anderes so ist, wie es ist, und welches der Kompaß ist, nach dem ich mich in meinen Entscheidungen und in meinem Handeln richte; wie ich meine, deine und unser aller Situation sehe im Hinblick auf ihre Grenzen und die Möglichkeiten, sie zum Besseren hin zu verändern.

Die Erkenntnis, daß diese anthropologischen, ethischen und pragmatischen Fragen für den Menschen existentiell und unabweisbar sind, findet in den sogenannten Axiomen des TZI-Systems einen kürzestmöglichen Ausdruck:
(1) Das existentiell-anthropologische Axiom: Der Mensch ist eine psycho-biologische Einheit und ein Teil des Universums. Er ist darum autonom und interdependent zugleich. Die Autonomie des einzelnen ist um so größer, je mehr er sich seiner Interdependenz mit allen und allem bewußt wird.
(2) Das ethisch-soziale Axiom: Ehrfurcht gebührt allem Lebendigen und seinem Wachstum. Respekt vor dem Wachstum bedingt bewertende Entscheidungen. Das Humane ist wertvoll, Inhumanes ist wertbedrohend.
(3) Das pragmatisch-politische Axiom: Freie Entscheidung geschieht innerhalb bedingender innerer und äußerer Grenzen; Erweiterung dieser Grenzen ist möglich.

Diese Axiome "sind der Boden, auf dem die TZI-Methodik verstanden werden muß, um die entscheidenden Voraussetzungen für die gruppentherapeutische und -pädagogische Intention der TZI. Ohne die in diesen Axiomen zum Ausdruck gebrachte Einstellung, die sich in ihrer Sicht des Menschen und seinem Handeln in der Welt an humane Grundsätze bindet, wird TZI-Methodik zur sich selbst verneinenden Ideologie" (Cohn 1984, S.357). In dieser Funktion sind die Axiome reflexive Zugangsweisen, um menschliche Grundfragen bewußt zu machen, und zugleich Kompaß, das heißt handlungsleitende und methodisch relevante Grundaussagen. Eine systematische Erörterung der Axiome findet sich an anderer Stelle (Matzdorf, Cohn 1983, S.1283 ff). In dieser Arbeit werden die charakteristischen Grundzüge dieser humanistischen Basis der TZI soweit zum Tragen kommen, als sie von Bedeutung für die therapeutische und pädagogische Gruppenarbeit sind. Das sind vor allem:

- der holistische Ansatz der TZI, der sich auf den einzelnen Menschen bezieht wie auf den Beziehungszusammenhang "Individuum und Gruppe" und "Mensch und (Um-)Welt", wobei transzendentale Bezüge mit zu den Beziehungszusammenhangen gehören können;
- der positive Ansatz der TZI, der sich an dem positiven Potential des Menschen orientiert und in die Beziehungsarbeit nach dem Prinzip des Zulassens die Mängelseite des Menschen akzeptierend einbezieht. Mit gleichem holistischen Ansatz führt diese positive Grundeinstellung und Methode zu einer erweiterten, humanistischen Perspektive von Pädagogik und Therapie;
- die gesellschaftliche bzw. die gesellschaftstherapeutische Dimension der TZI-Gruppenarbeit;
- das Sich-Entscheiden für und Sich-Einstellen auf humane Werte.

Der Mensch ist eine psycho-biologische Einheit; die Ich-Komponente des TZI-Dreiecks*

Die Konzepte, die unter dem Oberbegriff "Humanistische Psychologie (und Pädagogik)" zusammenzufassen sind, unterscheiden sich in ihren methodischen Ausprägungen zum Teil erheblich. Eines der Hauptmerkmale jedoch, das sie untereinander und mit TZI gemeinsam haben, ist der holistische Ansatz. Es ist die Auffassung, daß der Mensch eine Ganzheit ist, eine Einheit, in der logischer Verstand (das "links-

* Mit "TZI-Dreieck" sind gemeint die Faktoren ICH - WIR - ES im GLOBE (in der Kugel). Die Bedeutung dieser Termini wird im Fortgang dieser Arbeit geklärt.

hirnige" digitale, sprachfähige Denken), Gefühl und Intuition (das sind die analogen Funktionen der rechten Gehirnhälfte) und der Körper mit den von ihm verursachten Empfindungen in einem interdependenten Zusammenhang stehen (Ornstein 1976; Vester 1978, 1980; Cohn 1984 u.a.). Wechselseitiger Zusammenhang meint: Welche Funktion auch im Vordergrund steht oder in der jeweiligen Lebenssituation vordringlich gebraucht oder beansprucht wird: Intellekt und Vernunft, Kreativität und Intuition, Sinneswahrnehmung und geistige oder körperliche Aktivität - auch die anderen Teile des Ganzen, der organismischen Einheit schwingen mit, wenn diese Ganzheit nicht gestört ist. Das gilt für die bewußten und die persönlichen und kollektiven unbewußten Anteile ebenso wie für die im Menschen angelegten transpersonalen Dimensionen.

Ein ganzheitliches Lernen, das auf das integrative Zusammenspiel dieser Komponenten zielt, wird "Lebendiges Lernen" genannt.

Da Denken, Fühlen, Kreativität und Körpererfahrung holistisch zusammengehören, erfährt die ganze Person Förderung und Stärkung, auch wenn nur der Bereich aktiviert zu sein scheint, dem die Aufmerksamkeit gilt. Hier liegt einer der wichtigsten Ansätze holistischer Pädagogik, der uneingeschränkt für jede Gruppenarbeit nach TZI Geltung hat. Wird der holistische Zusammenhang mißachtet durch Einstellungen und Methoden, die einzelne Funktionen einseitig bevorzugen und andere ausgrenzen, abspalten und unterdrücken, so kommt es zu Lernhemmungen, Krankheiten und Störungen. Wie für die holistische Pädagogik, gilt auch für einen holistischen Therapieansatz die Wechselseitigkeit der Beziehungszusammenhänge:

"Mit der philosophischen Auffassung vom Menschen als einer Ganzheit habe ich erkannt, daß nicht nur Krankheit von jedem Punkt der Seele oder des Körpers her entstehen kann, sondern auch Gesundheit. Heilung kann durch die Einsicht in psychodynamische Zusammenhänge, durch sexuelle und andere liebevolle Beziehungen, durch alles, was das Selbstgefühl hebt, durch die pharmakologische Herabsetzung von Symptomen, durch schöpferische Arbeit, geographische, soziale und klimatische Veränderung - je nach Situation und Persönlichkeit des Patienten - geschehen. Durch welche Pforte 'psychische Gesundheit' auch eintreten mag, spontan oder durch gezielte Therapie, das Heilende berührt immer den ganzen Menschen - ebenso wie ein Virus, ein Gift, ein Unfall, eine psychische Verletzung usw. immer den ganzen Menschen krank machen" (Cohn 1984, S.253).

Die bio-psychische Einheit des Menschen wird im Strukturdreieck der TZI methodisch durch die Ich-Komponente der "Dynamischen Balance" repräsentiert.

Individuum und Gruppe: die Wir-Komponente des TZI-Dreiecks

Der Mensch ist die "Frucht" von Beziehungen und wird als Einzelwesen in Beziehungen hineingeboren. Darin wächst und reift er zu einer Person, die sich als Ich dieser Beziehungen zu anderen Menschen und zur Welt bewußt wird. Ruth Cohn hat in dem Axiom, daß "alles mit allen und allem zusammenhängt", gleiche Voraussetzungen wie die systemische Erkenntnistheorie postuliert. Autonomie und Interdependenz hat für alle lebendigen Beziehungsganzheiten Gültigkeit. In vielen Zusammenhängen hat solch systemisches Denken zum besseren Verständnis der Wirklichkeit geführt. Dies ist auch deutlich in neuen pädagogischen und therapeutischen Konzepten und Methoden (vgl. systemische Theorie nach Vester 1980; Pragmatische Kommunikationstheorie nach Watzlawik 1969, Modelle der Familientherapie, z.B. Minuchin 1974; Andolfi 1982 und viele andere).

Entscheidend für die TZI-Arbeit ist, daß das Autonomie-Interdependenz-Prinzip einen existentiellen Beziehungszusammenhang bewußt macht, der in jeder Gruppe faktisch gegeben und zugleich Grundorientierung für Interaktion und methodisches Handeln ist. Seine methodische Repräsentanz findet dieser Sachverhalt in der Wir-Komponente des TZI-Dreiecks. Das Wir ist die Anteilhaftigkeit des Ichs und repräsentiert den interdependenten Zusammenhang, der durch die Interaktion der Gruppenmitglieder entsteht. Die Gruppe "lebt", ist lebendig durch die Eigenständigkeit ihrer Mitglieder und dient zugleich deren persönlicher Bestätigung und Stärkung. Die Gruppenzusammengehörigkeit wird in einem Klima von Verläßlichkeit und Vertrauen dadurch gestärkt, daß die Autonomie der einzelnen Personen gefördert und bewußt gemacht wird.

"Das Wir wird stärker nicht durch Mitglieder, die sich selbst aufgeben, sondern durch die, die sich eingeben. Nicht: ich gebe mich auf für meine Gruppe (Familie, Freunde, Volk, Menschheit), sondern: Ich gebe mich ein. Jedes Ich hat zentrale Verantwortlichkeit für sich selbst und partielle Verantwortung für die Gruppe. Wenn ich meine eigenen, gruppenunabhängigen Bedürfnisse vernachlässige, verliere ich einen Teil meiner Energie in Selbstaufopferung, und wenn ich die anderen Gruppenteilnehmer oder unsere Auf-

gabe nicht ernst nehme, verliere ich etwas von meinem Wir-Anteil, der zu meiner Selbsterfüllung gehört" (Cohn 1984, S.355).

Eine Gruppe kann für den einzelnen vorübergehend Unterschiedliches bedeuten: Abhängigkeit, die Geborgenheit verspricht, "Mutterschoß", Gefühl eines harmonischen Verschränktseins oder Gefahr durch zudringliche Nähe etc.; Ziel ist jedoch Selbst- und Gemeinschaftsgewinn im freien Geben und Nehmen - Verbundenheit, die jedem den Raum für seine Individualität läßt und damit dem Ganzen seine Energie zuführt.

ICH und WIR in der Welt: der GLOBE

Alles, was geschieht, ist Geschehensverlauf in einer Situation, die durch Zeit, Raum und ihren näheren und weiteren Kontext bestimmt ist. Globe - das ist die unmittelbare situative Umwelt, in der ich lebe und mit anderen interagiere, und die sich darüber hinaus zu immer größeren Beziehungsganzen erweiternde Umwelt, die mehr oder minder direkt in die Hier-und-Jetzt-Situation hineinwirkt. Jede Gruppe ist in der Art und Weise, wie ihre Mitglieder interagieren und sich im Miteinander definieren, auch ein "Umschlagplatz" oder ein Spiegel des Globe. Der Globe ist in seiner Wirkung allgegenwärtig. Er wirkt in Umweltbedingungen und -verhältnissen nicht nur außen, sondern auch innen wie in einem Spiegel in Form von Normen, Gedanken, Vorstellungen etc. "Die Realität, die um dich ist, ist auch in dir" (Cohn 1975, S.186 f). Bewußtmachung der Interdependenz hilft, daß wir die Wirkung des Globe nicht als Einbahnstraße erfahren, sondern als gegenseitige Wirkung zwischen Globe und uns.

Zwei Punkte sind im Hinblick auf das Gruppenkonzept der TZI zu beachten: Erstens die gesellschaftliche bzw. Alltagsrelevanz themenzentrierter interaktionaler Gruppenarbeit, und zweitens, welche konkreten (methodischen) Folgerungen aus obigen Überlegungen für die Planung und Durchführung von Gruppeninteraktionen zu ziehen sind.

Erstens: Bezugsstituation für die Relevanz der TZI-Gruppe ist die Alltagssituation ihrer Mitglieder, der komplexe Lebenszusammenhang, in den jeder einzelne und seine Bezugsgruppe eingebunden sind. Unter holistischen Perspektiven sehen wir, daß der ganze Mensch davon betroffen ist - von seiner Landschaft, Schicht, seiner Arbeitswelt, seiner Familie, Partnerschaft, seinen materiellen, physischen und psychischen Vorteilen und Schwierigkeiten. Hier nun erhält ein Vorgang Bedeutung, der zu den substantiellen Komponenten menschlicher Erfahrung gehört und mit der autonomen Regelung der Nähe und Distanz zu tun hat. Wenn Menschen sich in einer Gruppe treffen, um Erfahrungen auszutauschen, um über sich, ihre mitmenschliche und natürliche Umwelt gemeinsam nachzudenken und Möglichkeiten ihrer Veränderung zu erproben, brauchen sie eine gewisse räumliche und/oder zeitliche Distanz zum gewohnten Alltag, zu ihrem Globe, ohne die Aufklärung und Bewußtmachung, Wachstum und Heilung nur selten geschehen. Dieses Gewinnen von Distanz zur Alltagswirklichkeit beschreibt Freire (1970, S. 38; 78; 86) als "Auftauchen aus einer überfluteten Wirklichkeit", Habermas (1981) bezeichnet das gleiche Distanzphänomen als "metakommunikativen Diskurs"; Ruth Cohn sieht in der Bewußtmachung der Verflochtenheit, die uns an die Alltagswirklichkeit bindet, das Mittel, Autonomie zu gewinnen. In allen Aussagen geht es darum, im Gespräch mit anderen Distanz zu Alltagserfahrung und -wirklichkeit zu finden, in dieser Distanz Wahrnehmungs- und Handlungsmuster zu entdecken, zu überprüfen und ggf. zu verändern und Kräfte zu sammeln, um die in der Gruppe gemachten Erfahrungen wieder in die Alltagsnähe zu übertragen. Ohne diesen Transfer (zurück) in den Alltag würde Distanz zur Flucht.

Zweitens: TZI bezieht den Globe gezielt methodisch ein. "Das Bewußtsein der Globe-Faktoren ist für jede Gruppe so wesentlich wie das der Ich-, Wir- und Es-Faktoren" (Cohn 1984, S.356):

- Es ist für die TZI-Arbeit wichtig zu antizipieren, wie Ort, Zeit, die Zusammensetzung der Gruppe (Persönlichkeit, Lern- oder therapeutische Absichten, soziale Schicht, Geschlecht, Alter, Bildung, Kulturzugehörigkeit usw.) die Gruppeninteraktionen beeinflussen und welche Gruppenstrukturen adäquat sein könnten, um die jeweiligen Gruppenanliegen zu fördern.
- Es ist wichtig, die Hierarchien zu beachten (sei es akzeptierend, reformierend oder revolutionierend), von denen Kurs, Lehrplan, Betriebsveränderung, Gottedienst, politische Aktionen etc. abhängen, damit Gruppenarbeit nicht aus finanziellen, sachlichen oder politischen Gründen vereitelt wird.
- Für Aktionen von Gruppen und Gremien ist es relevant und nützlich, die ökonomische, politische, soziale, gesellschaftliche Landkarte der jeweiligen Institution (Schule,

Betrieb etc.) oder des Landes genügend zu kennen und in die Informationsvorgabe und in die Entscheidungen der Gruppe einzubeziehen. Die Berücksichtigung und Bewußtmachung der Wirklichkeit, wie sie ist, hilft uns, alternative Lösungen zu suchen, "in relevanten Themen Situationen und Anliegen deutlich zu machen und neue kreative Möglichkeiten zu entdecken" (Cohn 1975, S.114).

Die Wurzeln des ES: die thematischen Dimensionen des TZI-Konzeptes

Es gibt für die Alltagswelt der meisten Menschen kaum direkte Wege zwischen dem Erleben eines Menschen und dem eines anderen. Was jemand fühlt, denkt, empfindet, imaginiert oder träumt, ist für den anderen selten direkt einsehbar und erfahrbar. Es bedarf einer Äußerung, eines Nach-Außen-Bringens dessen, was in einem Menschen vorgeht, damit ein anderer es erfahren kann. Diese Äußerung hat u.a. die Funktion, Zwischenglied zwischen der Erfahrung eines Menschen und der eines anderen zu sein. Mit diesem Grundcharakter zwischenmenschlicher Kommunikation befaßt sich u.a. die Kommunikationspsychologie. Sie kann, wenn sie vom Interesse an einer verbesserten Beziehungsarbeit geleitet ist, wertvolle Anregungen für die TZI-Gruppenarbeit geben (ein gutes Beispiel dafür gibt Schulz von Thun, 1981).

Vom holistischen Ansatz ausgehend ist auf einen Zusammenhang hinzuweisen, der leicht übersehen wird. Wir können die unterschiedlichsten Medien benutzen, um uns zu äußern, z.B. Sprechen, Singen, Spielen, Malen, Gestalten, neurotische Symptome, Berühren, Handeln etc. - in allen diesen Äußerungsabläufen und rezeptiven Aktivitäten ist die Körperdimension mitenthalten. Es gilt da jedoch eine Besonderheit zu beachten. Unser Körper ist nicht so leicht manipulierbar wie andere Mittel der Äußerung. Wenn z.B. Worte und Körpersprache nicht übereinstimmen, ist es meist der Körper, der die echtere Kommunikation enthält.

Das bevorzugte Interaktionsmedium in den meisten Gruppen ist die Sprache, oder besser: das Sprechen. Wir sagen mit Worten etwas Inhaltliches aus und bringen in diesen Worten eine Einstellung mit bewußten und unbewußten Anteilen zum Ausdruck, die unserer Aussage zugrundeliegt. Gerade beim Medium Sprache können wir uns klarmachen, wie individuelle und kollektive Einstellungsmuster zusammenfallen. (Ein hervortretendes Beispiel dafür ist die "patriarchalische Dimension", der männlich-dominante Aspekt unserer Sprache.)

Die wesensmäßig medialen Grundgegebenheiten zwischenmenschlicher Vorgänge sind damit nur angedeutet. Sie stellen den "Unterbau" dar, der Interaktion als Sichbeziehen auf einen gemeinsamen Inhalt erst ermöglicht. Den inhaltlichen Bezugspunkt der Interaktion in der TZI-Gruppe bezeichnet Ruth Cohn als "Es": das zu bewältigende Thema, der gemeinsame Fokus in der Gruppe. In einer Therapiegruppe sind es persönliche Schwierigkeiten und deren Lösungsförderung (Lösungsansätze), in einer Organisation das Erarbeiten optimaler Strukturen und Prozesse, in einer Schulklasse der Konvergenzpunkt Lehren/Lernen zwischen öffentlichem Lehrplan und den Interessen des Lehrers und der Schüler (nach Cohn 1975, S.165). "Im TZI-System bedeutet 'Thema' das formulierte Anliegen. In einer Gruppe ist es der zentrierte, meist verbal formulierte Fokus der Aufmerksamkeit" (Cohn 1984, S.365).

Die Art und Weise der Gruppenarbeit als die auf ein Thema, also auf das Es zentrierte Interaktion, hat dem Konzept den Namen gegeben. Ein vergleichbares Gruppenkonzept im Bereich der humanistischen Pädagogik hat Paulo Freire entwickelt. In seiner Terminologie: die Interaktionen der Gruppe, die sich am "dialogischen Prinzip" orientieren, sind auf ein gemeinsames, formuliertes Problem bezogen, und dementsprechend nennt er sein Verfahren "problemformulierende Methode".

Was nun kann zum Thema, zum Es der Gruppe werden? Woher kommen die Themen? Nach welchen Kriterien werden sie ausgewählt? Weil der Mensch ein sprachlich-denkendes Wesen ist, erzeugt er als Einzelwesen wie als Gesellschaftswesen im Umgang mit der sozialen, kulturellen und natürlichen Umwelt und abhängig von ihr ein "thematisches Universum".

Ruth Cohn spricht "von der Welt als Ganzem - dem großen 'Es', das uns stützt und durchdringt, das andererseits nach unserer Unterstützung und Interaktion verlangt. Niemals ist jedoch die Welt als ganzes im Fassungsbereich unserer Sinne und unseres Geistes. Wir können nur Splitter von ihr im Nacheinander begreifen. Diese winzigen Teile sind als Bezugspunkte unserer wechselnden Aufmerksamkeit unser unmittelbares Es" (Cohn 1975, S.160 f).

Prinzipiell können alle Themen aus diesem "thematischen Universum" zum Es einer TZI-Gruppe werden. Welche Themen oder Themenkreise de facto gewählt und bearbeitet werden, hängt aber davon ab,

- was das primäre Anliegen der Gruppe ist (s.o.);
- aus welchen Personen sie sich zusammensetzt,

- in welcher Situation sie sich befindet (Fragen nach dem Globe);
- welche Kompetenzen der Leiter hat.

Für spezielle Themenarten im Rahmen von TZI sind spezielle Verfahren notwendig, und Gruppenleiter müssen die Kompetenzen besitzen, die dem betreffenden Aufgabengebiet entsprechen. Betrachten wir als Beispiel Lerngruppen in Schule und Hochschule. Der auf der Basis von TZI arbeitende Leiter/Lehrer braucht Spezialkenntnisse über Inhalte und Methoden des Themenbereichs, der Gegenstand der Lernprozesse ist. Analog gilt das für Gruppen, die therapeutische Themen bearbeiten. Allgemein kann man für therapeutische Gruppenarbeit sagen, daß nur therapeutisch geschulte Gruppenleiter therapeutische Arbeit mit Gruppen leisten sollten. Voraussetzung für TZI-Leiter im therapeutischen Bereich sind deren ethische Grundlage und "erlebnistherapeutische" Methodik. (vgl. Cohn 1984, S.278 ff). Im Zusammenhang mit dem bisher Gesagten will ich einige Aspekte thematischer Arbeit nach TZI herausgreifen und sie an Thesen kurz erläutern.

(1) Das Thema wird oft als die "gemeinsame Sache" (vgl. Portele 1980) bezeichnet, aber "themenzentriert ist nicht synonym mit "sachorientiert". Umfang und Charakter des Themas bestimmen sich, wie wir oben gesehen haben, aus dem Anliegen und den Zielen der jeweiligen Gruppe und der institutionellen oder nicht institutionsgebundenen Situation, in der sie arbeitet. Das Thema kann dem Umfang nach global oder privat oder ein ausschließliches Hier-und-Jetzt-Thema sein, es kann politische, berufspraktische oder bildungsorientierte Inhalte bzw. Stoffe repräsentieren, es kann ein Sachthema oder ein therapeutisches Thema sein, es kann als Dachthema einer übergreifenden Einheit, als Sitzungsthema oder Unterthema fungieren: Das Es einer Gruppe ist die Vermittlung zwischen Mensch und Mensch und seiner Umwelt. Als solche "Vermittlungsinstanz" findet es Ausdruck im Medium der Sprache, eines Rollenspiels, eines Textes, eines Bildes etc. und wird darin zum konkreten Ereignis in der Situation der Gruppe. Dieses Ereignis beinhaltet das Es unter den verschiedenen Aspekten, die die Gruppenmitglieder dazu einbringen; es wird in Färbung und Ton auch durch die jeweiligen Beziehungen der Gruppenmitglieder (mit)bestimmt. TZI macht diese sonst untergründige Tatsache explizit und damit funktional. - Das Verständnis des Es als situatives Ereignis in der Gruppe ergibt sich aus dem holistischen Ansatz der TZI. Das Es ist nicht irgendeine, aus der Situation der Gruppe losgelöste Größe, son-

dern eine durch Benennen, Sagen, Erklären, Spielen, Darstellen etc. eines Themas (oder einer Aufgabe) integrierende Erfahrung der Gruppe.

(2) Es ist für die praktische Gruppenarbeit wichtig, im Es die manifest gewordene Dimension eines ganzheitlichen Beziehungszusammenhangs zu sehen, der neben Gesagtem Nichtgesagtes, neben Bewußtem Nichtbewußtes, neben personalem transpersonale Anteile hat, die als latente Hilfsthemen oder Gegenthemen eine wichtige Rolle spielen können. Dieser Zusammenhang ist als "hidden curriculum" hinreichend bekannt; praktische Konsequenzen werden jedoch selten daraus gezogen, es sei denn, Störungen von dieser Seite nicht aufkommen zu lassen oder zu unterdrücken. Von seinem holistischen Ansatz her bietet TZI einen Zugang: die dynamische Balance ist das Hauptinstrument, das in der Hand eines geschulten Lehrers Möglichkeiten eröffnet, im Sinne lebendigen Lernens und der Postulate diese Phänomene einzubeziehen.

(3) Das ES ist die zentrale Strukturkomponente der TZI-Gruppe. Es übernimmt einen Teil der Leitungsfunktion, bietet der Gruppe einen fokussierenden Halt und ermöglicht und fördert interaktionelles Arbeiten. Wie ein Thema aussehen sollte, das in den Funktionen des Es zum situativen Ereignis der Gruppe werden kann, hat Ruth Cohn in der folgenden Übersicht beispielhaft zusammengestellt:

"Ein adäquat formuliertes Thema

- *ist kurz und klar formuliert, so daß es dem Gedächtnis stets präsent bleibt;*
- *ist nicht abgedroschen und langweilt deshalb auch nicht;*
- *ist in bezug auf Sprache und Wissensanforderungen auf die Teilnehmer zugeschnitten;*
- *ist so gefaßt, daß es niemanden ausschließt und niemandes Gefühle verletzt;*
- *ist nicht so eng (konkret) gefaßt, um nicht Raum zu lassen für freie Einfälle, Gedanken und Bilder, und*
- *nicht so weit (abstrakt) gefaßt, daß es alles zulassen und nichts fukussieren würde;*
- *hat auch gefühlsmäßigen Aufforderungscharakter (Gruppenjagon, witzige oder humorvolle Formulierung, Anklingen an aktuelle Geschehnisse u.ä.);*
- *eröffnet und begünstigt neue Horizonte und Lösungswege;*
- *ist jedoch nicht so einseitig formuliert, als daß es andere Möglichkeiten ausschlösse und dadurch manipulativ wäre;*
- *verstößt nicht gegen die Wertaxiomatik der Menschenrechte und die Wertaxiome der TZI;*

- *begünstigt den Prozeß der Gruppe, insofern es, sowohl logisch als auch psycho-logisch, in die Sequenz der zu bearbeitenden Themen paßt und die dynamische Balance zwischen den verschiedenen Anliegen der Teilnehmer und den Sachnotwendigkeiten in Betracht zieht;*
- *beachtet die verbale Ausdrucksfähigkeit und die Sprachgewohnheiten der Gruppenteilnehmer und bezieht die Möglichkeiten nonverbaler Themendarstellung ein (Bilder, Pantomime, Materialien mit Aufforderungscharakter); (Cohn 1984, S. 366).*

Die genannten Kriterien beziehen sich nicht nur auf "Aufgabengruppen". Auch in Gruppen oder Gruppensituationen, in denen die psychische Dimension stärker betont ist, kann das Thema ein Faktor sein, der den Interaktionsraum zu definieren hilft, in seiner Abgrenzungsfunktion Sicherheit bietet, frei fluktuierende Angst bindet, Leitungsfunktionen übernimmt, Bezugspunkte setzt. Das TZI-Thema hat jedoch selten die Funktion, latente Themen, die noch nicht manifest geworden sind, aufzudecken und offenzulegen. Der Gruppenleiter kann sich meist an den Vordergrund halten; was wichtig ist, kommt wieder. Das noch nicht Gesagte, das Nichtgewollte, Nichtbewußte drängt von allein in den Vordergrund, wenn die innere energetische Balancierung nicht mehr gelingt. Voraussetzung ist ein angstverminderndes und vertrauensvolles Klima. Ohne dieses wäre aber auch ein Aufdecken latenter Strömungen in der Gruppe sinnlos.

(4) Im Sinne unseres holistischen Ansatzes möchte ich das letzte Kriterium der Aufstellung von Ruth Cohn noch einmal gesondert hervorheben. Im Grunde ist es eine Konsequenz aus den vorangegangenen Erörterungen, auch andere Mittel als das der Sprache in Themenfindung, Themenexposition, Themeneinführung und Themenbearbeitung (je nach Situation, Anliegen und Möglichkeiten) einzubeziehen, also multimedial zu arbeiten. Dazu können neben den schon genannten viele andere stehen, z.B. visuelle Medien wie Schrift, Bilder, Dias, Film etc.; gestalterische Medien wie Malen, Formen verschiedener Materialien etc.; Aktionsmedien wie Spiele, Übungen, Rollenspiele, Theater etc.; auch "Phantasiereisen", meditative und Körperübungen können relevante Formen sein, gewisse Aspekte des Themas zu verdeutlichen, erfahrbar zu machen oder Zugänge zum Thema zu eröffnen.

(5) Obwohl verbal formulierte oder auch in anderer Form exponierte Themen in TZI die Regel sind, gibt es Situationen, in denen Themen überhaupt nicht formuliert werden können oder sollten. Zu solchen Situationen gehören nach Ruth Cohn (1984, S.367)

"unter Umständen Therapiegruppen, in denen Themen eher aus dem Umbewußten oder aus spontanen Beziehungssituationen entstehen sollten, aber auch Zwangs- und Widerstandsgruppen (Strafgefangenengruppen, von der Firmenleitung entsandte Betriebsgruppen, Autonomie suchende Jugendgruppen usw.), die Themen grundsätzlich mißtrauen müssen. Auch in fortlaufenden Kursen kann die routinemäßige Themenfestlegung überflüssig und langweilig werden."

Derartige Erfahrungen habe ich z.B. in meiner Supervisionsarbeit mit studentischen Projektgruppen gemacht, die mit jugendlichen Strafgefangenen arbeiten. Die thematische Strukturierung solcher Situationen ergibt sich, wenn überhaupt, vor allem aus dem Aufgreifen der von den Jugendlichen geäußerten Bedürfnisse und Anliegen; aus den inneren und äußeren Widersprüchen, denen sie ausgesetzt sind.

Gleichgewichtigkeit der ICH-WIR-ES-Faktoren im GLOBE: die dynamische Balance

Das holistische Aufeinanderbezogenensein dieser Faktoren und ihre Gleichgewichtigkeit findet methodischen Ausdruck in dem zentralen Arbeitsprinzip des Gruppenkonzepts der TZI, der dynamischen Balance. Sie ist ein Mittel zur Selbststeuerung und Steuerung der Gruppe durch den Leiter, die dazu dient, die Aktivitäten der Gruppe und ihren Energiefluß aufzufangen und zu strukturieren. "Dynamische Balance" im Strukturgestalten bedeutet, im Gruppenprozeß die gleichgewichtige globe-entsprechende Ich-Wir-Es-Betonung zu begünstigen und die jeweils unterbelichteten Komponenten, die aus der Aufmerksamkeit der Gruppe herausgefallen sind, hervorzuholen. Nichtbeachten oder gar Unterdrücken dieser Kernfaktoren stören gemeinsames Planen, lebendiges Lernen, Aufgaben erledigen, Aktionsfähigkeit und Heilen.

Methodische Mittel sind u.a. Änderung der Arbeitsformen (z.B. Wechsel von Einzelarbeit, Partnerarbeit, Kleingruppe, Gesamtgruppe); in Verbindung mit entsprechender Gruppenaufteilung Differenzierung (Arbeitsteiligkeit) des Gesamtthemas und/oder spezielle Arbeitsaufträge; Innehalten und Besinnung aller Gruppenteilnehmer auf das, was im Augenblick vorgeht; Mitteilen von Befindlichkeiten des Lehrenden oder eines Teilnehmers (Schülers), Aufmerksammachen auf die gerade bestehende (unbalancierte) Situation; einen Rundgang in der Gruppe vorschlagen, wobei jeder, der will, sagt, wie es ihm eben geht oder womit er sich gerade befaßt etc.

Ausschlaggebend für solche balancierenden Interventionen und Strukturierungen ist nicht die Quantität der Ereignisse oder die Auffassung des Gruppenleiters, was für die Gruppe "richtig" wäre, sondern ein empathisches und intuitives Mitgehen im Erleben der Gruppe: Ausgangspunkt für mich als Leiter sind jeweils meine eigenen Befindlichkeiten und meine Wahrnehmung der Situation in Verbindung mit dem, was die Teilnehmer an Signalen "senden", wobei die Körpersprache, vom Ton der Stimme bis zum Unruhigsein der Füße oder das regungslose Dasitzen, vor allen anderen Signalen Beachtung verdient.

Dynamische Balance als methodisches Grundmodell der TZI geht über das Dreieck Ich-Wir-Es im Globe hinaus. Sie ist ein "allgemeiner Lebensbegriff, die Notwendigkeit, Gegenpole im Leben einzubeziehen, wie es auch der chinesischen Yin-Yang-Philosophie entspricht. Leben ist gekennzeichnet durch sich bewegende Neuorientierung" (Cohn 1984, S. 353 f.), durch Wandel und sich fortwährend verändernde Bedürfnisse und Gestalten. Diese können auch direkt Ausdruck finden in Themen aus existentiellen Bereichen wie z.B. "Nähe und Distanz", "Geben und Nehmen", "Macht und Abhängigkeit", "Mann und Frau", "vereint sein und getrennt sein", "Leben und Tod" etc. Solche komplementären Gegensätze sind in ihrer Betonung sich verändernde Momente einer Ganzheit. "Dynamische Balance" ist das methodisch gefaßte holistische Prinzip der TZI.

Der positive Ansatz der TZI: die organismische Selbstverwirklichung des Menschen und die Antwort der Postulate

TZI hat mit anderen Konzepten der humanistischen Psychologie den "positiven Ansatz" gemeinsam. Er orientiert sich nicht wie traditionelle Pädagogik und Therapie primär an einem Bild vom Menschen als Mängelwesen, also an dem, was ein Mensch (noch) nicht ist, nicht kann, nicht tut, sondern an dem, "was der Patient (bzw. Schüler) ist, kann und tut..." Cohn 1984, S.279). Das heißt, der Lehrer/Therapeut wendet sich in erster Linie dem positiven Potential des Menschen zu; er handelt akzeptierend, fördernd, stützend, kräftigend, ermutigend, weil es ihm vor allem darum geht, persönliches Wachstum, Selbstverwirklichung, Persönlichkeitsentfaltung zu ermöglichen und zu unterstützen. Erst in zweiter Linie wendet er sich dem Mangel, dem Defizit, der Krankheit zu.

Ruth Cohn berichtet über die Entwicklung des positiven Ansatzes in den 50er und 60er Jahren:

"Das Fixiertsein auf Krankheit wich der Betonung von Wachstum, Persönlichkeitsentwicklung, schöpferischen Fähigkeiten, Lebendigkeit, Echtheit... Die Synchronizität des Auftauchens eines positiven Ansatzes in den Praxisräumen in verschiedenen Gebieten der Vereinigten Staaten ist faszinierend. Viele von uns hatten nie voneinander gehört. Die Veränderungsnotwendigkeit war therapie- und weltgeschichtlich gegeben." (Cohn 1984, S.264).

Dieser Umschwung, der unter den Aspekten unseres Themas nur angedeutet werden kann, war tiefgreifend und umfassend. Er dokumentiert sich - gleichsam exemplarisch für humanistische Konzepte - in den Gründungsartikeln der "American Association of Humanistic Psychology" (vgl. Journal of H.P. 1962, Heft 1, S.96). Einem pessimistischen Ansatz folgen Pädagogik und Therapie, wenn sie den Menschen vorab als Mängelwesen im Sinne ihrer Vorstellungen, das heißt im Sinne der herrschenden Ordnung und Ideologie, definieren und glauben und sich herausnehmen, Menschen sagen zu können, was sie zu tun haben, um als erwachsen oder als gesund gelten zu können. Der positive Ansatz vertraut darauf, daß jeder Mensch in seiner organismischen, leiblich-psychischen Aktivität mit Selbstheilungs- und Wachstumskräften ausgestattet ist. Es ist der Glaube an die positiven Kräfte des anderen, die unbeirrbare Gewißheit, daß Menschen sich positiv entwickeln, wenn man sie nur läßt (Rogers 1983).

Zur anthropologischen Begründung nur soviel: Der Mensch wird als ein Wesen geboren, dem es im Unterschied zum Tier ohne Lernen unmöglich ist, sich in der noch unbekannten Wirklichkeit zu entfalten. Aber das, was ihm fehlt, ist zugleich seine Chance; die Notwendigkeit zu lernen ist zugleich die Möglichkeit , lernend Fähigkeiten und Formen höherer Komplexität zu entwickeln. Diese "existentielle Ambivalenz" des Menschen aussperren hieße, sich an einem idealistischen, im Grunde menschen- und weltfremden Bild der Wirklichkeit zu orientieren. Der positive Ansatz nimmt jedoch in seinem Streben nach Ganzheit auch die dunklen Seiten des Menschen an, macht sie aber nicht wie der pessimistische Ansatz zum primären Bezugssystem pädagogischen und therapeutischen Handelns. Es ist der Vorzug des TZI-Systems, diese Grundkonstellation des Menschen auch methodisch sichtbar und "handhabbar" zu machen: wir werden im "Störungspostulat" noch darauf zurückkommen.

Die dem Menschen eigenen positiven Potentiale sind der "Rohstoff" der Veränderung. Organismisches Wachstum hat mit Selbstregulation zu tun, es ist das "organismische Maß", das wie Selbstverwirklichung und Autonomie in den Beziehungszusammenhängen wirksam ist, in denen der Mensch lebt. Die Antwort auf die Fähigkeit zur organismischen Selbstverwirklichung ist, sie zuzulassen. Es geht nicht darum, unter meinen Maßstäben auf die anderen verändernd einzuwirken, sondern ihnen zu begegnen und sie zu erkennen und sie sein zu lassen, was sie sind. Das heißt: Bedürfnisse respektieren, wie sie zum Ausdruck kommen; Wünsche so akzeptieren, wie sie sich im Augenblick äußern (was nicht heißt, die Wünsche zu teilen oder zu erfüllen); Änderung durch So-sein-Lassen und dem andern darin begegnen, daß ich mein Sosein zulasse - inklusive dem Wunsch nach Veränderung: das ist das Paradoxe dieser Einstellung und Methode.

"Du bist deine eigene Leitperson"

Aus dem positiven Ansatz, der die "existentielle Ambivalenz" einschließt, und aus der Grundeinstellung des Paradox "So-Sein-Lassen" zugleich mit "Veränderungsmöglichkeiten fördern" erwächst die *"Grundbotschaft der TZI: ... Du bist dein eigener Chairman, deine eigene Leitperson. Höre auf deine inneren Stimmen - deine verschiedenen Bedürfnisse, Wünsche, Motivationen, Ideen; brauche all deine Sinne - höre, sehe, rieche, nimm wahr. Gebrauche deinen Geist, dein Wissen, deine Urteilskraft, deine Verantwortlichkeit, deine Denkfähigkeit. Wäge Entscheidungen sorgfältig ab. Niemand kann dir deine Entscheidungen abnehmen. Du bist die wichtigste Person in deiner Welt, so wie ich in meiner. Wir müssen uns untereinander klar aussprechen können und einander sorgfältig zuhören, denn dies ist unsere einzige Brücke von Insel zu Insel..." (Cohn 1975, 164).*

"Postulat" im Sinne des TZI-Konzeptes ist nicht die normative Forderung von jemandem, der die Macht dazu hat, sondern ist wortgewordenes Zutrauen in die Fähigkeiten des anderen, seine eigenen Potentiale selbstverantwortlich zu entwickeln.

"Sei deine eigene Leitperson" - das ist die "schlechthin zentrale pädagogische, therapeutische und politische Intervention der TZI. Sie ist der Ausdruck menschlicher Individualität und Solidarität, d.h. eine in der Gemeinsamkeit unseres Getrennt- und Andersseins verwurzelte Aufforderung, eine Ermutigung, ein Zuspruch, das Zutrauen: 'Sei! - Du kannst! - Ich gehe auf dich zu, du bist wer ...

Ich begegne dir mit meinem Wort an mich selbst und an dich... Ich bin wie du in meinem Wunsch, mich selbst zu leiten'. Es sind nicht Aufforderungen aus der Position des 'Schon-Wissenden' an andere in der Position des 'Noch nicht...', sondern die Aufforderung des Gleichen unter Gleichen; und beide müssen oft erinnert werden. Das ist die Grundlage jeder persönlichen und gesellschaftlichen Therapie, die weder Individualismus noch Kollektivismus als politische Basis ansieht, sondern Gemeinschaftlichkeit der einzelnen im Gemeinwesen und in der Welt." (Matzdorf, Cohn 1983, S.1293).

Dieses Postulat ist, so könnte man sagen, das im Rahmen des Gruppenkonzepts der TZI zur Methode gewordene, organismische Prinzip der Selbstregulation. Die Transformation dieser existentiellen Phänomene auf die methodische Ebene ist erforderlich, weil in unserer Gesellschaft die Herstellung von Autonomie, die Ermöglichung von Selbstregulation in der Interdependenz der Lebenszusammenhänge nicht ohne weiteres, sondern vor allem in bewußt initiierten und eigens organisierten Situationen gefördert wird. Das TZI-Konzept der Gruppe impliziert Methoden, eine solche Situation zu strukturieren, die auf der Basis von Zutrauen und Vertrauen den Grundsatz der Selbstregulation zuläßt und Autonomie als Dimension wechselseitiger Beziehungen ermöglicht und fördert.

Im Gruppenmodell der TZI ist diese Konstellation als dynamische Balance zwischen "Zulassen und Machen", zwischen selbstregulierendem Geschehensprozeß und Strukturierung zu verstehen, wobei in einer tieferen Schicht die Philosophie von "Autonomie und Interdependenz" dieses methodische Konzept trägt. "Zulassen" ist nicht Gunsterweisung, auch nicht Erlaubnis im Sinne eines Gewährens, das aus Gründen der Über-Unter-Ordnung jederzeit widerrufen werden kann. Zulassen bedeutet vielmehr, die Situation freizuhalten von eigenen Zugriffen auf die andere Person und Zu-lassen der persönlichen Begegnung als ein Faktor des dynamischen Feldes. Dieser Zusammenhang von "Machen und Zulassen" ist unter den Aspekten von Freiheit und Bedingtheit, von Autonomie und Interdependenz jedoch ein Paradoxon, das erlebt und erfahren werden kann und nicht auflösbar ist.

Das "Störungspostulat"

Neben diesem ersten Postulat steht, unter den erörterten Voraussetzungen mit innerer Konsequenz, das zweite Postulat, abgekürzt als "Störungspostulat" bezeichnet: "Beachte Hindernisse auf deinem Weg, deine eigenen und die von anderen. Störungen und Betroffenheiten haben Vorrang; ohne ihre Lösung wird Wachstum verhindert oder erschwert" (Cohn 1975, S.121). Aus unseren Überlegungen zu den Faktoren des Ich-Wir-Es-Dreiecks im Globe geht hervor, daß sich in der Gruppe Gegenkräfte zum manifesten Thema entwickeln und Störungen auftreten können, die ohne besondere Beachtung und Bearbeitung erstens nicht in den Prozeß der einzelnen und der Gruppe zu integrieren sind oder die zweitens, wenn nicht integriert, so doch in einer Weise berücksichtigt werden können, daß die Gruppe ihren Anliegen und Themen gemäß weiterarbeiten kann. Störungen akzeptieren und ihnen vorübergehenden Vorrang einräumen heißt im Zusammenhang mit den vorangegangenen Ausführungen, die negativen bzw. störenden Aspekte der inneren und/oder äußeren Situation in den positiven Ansatz mit hineinzunehmen.

Historisch gesehen hat sich die Methode, Störungen und auch Freude und positiven Betroffenheiten Raum zu geben, wenn sie sich in den Vordergrund drängen und Lehren und Lernen behindern, aus dem psychoanalytischen Grundsatz "Widerstand vor Inhalt" entwickelt. "Doch das TZI-Konzept der Störung ist weiter gefaßt als das des Widerstands, der aus ungelöster intrapsychischer Angst entsteht. Störungsquellen können alle inneren emotionalen Vorgänge und äußere Gegebenheiten sein, die zur Zuwendung zum Thema oder zur Aufgabe querliegen" (Matzdorf, Cohn 1983, S.1294). Um auf der Basis der "experiential"-Methoden der TZI Störungen einzubeziehen und im Zusammenhang damit eigene Gefühle und Reaktionen bewußtzumachen, ist angezeigt,

- sich bewußt zu machen, daß Störungen intrapsychisch, interpersonell sein oder vom Es ausgehen können; daß auch Geräusche, Räume, Zeit etc. Störungscharakter annehmen können; daß Störungen in der Jetzt-und-Hier-Situation entstehen, aber auch biographischer oder politischer Natur sein können usw.;
- den interpretativen Begriff "Widerstand" aufzugeben und die Phänomene (das Verhalten und den Kontext) zu beschreiben, wie sie wahrgenommen werden;
- seine eigenen "antwortenden" Gefühle, Vorstellungen, Betroffenheiten wahrzunehmen und in sich selbst zuzulassen;

- Störungsphänomene nicht zu beurteilen, sondern zur Kenntnis zu nehmen - ob es äußere oder innere Störungen betrifft;
- Störungen offenzulegen, wenn's geht. Es genügt oft, intrapsychische Störungen ("ich denke an jemand"; "mich bedrückt, daß...") auszusprechen und zuzuhören;
- soweit situative Momente eine Rollen spielen, zu überlegen, ob und wie die Situation (der Kontext) zu verändern ist, um Möglichkeiten für alternative Verhaltensweisen zu eröffnen oder entdecken zu können.

Es darf also nicht übersehen werden, daß der Begriff "Widerstand" selbst problematisch ist und als Interpretation eines Verhaltens oft mehr verdeckt als hilfreich ist. Ähnlich steht es mit den allgegenwärtigen Übertragungsphänomenen und Projektionen. Wir treten ihnen in TZI-Gruppen "zunächst nicht interpretierend gegenüber, sondern mit klarer Aussage über unsere eigene Realität: Ich sehe mich anders als du mich siehst, nämlich..." (Ockel, Cohn 1981, S.265). Das Gesagte kann kein Rezept sein und gilt nicht immer und überall. Manchmal sind Interpretationen hilfreich, z.B., wenn sie zur Klärung einer Situation beitragen.

Gesellschaftstherapeutische Aspekte der TZI-Gruppenarbeit

Störungsquellen liegen nicht nur in intrapsychischen Dispositionen und Konfliktkonstellationen des jeweiligen Ich, sondern auch in allen anderen Faktoren, die die Erfahrungssituation einer Gruppe bestimmen: im Wir, z.B. wenn das kollektive Übergewicht bestimmter Normen, welche die Gruppe entwickelt, zur Unterdrückung eines oder mehrerer Teilnehmer führt, oder wenn schnelle Abstimmungen Minderheiten erzeugen etc.; im Es, z.B. wenn das Thema so formuliert oder bearbeitet wird, daß der persönliche Bezug zu seinen Inhalten verlorengeht; beim Leiter, z.B. wenn er die Signale latenter Gegenthemen überhört oder übersieht, oder wenn er mit seinen Machtbedürfnissen oder seiner Verletzbarkeit nicht umgehen kann etc.; im Globe (wozu auch gesellschaftliche Bedingtheiten gehören), z.B. in Lerngruppen, die institutionellen Vorschriften ausgesetzt sind, welche Rivalität und Konkurrenz züchten oder begünstigen und Kooperation erschweren oder verhindern.

In diesem letzten Bereich, der Störungsquelle für die Gruppe sein kann, lassen sich die Beispiele nun nicht mehr additiv anreihen - die Probleme erhalten neben einem größeren

Umfang auch eine andere Qualität. Das ist bei globalen Problemlagen der Fall, die jeden einzelnen in einer geographisch-gesellschaftlichen Situation betreffen, wie: strukturelle Arbeitslosigkeit; die Verwertung der produktiven Eigenschaften des Menschen durch einen fremdbestimmten Arbeitsbegriff; Waffen- und Giftproduktion (zur Zeit, in der ich diese Zeilen schreibe, blicken wir entsetzt nach Indien, wo ausströmendes Giftgas tausende Menschen tötete und gesundheitlich schwer geschädigt hat); globale Schädigung der natürlichen Umwelt; Dritte-Welt-Probleme, auch im eigenen Land; weltweite Folterungen; faschistoide Denkweisen in privaten und öffentlichen Bereichen... und so fort - die Auswahl ist knapp und subjektiv. Wenn wir uns vor Augen halten, wie ungeheuerlich diese Probleme sind, die der Globe uns als Störungen "liefert", und wenn wir andererseits davon ausgehen, daß sich aktuelle gesellschaftliche Probleme und Konfliktkonstellationen in der Gruppe abbilden - was kann ich, was können wir tun? Wo finde ich einen Ansatz?

Das Potential, von dem jede Veränderung ausgeht, ganz gleich, ob sie auf intrapsychische, interaktionelle, thematische oder globale Störungen gerichtet ist, liegt im Menschen selbst. Organismisches Wachstum, Selbstverwirklichung und Autonomie sind so etwas wie die zentrale Kraftquelle, die Basis menschlicher Daseinsweise und das Maß ursprünglicher Zusammenhänge: hier liegt die Wurzel jeder humanen Veränderung. "Selbstregulierung statt Selbstheberrschung, lebendige Erfahrung statt Verwaltung im Denken stellen so etwas wie das evolutionär verankerte Grundpotential von Revolution, ein revolutionäres Evolutionspotential dar" (Negt, Kluge 1981; Rauschenbach 1984, S.43).

Dieses humane Potential trägt Urerfahrungen von Beziehungsarbeit in sich, ohne die es ja nicht geworden wäre. Es hat eine Grundausstattung an Urvertrauen und Lebenswille und ein Grundvermögen, aus dem heraus es die Welt als Zusammenhang, als Ganzheit begreifen kann. Das Mittel, dieses Potential zu aktualisieren, es in Aktion umzusetzen, ist die Beziehungsarbeit speziell in Lebens- und Arbeitsgruppen. Mit anderen Worten, die Beziehungsarbeit in der Gruppe (in welcher Gruppe auch immer) ist der Schlüssel für permanente Veränderungen nach menschlichen Maßen.

Was in diesem Sinne die TZI-Gruppe als exemplarische Repräsentanz der Gesellschaft (als Spiegel gesellschaftlicher Normen, Verhältnisse und Störungen) auf der Basis des Chairman-Prinzips an humanen Veränderungen hervorbringt (im Ich und Wir der Teilnehmer, im Es, den Perspektiven ihrer "gemeinsamen Sache", in der Reflexion und Aktion auf Veränderungen im Globe hin), betrifft auch die gesellschaftstherapeutische Dimension.Diesen Zusammenhang von Innen und Außen und die Veränderungsmöglichkeit innerer und äußerer Grenzen bringt das pragmatisch-politische Axiom der TZI zum Ausdruck: "Freie Entscheidung", also Selbstregulation und Autonomie, "geschieht innerhalb bedingender innerer und äußerer Grenzen; Erweiterung dieser Grenzen ist möglich. ...Freiheit im Entscheiden ist größer, wenn wir gesund, intelligent, materiell gesichert und geistig gereift sind, als wenn wir krank, beschränkt oder arm sind oder unter Gewalt und mangelnder Reife leiden" (Cohn 1984, S. 358). Lassen wir uns Zeit, auf diese Zeilen einzugehen, so bemerken wir die Implikationen: "materiell gesichert" bedeutet Veränderungen, um materielle Sicherung nicht nur für wenige zu gewährleisten; Armut als Störungsquelle: Was ist zu ändern? Abschaffung von Gewalt (Krieg, Konzentrationslager, Folter, struktureller Gewalt) - die Beispiele genügen, um zu zeigen, worin die politische und gesellschaftstherapeutische Dimension dieses Axioms liegt. Ruth Cohn steht mit ihrem gesellschaftstherapeutischen Ansatz nicht allein. Ähnliche Wege sind Paul Goodman, Paolo Freire, Ivan Illich u.a. gegangen.

Im pädagogisch-therapeutischen Gruppenkonzept Ruth Cohns, das haben wir gesehen, wurzeln die gesellschaftstherapeutischen Ansätze im Prinzip der "Autonomie, die durch Bewußtwerdung der Interdependenz" wächst. Dieses Grundprinzip konkretisiert sich im Chairman-Postulat als Ausdruck organismischer Selbstverwirklichung in Beziehungszusammenhängen, von der kleinsten Gruppe bis zum unendlichen Globe. Auf dieser Basis hat vor allem die Bearbeitung von Störungslagen, die innerhalb wie außerhalb von Gruppen wirksam sind, gesellschaftstherapeutische Bedeutung.

Vor dem Anspruch des Begriffs "Gesellschaftstherapie" und angesichts des Umfangs globaler Probleme kommen mir die Möglichkeiten einer Gruppe winzig vor. Doch wer kann sagen, wo wir heute ständen, wenn nicht in unzähligen Gruppen Beziehungsarbeit nach menschlichen Maßen geleistet würde. Immer wieder begegne ich dem Einwand, vor allem in der Gruppenarbeit mit jüngeren Menschen, es müßten erst bestimmte Voraussetzungen erfüllt sein, personaler wie institutioneller oder gesellschaftlicher Art, damit man TZI überhaupt anwenden könne.

Der Alltag, so wie er ist und wie ich ihn antreffe, so lautet die These, ist der eigentliche Bewährungsort der TZI. In Gruppen, in denen diese gesellschaftlichen Fragen besprochen werden, biete ich zum Nachdenken und Reflektieren oft den folgenden Spruch von Lao tse an:

Man wirke auf das,
was noch nicht da ist,
und ordne das,
was noch nicht wahr ist.
Ein nur vereint zu umfassender Baum
erwächst aus haarfeinem Sprößling;
ein neunstöckiger Turm
erhebt sich aus einem Häufchen Erde;
eine tausend Meilen weite Reise
beginnt dort, wo man steht.

Mit Ruth Cohns Einverständnis zitiere ich aus einem Brief von ihr:

"...doch das Wesentliche ist die tägliche aktive Antwort auf das, was in mir ist im Augenblick - und nicht in Vergangenheit und im Richt- und Meßbaren, sondern als Reaktion auf das, was von Außen und Innen auf mich wirkt, von dem ich nie zuvor wissen kann, was es ist und was ich damit tun werde - wie z.B. jetzt, Dir dies zu schreiben..."

Die TZI-Hilfsregeln

TZI ist kein Normenkonzept. Es definiert sich nicht wie manche institutionsgebundenen Konzepte, pädagogische wie therapeutische, primär als konstituiver Bestandteil von Ordnungsfaktoren, von Verwaltung, Organisation hierarchischer Steuerung, sondern als Innovationskonzept. Ausgangspunkt der Innovationen ist, wie wir gesehen haben, die thematisch zentrierte Beziehungsarbeit in der Gruppe. Dabei haben TZI-Methoden wie thematische und situative Strukturierung, dynamische Balance, Postulate und andere Arbeitsprinzipien die Funktion, dem Eigenpotential der Teilnehmer Raum zur Entfaltung zu lassen und zu schaffen und Wachstums- und Heilungsprozesse zu ermöglichen und zu fördern.

Die gleiche Funktion haben die Hilfsregeln. Es sind Muster für Kommunikationshilfen, die je nach Situation so zu gebrauchen und auszuformulieren sind, wie es dem "Sprachspiel" der Gruppe entspricht. "Muster" bedeutet, es sind Beispiele, wie man in aktuellen Situationen Postulate und Arbeitsprinzipien der TZI in Kommunikationshilfen umsetzen kann. Es führt zu Mißverständnissen und zu einem falschen

Begriff von TZI, wenn Gruppenleiter diese Hilfsregeln in einer Art und Weise vermitteln oder gar vorschreiben, daß sie als Normierung der Gruppeninteraktion erfahren werden. (Solche Interaktionsweisen sind nicht Hilfen für, sondern allenfalls Gegenstand der Veränderung.) Ohne Rückbindung an Axiome und Postulate dienen sie dem Antigeist, von dem sie befreien wollen: dem Dogmatismus.

Andererseits sollte man aber diese Hilfsregeln methodisch auch nicht "zu hoch ansiedeln". Ich habe in Gruppensituationen, in denen sich Teilnehmer auf einer indirekten Kommunikationsebene verhakten, oft die klärende Wirkung einer einfachen, direkt formulierten Hilfsregel erlebt. Wenn sie die Funktion erfüllt, Beziehungen zu verbessern und nicht zu normieren, kann sie für die Beziehungsarbeit einer Gruppe nützlich sein. Ruth Cohn ist in ihrem Aufsatz "Zur Grundlage des themenzentrierten interaktionellen Systems - Axiome, Postulate, Hilfsregeln" (Cohn 1975, 120 ff) zunächst von neun dieser Hilfsregeln ausgegangen, die sie als Beispiele aufgeführt und erläutert hat. An anderer Stelle (S.173) entwickelt sie "Hilfsregeln für's Klassenzimmer" oder stellt deren pädagogisch-therapeutische Wirkung heraus (S.176 ff). Wichtig für die praktische Gruppenarbeit ist, daß diese Hilfsregeln "weder in ihrer Formulierung an verbindliche Formen gebunden noch der Anzahl nach beschränkt" sind (Matzdorf, Cohn 1983, S.1297). Hier möchte ich nur drei Beispiele aus der letztgenannten Arbeit anführen:

"Sei authentisch und selektiv in deinen Kommunikationen. Mach dir bewußt, was du denkst und fühlst, und wähle, was du sagst und tust. Alles, was gesagt wird, soll so echt wie möglich sein; nicht alles, was echt ist, soll gesagt werden." (Selektive Offenheit ermöglicht Vertrauen und Verständnis. Absolute Offenheit ist oft inhuman. Selektive Offenheit beachtet die Verletzlichkeit von Personen, auch der eigenen, und Situationen. Selektive Authentizität beachtet die Funktionszusammenhänge der Aufgaben, den Globe, die Gruppe und die Tragfähigkeit ihrer Teilnehmer.)

"Beachte deine Körpersignale und die von anderen." (Körperempfindungen sind meist unbewußt und daher gute Boten aus tieferen Gefühlsschichten. Sie geben Hinweise als Boten des noch nicht Gewußten. - Das gleiche gilt für Beobachtung der Mimik und Gestik von anderen. Alle Menschen, auch Kinder, interpretieren bewußt oder unbewußt den körperlichen Ausdruck anderer. Vorrangig bleibt jedoch, solche Interpretationen als subjektive Regungen zu verstehen,

und es ist selten nützlich oder therapeutisch, diese ohne Selektion dem andern mitzuteilen.

"Drücke dich klar aus - niemand außer dir kennt deine inneren Vorgänge: Gefühle, Gedanken, Motive, Aussagen sind Brücken von Mensch zu Mensch." "Vertritt dich selbst in deinen Aussagen. Es ist leichter, dies zu tun, wenn du 'Ich' sagt und nicht 'wir' oder 'man', außer wenn du dir sicher bist, daß alle so fühlen." Diese Regel hilft, persönliche Versteckspiele zu vermeiden und selbstverantwortliche Aussagen zu machen. Die Regel heißt nicht "Du darfst nie 'man' sagen.")

Humane Werte: Richtschnur des TZI-Konzepts

Ohne Bindung an humane Werte wäre das Gruppenkonzept der TZI ein technokratisches System, ein Manipulationsmittel zur Erreichung beliebiger Ziele und Zwecke. Der Satz macht einen Sachverhalt klar, stimmt aber andererseits nicht ganz. Humane Werte sind nicht eine Art Zusatz, der dem TZI-System aufgesetzt ist und den man weglassen kann, wenn er einem nicht behagt. Die Wertgebundenheit ist vielmehr dem Konzept immanent, oder anders formuliert, humane Wertorientierung ist eine grundlegende Dimension des Konzepts und ist außerdem explizit der "Kompaß" der TZI-Gruppenarbeit. Das hängt mit der Verfaßtheit des Menschen zusammen, mit der Bewertung als Dimension menschlichen Erlebens und Handelns. Deshalb liegt die Quelle der Humanitas im Menschen selbst, in jenem Grundpotential zur organismischen Selbstverwirklichung, die von Anfang in Urerfahrungen menschlicher Beziehungen verwoben ist. Und so spricht Ruth Cohn nicht nur von organismischer Selbstverwirklichung, sondern auch von deren Wertdimension, dem "organismischen Werte-Sinn", den sie als eine "organismisch geerdete geistige Potenz" hypostasiert (Cohn 1984, S.469). "Die Entwicklung des Werte-Sinns entspringt organismischen Quellen, die das heranwachsende Gewissen in der Interaktion mit seiner Umgebung und Ereignissen energetisch füllen" (S.469). Organismisches Wachstum, Selbstverwirklichung und Autonomie als Grundpotential des Menschen braucht die Interdependenz wachstumsfördernder Beziehungen um sich entfalten und entwickeln zu können. Dies gilt speziell auch für den "organismischen Werte-Sinn". Er gründet in der Ganzheitlichkeit des Menschen, d.h. Körper, Sinne, Empfindungen und Gefühle sind ebenso Träger des Werte-Sinns wie Verstand und Intuition. So ist der vermutete holistische Werte-Sinn die Quelle, aus der humane Gesinnung, engagierte Entscheidung und Verantwortung entspringen. Er kann als Grundlage einer holistischen Ethik aufgefaßt werden.

Wenn ich oben TZI als "Einstellung und Methode" bezeichnet habe, so ist nun der Werte-Sinn eine grundlegende Dimension dieser Einstellung (zu sich, zu anderen, zur Welt...) und wie diese, auf die Ebene methodischen Handelns transformiert, auch eine Dimension der TZI-Faktoren im Globe, der dynamischen Balance, der Postulate, der pädagogischen, therapeutischen wie gesellschaftstherapeutischen Anliegen, der Hilfsregeln usw.). Das hat wichtige praktische Konsequenzen für die Gruppenarbeit nach TZI: Aus dem holistischen Charakter des Werte-Sinns ergibt sich, daß für seine Entwicklung, Stützung und Förderung nicht nur die Ausbildung der intellektuellen Fähigkeiten, sondern auch die Berücksichtigung der Sinne, Gefühle und des Körpers erforderlich sind. In Lern- wie in Therapiesituationen ist es im Hinblick auf den organismischen Werte-Sinn wichtig, zu erleben und zu erfahren, "wie wir uns über unseren Körper wahrnehmen und gestalten können" - der Untertitel zu "Leibhaftes Leben" von Stanley Keleman (1982) entspricht dieser Auffassung. Beachtung der Sinnenhaftigkeit ist eine Komponente jeder Gruppenarbeit, nämlich Interesse an körperlichen Empfindungen zu wecken und diese als Quelle von Gefühlen, Gedanken und intuitiven Einfüllen zu entdecken. Dazu gehören Freiräume für Bewegung, Empfindungsbewußtheit und Meditation. Der Werte-Sinn, den wir hypostasieren, ist eine in der Beziehungsarbeit der Gruppe zu übende Fähigkeit.

"Wenn wir diese Fähigkeit aus der Isolierzelle des rational Bewußten herausholen und ihr zur Entwicklung verhelfen wollen, müssen wir eine Umgebung sein und schaffen, die emotionale Verwurzelung fördert, statt sie zu stören. Absonderung, auch innerpsychische, ist 'Sünde'. Wir sündigen gegen uns selbst und gegen die Gemeinschaft, wenn wir unseren eigenen Organismus nicht als Ganzheit ernst nehmen und unsere emotionalen Fähigkeiten verdorren lassen" (Cohn 1984, S.472).

Wichtig für die TZI-Gruppe ist, zu beachten, daß es um die Integration dieser Dimension unter den Aspekten des ganzheitlichen Ansatzes geht. Ein Ausweichen auf Körper und Gefühle und Geringschätzung von Intellekt und Bewußtheit würde einen Verlust der Balance nach der anderen Seite bedeuten.

"Abspaltung der Körperlichkeit und Entfremdung des Menschen von sich selbst und von seinem Nächsten wurden durch die fortschreitende Arbeitsmechanisierung und Industrialisierung noch verstärkt. Sie liefen parallel zum Verlust der "Religio" - der Rückbeziehung auf Geist und Gott. Ein Mensch, der Hände, Körper und Kopf nicht mehr als kostbarstes Gut spüren kann, durch das er etwas Sinnvolles, Sichtbares schafft, und der statt dessen zum verlängerten Arm einer Maschine wird, hat Mühe, seinen Körper und seine Seele zu respektieren" (Cohn 1984, S.247).

Unter den holistischen Aspekten der Gruppenarbeit heißt das,

- diese Abspaltung und Entfremdung aus dem Ganzen des interdependenten Zusammenhangs, in dem wir leben, zu begreifen;
- in der Vernachlässigung der organismischen Dimension unseres Wertfühlens eine der Ursachen unserer Sinnkrise zu erkennen;
- durch Aktivierung von Wertbewußtsein und Sinnverwirklichung in der Gruppenarbeit Abspaltungen und Trennungen bewußt und verminderbar zu machen. Abspaltungsprozesse bzw. Trennungsgeschichten betreffen unser Innen und Außen, unser inneres und äußeres "Gemeinwesen". Im Bewußtwerden und Bewußtmachen dieser Prozesse und in dem methodischen Bemühen um Aufhebung von Abspaltung und Entfremdung sind pädagogisch-therapeutische und gesellschaftstherapeutische Methoden identisch; sie sind Dimensionen ganzheitlicher Beziehungsarbeit.

Beachten wir die Dialektik und das unauflösbare Paradoxon der Sinn- und Wertfrage. Das radikal auf sich selbst bezogene Individuum verfehlt die Sinnfrage in gleicher Weise wie derjenige, der lediglich einen außerhalb seiner selbst begründeten Sinn sucht. Sinn ist eingebettet in das Paradox von Autonomie und Interdependenz als Sinnfindung und Sinnentscheidung. Transpersonale bzw. raum-zeitliche Dimensionen von Interdependenz gehören in den universal-kosmischen Zusammenhang, der die Wertbestimmung und Sinnfindung des Menschen mitdeterminiert.

Literatur

Andolfi, M., Familientherapie. Das systemische Modell und seine Anwendung, Freiburg i.Br. 1982.
Cohn, R.C., Von der Psychoanalyse zur Themenzentrierten Interaktion, Stuttgart 1975.
Farau, A., Cohn, R.C., Gelebte Geschichte der Psychotherapie. Zwei Perspektiven, Stuttgart 1984.
Freire, P., Pädagogik der Unterdrückten, rororo, Reinbek 1973.
-, Der Lehrer ist Politiker und Künstler, rororo, Reinbek 1981.
Habermas, J., Theorie des kommunikativen Handelns, Frankfurt 1981.
Journal of Humanistic Psychology, 1962.
Keleman, S., Leibhaftes Leben, München 1982.
Kroeger, M., Themenzentrierte Seelsorge, Stuttgart 1983.
Matzdorf, P. u. B., TZI und Didaktik. Ein Werkstattbericht und das zugrundeliegende Struktur-Prozeß-Modell, Zeitschrift für Gruppenpädagogik 6, 1980.
Matzdorf, P., Cohn, R.C., Themenzentrierte Interaktion, in: Corsini (Hrsg.), Handbuch der Psychotherapie, Weinheim 1983.
Minuchin, S., Familie und Familientherapie, Freiburg i.Br. 1981.
Negt, O., Kluge, A., Geschichte und Eigensinn, Frankfurt 1981.
Ockel, A., Cohn, R.C., Das Konzept des Widerstands in der themenzentrierten Interaktion, in: Petzold 1981.
Ornstein, R., Die Psychologie des Bewußtseins, Frankfurt/M. 1976.
Petzold, H. (Hrsg.), Widerstand. Ein strittiges Konzept in der Psychotherapie, Paderborn 1981.
-, (Hrsg.), Methodenintegration in der Psychotherapie, Paderborn 1982.
Portele, G., Humanistische Psychologie und die Entfremdung des menschen, in: Völker, U. (Hrsg.), Humanistische Psychologie, Weinheim 1980, S.53-75.
Quitmann, H., Humanistische Psychologie. Diss. TU Berlin 1984.
Rogers, C., Der neue Mensch, Stuttgart 1983.
Schulz von Thun, F., Miteinander reden: Störungen und Klärungen, rororo, Reinbek 1981.
Vester, F., Denken, Lernen, Vergessen, dtv, München 1978.
-, Neuland des Denkens, Stuttgart 1980.
Watzlawik, P. u.a., Menschliche Kommunikation, Bern 1971.

Teil II Formen therapeutischer Gruppenarbeit

Ander Harrach, Kassel

DAS KONZEPT DER GRUPPE IN DER BALINT-GRUPPENARBEIT

1. Einleitung

Im Jahre 1957 veröffentlichte Michael Balint, der aus Ungarn stammende Psychoanalytiker, in London sein klassisches Werk mit dem Titel: "Der Arzt, sein Patient und die Krankheit". Er berichtete darin über eine mehrjährige Gruppenarbeit mit praktischen Ärzten. In der Gruppe wurde von den Teilnehmern aus ihrer Praxis über "Problemfälle" berichtet, und die Gruppe diskutierte jeweils 1 1/2 bis 2 Stunden über diese Fälle unter der Leitung des Psychoanalytikers.

Drei Problembereiche treffen in diesem Gruppensetting aufeinander: Psychologische Probleme in der Allgemein-Praxis, die Anwendung der Psychoanalyse in dieser Gruppensituation und der Gruppenprozeß selbst. Die Methode verbreitet sich bis heute zusehends, die Literatur wächst, vielleicht gerade noch überschaubar. Die Auseinandersetzung mit der Mehode breitet sich aus, Meinungen stehen häufig gegeneinander oder nebeneinander. Es gibt unzählige Definitionen und Beschreibungen dieser Gruppenarbeit, es gibt Streitigkeiten über Anwendungsmöglichkeiten, über die Fragen der Leitung. Es gibt auch berufspolitische Positionsdifferenzen, die wissenschaftliche Begründungen erfahren. Eine umfassende Konzeptualisierung der Balint-Gruppenarbeit ist sicherlich noch nicht abgeschlossen.

Ein relativ wenig reflektierter Aspekt dabei ist paradoxerweise das Phänomen "Gruppe" selbst in der Balint-Gruppenarbeit. Es gibt in der Literatur zahlreiche Ansätze, diesbezügliche Bemerkungen zu Teilfragen, eine umfassende Konzeption ist mir jedoch bislang nicht bekannt geworden. Im Folgenden möchte ich versuchen, die Umrisse eines Gruppen-Konzeptes für die Balint-Gruppenarbeit aufzuzeichnen. Wegen der Vielzahl der Detailfragen, die in der aktuellen wissenschaftlichen Literatur diskutiert werden, habe ich auf eine explizite diesbezügliche Auseinandersetzung bzw. auf Zitate verzichten müssen - dies hätte den Rahmen dieser Arbeit weit gesprengt.

2. Arbeitsweise

Der äußere Rahmen der Balint-Gruppe ist relativ einfach. Die Gruppe kommt regelmäßig nach genauer terminlicher Absprache zusammen. Die Gruppe steht unter der Leitung eines psychoanalatisch geschulten Leiters. Am Anfang einer jeden Sitzung steht ein "Fallbericht", die Schilderung einer Beziehung aus dem beruflichen Bereich. Dieser Schilderung folgt eine Gruppendiskussion. Der Berichterstatter trägt seinen "Problemfall" frei vor. Dabei werden schon ihm und der Gruppe nicht nur die Informationen wichtig, sondern auch die Art des Vortragens, die begleitenden Affekte, Auslassungen, Erinnerungslücken, neu auftauchende Erinnerungen und Verbindungen. Das Vortragen selbst schafft bereits eine Atmosphäre, in dieser beginnt nun die Gruppe zu arbeiten.

Während der Berichterstattung und auch während der Diskussion befindet sich die Gruppe im Zustand der freischwebenden Aufmerksamkeit. Dies bedeutet ein Sich-Einlassen, auf das Vorgetragene, auf den Vortragenden, auf das Gruppengeschehen, auf den Gruppenleiter. Bei allen (bei dem Berichterstatter, bei den Gruppenmitgliedern und bei dem Leiter) stellen sich antwortende Gefühle und Phantasien, Körpersensationen, Erinnerungen, aber auch Schlußbildungen, also auch kognitive Leistungen, ein. Diese Reaktionen zeigen die innere Teilnahme am Fall und am Gruppengeschehen. Es ist eine durch den Fall und durch das Vortragen induzierte spezifische Art und ein spezifischer Grad der Regression. Ein Teil dieser Reaktionen wird im Laufe der Diskussion in der Gruppe verbal oder nonverbal mitgeteilt, ein anderer Teil nicht. Aus diesen Mitteilungen als Mosaiksteinchen setzt sich das Gruppengeschehen nun zusammen, ein kompliziertes Gefüge, dessen Quellen gleichermassen der Fall, der Berichterstatter, die Gruppenmitglieder und der Leiter sind. Balint beschreibt in dem erwähnten Buch die Arbeitsweise folgendermaßen:

"Das Ziel sollte möglichst darin bestehen, eine Atmosphäre zu schaffen, in der jeder unbeeilt sich aussprechen kann, während die anderen mit freiflottierender Aufmerksamkeit zuhören, bei welcher auch eine Pause geduldet und jedem Zeit gegönnt wird, sich klar zu machen, was er wirklich meint und sagen will. Auch unerwartete Dinge können gelegentlich ohne affektiven Aufwand ausgesprochen und betrachtet werden, während ein anderes Mal auch Gefühle wie Heiterkeit, Überraschung, Verlegenheit und

selbst Schmerz frei gezeigt werden können. Aber welche auch immer die Reaktionen der Gruppe sein mögen, die beim Berichterstatter wie bei den Zuhörern aufsteigenden Affekte müssen akzeptiert und als Ausdrücke unbewußter Prozesse, die durch den Bericht aktiviert werden, bewertet werden. Wenn der einzelne Arzt die Freiheit gewonnen hat, in den Gruppenkonferenzen zu beobachten, mitzuerleben und schließlich zuzuhören, statt sich um das Verstehen der Psychodynamik bei seinen Patienten ängstlich zu bemühen, so kann er auch in seiner Praxis auf die Übertragungs- und Gegenübertragungs-Phänomene zwischen seinen Patienten und sich selbst zu horchen beginnen."

"Intellektuelle Belehrung, und sei sie noch so gescheit, hat so gut wie keine Wirkung auf diesen Prozeß der Befreiung und allgemeinen Lockerung. Was wir brauchten, war eine emotionell freie und freundschaftliche Atmospäre, in welcher die Erkenntnis verarbeitet werden konnte, daß unserer tatsächliches Verhalten oft gänzlich verschieden ist von unseren guten Absichten und wenig mit der Vorstellung übereinstimmt, die wir bisher davon hatten ... , aber wenn der Zusammenhalt in der Gruppe gut ist, können die Fehler, blinden Flecken und Grenzen jedes einzelnen Mitgliedes ans Licht gebracht und wenigstens zum Teil von ihm akzeptiert werden."

Und weiterhin zum Konzept der Gruppenleitung:

"Ich verwendete dann einen solchen Bericht, wie es im System der ungarischen Kontrollanalyse üblich ist, also so etwas wie den manifesten Trauminhalt, und versuchte, aus ihm auf die ihn gestaltenden dynamischen Faktoren zu schließen. Sowohl die Gedanken des Berichtenden wie Kritik und Kommentare der zuhörenden Gruppe wurden wie freie Assoziationen behandelt."

3. Nicht nur in der Medizin

Es bedarf wahrscheinlich gar keiner weiteren Begründung, daß diese Gruppenmethode Problemfälle auch in anderen Berufsfeldern aufzuhellen vermag, nicht nur in der ärztlichen Allgemeinpraxis. Bereits in dem erwähnten Buch berichtet Michael Balint über ein "Ausbildungsprojekt" einer ähnlich gelagerten Gruppenarbeit zusammen mit seiner Frau Enid Balint mit sozialen Fürsorgern, die in der Eheberatung tätig waren. Da eine Lehranalyse bei dieser Berufsgruppe nicht möglich gewesen sei,

"... entschloß ich mich, meine Erfahrungen mit dem ungarischen System auszuwerten und ein psychotherapeutisches Trainingsprogramm auszuarbeiten, das hauptsächlich auf einem intensiven Studium der Gegenübertragung mit Hilfe von Gruppenmethoden beruhte. Um diese Gegenübertragung in allen Einzelheiten zu studieren, mußte ich Voraussetzungen schaffen, unter welchen sie so frei wie möglich zum Ausdruck kommen konnte. Ich duldete daher kein geschriebenes Material in den Fallkonferenzen; jeder mußte frei über seine Erlebnisse mit dem Klienten berichten. Dies erinnert in einer Hinsicht an die 'freie Assoziation' und läßt auch alle möglichen subjektiven Entstellungen, Auslassungen, Überlegungen, spätere Interpolationen usw. zu."

Balint spricht hier also über psychotherapeutisches Trainingprogramm für Sozialarbeiter. Die Übertragbarkeit dieses Vorgehens auf viele Berufe (Pädagogik, Theologie, Sozialarbeit, Studenten, Jura) kann man als erwiesene Tatsache betrachten. Es stellt sich jedoch die Frage, was sich bei diesen Gruppen im Vergleich zu dem "klassischen Balint-Setting" mit Hausärzten ändert. Die Änderung des Teilnehmerkreises bedeutet, daß andere Berufsfelder (Pädagogik, Jura, Kirche, Sozialarbeit, Studium) in Erscheinung treten und damit auch andere Problematiken und Umgangsformen auftreten. Hierbei stellt sich auch die Frage der Homogenität der Gruppe. Die meisten Autoren stimmen überein, daß homogene Gruppen tiefer und intensiver das Ziel der Balint-Gruppenarbeit erreichen. Allerdings nahm ich an verschiedenen Wochenendseminaren an heterogenen Balint-Gruppen teil; ich fand es für mich sehr bereichernd, tieferen Einblick in die psychologischen Probleme anderer Berufe zu bekommen.

4. Zielsetzung

Das vorrangige Ziel in den einzelnen Sitzungen ist es, die Problematik des vorgetragenen Falles besser zu verstehen. Es geht dabei nicht um die komplette Darstellung des Falles. Dies wäre die Aufgabe z.B. für ein klinisches Fallseminar. Die Balint-Gruppe ist auch kein technisches Seminar; konkrete Handlungsanweisungen werden in den Balint-Gruppen meist nicht herausgearbeitet. Das Ziel ist vielmehr, das herauszufinden, was die vorgetragene professionelle Beziehung aktuell, d.h. zum Zeitpunkt des Vortragens, problematisch macht, welche Schwierigkeiten können Helfer und Klient zusammen nicht überwinden, was ist verantwortlich dafür, daß in der Beziehung eventuell die Gefühle der Hoffnungslosigkeit, des Versagens, des Stillstandes, des Nichtverstehens usw. bei dem Klienten oder bei dem Helfer auftreten.

Die Arbeit der Gruppe in ihrer Gesamtheit hat eine vielschichtige Zielsetzung, auf die ich in den folgenden Kapiteln noch eingehen werde. Allgemein formuliert bedeutet Zielsetzung, die geschilderten Fälle mit Hilfe der psychoanalytischen Methode bzw. der Gruppe (Identifikationsprozesse) in strukturelle Einzelteile zu "zerlegen", die geschilderte Beziehung partiell "mitzuerleben", den "Störfaktor" zu verstehen und das "Lernziel" zu erreichen.

5. Innere Bereitschaft gehört dazu

Es ist keine Selbstverständlichkeit, über eigene Schwierigkeiten in einer professionellen Gruppe zu berichten. Dazu gehört Mut, Leidensdruck, Neugier und der Wunsch nach innerer Weiterentwicklung. Der Wunsch, im psychosozialen Bereich die Arbeit mit dem Klienten besser, tiefer, aber auch leichter machen zu wollen, erfordert eine innere Änderung. Damit ist ein Ziel formuliert, das wir eigentlich aus der Psychotherapie kennen und mit den Begriffen Leidensdruck, Motivation, Einsichts- und Bündnisfähigkeit beschreiben. Die regelmäßige und längerfristige Teilnahme an einer Balint-Gruppe bedeutet tatsächlich eine "begrenzte, aber wesentliche Persönlichkeitsveränderung" der Teilnehmer, wie es Balint selbst in seinem vielzitierten Satz formulierte. Dieser Änderungsprozeß ist durchaus mit den Persönlichkeitsänderungen im Zuge einer Einzel- bzw. Gruppentherapie vergleichabar.

Es bezieht sich jedoch primär auf den professionellen Bereich, deswegen definiert man diese Änderung auch als "berufsbezogene Selbsterfahrung" in der Balint-Gruppe. Man spricht diesbezüglich auch über indirekte Selbsterfahrung, nachdem sich diese Änderung nur indirekt über die Fallarbeit einstellt.

Zu der Bereitschaft, an einer Balint-Gruppe teilzunehmen, gehört auch die grundsätzliche Akzeptierung der psychoanalytischen Methode, sie ist ein Bekenntnis oder eine erste Annäherung an die Psychoanalyse.

6. Die Beziehungsstruktur der Balint-Gruppe

Bereits aus den obigen Zitaten wurde deutlich, daß ein Kernpunkt der Balint-Gruppenarbeit der Umgang mit den Phänomenen von Übertragung, Gegenübertragung, Widerstand, Regression ist. Da ich der Meinung bin, daß all diese Phänomene in der Balint-Gruppe sich in einem äußerst komplizierten Beziehungsgeflecht zeigen, möchte ich bei der ersten Annäherung an das Thema über die Beziehungsstruktur der Balint-Gruppe sprechen.

Die übliche Bezeichnung für das Ziel der Balint-Gruppenarbeit heißt "Beziehungsklärung". Diese Bezeichnung ist meines Erachtens viel zu allgemein. Eine Beziehung kann auf sehr unterschiedlichen Ebenen und auch natürlich mit sehr verschiedenen Methoden geklärt werden. "Beziehungsklärung" trifft andererseits insofern eindeutig zu, als die Methode die Aspekte zu klären versucht, die in der allgemeinen psychoanalytischen Theorie und Praxis als "Objektbeziehungen" bezeichnet werden. Um die Beziehungsstruktur der Balint-Gruppe klären zu können, muß man meines Erachtens drei Themenbereiche abgrenzen:

(a) Die Einordnung der einzelnen Phänomene in das psychoanalytische Konzept von Übertragung Gegenübertragung Widerstand - Regression einerseits und Arbeitsbeziehung bzw. Realbeziehung andererseits,

(b) die Beziehungsaspekte der einzelnen konkreten Sitzungen,

(c) die langfristig entstehende Beziehungsstruktur der Gruppe selbst.

Die verschiedenen Ebenen der Beziehungen in der Gruppe schlagen sich in verschiedenen Gruppenprozessen nieder. In der Fachliteratur finden sich regelmäßig Analysen dieser Gruppenprozesse; eine systematische und umfassende Beschreibung dieser Prozesse ist mir jedoch nicht bekannt. In der Systematisierung dieser Gruppenprozesse unterscheide ich vier verschiedene Unterformen bzw. Aspekte, wobei es natürlich Überlappungen und fließende Übergänge gibt:

(1) Gruppenprozesse, die sich auf den vorgetragenen Fall beziehen,

(2) Gruppenprozesse, die mehr die Gruppe selbst betreffen,

(3) Gruppenaspekte, die die Gruppenleitung und die Person des Leiters betreffen,

(4) Gruppenprozesse, die sich außerhalb der Gruppe abspielen, die aber durch die Gruppe in Gang gesetzt worden sind.

Zunächst aber noch ein genereller Aspekt der "Beziehungsklärung". In menschlichen Beziehungen gibt es jeweils bewußte und unbewußte Anteile. Man kann unbewußte Anteile aber sicherlich nicht generell als Übertragung im klassischen Sinne betrachten (wobei ich Übertragung als Wiederholung, Anachronismus und Verschiebung betrachte). Ein anderer genereller Aspekt betrifft den Begriff der Interaktion. Unter Interaktion verstehe ich einen Hier-und-Jetzt-Aspekt der Beziehung (der sich natürlich wiederholen kann), gleichfalls mit bewußten, vorbewußten und unbewußten Anteilen in verschiedener Gewichtung. Das Ziel einer jeden Balint-Gruppe ist, nicht nur die tiefgreifenden Übertragungsaspekte beim vorgetragenen Fall zu klären, sondern auch die interaktionellen Anteile.

In der Balint-Gruppensitzung wird zunächst vom Berichterstatter eine Beziehung vorgestellt, diese Beziehung hat selbst die Aspekte von Übertragung, Gegenübertragung, Widerstand, Regression, Arbeitsbeziehung, Realbeziehung.Die Gruppe reagiert auf den Fallbericht. Auf welche Aspekte, auf welche Details die einzelnen Gruppenmitglieder reagieren bzw. zu welchen Aspekten auch Mitteilungen machen, ist zunächst sehr heterogen. Eine Frage wie z.B.: "was will eigentlich der Patient von Ihnen?" zielt vielleicht gar nicht auf die Übertragungsbeziehung zwischen dem Berichterstatter und dem Patienten ab, sondern auf die Arbeitsbeziehung. Andere Gruppenmitglieder reagieren innerlich vielleicht auf verschiedene Triebaspekte der Beziehung. Ein Teilnehmer bemerkt vielleicht, wie gut der Patient bestimmte Dinge in seinem realen Leben meistert; dieses Gruppenmitglied reagiert also auf Ich-Anteile des Patienten. Die Gruppe "zerlegt" den Fallbericht in strukturelle Einzelteile.

Jede Äußerung der Gruppenmitglieder hat zwei Seiten. Zum einen ist eine jede Äußerung eine Reaktion auf den vorgetragenen Fall; diese Reaktion entsteht im Zuge eines Empathie- bzw. Identifikationsprozesses. Die andere Seite einer jeden Äußerung ist die persönliche Seite des Gruppenmitgliedes - ich nenne das die Selbst-Seite. Die erste Seite ist nach der üblichen Auffassung eine Gegenübertragungsreation, also eine Reaktion auf den Fallbericht bzw. auf die Gruppendiskussion. Die andere Seite, die Selbst-Seite, ist nach der klassischen Auffassung eine Übertragungsreaktion, es ist eine Aussage über das Gruppenmitglied selbst. Diese Seite ist aber in der Balint-Gruppe nicht gefragt, sie wird nicht weiter analysiert, sie wird ausgeklammert. Tatsächlich thematisiert wird des weiteren in der Gruppe lediglich der Gegenübertragungsaspekt. Eine der wichtigsten Aufgaben des Leiters ist, gerade diese Grenze zu überwachen, damit er die gefürchtete und viel diskutierte Grenzüberschreitung zwischen Balint-Gruppe und Selbsterfahrungsgruppe verhindern kann.

Die psychoanalytische Arbeitsweise (assoziative Technik, freischwebende Aufmerksamkeit, teilnehmende Beobachtung) beinhaltet per definitionem eine spezifische Art und einen spezifischen Grad der Regression in der Gruppe. Diese Regression ist eine Hauptquelle der Erkenntnisse für die Gruppe und für den Berichterstatter. Die Regression äußert sich in Phantasieinhalten, in Gefühlsäußerungen, in der Gruppenatmosphäre, in der Arbeitsweise der Gruppe im konkreten Fall.

Es stellt sich dabei die wichtige Frage, die auch oft diskutiert wird, ob schwer regredierte psychiatrische Patienten in der Balint-Gruppe besprochen werden können. Nach meinen mehrjährigen Erfahrungen mit Balint-Gruppen in der Psychiatrie ist dies sehr gut möglich und sehr sinnvoll. Die Gründe hierfür kann ich in drei Punkten zusammenfassen:

(a) Der Berichterstatter kann mit der Gruppe seine Schwierigkeiten mit dem schwer regredierten psychotischen Patienten auf der kognitiven Ebene beraten und reflektieren: Klärung der Arbeits- und Realbeziehung.

(b) Es ist möglich, die oben genannten interaktionellen Anteile der Beziehung in der Gruppe zu reflektieren, zu erleben.

(c) Es ist partiell möglich, psychotische Aspekte im Gruppengeschehen zu erleben und zu verbalisieren, ohne daß die Gruppe insgesamt "psychotisch" würde. Einige Beispiele hierfür: archaische Phantasien, undifferenzierte Affekte, flüchtige Depersonalisations- und Realisationserscheinungen bei den Gruppenmitgliedern oder bei dem Gruppenleiter, Fusionsphantasien, Symbiosewünsche, das Gefühl von Chaos, das Gefühl von tiefer Depression.

Nicht selten habe ich erlebt, daß latent vorhandene psychotische Anteile des Patienten erst in der Balint-Gruppe entdeckt wurden.

Das Arbeitsziel in der Balint-Gruppe setzt sich aus drei Elementen zusammen, die in den einzelnen Sitzungen und in bezug auf den langfristigen Gruppenprozeß durch den Leiter in einem Gleichgewicht gehalten werden müssen:

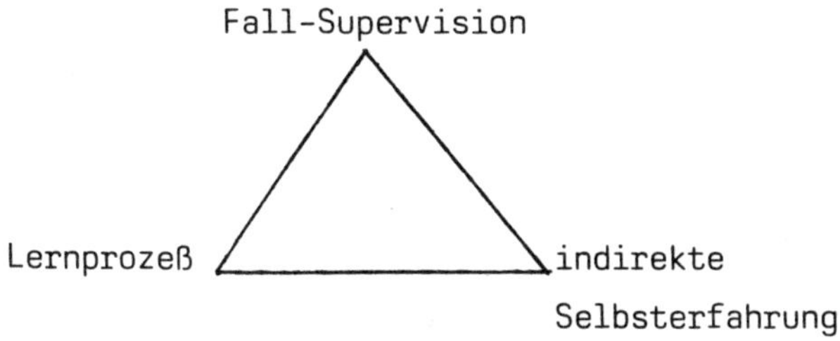

Arbeitsbeziehung in der Balint-Gruppe bedeutet, daß diese drei Aspekte dem Leiter und den Gruppenmitgliedern ständig vor Augen sind. Vor dem Eintritt in die Balint-Gruppe muß es jedem Interessenten klar sein, was er vom Leiter in der Gruppe erwarten kann und was von ihm in der Gruppe erwartet wird.

Widerstand in der Balint-Gruppe bedeutet, ganz im psychoanalytischen Sinne, daß eine sinnvolle, zielgerichtete Arbeit im Sinne des Arbeitsbündnisses durch verschiedene Kräfte kurz oder langfristig gestört ist. Das heißt unter anderem, daß sich die Gruppe oder die einzelnen Mitglieder auf den Bericht, auf den Berichterstatter und auf die Gruppendiskussion nicht einlassen können, sich mit den einzelnen Aspekten des Berichtes nicht identifizieren können. Unter diesen Umständen kann die erwünschte Spiegelung des Falles durch die Gruppe nicht zustande kommen. Es kann auch sein, daß in der Gruppe zu wenig verbalisiert, mitgeteilt wird.

Widerstände in der Balint-Gruppe sind auf zwei Ebenen zu prüfen: auf den Fall bezogen und auf die Gruppe einschließlich Leiter bezogen. Widerstände, die sich nur auf die Gruppe beziehen, werden normalerweise nicht zum Diskussionsgegenstand gemacht, wohl eventuell in Gruppensituationen, in denen sich die Gruppe in einer Krise befindet. Diese Gruppen-Widerstände könnte man parallel zu der obigen Definition als Übertragungswiderstand der Gruppe sehen. Die auf den Fall bezogenen Widerstände muß man in dem Sinne als Gegenübertragungswiderstände bezeichnen. Sie machen natürlich einen zentralen Teil der Arbeit aus, es sind Störfaktoren in der Beziehung zwischen dem Klienten und dem Berichterstatter, die sich in den Widerständen der Gruppenarbeit wiederspiegeln.

Einige Äußerungsformen des Gruppenwiderstandes: Fachgespräch, wenig Spontneität, zuviel Deutung, die Tendenz, vom Fall wegzugehen, zuviel Material liefern oder erfragen, Schweigen, Verlangen nach mehr Selbsterfahrung, zuviel Reden über draußen, Ausklammern von bestimmten Aspekten, Desinteresse, Destruktion, Umfunktionieren der Gruppe zur Insel des Glücks, nur bestimmte Fälle bringen oder Weglassen von bestimmten Fällen. Diese Widerstandsformen sind im obigen Sinne Übertragungswiderstände, die vom Leiter zum geeigneten Zeitpunkt eventuell angesprochen werden müssen. Man könnte sie auch Gruppenwiderstände nennen. Die Gegenübertragungswiderstände sind mit den Widerstansformen der Gruppentherapie bzw. der Einzeltherapie völlig identisch, die Gruppe muß diese mit Hilfe des Leiters auf den Fall bezogen identifizieren und interpretieren. Man könnte sie auch gespiegelte Fall-Widerstände nennen.

Pakt in der Balint-Gruppe bedeutet, daß der äußere Rahmen der Balint-Gruppe vom Leiter und von allen Mitgliedern ähnlicherweise gesichert wird, wie das in der Gruppentherapie geschieht (Termineinhaltung usw.). Pakt bedeutet aber auch, daß jedes Gruppenmitglied prinzipiell bereit ist, über von ihm betreute Klienten in der Balint-Gruppe zu berichten, aber auch, daß es sich mit den Zielsetzungen und der Arbeitsweise der Balint-Gruppe grundsätzlich identifiziert. Pakt in der Balint-Gruppe bedeutet weiterhin Schweigepflicht.

7. Der Leiter und die Leitung

Die Position und das Verhalten des Leiters innerhalb der Gruppe ist eine komplizierte und vieldiskutierte Frage. Der Leiter ist zunächst für den äußeren Rahmen, für Terminabsprachen, Zusammenstellung der Gruppe, Einhaltung der Zeiten usw. zuständig. Zum zweiten ist er Experte auf dem Gebiet der psychoanalytischen Beziehungsdiagnostik und Interventionstechnik. Zum dritten ist er geübt im Umgang mit Gruppen allgemein und speziell mit Balint-Gruppen. Es ist auch unabdingbar, daß er sich in dem Berufsfeld, aus dem die Gruppenmitglieder kommen, auskennt. Alle diese Faktoren machen ihn zu einer höchstwichtigen Gestalt des Gruppengeschehens.

In der Literatur finden sich immer wieder Hinweise auf Tendenzen der Verharmlosung seiner Position. Der Grund dafür ist zum Teil vielleicht die persönliche Zurückhaltung von Michael Balint. Die Tatsache andererseits, wie Michael Balint von seinen Schülern erlebt, verehrt wurde, wie er bis heute zitiert wird, läßt vielleicht auch darauf schließen, daß seine Position als Gruppenleiter alles andere als harmlos gewesen ist. Die Position des Gruppenleiters in der Gruppe hat meines Erachtens immer Elemente der Übertragung, die wir aus der analytischen Gruppentherapie kennen. Diese Seite seiner Position wird aber im üblichen Gruppenverlauf nicht zum Diskussionsgegenstand gemacht, wohl eventuell in den schon erwähnten Krisensituationen der Gruppe. Seine Übertragungsrolle ist also ein Teil aus der Ebene der latenten Gruppenstruktur, zu der auch die Übertragungsbeziehungen der Gruppenmitglieder untereinander zählen.

In seinem manifesten Verhalten erfüllt der Leiter vielschichtige Aufgaben. Er achtet darauf, daß die Gruppe das Gebiet des Arbeitsfeldes nicht verläßt, d.h. im Sinne des Arbeitsbündnisses arbeitet. Er hat eine wichtige Schutzfunktion für alle Gruppenmitglieder (Schutz vor Kränkung, vor übermäßiger Aggression usw.). Er achtet auf die psychische Oberfläche der Gruppe bzw. der einzelnen Teilnehmer, damit keine Überforderung oder übermäßige Rationalisierung eintritt. Er achtet darauf, daß die affektive Beteiligung der Teilnehmer in Grenzen der seelischen Belastbarkeit bleibt. Er achtet auf das Tempo der Gruppenentwicklung, aber auch auf das Entwicklungstempo der einzelnen Mitglieder. Er ist abstinent auf einer für die Balint-Gruppe spezifischen Weise, d.h. er ist kein Lehrer, kein Deutungskünstler. Seine Abstinenz sichert seinem Verhalten Modellcharakter. Er pflegt den Umgang in der Gruppe, den die Gruppenmitglieder für den Umgang mit ihren Klienten zu erlernen haben. So bewahrt er am besten seine Gruppenmitglieder vor beruflichen Identitätskrisen, so sichert er den Prozeß der besseren beruflichen Individuation. Er achtet darauf, daß die Sprache der Gruppe auch die Sprache des Klienten ist. Er muß über didaktische Fähigkeiten verfügen.

Auf Einzelheiten der Leitungstechnik einzugehen, würde den Rahmen dieses Aufsatzes sprengen; ich möchte hierzu lediglich zwei Aspekte hervorheben: zum einen, daß die Interventionen des Leiters nach dem Muster der analytischen Interventionen eingeordnet werden können (fragen, klarifizieren, konfrontieren, deuten); zum anderen, daß der Leiter seine Interventionen nach vier Richtungen gleichzeitig in verschiedenen Kombinationen richten kann: klientbezogen, berichterstatterbezogen, gruppenbezogen und auf sich selbst bezogen.

8. Indikation - Gegenindikation - Modifikation

In der Fachliteratur ist es nicht üblich, über Indikation der Balint-Gruppe zu sprechen. Unter Indikation verstehe ich die Anwendbarkeit der Methode im breitesten Sinne. Die Indikation hat vier Quellen: das Berufsfeld, das Gruppenmitglied, die Gruppe und der Leiter.

Die Klärung von zwischenmenschlichen Beziehungsstrukturen mit Hilfe der Balint-Gruppen-Methode ist in allen Berufsfeldern möglich und theoretisch indiziert, in denen die Beziehungen einen zentralen Anteil der Arbeit ausmachen und in denen innerseelische Strukturen bzw. zwischenmenschliche Beziehungen prozeßhaften Änderungen unterworfen sind bzw. solche Änderungen erwünscht sind. Meinerseits mache ich eine strikte Begrenzung auf den psychosozialen Bereich. Balint-Gruppenarbeit für Managerschulung in der Industrie würde ich z.B. als groben Mißbrauch der Methode bezeichnen.

Indikationskriterien aus der Sicht der einzelnen Gruppenmitglieder habe ich in dem Kapitel über die "innere Bereitschaft" beschrieben. Eine Kontraindikation in bezug auf ein Gruppenmitglied besteht dann, wenn bewußte oder latente Therapiewünsche die Motivation zur Teilnahme maßgeblich beeinflussen. In diesem Falle muß der Leiter noch vor dem Eintritt in die Balint-Gruppe, unter Umständen auch danach, dieses Gruppenmitglied unter vier Augen über seine Meinung unterrichten und ausschließlich oder parallel eine Selbsterfahrung bzw. Therapie empfehlen.

Eine häufige Modifikation der Balint-Gruppenarbeit ist die sogenannte Team-Balint-Gruppe, auch institutionelle Balint-Gruppe genannt. In diesem Falle haben die Balint-Gruppenmitglieder im realen Arbeitsfeld miteinander zu tun, z.B. als Mitarbeiter einer Klinik oder sogar einer Station. Es liegen diesbezüglich vielerlei Erfahrungen vor, hierüber möchte ich lediglich zwei Aspekte hervorheben. Zum einen bedeutet hier Balint-Gruppe, daß die Teamaspekte (konkrete Arbeitsbedingungen, Hierarchiekonflikte, Konflikte untereinander) die Gruppenarbeit stark mitprägen. Zum anderen muß man dabei mit den Selbsterfahrungsanteilen der Gruppenmitglieder noch vorsichtiger umgehen; diese können unter Umständen im realen Leben der Gruppenmitglieder Nachteile oder sogar Schaden bedeuten. Eine Gegenindikation für eine Team-Balint-Gruppe liegt dann vor, wenn die Teilnahme an der Balint-Gruppe unter Zwang geschieht, oder wenn Konflikte in dem Team so schwerwiegend sind, daß eine Bearbeitung dieser Konflikte im psychoanalytischen Sinne eher eine Verschlechterung oder sogar eine existentielle Krise herbeiführen könnte. Wenn die Schwierigkeiten in einem Team nicht beziehungsbedingt, sondern strukturbedingt (z.B. ungünstige Arbeitsverhältnisse) sind, dann ist die Balint-Gruppe nicht die richtige Lösung.

Gruppenleiter und Gruppenmitglieder dürfen im realen Leben nicht in einem hierarchischen oder privaten Verhältnis stehen.

Weitere Modifikation bedeuten die sogenannten thematischen Balint-Gruppen. Es liegen diesbezüglich auch vielerlei Erfahrungen vor. So arbeite ich z.B. seit Jahren mit Suchttherapeuten blockweise zusammen. Die Klärung und das Erleben der Suchtproblematik selbst in der Balint-Gruppe bedeutet eine gewisse Färbung der Arbeit, eine "Fokussierung" auf diese Thematik. Ähnliche Erfahrungen konnte ich mit dem Thema Borderline-Patienten machen, indem wir in einer Gruppe ausschließlich Borderline-Patienten besprochen hatten. Ähnliche Erfahrungen liegen mit Hautpatienten oder mit Hypertonie-Patienten vor. Man könnte diese Art der Balint-Gruppen auch Forschungs-Balint-Gruppen nennen. Ein Charakteristikum dieser Balint-Gruppe muß es sein, daß die Teilnehmer eine gewisse Vorerfahrung in der Balint-Gruppenarbeit haben; in dieser Arbeitsweise muß sich ja jedes einzelne Gruppenmitglied einarbeiten.

In den Team- bzw. thematischen Balint-Gruppen ergeben sich also in der Zielsetzung unterschiedliche Verschiebungen. Der Leiter achtet darauf, daß auch bei diesen Änderungen der Gruppenprozeß ausgewogen bleibt, d.h. auf die Ausgewogenheit im Sitzungsverlauf: der Fall - die Gruppe - das Berufsfeld - der Berichterstatter - der Leiter.

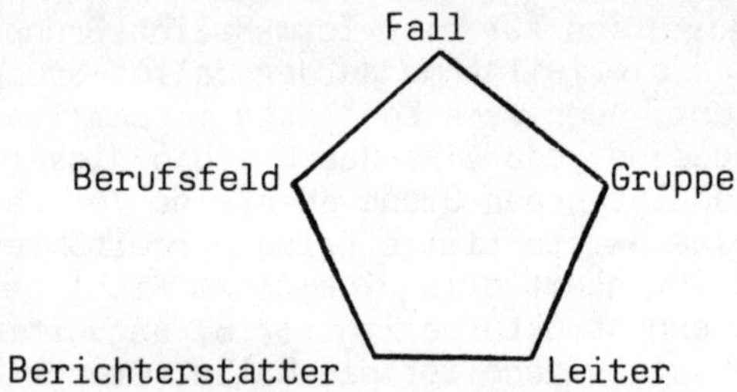

In einem langfristigen Gruppenprozeß geht es um die Ausgewogenheit
(a) zwischen den einzelnen Sitzungen und dem Gesamtverlauf der Gruppe,
(b) zwischen der Gesamtgruppe und den einzelnen Gruppenmitgliedern,
(c) im Leiterverhalten, das sich im Gesamtverlauf des Gruppenprozesses ändert, der Leiter paßt sich dem Reifungsprozeß der Gruppe an.

9. Identitätsfindung

Vielerlei möchte ich hier unter Identitätsfindung verstehen. Das Ziel eines jeden Gruppenmitgliedes ist, durch die Gruppenarbeit zu einer besseren Selbstfindung im beruflichen und indirekt auch im privaten Bereich zu gelangen. Balint-Gruppenarbeit ist auch Prophylaxe im Sinne der seelischen Hygiene der Mitglieder. Identitätsfindung geschieht auch in einem Team, wenn durch die Balint-Gruppenarbeit bessere Arbeitsbedingungen und eine bessere Atmosphäre geschaffen werden kann. Und nicht zuletzt sollen die Balint-Gruppenmethode selbst, die Gruppenleiter, die Mitwisser und Befürworter und auch die Berufspolitiker zu einer besseren Identität finden.

Die Balint-Gruppenmethode ist vermutlich die komplizierteste Kleingruppenmethode überhaupt. Die Quellen dieser Gruppentechnik sind selbst kompliziert: psychoanalytische Technik, Übertragungsseminar, Traumseminar, Gruppentherapie, Gruppendynamik, Gruppenunterricht. Die vielschichtig formulierte Zielsetzung (Beziehungsklärung, Forschungsseminar, berufsbezogene Selbsterfahrung, Lernziele, Gruppenerfahrung, Ausbildung-Fortbildung, Supervision), die oben beschriebenen komplizierten Beziehungsstrukturen und Gruppenprozesse, weiterhin die sehr breit gefächerten Anwendungsmöglichkeiten machen weitere Forschungsansätze und von Berufspolitik befreite wissenschaftliche Diskussion notwendig. Die Möglichkeiten der Methode sind sicherlich noch nicht ausgeschöpft, auch nicht im Bereich der ärztlichen Zusatzbezeichnung-Weiterbildung in "Psychotherapie" und "Psychoanalyse", obwohl hier die Balint-Gruppe Pflichtteil der Weiterbildung ist.

Literatur

Argelander, H., Balintgruppen, in: Die Psychologie des 20. Jahrhunderts, Bd. VIII, Hrsg. Annelise Heigl-Evers, U. Streeck, Kindler, München 1978.

Balint, M., Der Arzt, sein Patient und die Krankheit, Klett, Stuttgart 1957.

-, Erfahrungen mit Ausbildungs- und Forschungsseminaren, Psyche, 22:679, 1968.

Harrach, A., Beiträge zur Balint-Gruppenarbeit, Manuskript (Examensarbeit), Göttingen 1985.

Luban-Plozza, B., Praxis der Balint-Gruppen, Lehmanns Verlag, München 1974.

Knoepfel, H.-K., Einführung in die Balint-Gruppenarbeit, G. Fischer, Stuttgart 1980.

Körner, J., Winkler, K., Balint-Gruppenarbeit mit Lehrern, Gr. Ther. Gr. Dyn. 19:256, 1984.

Rosin, U., Lernbarrieren und Widerstände in der Balint-Gruppenarbeit mit Psychiatern, Gr. Ther. Gr. Dyn. 16: 360, 1981.

Stucke, W., Die Balintgruppe, Deutscher Ärzte-Verlag, Köln 1982.

Astrid Schreyögg, Nürnberg

KONZEPTE ZUR SUPERVISIONSGRUPPE

Einleitung

Die Ausarbeitung und Verwendung von Gruppensupervisionsmodellen im Gegensatz zu Ansätzen der Einzelsupervision läßt sich auf breiterer Front erst im letzten Jahrzehnt beobachten. Ausgangspunkt aller Supervisionsmodelle ist historisch entweder die Aus-/Weiterbildung von Sozialarbeitern oder, unter dem Begriff "Kontrollanalyse", die Ausbildung von Psychotherapeuten. Supervisionskonzepte werden also immer im Anschluß an grundlegende agogische Handlungsmodelle formuliert, um die Kompetenz der sozial Tätigen entsprechend den Ausgangskonzepten zu verbessern. Da sozialarbeiterische und psychotherapeutische Praxis durch die Dominanz psychoanalytischer Behandlungsstrategien über große Strecken am Modell der Einzelfallarbeit orientiert war, entstanden zunächst auch überwiegend Supervisionsmodelle, die diesem Interaktionsmuster folgten.

Erst die Entwicklung von gruppalen Konzepten in Therapie und Sozialarbeit, auf dem Hintergrund eines generellen sozialwissenschaftlichen Paradigmenwechsels führte zur Formulierung von Gruppenmodellen auch im supervisorischen Bereich. Entsprechend der Vielfalt basaler Gruppenkonzepte sieht sich heute der einzelne an Gruppenarbeit interessierte Supervisor mit einer Fülle von unterschiedlichsten Gruppensupervisionskonzepten konfrontiert, zwischen denen er wählen kann. Eine Entscheidung, welchen der vorhandenen Ansätze er präferiert, kann er am ehesten dann treffen, wenn er sich vorab mit den zur Verfügung stehenden auseinandersetzt. In diesem Sinne soll der voliegende Beitrag eine Unterstützung bei der Entscheidungsfindung sein, indem wesentliche, derzeit verwendete Gruppensupervisionsmodelle oder Vorschläge zu solchen Modellen dargestellt und im Hinblick auf eine Reihe von Anforderungen für Supervision kritisch untersucht werden. Wir wollen uns bei der Analyse vorhandener Gruppensupervisionsmodelle von folgenden Kriterien leiten lassen, wie sie uns auf dem Hintergrund langjähriger Supervisionserfahrung besonders bedeutsam erscheinen:

(1) Das dem Gruppensupervisionsmodell zugrundeliegende Basismodell sollte von seiner Zielsetzung her die Verwendung von Supervision zulassen. Jedes Ausgangkonzept enthält Implikationen im Hinblick auf agogische Ziele. Es soll hier reflektiert werden, ob die Zielsetzungen des Basismodelles für supervisorische Vorhaben geeignet sind oder ob sie modifiziert werden müssen und ob die Modifikation noch kompatibel ist mit den Intentionen des Ausgangsmodelles.

(2) Die methodischen Implikationen des Ausgangsmodelles sollten für supervisorische Aktivitäten verwendbar sein. Dabei interessiert uns insbesondere die Frage, ob der mit den methodischen Möglichkeiten des Basisansatzes einhergehende Interaktionsstil für Supervision indiziert ist.

(3) Das Gruppensupervisionsmodell (auch sein Basisansatz) sollte den Besonderheiten einer Gruppe (Supervisionsgruppe) in diagnostischer wie methodischer Hinsicht Rechnung tragen. Dabei ist für unseren Zusammenhang relevant, ob gruppale Phänomene Bestandteil supervisorischer Arbeit werden können, ob also das Modell ein gruppenorientiertes Paradigma enthält. Es soll auch betrachtet werden, ob die Gruppe nur unter pragmatischen Aspekten oder als gegebene Seinsform in den Blick kommt.

(4) Das Gruppensupervisonskonzept soll in methodischer wie theoretischer Hinsicht eine möglichst große "Reichweite" abdecken. Ein Modell großer "Reichweite" wäre ein Ansatz, der Reflexion und Bearbeitung von Phänomenen auf individueller, interaktionistischer und systemischer Ebene zuläßt. Wir gehen davon aus, daß in Supervisionsgruppen oft Supervisanden aus unterschiedlichsten Arbeitsfeldern ihre Anliegen reflektieren und bearbeiten wollen, was aus pragmatischen Gründen eine solche Reichweite notwendig macht. Darüberhinaus scheint es auf dem Hintergrund sozialwissenschaftlicher und agogischer Paradigmendiskussion derzeit notwendig, solche Vielfalt zu berücksichtigen.

(5) Das dem Gruppensupervisionsmodell (und seinem Ausgangsmodell) zugrundeliegende anthropologische Konzept sollte nicht nur deutlich explizierbar sein, sondern auch als Basis für agogische Aktivitäten der Supervisanden in ihrem Arbeitsfeld akzeptabel sein. Wenn Supervision als Aus- und Weiterbildungsmaßnahme von sozial Tätigen zu betrachten ist, liegt die Hypothese nahe, daß im Vollzug

der Supervision auch grundsätzliche anthropologische Orientierungen exemplatisch vermittel werden. Es ist jeweils zu prüfen, ob die dem Supervisionsmodell zugrundeliegenden normativen Implikationen auch für Sozialarbeit, Therapie, Beratung usw. eine akzeptable Basis bilden können.

In diesem Rahmen können allerdings nur die jeweils prägnantesten Aspekte eines Modells herausgearbeitet werden. Spezielle Teamsupervisionskonzepte und Ansätze zur Organisationsentwicklung haben wir aufgund der nuanciert unterschiedlichen Problemstellung in unsere Analyse nicht miteinbezogen, obwohl die Reflexions- und Handlungsmöglichkeiten, die sich aus solchen Ansätzen ergeben, auch für unseren Zusammenhang von Bedeutung sind.

Erste Veröffentlichungen in der deutschsprachigen Literatur zur Gruppensupervision in der Sozialarbeit sind noch deutlich an Einzelsupervisionskonzepten orientiert (Huppertz 1975). Die Fallgruppe steht im Vordergund, in der gruppendynamische Phänomene wohl wahrgenommen, aber methodisch nicht abgedeckt werden. Sie sind eher als Störfaktor des eigentlichen supervisorischen Prozesses definiert (Friedmann 1970). Judo (1970) etwa trägt seine Versuche zur supervisorischen Gruppenarbeit dementsprechend vorsichtig vor. Mit dem deutlichen Hinweis, daß Gruppensupervision nicht zur gruppentherapeutischen Veranstaltung geraten dürfe, bezieht er Gruppenstruktur und -prozeßphänomene in seine Arbeit kaum ein. Die meisten frühen Autoren ziehen bei ihrer Präferenz für Gruppensupervision vordergründig pragmatische Argumente heran, etwa, daß hier die Möglichkeit bestünde, demokratische Verhaltensweisen einzuüben (Friedmann 1970), die Gruppe als Phänomen bekommen sie weder auf reflexiver noch methodischer Ebene in den Blick.

Van Stegeren (1974) postuliert dann unter Berufung auf gruppensupervisorische Aktivitäten amerikanischer Group-Worker, daß Gruppensupervision für Sozialarbeiter, die mit sozialer Gruppenarbeit befaßt seien, einen günstigeren Transfer bewirke. Allerdings wendet auch er skeptisch ein, daß der einzelne Sozialarbeiter in diesem Setting möglicherweise zu wenig Raum für die Bearbeitung seiner eigenen Anliegen fände.

Der Ansatz von Neidhardt

Erst Neidhardt (1972, 1973) knüpft an eine kritische Reflexion der Einzelsupervision wie sozialarbeiterische Praxis überhaupt ein Plädoyer für die Entwicklung von Gruppensupervisionmodellen. Die Autorin betont die Notwendigkeit, daß sich moderne Sozialarbeit, die nicht mehr ausschließlich am Case-Work orientiert sei, auch in veränderten supervisorischen Konzepten niederschlagen müsse. Das Dualsystem Sozialarbeiter-Klient, das noch am Muster klassischer Psychotherapie entwickelt war, müsse in Konfrontation mit kommunikations- und familientherapeutischen Ansätzen grundsätzlich überarbeitet werden. Auch Supervision müsse, entsprechend interaktionistischen Sichtweisen, um einen ausreichenden Transfer zu gewährleisten, als gruppales Modell umgestaltet werden.

Besonders den institutionellen Bedingungen, unter denen Sozialarbeiter tätig seien, müßte ein Gruppensupervisionsmodell Rechnung tragen. In Analogie zu organisationssoziologischen Analysen (Scott 1968) zeigt Neidhardt, daß der einzelne Sozialarbeiter in Organisationen, seinem Haupteinsatzfeld, häufig stark divergierenden Normstrukturen ausgesetzt ist, die nur auf der Basis konsequent interaktionistischer Reflexionen aufzudecken und damit eher bewältigbar seien. Auch dies müsse in der Supervision rational ventiliert und im Idealfall auf dem Hintergund einer Supervisionsgruppe spiegelbildlich erfahrbar ausagiert werden. Herkömmliche Supervisionsmodelle mit ihrer impliziten Reduktion auf personale und fachliche Defizite des einzelnen Sozialarbeiters begünstigen eine Verschleierung der eigentlichen Probleme. Darüber hinaus stelle es eine Aufgabe von Gruppensupervision dar, die vorhandenen agogischen Konzepte für die je spezifische Tätigkeit eines Sozialarbeiters innerhalb der Supervision modifizierend herauszuarbeiten. Als basales Gruppensupervisionsmodell schlägt die Autorin im Anschluß an Brocher (1976) eine gruppendynamische Lerngruppe vor, in der auch unbewußte Prozesse thematisierbar seien. Kommunikations- und familientherapeutische Konzepte müßten allerdings integriert werden. Der Leiter könnte als Moderator des gruppensupervisorischen Prozesses fungieren.

Wesentlich an den Ausführungen von Neidhardt ist, daß sie durch ihr Plädoyer für den Einbezug von interaktionistischen und systemischen Diagnosekriterien die überwiegend monadische Sichtweise klassischer Sozialarbeit und damit gleichlaufend von Supervision ad absurdum führt.

Gleichzeitig entwirft Neidhardt programmatisch eine Reihe von relevanten Zielsetzungen für Gruppensupervision. Sie postuliert, daß eine rein rationale Auseinandersetzung nur begrenzt zu effektiver Veränderung führt, und fordert deshalb erlebnishafte Akzentuierung und Aufarbeitung. Ihr Vorschlag, daß die Supervisonsgruppe zum Forum spiegelbildlicher Prozesse des vom Sozialarbeiter in seiner Praxis Erlebten werden müsse, um es einer konkreten Bearbeitung zugänglich zu machen, trägt wichtigen Möglichkeiten von Supervision Rechnung. Darüber hinaus antizipiert Neidhardt entsprechend den Intentionen von Aktionsforschung (Moser 1975), daß Anwendung von Theorie immer der theoretischen Modifizierung in der diskursiven Auseinandersetzung bedarf, was auch innerhalb von Supervision zu leisten ist.

Der Beitrag von Neidhardt ist als Markstein in der supervisorischen Literatur zu betrachten (Huppertz 1975) im Hinblick auf seinen programmatischen Charakter. Wie die Autorin jedoch selbst anmerkt, sind ihre methodischen Vorschläge vergleichsweise unkonkret und lassen die Extraktion von Handlungsstategien für gruppensupervisorische Arbeit kaum zu. Es gelingt Neidhardt nicht, einen konsistenten Rahmen für ihre Anforderungen zu umreißen. Es bleibt unverständlich, wie Gruppensupervision, die dem Konzept von Brocher folgt, berufsspezifische Reflexionen auf dem vorgeschlagenen Abstaktionsniveau integrieren kann. Neidhardt trägt allerdings perspektivisch dem Spezifikum einer Gruppe insofern Rechnung, als sie zumindest funktional den Kontext der Supervisionsgruppe zur Verlebendigung und Bearbeitung des relevanten außergruppalen sozialen Umfeldes nutzen möchte.

Es bleibt jedoch grundsätzlich fraglich (s. dazu hinten), ob sich die anthropologische Basis psychoanalytisch orientierter Gruppenkonzeptionen für supervisorische Belange eignet. Neidhardt greift auch insofern zu kurz, als die methodische und normative Plattform ihres Supervisionsansatzes auf andere agogische Arbeitsbereiche von Supervisanden nicht ohne weiteres transferiert werden kann.

Der Ansatz von Leuschner

Im Gegensatz zu Neidhardt beschreitet Leuschner (1977) bei der Exemplifizierung seines Gruppensupervisionskonzeptes einen ganz anderen Weg. Unabhängig von grundsätzlichen Reflexionen sozialarbeiterischer Praxis oder sozialwissenschaftlicher Paradigmendiskussion entwirft er auf dem Hintergrund pragmatischer Erwägungen ein vergleichsweise präzise ausgearbeitetes Gruppensupervisionsmodell. Seinem Vorschlag zufolge sollte Gruppensupervision entsprechend der Lernerfahrung des Supervisanden und der jeweiligen Kompetenz des Supervisors nach seiner Komplexität gestaffelt sein, d.h. nach dem Einbezug von aktuellen gruppalen Phänomenen in die supervisorische Arbeit.

(a) Für unerfahrene Supervisanden (und wohl auch Supervisoren) schlägt er ein "Dyadisches Beratungsmodell in der Gruppe" vor, wie es noch älteren Supervisionskonzepten (z.B. Friedmann 1970) entspricht. Der Supervisor bearbeitet mit jeweils einem Supervisanden seinen Praxisfall. Der Supervisor setzt und überwacht die strukturellen Normen in der Gruppe, d.h. er gibt Regeln vor für die Abfassung von Berichten, den Ablauf der Supervisionsstitzungen, die Zwischenauswertung usw. Den Interaktionsstil des Supervisors beschreibt Leuschner als direktiv und leiterorientiert. Die Gruppengröße veranschlagt er auf 4 Supervisanden. Als Ziel nennt er hier neben der systematischen Fallreflexion und der Bearbeitung von sog. dysfunktionalen Kommunikationsphänomenen in der Gruppe das Lernen des Supervisanden am Modell des Leiters. Leuschner beabsichtigt auf dem Hintergrund von Konzepten zum Modellernen, den Supervisanden zum Berater zu qualifizieren.

(b) Mit Supervisanden, die das dyadische Modell durchlaufen haben, kann dann zum "Multimodalen Beratungsmodell in der Gruppe" übergegangen werden. Hier sind alle Supervisanden als (Hilfs-)Supervisor definiert, d.h. der Leiter nimmt einen Teil seiner Direktivität zurück zugunsten der Mitwirkung von Supervisanden, die für ihre Arbeit in der Gruppe vom (Ober-)Supervisor supervidiert werden. In diesem Kontext treten nach Leuschner nun komplexe gruppendynamische Phänomene in Erscheinung, wie Rivalität zwischen den Teilnehmern usw. Zu den strukturellen Aufgaben des Supervisors (analog zum dyadischen Modell) tritt jetzt die Regelung gruppendynamischer Vorgänge. Im multimodalen Modell werden diese jedoch auch eher als störend begriffen und nicht offen thematisiert. Leuschner schlägt vor, den Gruppenprozeß über Methoden instrumenteller Kondidionierung so zu steuern, daß erwünschte Beiträge (z.B. einfühlendes Verstehen) verstärkt werden, während unerwünschte (z.B. Typisierung von Personen, Verhaltensweisen) beim Gruppenleiter Nichtbeachtung finden sollen.

(c) Für Supervisanden, die über langfristige Supervisionserfahrung, sowie gruppendynamische Vorkenntnisse verfügen, schlägt Leuschner die Verwendung eines "Interaktionistischen Beratungsmodells in der Gruppe" vor. Mit diesem Modell zielt Leuschner, Neidhardt vergleichbar (1972, 1973), auf eine sehr komplexe Supervisionsform, die offen ist für die Bearbeitung von Aspekten auf den unterschiedlichen Supervisionsebenen. Neben der Reflexion von Praxisproblemen kann sich der Supervisand im Sinne gruppendynamischer Trainigs im aktuellen Gruppenprozeß selbst erfahren und lernt mithilfe der Supervisionsgruppe exemplarisch Phänomene auf individueller, interaktionaler und systemischer Ebene wahrzunehmen. Da diese Supervisionsform T-Group-ähnlich angelgt ist, plädiert der Autor für eine Gruppengröße von 8 - 10 Personen.

Insgesamt wirkt das Konzept von Leuschner durch den abgestuften Schwierigkeitsgrad im Hinblick auf die Handhabung gruppendynamischer Faktoren und den Komplexitätsgrad des supervisorischen Geschehens konkret und gut realisierbar. Es scheint plausibel, daß Supervisanden im Rahmen eines gestaffelten Modelles langsam an immer höhere Anforderungen herangeführt werden.

Abgesehen davon, daß Leuschner seine spezifische methodische Vorgehensweise nur partiell plastifiziert, muß an diesem Ansatz vorrangig unter normativen Gesichtspunkten Kritik angemeldet werden. Leuschner entfaltet seinen Ansatz so, als sei der Supervisand beliebig manipulierbar, es allein der Wahl des Supervisionskonzeptes zu überlassen, ob aktuelle Kontext- und Beziehungsphänomene subjektiv relevant würden oder nicht. Konsequent rekurriert der Autor auch auf Mechanismen intrumentellen Konditionierens, die von ihrer anthropologischen Basis objektivierenden Ansätzen verpflichtet sind. Durch die Kombination von behavioristischen und gruppendynamischen Elementen erscheint die Verwendung der Gruppe hier im Sinne von Horn (1972) lediglich "sozialtechnisch". Der pragmatisch begründete Aufbau des Modells impliziert Manipulierbarkeit des Supervisanden im Hinblick auf wesentliche mitmenschliche Dimensionen, d.h. der Leiter schränkt über nicht aufgedeckte Lernstrategien nach seinem Belieben die Beziehungshaltungen des Supervisanden ein.

Damit erfährt sich der Supervisand im Vollzug der Supervision verdeckt als Objekt und kann die gruppensupervisorische Arbeit für eigene agogische Aktivitäten sicher nicht modellhaft nutzen, wenn er sozialarbeiterische Praxis auf Subjekt-Subjekt-Ebene anstrebt. Darüber hinaus ist theoretisch kaum begründbar, warum der Supervisand im dyadischen und multimodalen Beratungsmodell mit wesentlichen interaktionalen und systemischen Reflexionsmöglichkeiten innerhalb der Gruppe nicht vertraut gemacht werden soll, d.h. Leuschner schränkt hiermit nicht nur die agogische Reichweite seines Konzeptes ein, sondern vollzieht aus scheinbar didaktischen Gründen den sozialwissenschaftlichen Paradigmenwechsel nur sehr vordergründig.

Der Ansatz von Kersting

Auch Kersting (1975) geht, vergleichbar Leuschner, von pragmatischen Erwägungen aus, wenn er die Vorteile von Gruppensupervision im Erlernen von Kommunikationsfähigkeit, Kooperationsfähigkeit, dem Erkennen von Dysfunktionalität im Dienstleistungsbereich usw. sieht. Anders als Leuschner postuliert er aber aus theoretischer Perspektive, daß Sozialarbeit grundsätzlich durch interaktionistische Konzepte fundiert werden müsse und dementsprechend auch Supervision interaktionistisch anzulegen sei. Im Anschluß an Mead (1973) strebt er, vergleichbar Neidhardt (1972, 1973), die Überwindung monadischer Sichtweisen in der Sozialarbeit an.

Unter Berufung auf die Palo-Alto-Schule möchte er Gruppensupervision als offenes System verstehen,das sich über kommunikatives Verhalten etabliert. Inhalt der Gruppensupervision ist es dann, anhand des Ansatzes von Watzlawik et al. (1969) die aktuelle gruppale Kommunikationsstruktur, die Struktur zwischen Supervisand und Klient, zwischen Supervisand und institutionellen Vertretern usw. der Reflexion zugänglich zu machen. Entlang den 5 Axiomen von Watzlawik et al. (1969) exemplifiziert Kersting, wie dieser Ansatz für Supervision zu nutzen sei. Grundsätzliches Ziel ist, daß der Supervisand die Fähigkeit zur Metakommunikation erwirbt, um sich nach Bedarf rollendistanziert aus Verstrickungen zu lösen.

Zur normativen Fundierung seines Ansatzes beruft sich Kersting auf Freire (1972), der aus antipädagogischer Sicht Lernen als Dialog mit der Lebenswirklichkeit, also immer Erfahrungslernen im Subjekt-Subjekt-Bezug den Vorrang gibt. In diesem Sinne umreißt Kersting auch den Interaktionsstil in der Gruppensupervison als idealerweise symmetrisch zwischen Supervisor und Supervisand. Besonders günstige Arbeitsbedingungen ergäben sich für seinen Ansatz, wenn die Supervisionsgruppe auf dem Hintergrund des Gruppenprozeßmodells von Lowy/Bernstein u.a. in die Differenzierungsphase eingetreten sei. Für Gruppen, die lange in weniger entwickelten Stadien verharrten, sei die TZI-Methode nach Cohn (1975) vorübergehend indiziert.

Damit legt Kersting einen Ansatz vor, dessen konzeptionelle Basis umfassend expliziert an ein klar ausformuliertes sozialwissenschaftliches Konzept angebunden ist. Er bietet mit seinem Modell dezidiert eine Überwindung individualistischer Sichtweisen an, indem er fordert, agogische und supervisorische Arbeit auf dem Hintergrund interaktionistischer Paradigmen neu zuzuordnen.

Widersprüchlich wird Kersting, wenn er sich in Anlehnung an Freire für maximale Symmetrie zwischen Supervisor und Supervisand ausspricht und damit für eine Subjekt-Subjekt-Beziehung als utopische Beziehungsform plädiert und dann andererseits auf methodischer Ebene die Verwendung von paradoxen Interventionen anrät. Hier kollidieren utopische mit dezidiert anti-utopischen Sichtweisen. Unhinterfragt vollzieht Kersting den Sprung von der noch emanzipativ nutzbaren "Metakommunikation", die Watzlawik et al. (1969) noch anfänglich vorschlagen, zu betont anti-utopischen Manipulationsformen, wie sie insbesondere durch die ausschließliche Verwendung von Paradoxien markiert sind (Watzlawik et al. 1974).

In einen weiteren Widerspruch gerät Kersting, wenn er Systemzusammenhänge mithilfe des kommunikationstheoretischen Ansatzes der Palo-Alto-Schule reflektieren will. Gerade dieser Ansatz bezieht sich, wie neuerdings wieder Ricci (1984) demonstriert, primär auf dyadische Beziehungen. Triaden und erst recht erweiterte Kommunikationssysteme können nur sehr unzureichend beschrieben werden. Im allgemeinen neigen seine Verwender dazu, Systeme vorstellungsmäßig in Zweier-Konfigurationen aufzulösen, um sie sodann wieder in das Gesamtsystem zu integrieren (Ricci 1984). Abgesehen von grundsätzlichen Einwänden gegen das dichotome Modell der Autoren um Bateson, die basal an der Verwendung der logischen Typenlehre von Russel für sozialwissenschaftliche Belange kritisch ansetzen (s. dazu Cronen et al. 1983), greift dieser Ansatz als ausschließliches Diagnose- und Arbeitskonzept für Gruppensupervison zu kurz. Wie Kersting wohl selbst bemerkt, lassen sich aus diesem Ansatz zwar rationale Analysekategorien für Interaktionsphänomene gewinnen, ganzheitliche Gruppenentwicklung kann auf dieser Basis nicht erfaßt und gefördert werden. Zur gezielten Entwicklung einer Supervisionsgruppe schlägt der Autor deshalb vor, auf ein typisches Gruppenmodell, das von Ruth Cohn, zurückzugreifen. Auch hier wird der normative und methodische Widerspruch zwischen beiden Ansätzen nicht thematisiert.

Nun besteht zwar in Anbetracht der Vielfalt sozialwissenschaftlicher Diskussion sicher die Notwendigkeit, Gruppensupervisionsmodelle auf mehr als nur eine einzige Basiskonzeption zu gründen, dabei ist aber jeweils zu prüfen, ob die basalen Prämissen der Ansätze auf Analyse- wie Handlungsebene miteinander kompatibel sind.

Das von Kersting vorgeschlagene "Kommunikationssystem Gruppensupervision" eröffnet im Hinblick auf den Paradigmenwechsel im agogischen Bereich wichtige Perspektiven, als Gruppensupervisionsmodell im eigentlichen Sinn kann es nicht angesprochen werden, da die Gesamtgruppe als sich selbst schaffendes System mit ihren spezifischen Systembedingungen nicht in den Blick kommt.

Der Ansatz von Selvini-Palazzoli

Eine ebenfalls kommunikationstheoretische, aber deutlicher systemisch orientierte Position nimmt Mara Selvini-Palazzoli (1984) in Anbindung an ihren familientherapeutischen Ansatz auch bei supervisorischen Aktivitäten ein. Die Ausgangsbasis dieser Autorin, auch supervisorische Ansätze zu entwickeln, liegt in sozialpolitischen Ambitionen. Ihrer Auffassung nach können anti-psychiatrische Konzepte, wie das von ihr und anderen entworfene, wenn sie lediglich innerhalb einer eigens dafür geschaffenen Institution praktiziert werden, kein ausreichendes Veränderungspotential in der öffentlichen, konventionellen Psychiatrie aktivieren (Selvini-Palazzoli 1983). Deshalb startete sie zunächst als Teamsupervisorin einer öffentlichen psychiatrischen Einrichtung den Versuch, ihren Ansatz zusammen mit dem Team so zu modifizieren, daß er seine Aufgaben auch auf allgemein-institutioneller

Ebene erfüllt. Im Anschluß daran unternimmt Selvini-Palazzoli den Versuch einer gruppensupervisorischen Aktivität. Die Teilnehmer, ausschließlich systemisch orientierte Psychologen, baten bei Eintritt in ihr Berufsleben um Supervision. Selvini-Palazzoli sah die Zielsetzung dieses Unternehmens im Gegensatz zu ihren sonstigen Fallseminaren im Rahmen der Ausbildung systemischer Therapeuten darin, daß der Psychologe Hilfestellung bekommt, sich in das organisatorische Gefüge der ihm zunächst unbekannten Institution zu integrieren. Vergleichbar dem Familientherapeuten, der auf eine ihm fremde Familie stößt, müsse der Psychologe die Bedeutung seiner Funktion für die Organisation reflektieren. Dabei dient die Gruppe vergleichbar dem familientherapeutischen Setting der Mailänder Schule als wichtiges Korrektiv. Wie der Therapeut aus systemischer Perspektive nur allzu leicht als Teil des familialen Systems pathologisch mitagiert und deshalb einen Ko-Therapeuten hinter der Einweg-Scheibe benötigt, der aus distanzierter Perspektive seine Funktion im System reflektiert, benötige der Berufsanfänger die Supervisionsgruppe, in der er immer wieder von neuem Distanz zu seiner offenen, wie verdeckten Funktion in der Organisation gewinnt.

Im Anschluß an die Palo-Alto-Schule, an Minuchin u.a. hatte Selvini-Palazzoli einen eigenen integrierten familientherapeutischen Ansatz entwickelt (s. dazu Hoffmann 1982), den sie als Matrix für die Analyse des beschriebenen Phänomens anlegt. Im Anschluß an eine jeweilige rationale Analyse werden in der Gruppe Stratgien erarbeitet, wie sich der Psychologe verhalten soll, um seine Aufgabe in dem System am effektivsten wahrzunehmen. Dabei wendet sich Selvini-Palazzoli gegen Selbstmanipulation, und sie betont, daß der sozial Tätige jeweils die Verhaltensweisen aus dem Gesamtinventar seiner historisch entwickelten persönlichen Möglichkeiten beleben soll, die aktuell die effektivste Aufgabenerfüllung versprechen. Das vorrangige Ziel dieser Gruppensupervision scheint zu sein, diese besonderen Möglichkeiten im Zusammenhang mit organisatorischen Gegebenheiten zu erarbeiten, damit der Psychologe ein Maximum an funktionaler Kommunikation in der Institution anregen kann.

Bezüglich des Interaktionsstils, der Steuerung von Kommunikationsphänomenen in der Supervisionsgruppe selbst, finden sich bei Selvini-Palazzoli kaum Aussagen. Den Ausführungen läßt sich entnehmen, daß alle Teilnehmer, inclusive die Autorin, so involviert sind von ihrer pionierhaften inhaltlichen Aufgabe, daß gruppalen Phänomenen im eigentlichen Sinn wenig Bedeutung beigemessen wird.

Die Ausführungen von Selvini-Palazzoli wirken dementsprechend auf der inhaltlichen Ebene sehr anregend, bieten sie doch Analysekriterien für die Begegnung des einzelnen Psychologen, Sozialarbeiters usw. mit organisatorischen Systemen. Bisher standen nur organisationssoziologische Konzepte für derartige Analysen zur Verfügung, aus denen sich aufgrund ihres Allgemeinheitsniveaus oft nur schwer entsprechende Handlungsstrategien extrahieren lassen. In Analogie zum "politischen Ansatz" der Organisationstheorie (s. dazu Bolman, Deal 1984) werden etwa innersystemische Koalitationsbildungen aufgedeckt und strategisch umgangen, bestimmte Aspekte von Organisationskulturen (s. dazu Sackman 1983) usw. in der Supervision herausgearbeitet und in Handlungsformen umgesetzt.

Problematisch bleibt aber an diesem Ansatz, daß er als anti-psychiatrisches Konzept zwar gesellschaftskritisch ansetzt, sich insbesondere gegen Stigmatisierungstendenzen in der konventionellen Psychiatrie wendet, aber aufgrund seines ausschließlich systemischen Basiskonzeptes über eine funktionale Betrachtungsweise nicht hinauskommt. Vergleichbar der familientherapeutischen Praxis besteht die Zielsetzung für den Supervisanden in der Entwicklung "funktionaler Kommunikation", was unter normativen Gesichtspunkten Wertfreiheitspostulaten entspricht. Im Extrem könnte das bedeuten, daß ein Psychologie/Sozialarbeiter in einem System mit menschenverachtender Zielsetzung optimale interne Kommunikationsstrukturen etabliert, ohne die Zielsetzung im geringsten modifizieren zu wollen. So werden als Teil der strategischen Methodik auch bewußt Manipulationsmechanismen, wie verdeckte Botschaften, Paradoxien usw. eingesetzt, über die zwar in der Supervisionsgruppe metakommuniziert wird, die jedoch für die Organisationsmitglieder des Supervisanden absolut uneinsichtig bleiben und bleiben sollen.

Nun mag solche methodische Linie für schwestgestörte, therapieresistente Patienten oft unumgänglich sein, und an solchen sind strategische Interventionsformen ja auch entwickelt worden, als universelles methodisches Basiskonzept ausstilisiert, widersprechen sie deutlich normativen Anforderungen, die agogisches Arbeiten im Sinne einer Subjekt-Subjekt-Beziehung gestalten wollen.

Diese kritischen Punkte lassen sich umgehen, wenn mit allen Beteiligten ein Diskurs über ihre Funktionen, die sie innerhalb eines Systems innehaben, in Gang gesetzt wird oder zumindest angestrebt ist und gleichlaufend mit der funktionalen Betrachtung Bewertungen dieser Funktionen sowie des Gesamtsystems mit seinen Zielsetzungen stattfinden. Dann treten metakommunikative Auseinandersetzungen in den Vordergrund.

In diesem Sinne stellt der Ansatz von Selvini-Palazzoli ein anregendes Reflexionskonzept dar. Im Vollzug der Supervision ist der Supervisand gezwungen, rollendistanziert aus seiner aktuellen institutionellen Verstricktheit herauszutreten, eine neue Perspektive zu gewinnen, die als metareflexive Möglichkeit neue Handlungsweisen aktiviert. Sein Wahrnehmungsfeld wird umstrukturiert.

Die Beurteilung der agogischen Reichweite des Supervisionsansatzes von Selvini-Palazzoli steht im Zusammenhang mit der paradigmatischen Sichtweise der Autorin, wonach auch individuelle und dyadische Komplikationen auf einem systemischen Hintergrund gesehen werden müssen. Von humanistisch-psychologischen Standorten aus wäre dies eine zu deterministische Perspektive. Persönlicher Entscheidungsfreiheit des einzelnen für Veränderung wird hier vom Basisansatz aus kaum Rechnung getragen. Lediglich der Supervisand, nicht aber sein personales Umfeld kann Situationen aktiv gestaltend in diesem Ansatz verändern.

Als Gruppensupervisionsmodell im eigentlichen Sinn läßt sich das von Selvini-Palazzoli vorgelegte Konzept sicher nicht ansprechen, da die aktuellen Phänomene in der Gruppe nicht verhandelt und bearbeitet werden. An diesem Punkt ergibt sich auch ein konzeptimmanentes Problem: In einer Supervisionsgruppe, in der alle offensichtlich als Mündige zu behandeln sind, kann Selvini-Palazzoli nicht auf die an Familien entwickelten verdeckten Strategien zurückgreifen. Hier müßte dann metakommuniziert werden und damit würde sich auch die konzeptionelle Basis des Ausgangskonzeptes selbst infragestellen.

Der Ansatz von Balint

Ein nun schon klassisches Gruppensupervisionsmodell, das wahrscheinlich die bisher weiteste Verbreitung gefunden hat, entwickelte Michael Balint, ein ungarischer Psychoanalytiker, der später in London praktizierte. Die Intention von Balint (1965) richtete sich ursprünglich darauf, kontrollanalytische Verfahren der psychoanalytischen Ausbildung auch für Allgemeinmediziner ohne psychoanalytischen Erfahrungshintergrund nutzbar zu machen. In Analogie zur Beziehung Psychoanalytiker/Patient dient ihm diese dyadische Interaktionsstruktur als Matrix für die Reflexion und Bearbeitung der Arzt/Patient-Beziehung, wobei insbesondere das Übertragungs-/Gegenübertragungsmodell im Vordergrund steht.

Nun läßt sich, wie Beckmann (1978) gezeigt hat, das Übertragungs-/Gegenübertragungsmodell ohnedies als universelles Interaktionskonzept begreifen, Balint geht aber über die dem Modell immanenten historisierenden Aspekte insofern hinaus, indem er auch aktuell evozierte Erwartungshaltungen des Patienten, berufsspezifische Typisierungsschemata des Arztes usw. mitreflektiert. Auf diese Weise enthält das Konzept eine umfassende interaktionistische, kontextbezogene Sichtweise, wie sie rollentheorethische Ansätze im Anschluß an Mead (1973) implizieren.

Neben der psychoanalytischen Schulung von Nicht-Analytikern geht es Balint im Prinzip auch um die Überwindung des monadischen Behandlungsmodells in der Medizin, wie Neidhardt und Kersting in der Sozialarbeit. Aus dieser übergeoreneten Sichtweise ist es auch konsequent, daß der Balint-Gruppen-Ansatz auch auf Gruppen von Nicht-Ärzten, wie Theologen, Lehrer, Sozialarbeiter usw. ausgedehnt wurde. Auf metatherapeutischer Ebene sah Balint hier die Möglichkeit, den psychoanalytischen Ansatz auf ursprünglich nicht-analytische Behandlungsphänomene zu beziehen und seine dadurch notwendigen Modifikationen zu erforschen (Argelander 1972).

Das gruppensupervisorische Setting ist so angelegt, daß sich 6 - 10 Personen gleicher Berufszugehörigkeit wöchentlich mit einem oder zwei Psychoanalytikern treffen. Durch die berufliche Homogenität verfolgt Balint das Ziel maximaler Identifikation unter den Gruppenmitgliedern, um so konfliktäre Gruppenprozesse weitgehend zu eliminieren. Diese als Fallseminare angelegten Supervisionsgruppen sollen sich möglichst ganz ausschließlich der inhaltlichen

Arbeit im Sinne vorgenannter Zielsetzungen widmen können, sodaß Phänomene auf gruppaler Ebene eher unerwünscht erscheinen. Unter der Leitlinie, daß der Supervisand nicht als Patient definiert werden soll, dürfen individuum-zentrierte Probleme des Supervisanden auch nicht Gegenstand der Supervision sein. Eiche (1974, zit. nach Rosin 1983) bezeichnet dies als besondere Form der Abstinenz des Balintgruppen-Leiters. Bewerber für Balintgruppen müssen sich einem psychodiagnostischen Eignungsverfahren unterziehen, damit sichergestellt ist, daß sie die inhaltliche Zielsetzung der Gruppe nicht durch ihre Eigenproblematik überschwemmen.

Der Psychoanalytiker fungiert als Modell für die psychoanalytische Bearbeitung der vorgetragenen Fälle. Bald übernimmt die Gruppe seine Sichtweise und unterveniert zunehmend selbständiger. Argelander beschreibt, daß das vorgetragene Fallmaterial in der Gruppe zu assoziativen Erregungen führt, die als aktuelle Widerspiegelung des sozialen Konfliktpotentials aus dem Fallbeispiel gesehen werden muß. Der Analytiker deutet diese Gruppenphänomene jedoch selten, da dies nach Argelander zu leicht ins regressive Ausagieren münde und von der eigentlichen Zielsetzung wegführe. Aufgabe des Balintgruppen-Leiters ist es vielmehr, die Phantasien der Gruppenmitglieder materialgerecht zu filtern und auf die Fallarbeit zu zentrieren. Argelander postuliert, daß der Leiter alle Gruppenphänomene mitreflektieren aber nicht bearbeiten solle. Nach Giesecke, Rappe-Giesecke (1983) entsteht so eine in sich konsistente gruppale Interaktionsstruktur.

Der Beitrag von Balint ist unter unterschiedlichsten Gesichtspunkten bedeutsam: hier wird ein stringentes Theorie- und Methodenkonzept, das der Psychoanalyse unterlegt. Über das psychoanalytische Interaktionskonzept hinaus werden weitere Kontextvariablen der Supervisand-Klient-Beziehung miteinbezogen, wodurch das Balint-Konzept über die übliche historisierende Betrachtungsweise klassischer Psychoanalyse schon hinausgeht. Als Reflexionsmodell folgt es jedoch eher Sichtweisen, die entsprechend psychoanalytischer Konzepte an dyadischen oder triadischen Strukturen entwickelt wurden. Dementsprechend können institutionelle Systeme nur mühsam erfaßt werden (Gaertner, Wittenberger 1979).

Als Gruppenmodell für Supervision bleibt es der klassischen psychoanalytischen Perspektive verpflichtet, die über das familiale Beziehungsmodell nicht hinausgeht

(Sbandhi 1973). Ganzheitliche gruppale Phänomene, wie sie im Anschluß an die Lewin-Schule von Bion (1974), Foulkes (1978) und anderen Analytikern miteinbezogen wurden, spielen für Balint noch keine Rolle. Den Zusammenhalt einer Gruppe sieht Balint noch vergleichbar dem Gruppenkonzept von Freud (Sbandhi 1973) über die identifikativen Bereitschaften der Teilnehmer zum Leiter und der Teilnehmer untereinander gewährleistet. Konsequenterweise sind Balintgruppen so organisiert, daß über psychische wie berufliche Homogenität unter den Teilnehmern und fachlichen Vorsprung des Leiters Identifikation des Anlehnungstyps sehr wahrscheinlich ist. Dieses Setting garantiert nun zwar maximale Entwicklung der einzelnen Teilnehmer im Hinblick auf die Ausgangsziele, Selbsterfahrung interaktionistischer und systemischer Phänomene, wird jedoch durch die Interventionsstrategie des Leiters systematisch unterbunden.

Unter normativen Gesichtspunkten bleiben so wichtige menschliche Potentiale unberücksichtigt, unter pragmatischen Aspekten wird die mögliche Vielfalt der Lernerfahrungen der Supervisanden dadurch aritfiziell reduziert. Diesen Mangel versucht z.B. Winkelmann (1976) durch Rückgriff auf die analytische Gruppendynamik zu kompensieren, dabei besteht jedoch die Gefahr, daß die Stringenz des Ursprungskonzeptes zerstört wird, bzw. das Charakteristikum von Balintgruppenarbeit entfällt.

Ein grundsätzliches Problem des vorliegenden Ansatzes ist u.E. seine methodische Basis. Nimmt in der klassischen Psychoanalyse, aus der der Ansatz entwickelt wurde, die Übertragungsneurose, die durch den abstinenten Interaktionsstil des Analytikers beim Patienten systematisch intensiviert wird, die herausragende methodische Stelle ein (Hämmerling-Balzert 1978), kann und will der Balintgruppen-Leiter die Supervisanden nicht in diese regressive Position zwingen. Das eigentliche methodische Agens psychoanalytischer Arbeit (die Herstellung und systematische Bearbeitung der Übertragungsneurose) ist somit in der Supervision nicht gegeben. An dieser entscheidenden Stelle bricht die Kompatibilität zwischen Therapie und Supervision. Intensive emotionale Berührtheit und effektive Veränderung durch die Bearbeitung der affektiven Erregung kann in der Supervision nicht bewirkt werden. Phänomene müssen auf ausschließlich reflexiver Ebene verhandelt werden. Auf diesem methodischen Hintergrund läßt sich fragen, ob die Psychoanalyse für die Entwicklung von Supervisionsmodellen überhaupt eine sinnvolle Basis erbringt.

Auch aus der Sicht moderner Psychoanalyse bleibt das Balintgruppenkonzept wegen seiner Orientierung an der klassischen dyadischen/triadischen Beziehungsstruktur als Gruppenmodell hinter den Möglichkeiten von anderen analytischen Gruppenverfahren zurück, so daß die Supervisionsgruppe als Gesamtphänomen auch hier nur unter funktionalen Gesichtspunkten in den Blick kommt.

Der Ansatz von Conrad und Pühl

Diesem Problem tragen Conrad und Pühl (1983) Rechnung und versuchen deshalb, einen Supervisionsansatz zu gründen. - Durch die Begegnung mit gestaltpsychologischen Autoren wie Lewin, Goldstein u.a. integrierten psychoanalytische Autoren wie Bion, Foulkes, Ezriel, Whitacker, Liebermann u.a. systemorientierte Diagnose- und Behandlungsstategien in das psychoanalytische Konzept. Entsprechend den Postulaten von Lewin, daß der einzelne in einer aktuellen Lebenssituation keineswegs nur auf dem Hintergrund seiner individuellen Historie handelt, sondern durch das aktuelle soziale Feld starken Verhaltensmodifikationen unterliegt, kommt jetzt auch für Psychoanalytiker die Gruppe als Gesamtphämomen in den Blick. Die Lewinsche Perspektive, daß Gruppen nicht als Ansammlung von atomistisch betrachtbaren Einzelindividuen definiert werden können, sondern in jeder Gruppe zunehmend differenziertere Strukturphänomene entstehen, setzt sich bei vielen Psychoanalytikern durch. Dabei findet sich bei unterschiedlichen Autoren eine jeweils andere Gewichtung von individuellen und gruppalen Aspekten. Bleibt Ezriel (s. dazu Shaffer, Galinsky 1977) noch stark an der Bearbeitung historisch determinierter Defizite des einzelnen orientiert, erarbeitet Bion (1974) ein psychoanalytisches Gruppenkonzept, das ganz ausschließlich auf die Gesamtstruktur einer Gruppe und ihren Prozeß bezogen ist.

Foulkes (1978), ein nach London emigrierter Analytiker, nimmt hier eine vermittelnde Position ein, indem er die Gruppe als aktuell konstituierte Struktur begreift, deren Beziehungsqualitäten sich jedoch nur auf dem Hintergrund der je gegebenen historischen Erfahrung des einzelnen begreifen lassen. Der Ansatz von Foulkes bietet sich aufgrund seiner Vielebenigkeit als psychoanalytisches Basismodell zunächst für Supervision an. Foulkes fordert vom Gruppenleiter die Betrachtung der historischen Dimensonen des einzelnen Gruppenmitgliedes, gleichzeitig soll diese auf dem Hintergund der aktuellen bewußten wie unbewußten Gruppenprozesse ventiliert werden. Er sieht die Notwendigkeit, klassische Übertragungsphänomene (die auf den Leiter gerichteten, und die innerhalb der Gruppe) zu bearbeiten und postuliert gleichzeitig, daß ein Teil der gruppalen Komplikationen als Widerspiegelung aktueller außergruppaler Probleme einzelner zu sehen ist. Foulkes bedenkt sogar auf systemischer Ebene, daß ein Gruppenmitglied in einer jeweiligen gruppalen Konstellation außerordentlich unterschiedlich reagieren kann.

Damit entwickelt Foulkes ein Modell von Gruppenarbeit, das unterschiedlichste sozialwissenschaftliche Theoriensysteme miteinbezieht (individuelle, interaktionistische und systemische), wie es auch modernen analytischen Gruppenkonzepten entspricht. Conrad/Pühl können denn auch zeigen, daß sie auf dem Hintergrund des Modelles von Foulkes eine Fülle von Reflexionsmöglichkeiten in der Supervision gewinnen und den Supervisanden metakommunikativ zugänglich machen, so daß diese sicher auch entsprechend umfassende Reflexionsmöglichkeiten in ihrer Arbeit erwerben. Ohne hier auf spezifische Datails der Supervisionsarbeit von Conrad/Pühl einzugehen, die ihren Ansatz als Teamsupervisionskonzept verstanden wissen wollen, wird jedoch deutlich, daß sich institutionelle Probleme auf dem Hintergrund dieses Ansatzes nicht erfassen lassen. Das liegt u.E. daran, daß gruppentherapeutische Konzepte der Bearbeitung individueller und interaktionaler Prozesse aufgrund ihres spezifischen therapeutischen Settings deutlich den Vorrang geben. So finden sich auch nur vereinzelt psychoanalytische Konzeptbildungen zu diesem Thema (z.B. Gaertner, Wittenberger 1979), deren Erklärungswert gegenüber organisationssoziologischen und systemtherapeutischen Analysen vergleichsweise gering wirkt.

Einen gravierenden Mangel gruppenanalytischer Modelle sehen Conrad/Pühl auch darin, daß die methodischen Möglichkeiten des Modelles von Foulkes u.a. nicht gleichermaßen qualifiziert sind, wie die sich aus ihnen ergebenden reflexiven Möglichkeiten. Die Autoren behelfen sich bei der Verlebendigung und Bearbeitung von Interaktionsphänomenen mit psychodramatischen und gestalttherapeutischen Arbeitsformen. Zur Dynamisierung der Gruppenentwicklung werden TZI-Sequenzen nach Cohn (1975) eingebaut.

Im Vollzug solcher methodischen Maßnahmen verlassen die Autoren unthematisiert die konzeptionelle Basis von Foulkes und fundieren ihre agogische Arbeit mit Ansätzen, die der humanistischen Psychologie nahestehen. Nun hatte schon Pages (1974) kritisch angemerkt, daß Lewin, von physikalischen Modellen ausgehend, lediglich einen strukturellen Rahmen für Interdependenzen in der Gruppe umreißt, die psychologische Qualität dieser Interdependenzen hatte er nicht beschrieben. Für psychoanalytische Autoren lag es nahe, mit dem Übertragungs-/Gegenübertragungsmodell, dem Identifikationskonzept und anderen psychoanalytischen Ansätzen zur Erklärung von Beziehungsqualitäten, diese Leerstellen zu füllen. Dabei rekurrieren alle psychoanalytischen Konzepte jedoch, wie Pages (1974) etwa für das Übertragungsmodell beispielhaft zeigt, sowohl auf individueller als auch gruppaler Ebene auf die Bearbeitung von Defiziten, bzw. setzen das Bestehen von Defiziten überhaupt voraus. Positive Zielsetzungen von Individuen oder Gruppen, wie es für supervisorische Gruppenarbeit typisch ist (z.B. sich gegenseitig anregen im fachlichen Austausch usw.), sind konzeptionell nicht abgedeckt.

Abgesehen von den methodischen Komplikationen, die sich ergeben, wenn psychoanalytische Ansätze für Supervision unterlegt werden (s. dazu weiter oben), bleibt die anthropologische Basis psychoanalytischer Modelle aus der Sicht humanistischer Psychologie (Maslow 1963) ein Hauptkritikpunkt. Im Sinne von Maslow kann im Anschluß an existentialphilosophische Konzepte ein therapeutischer, pädagogischer oder sonstiger agogischer Ansatz nicht nur einseitig an der Bearbeitung von Defiziten orientiert sein, sondern sollte sich auch auf die Entfaltung noch nicht genutzter menschlicher Potentiale beziehen. Für Supervisionsgruppen, deren Teilnehmer überwiegend pädagogisch tätig sind, liegt es ohnedies nahe, eher solche Basisansätze für Supervision zu verwenden, die modellhaft für die eigene pädagogische Arbeit zu nutzen sind, also grundsätzlich auf die von der humanistischen Psychologie vorgeschlagene zweifache Zielsetzung orientiert sind.

Nun läßt sich, wie die Diskussion der unterschiedlichsten Supervisionsgruppenmodelle zeigte, grundsätzlich fragen, ob Supervision auf dem Hintergrund des derzeitigen sozialwissenschaftlichen Theorienstandes nur einem traditionellen agogischen Ansatz folgen soll. Wenn Supervision dem Anspruch entsprechen soll, Phänomene auf individuum-zentrierter, interaktionaler und systemischer Ebene zu reflektieren und zu bearbeiten, stellt eine solche Vorgehensweise eine unsinnige Beschränkung dar. Soll nun noch die Supervisionsgruppe selbst als Phänomen in den Blick kommen, d.h. als aktuelle menschliche Begegnungssituation ernst genommen werden und die Auseinandersetzungen innerhalb der Gruppe modellhaft für die eigene agogische Arbeit stehen, dann wird es notwendig, auf multimodale Modelle zurückzugreifen. Diese Ansprüche scheinen integrative Supervisionsmodelle, d.h. konzeptübergreifende Ansätze am ehesten einzulösen. Deshalb wollen wir uns im Folgenden solchen Modellen zuweden.

Der Ansatz von Ruth Cohn

Das Konzept der "Themenzentrierten Interaktion" (TZI) von Ruth Cohn (1975) läßt sich in vorgenanntem Sinne als integratives Gruppensupervisionsmodell begreifen. Als Lehrtherapeutin für Psychoanalytiker erkannte die Autorin bei der Durchführung von Ausbildungsseminaren, daß im Vollzug der Theorie- und Fallarbeit eine Reihe von individuellen und gruppalen Phänomenen auftraten, die sich aus der Gruppenarbeit selbst ergaben. Aus ihrer Erfahrung als Gestalttherapeutin und Leiterin von experientiellen Gruppen wollte Cohn diese nicht als Störfaktor eleminieren, sondern als gleichberechtigte Lernmöglichkeit für die Gruppe behandeln. Auf dem Hintergrund dieser Seminarerfahrung entwickelte Cohn einen Supervisionsansatz, der einerseits der Bearbeitung eines Themas (z.B. Übertragung als therapeutisches Problem) und andererseits der individuellen Entfaltung des einzelnen Ausbildungskandidaten, sowie der Entwicklung der Gesamtgruppe Rechnung tragen sollte. Dieses ursprünglich explizit als Supervisionsmodell angelegte Konzept bezog die Autorin später auch auf andere agogische Zusammenhänge, wie Selbsterfahrungsgruppen, Fortbildungsseminare usw. Bei der Entwicklung ihres Ansatzes beschreitet sie damit im Vergleich zu anderen Supervisionsansätzen einen ungewöhnlichen Weg. Zwar resultiert das TZI-System, wie andere Supervisionsansätze aus dem Umgang mit therapeutischen Konzepten, im Vollzug der supervisorischen Arbeit verbindet die Autorin mehrere ihr geläufige Ansätze zu einer neuen Konfiguration, zunächst also zu einem neuen Supervisionsmodell, um es dann aber als basales agogisches Konzept ausformuliert auch auf nicht-supervisorische Aktivitäten zu übertragen.

In Anlehnung an existenzphilosophische und humanistische Postulate, wie sie die humanistische Psychologie (Maslow 1963; Bühler, Allen 1973; Völker 1980 z.a.) formuliert, umreißt Cohn ihre anthropologische Basis:

-Der Mensch wird als psycho-biologische Einheit begriffen, d.h. agogigsche Arbeit muß immer auf den ganzen Menschen gerichtet sein, auf seine intellektuellen, emotionalen und somatischen Möglichkeiten. Der Ansatz von Cohn bezieht also im Gegensatz zu anderen Supervisionsmodellen auch die somatische Ebene des Supervisanden mit ein.

- Der Mensch ist autonom und interdependent zugleich. Individuierung (Autonomie) ist nur auf dem Hintergrund von Ich-Du-Erfahrungen (Interdependenz) möglich, d.h. wenn auf die Entfaltung des einzelnen Individuums abgezielt wird, muß damit unabdingbar die Bearbeitung seiner Beziehungsrelationen einhergehen.

- Ereignisse stehen in einem raum-zeitlichen Bedingungsgefüge. Ein Phämomen kann nicht von seinem aktuellen und historischen Kontext abgetrennt werden, d.h. bei der Bearbeitung eines Aspektes muß aus gestaltpsychologischer Perspektive das aktuelle (z.B. organisatorische) Umfeld betrachtet und der historische, sowie zukünftige Zusammenhang mitberücksichtigt werden. Damit trägt die Autorin auch psychoanalytischen Sichtweisen Rechnung, wonach aktuelle Phänomene individueller und interaktionaler Art aus historischen Erfahrungen resultieren (können). Für supervisorische Belange impliziert die Kontextbezogenheit des Ansatzes im Prinzip eine umfassende Reflexion der jeweiligen Zusammenhänge eines supervisorischen Anliegens.

- Dem Menschen ist Entscheidungsfreiheit innerhalb gegebener Grenzen möglich. Die Variabilität von Entscheidungsfreiheit wächst mit der psychischen und physischen Gesundheit. Damit unterstellt die Autorin, daß das Ziel agogischer Arbeit in der Bearbeitung von (Entscheidungs-) Defiziten besteht, daß aber gleichlaufend Entscheidungsfreiheit selbst als Entwicklung von Potentialen anzustreben ist. Für Supervision ist hier die einseitige Defizitorientierung aufgehoben, wie sie im Zusammenhang mit psychoanalytischen Ansätzen (z.B. Balintgruppen) immer herausgestellt wird, zugunsten einer fließenden Dimensionalität zwischen Defizitbearbeitung und Entfaltung vorhandener Potentiale.

Respekt vor dem Wachstum bedingt wertende Entscheidungen (Cohn 1975), S. 120). Damit betont Cohn die Notwendigkeit innerhalb agogischer Arbeit wertende Standpunkte zu formulieren, bzw. immer wieder neu Wertentscheidung zu treffen im Hinblick auf die Beurteilung von Humanität und Inhumanität. "Bewußtsein unserer universellen Interdependenz ist die Grundlage humaner Verantwortung" (Cohn 1975, S. 120). Im Sinne Bubers u.a. postuliert sie damit, daß Verantwortlichkeit für andere sich unmittelbar aus unserem Existenzzusammenhang ergebe. Distanziert wertneutrale Standpunkte einzunehmen, ist im Supervisionsmodell von Cohn damit weder für den Supervisor noch für den Supervisanden möglich.

Übergeordnete Leitlinie agogischer und supervisorischer Gruppenarbeit ist es nun, Bewußtheit für vorgenannte Zusammenhänge zu schaffen und bei den Teilnehmern die Auseinandersetzungsbereitschaft für "humane Verantwortung" zu entwickeln. Funktionale Zielsetzungen, wie Erhöhung der Kompetenz, Aufarbeitung von Defiziten personaler wie fachlicher Art sind für Cohn dabei summierbar als notwendige Voraussetzung zur Erreichung ihrer übergeordneten Zielsetzung.

Methodisch versucht die Autorin durch strukturelle, konzeptübergreifende Handlungsanweisungen ihren Zielen Rechnung zu tragen, indem sie vorschlägt, individuelle Phänomene (das Ich, Autonomiebestrebungen), interaktionale Vorgänge (das Wir, Interdependenzbestrebungen) und ein Thema (das Es) im Gruppenprozeß gleichgewichtig auszubalancieren. Individuelle und interaktionale Phänomene bearbeitet die Autorin gestalttherapeutisch und experimentell orientiert, beides Ansätze, die mit dem normativen Fundament ihres Ansatzes kompatibel sind (s. Süss, Martin 1977). Das Thema (entweder ein Sachthema oder ein spontan auftauchendes Gruppenthema) soll diskursiv oder im Rahmen eines emotional involvierenden Prozesses von der Gesamtgruppe ventiliert werden. Die Bearbeitungsebenen sind dabei nicht strikt getrennt, sondern als ineinander verzahnt gedacht.

Entsprechend ihren Axiomen fühlt sich Cohn ganzheitlichen Konzepten verpflichtet, die jegliches Gruppengeschehen in einen sozialen und physikalischen Kontext eingebettet sehen. So fordert sie, daß der außergruppale Kontext, sofern er die Gruppe emotional berührt, als "Globus" in das Gruppengeschehen reflexiv miteinbezogen wird.

Das konkrete methodische Vorgehen des Gruppenleiters ist in der Regel so, daß er ein Thema vorträgt, auf das sich die Teilnehmer einige Minuten schweigend vorbereiten, indem sie über das Thema nachdenken, auf Gefühle und Empfindungen achten, die zu dem Thema in ihnen auftauchen und das Thema vorstellungsmäßig mit der aktuellen Gruppensituation verknüpfen. Danach äußern sich die Teilnehmer und ein Gruppenprozeß kommt in Gang. Im Zuge dieses Prozesses führt dann der Gruppenleiter eine Reihe von Kommunikationsregeln ein, die ihrem Gehalt nach im wesentlichen aus Gestaltgruppe und Experientialgruppen-Arbeit extrahiert sind. Hauptregeln sind:

- Sei dein eigener Chairman, d.h. übernimm selbst die Verantwortung für dein Sprechen, Handeln und deine Gefühle.
- Sage, was hinter deinen Fragen steht (rhetorische Fragen dienen der Verschleierung).
- Sprich in Ich-Form, nicht in unpersönlichen Floskeln, wie "man", "wir".
- Störungen haben den Vorrang (wenn dich etwas beunruhigt, teile es mit).
- Es soll immmer nur eine Person sprechen.

Für supervisorische Belange muß diese Vorgehensweise entsprechend modifiziert werden, z.B. bei der Feststellung des Themas usw.

Als Arbeitshaltung für den Gruppenleiter propagiert Cohn einen Interaktionsstil, der im Anschluß an Laura Perls unter dem Begriff "selektive Authentizität" experimentellen, gestalttherapeutischen und psychoanalytischen Leiterhaltungen Rechnung trägt. Basal zielt Cohn im Sinne humanistischer Psychologie auf eine Subjekt-Subjekt-Beziehung zwischen Leiter und Gruppenteilnehmern, was maximaler Authentizität des Leiters entsprechen würde. Aus ihrer psychoanalytischen Erfahrung leugnet Cohn jedoch nicht, daß Übertragungs-/Gegenübertragungsphänomene als Beziehungsverzerrungen auch in nicht-analytischen Gruppen auftreten, deren Bearbeitung einen aktuell abstinenten Stil notwendig machen. Und vom Hintergrund ihrer experientiellen Gruppenarbeit weiß Cohn, daß sich maximale Offenheit auch zerstörerisch auswirken kann, weshalb sie gelegentliche Einschränkungen von Offenheit und Direktheit für notwendig hält. Dabei ist das Gruppensetting so angelegt, daß der designierte Leiter nur in den ersten Gruppensitzungen (bei der Einführung der Arbeitsprinzipien) die Gruppe führt, während später rotierende Leitung angestrebt ist.

Als Gruppensupervisionskonzept trägt der Ansatz von Cohn einer Reihe von eingangs formulierten Anforderungen Rechnung:

-Der supervisorische Ansatz ist mit dem agogischen Basiskonzept kompatibel, bzw. Supervisionsansatz und agogisches Konzept fallen bei Cohn sogar zusammen. Das Ausgangsmodell muß nur jeweils unterschiedlich akzentuiert werden.

- Die verwendeten methodischen Maßnahmen (Gestalttherapie, Psychoanalyse und experientielle Gruppenarbeit) werden als polare Arbeitsformen betrachtet und sind damit flexibel auf die Zielsetzungen des Ansatzes zu beziehen.

- Den Besonderheiten einer Gruppe wird durch den Einbezug von aktuell auftretenden individuellen und gruppalen Phänomenen nicht nur funktional Rechnung getragen, sondern die Bearbeitung dieser Aspekte entspricht den anthropologischen Postulaten und stellt eine conditio sine qua non dar.

- Die agogische Reichweite des Konzeptes ist vergleichsweise umfassend, da individuelle Phänomene, Interaktionsprobleme und gesamtgruppale Vorgänge auch in der Supervisionsgruppe erlebbar werden, also Anliegen von Supervisanden aus unterschiedlichsten Arbeitsfeldern in der konkreten Supervisionssituation schon automatisch erfahrbar werden. Innerhalb der Supervisionsarbeit dienen unterschiedliche methodische Ansätze, integrativ verwendet, der Bearbeitung von Ereignissen und Prozessen, so daß der Supervisand auch seine faktische Handlungsmöglichkeit im Sinne von Modellernen erhöhen kann.

Trotz dieser offensichtlichen Vorteile lassen sich auch am Ansatz von Cohn einige kritische Anmerkungen machen:

- Aus der Einsicht, daß eine ausschließlich rationale Auseinandersetzung mit Inhalten zur Reduzierung menschlicher Potentiale führt, propagiert Cohn unter der Leitlinie von "Living Learning", daß bei Lernen immer auch emotionale und somatische Zustände miteinbezogen werden müssen. Diese Prämisse führt nun aber bei Cohn (wie bei vielen anderen experientiell orientierten Autoren) zur latenten Negativierung von Rationalität zugunsten von affektiven Phänomenen. Themenformulierung und Spezifizierung von Themen, wie es sich aus ihrem Ansatz ergibt, erfolgt dann primär nach vordergründigen aktuellen Befindlichkeiten. Für Supervision ist es aber u.E. unerläßlich, gelegentlich umfassende und systematische Reflexionen zu diagnostischen und sonstigen Fragestellungen vorzunehmen. Solche Sequenzen scheinen uns in das TZI-System nur schwer integrierbar.

-Phänomene auf systemischer Ebene, die als "Globus" bezeichnet werden, tauchen ebenfalls zu selektiv auf. Institutionelle Probleme, Komplikationen mit Suprasystemen usw. unterliegen keiner systematisierenden Behandlung, d. h. der Kontext wird eher zufällig Gegenstand der Supervision. Damit wird auch eine Problematisierung der Relation von Selbstbestimmung und Systemrationalität, wie sie in der Supervisionsarbeit immer wieder auftaucht, nur schwer verhandelbar. Die praktische Bedeutung divergierender sozialwissenschaftlicher Analyseansätze muß aber u.E. gerade in der supervisorischen Arbeit ständig thematisiert werden.

-Problematisch ist auch, daß Cohn ihr im Prinzip sehr anspruchsvolles Modell, das unterschiedlichste Ansätze über ein normatives Fundament und relevante Handlungsaspekte integriert, letztendlich zu vereinfachend formuliert. Die aus der Gestalttherapie und experientiellen Gruppenarbeit extrahierten spezifischen Handlungsanweisungen wirken so simplifiziert, daß die extrem komplexen Anforderungen an seinen Verwender im Hinblick auf Entscheidungen für eine jeweilige methodische Maßnahme verwischt werden. Damit entsteht bei manchen Autoren der Eindruck, es handle sich im ein beliebig verwendbares Handlungssystem, das von seinem normativen Gehalt ablösbar sei oder voraussetzungslos zu praktizieren ist. Im Prinzip ist aber weder das normative Gebäude ohne eingehende Auseinandersetzung nachzuvollziehen noch die im Ansatz implizierte Methodik ohne besondere Voraussetzungen praktizierbar. Vergleichbar einer therapeutischen Ausbildung bedarf sinnvolles Arbeiten mit dem TZI-System einer intensiven und langjährigen Schulung, wie es Cohn in ihren einschlägigen Ausbildungsgängen auch vorsieht.

Der Ansatz von Petzold

Ein weiteres integratives Gruppensupervisionsmodell kommt von Petzold (1978). Ähnlich wie Cohn war er im Zuge therapeutischer, supervisorischer, pädagogischer und sonstiger sozialer Aktivitäten zu der Einsicht gelangt, daß nur ein integratives agogisches Handlungsmodell den supervisorischen Anforderungen hinreichend Rechnung tragen könne. Petzold geht jedoch, wie sich im folgenden zeigen wird, an wichtigen Punkten über Cohn hinaus. Obwohl Petzold psychodramatische, gestalttherapeutische, gruppendynamische und psychoanalytische Arbeitsansätze miteinbezieht, gibt doch die Gestalttherapie die Hauptleitlinie ab. Wir wollen deshalb diesen Ansatz "Gestaltgruppensupervisionsmodell" nennen.

Ähnlich Cohn ist der Ansatz von Petzold übergreifend formuliert, therapeutische, pädagogische und supervisorische Aktivitäten umfassend, und muß von seinem Verwender jeweils spezifisch akzentuiert werden. Der Supervisor erhält jedoch Hinweise, wie er diese Akzentuierung vornehmen kann. Auch das anthropologische Fundament ähnelt dem von Cohn, und die Formulierung von Strukturvariablen, die die konkreten Handlungsstrategien bestimmen, sind bei Petzold ebenfalls gegeben. Petzold unterlegt jedoch noch ein Prozeßmodell, das die Ableitung von konkreteren methodischen Maßnahmen zuläßt. Anders als bei Cohn, die ihren Ansatz auf eher individualisierende Prämissen stützt, sieht Petzold den Menschen noch grundsätzlicher durch seine soziale Bezogenheit charakterisiert. Soziale Bezogenheit wird auf der personalen, auf der sozialen und sogar auf der übergreifenden ökologischen Ebene thematisiert.

Der Hauptunterschied zu Cohn ist aber der bewußte Einbezug rationaler Elemente in die Supervision. Zu diesem Zweck versucht Petzold, stark emotional bestimmte Ansätze mit der Idee des rationalen Diskurses in seinem Handlungsmodell zu verknüpfen. Im Gegensatz zu dem klassischen Diskursmodell (Lorenzen 1975; Habermas 1971), das den rein sprachlichen, kognitiv geführten Dialog als Ideal der Verständigung ausweist, laufen die Petzoldschen Überlegungen auf eine dikursbestimmte Praxis hinaus, die ganzheitlich (Leib-Seele-Geist) orientiert ist, also auch unbewußte und überhaupt emotionale Phänomene (z.B. Identifikation) als relevante diskursive Elemente miteinbezieht. Es geht also darum, emotionale Phänomene nicht nur als dialog-behindernde, die rationale Verständigung potentiell bedrohende Momente zu begreifen, wie dies bei Habermas und Lorenzen geschieht, sondern als integrale, unverzichtbare Elemente jedweder menschlichen Begegnung. Um diese integrative Sichtweise zu verdeutlichen, nennt Petzold die von ihm propagierte Form des Dialogs "Korrespondenz".

Als methodische Maßnahmen für diese Diskursform dienen neben rationalen Auseinandersetzungen vorrangig gestalttherapeutische und psychodramatische Arbeitsansätze. Beide Konzepte sind konsequent gewählt, da sie, wie für die diskursive Beziehung gefordert, in ihrer Zielvorstellung auf eine Subjekt-Subjekt-Beziehung abstellen. Die Verwendung beider Ansätze dient im Modell von Petzold dazu, Voraussetzungen für einen sinnvollen Dialog zu schaffen, aber auch ihn selbst zu führen.

Ist in Ansätzen der Frankfurter Schule mit Rückgriff auf psychoanalytische Modelle Neurosenfreiheit als wesentliche Voraussetzung für einen gelungenen Dialog betrachtet, betont Petzold in Nähe zum Awareness-Konzept der Gestalttherapie die Entwicklung "komplexer Bewußtheit". Dabei wird "komplexe Bewußtheit" als Zustand gesehen, in dem aktuell maximale Wachheit, Bewußtheit und reflexive Aufmerksamkeit besteht. In Abgrenzung zu dem stark individualisierenden Bewußtheitskonzept der Gestalttherapie sind Bewußtheitsphänomene bei Petzold idealerweise auf das soziale und physikalische Umfeld im Sinne "engagierter Verantworung" gerichtet.

Korrespondenz, die nun durch wache Bewußtheit und agogische Verantwortung charakterisiert ist, führt in der gruppalen Situation zu einem Vorgang, den Petzold als "Theorie-Praxis-Zyklus" bezeichnet. Jeder Teilnehmer wird als potentiell kompetent begriffen und die Gesamtgruppe aktiviert als "Komptenzgruppe" (Lemke 1980) ihre vorhandenen theoretischen und praktischen Potentiale. In Nähe zu Ambitionen der Aktionsforschung führt dieser innergruppale Austausch auf dem Hintergrund theoretischer Reflexionen zur Veränderung von Praxis, und Auseinandersetzungen mit der Praxis lassen die Nuancierung und gelegentlich auch praktikable Umfomulierung von theoretischen Überlegungen zu.

Zur Analyse des aktuellen Kontextes sollen vergleichbar der Meadschen Diskurspraxis (s. dazu Joas 1980) die relevantesten Konzepte interaktionaler und systemischer Art herangezogen werden. Im Vollzug gruppaler Korrespondenz ergeben sich systemische Phänomene eigener Art, die ebenfalls Gegenstand der diskursiven Auseinandersetzung werden können, und zwar nicht nur im Sinne von Störungen oder unter pragmatischen Aspekten, sondern auch als menschliche Seinsform.

Aus dem Korrespondenzmodell von Petzold ergeben sich folgende strukturelle Elemente, zwischen denen in der aktuellen Gestaltgruppensupervision Balance hergestellt werden soll:

(1) Der historische, ökonomische, politische und ökologische Kontext,
(2) Ich und Du als aufeinander bezogene Interaktionspartner und
(3) das Thema.

Der Kontext

Der Kontext muß über Wahrnehmung und erkennendes Bewußtsein von den in ihm interagierenden in seiner Kompliziertheit erschlossen werden. In Abhebung zu Cohn beabsichtigt Petzold möglichst systematisierende und damit deutlicher kognitive Konfrontation mit Kontextvariablen. Alle in der Gruppe verfügbaren Konzepte interaktionaler und systemischer Art sollen zur Reflexion des aktuellen Gruppenkontextes, aber auch zur Analyse des jeweiligen Hintergrundes eines Gruppenmitgliedes und zur Reflexion eines supervisorischen Anliegens herangezogen werden. Vergegenwärtigung und Bearbeitung von Kontextvariablen erfolgt vorrangig mit psychodramatischen Ansätzen, die von ihrer normativen und sozialwissenschaftlichen Basis das Individuum immer schon als kontextbezogen begreifen (Petzold 1980). Dabei lassen sich insbesondere mit dem Soziodrama aus dem Morenoschen Ansatz Systemzusammenhänge verdeutlichen und bearbeiten. Auch zur Erhellung des zeitlichen Kontextes (Zukunkt/Gegenwart/Vergangenheit) stellt der Psychodramaansatz eine Fülle von Darstellungs- und Bearbeitungsmöglichkeiten zu Verfügung (s. dazu Petzold 1979).

In supervisorischen Zusammenhängen nimmt die ausführliche Auseinandersetzung mit institutionellen, ökonomischen, politischen und historischen Bedingungen gelegentlich breiten Raum ein und dient dabei als diagnostische und theoretische Grundlage für die weitere Arbeit. Der Reduzierung klassischer Supervisionsarbeit auf monadische Konzepte ist damit deutlich vorgebeugt; denn diese kontextbezogene Sichtweise kommt in der Gestaltgruppensupervison sowohl gegenüber supervisorischen Anliegen, gegenüber der Person des Supervisanden als auch gegenüber den aktuellen gruppalen Phänomenen zum Tragen.

Ich und Du

Bezogen auf das Ich-Du-Element ist es nun Ziel der Supervision, immer weiter fortschreitend die Entwicklung von Subjekt-Subjekt-Beziehungen in der Gruppe zu fordern und tendenziell objektivierende Bezüge, wie es etwa Übertragungsbeziehungen darstellen, zu überwinden. In supervisorischen Zusammenhängen bezieht sich diese Intention dann weiter auf die Supervisand-Beziehung. Im Verlauf der interaktionalen Prozesse sollen aber nicht nur

Behinderungen von Subjekt-Subjekt-Beziehungen bearbeitet werden, sondern auch emotionale Qualitäten, wie emotionale Sicherheit, offene Begegnung, Auseinandersetzungsbereitschaft usw. freigesetzt werden als Erweiterung von interaktionalen Möglichkeiten.

Methodisch müssen dabei auch überwiegend emotional berührende Maßnahmen verwendet werden, was auch für supervisorische Belange, die Integration von therapie-nahen Verfahren verlangt. Gestalttherapie und Psychodrama als dabei verwendete Verfahren kommen den diesbezüglichen Anforderungen von Supervision insofern entgegen, als sie soziale Bezogenheit im Sinne von Ängsten, Aversionen usw., also defizitorientiert, aber auch unter dem Gesichtspunkt von Erweiterung bearbeiten können. Beide Verfahren lassen vergleichbar der Psychoanalyse die Erhellung von historisch determinierten Zusammmenhängen zu, ohne aber von ihrem methodischen Ansatz her auf eine generelle Regression des Supervisanden abzustellen. Bei Falldiskussionen in der Supervision wird analog verfahren, wobei der Bezug zur aktuellen Supervisionssituation in verschränkter Weise mitberücksichtigt und gegebenenfalls bearbeitet werden muß.

Damit ergeben sich in der Supervision modellhaft normative und methodische Leitlinien für die eigene Arbeit des Supervisanden. Als Interaktionsstil zwischen Supervisor und Supervisanden sowie zwischen den Supervisanden postuliert Petzold (1980), vergleichbar Cohn unter der Bezeichnung "partielles Engagement", eine Haltung, die auf Subjekt-Subjekt-Beziehungen abzielt, aber vorhandenen Übertragungsreaktionen und bestehenden Überempfindlichkeiten des einzelnen Rechnung trägt. Deshalb werden authentische Reaktionen gelegentlich um des anderen willen zugunsten eher analytisch-abstinenter Haltungen reduziert.

Das Thema

In der Auseinandersetzung um das Thema äußert sich Petzold spezifischer als andere Autoren. Ein Teil von Themen ergibt sich aus dem Korrespondenzprozeß selbst (z.B. wie die Teilnehmer interagieren). Andere Themen resultieren aus dem Kontext (entweder aus dem situativen oder historischen/zukünftigen), wieder andere Themen werden innerhalb der Gruppe im Sinne eines Themenkataloges erarbeitet. In Gestaltsupervisionsgruppen dominieren verständlicherweise Themen, die die Supervisanden im Hinblick auf ihre Arbeit formulieren. Bei der Bearbeitung eines Themas muß, wie mehrfach erwähnt, immer der Kontext mitberücksichtigt werden. Gruppenziel und Themendefinition sollten für die Teilnehmer möglichst transparent sein. Themen, die wie bei Cohn nur aus dem "Hier-und-Jetzt" einer Gruppe abgeleitet werden, erlangen nach Petzold dagegen selten hohe Prägnanz und damit nur geringe Arbeitsintensität.

Die diskursive Auseinandersetzung in Gestaltsupervisionsgruppen über Themenwahl, Themenfindung und zeitliche Struktur der Themenbearbeitung nimmt gelegentlich breiten Raum ein. Einen ganz wesentlichen Vorgang stellt in diesem Ansatz die Themenfindung dar. Wie jeder Supervisor immer wieder erlebt, stellt es für den Supervisanden im Prinzip das größte Problem dar, sein Anliegen zu formulieren, insbesondere wenn es um individuelle oder interaktionale Verstrickungen in seinem Arbeitsfeld geht. Hier ist es eine vorrangige Aufgabe der Supervision, den eigentlichen (zumeist verdeckten) Problemkern herauszudestillieren. Häufig lassen sich auch unterschiedlichste Ebenen (z.B. individuelle, institutionelle) eines supervisorischen Anliegens bearbeiten, was ebenfalls mit den Supervisanden ausgehandelt werden muß. Supervisionsarbeit, die auf der falschen Ebene eines Problems ansetzt, kann gelegentlich zu ungünstigen Konsequenzen, zumindest zur Verschleierung führen. Methodisch wird dieser Vorgang durch rationale Reflexion oder im Bedarf, wie es der Idee von Korrespondenz entspricht, mit gestalttherapeutischen und psychodramatischen Interventionsformen abgedeckt.

Phasenschema

Petzold widmet der Beschreibung des Prozesses erhebliche Aufmerksamkeit, denn Korrespondenz und damit auch Supervision ist nur prozessual denkbar. Im Anschluß an psychodramatische Arbeitsformen unterlegt er ein Prozeßmodell, das einerseits deskriptiv, andererseits als gezielt verwendbares Handlungsmodell gedacht ist. Als einzelne Phasen nennt Petzold
(1) Initialphase, (2) Aktionsphase, (3) Integrationsphase, (4) Neuorientierungsphase.

(1) Die Initialphase besteht darin, daß Kontakt hergestellt wird zwischen den Interaktionspartnern über das, was verhandelt werden soll in dem aktuellen Kontext. Wenn eine Einigung erfolgt ist, wird das Thema reflektiert,

vorläufige Hypothesen formuliert, der Kontext grob analysiert und die Zielrichtung definiert. Dabei entfalten sich vorläufige Bearbeitungsebenen, von denen sinvollerweise die zur Bearbeitung herausgesucht wird, die die stärkste Prägnanz hat. In dieser Phase wird auch die Methodenwahl entschieden.

(2) In der Aktionsphase ruht in Analogie zur Inkubationsphase des kreativen Prozesses (Seiffge-Krenke 1974) die intellektuelle Auseinandersetzung. Statt dessen treten die intuitiven Potentiale des einzelnen und der Gruppe in den Vordergund. Methodisch dominieren in dieser Phase therapie-nahe Verfahren wie Gestalttherapie und Psychodrama. Der Korrespondenzprozeß ist in diesem Stadium unterschiedlich tief emotional eingefärbt, bis durch plötzliche Lösungen eine Entspannungsphase erreicht wird. Das Thema, in der Supervision das eigentliche Anliegen, tritt jetzt zumeist erst ganzheitlich in den Vordergrund. Auf intellektueller Ebene tritt Klärung ein oder die Tragweite eines supervisorischen Problems wird deutlich, auf emotionaler Ebene tauchen Gefühle der Entlastung usw. auf.

(3) Die Integrationsphase besteht in der kritischen Auswertung und Ableitung von Handlungsstrategien. Lösungen werden erarbeitet, die als "Theorie-Praxis-Zyklus" bezeichnet, zur Veränderung von Praxis aber auch zur Modifikation von theoretischen Konzepten führen. Wie im kreativen Prozeß handelt es sich um Verikationsvorgänge, d.h. alle vorab erstellten Hypothesen werden jetzt einer kritischen Prüfung unterzogen. Häufig sind in der Aktionsphase bei den Beteiligten veränderte Sichtweisen und Bewußtseinslagen entstanden. Diese werden im Sinne des psychodramatischen Sharing festgestellt, und sie führen zu neuen Beziehungsmöglichkeiten und damit auch zu immer entwickelteren dialogischen Qualitäten.

(4) Die Neuorientierungsphase dient dem Transfer. Im Rahmen neuerlicher Korrespondenzprozesse erarbeitet die Gruppe, wie die in der Aktionsphase gewonnene Sicht umsetzbar ist. Im Zuge dieser Aufgabenstellung geht die Gruppe oft wieder in die Initialphase über. Petzold betont in diesem Zusammenhang besonders, daß sich im Verlauf dieses Prozesses grundsätzlich nuancierte personale und gruppale Veränderungen ergeben, die entweder im systemischen Sinne zu automatischen oder zu bewußten, aktiven Veränderungen führen. Für Supervisionsgruppen ergibt sich daraus die Konsequenz, daß nicht nur der gruppale Kontext, sondern auch der jeweilige Kontext des Supervi-

sanden durch die Supervisionsgruppenarbeit Veränderungsprozessen unterliegt, die, wenn die Realisierung der Ziele des Gesamtansatzes gelingt, idealerweise bis in die Arbeitsorganisation des Supervisanden hineinreicht. Damit wird einer wichtigen Aufgabe von Supervision Rechnung getragen, nämlich auch institutionsverändernd zu wirken.

Das Phasenmodell soll jedoch nur der Orientierung dienen; ein Festhalten an äußeren Regeln widerspräche in vielen Fällen den Bedürfnissen und Erfordernissen von Gestaltgruppensupervision, vor allem auch den anthropologischen Prämissen. So kann auch die Balance zwischen Thema, Ich-Du und Kontext nur langfristig bestehen.

Den Ausführungen läßt sich entnehmen, daß das Gestaltgruppensupervisionskonzept den eingangs genannten Kriterien in vielfältiger Weise entspricht. Es darf jedoch nicht übersehen werden, daß dieses Modell eine Fülle von Ansätzen integriert, was zwangsläufig die Frage nach der Kompatibilität der methodischen und theoretischen Konzepte aufwirft. Auch gehen mit einem solch breit angelegten Modell Anforderungen einher, die manchen potentiellen Verwender irritieren mögen. In diesem Ansatz werden an den Supervisor im Hinblick auf seine sozialwissenschaftlichen Kenntnisse sehr umfassende Anforderungen gestellt, da unterschiedlichste Reflexionsansätze auf individueller, interaktionaler und systemischer Ebene vorausgesetzt werden. Zum anderen implizieren die konzeptimmanenten Methoden, Gestalttherapie und Psychodrama, im Prinzip eine vorausgehende therapeutische Ausbildung in mindestens einem Verfahren. Eine Lehranalyse, um Übertragungsanteile, narzißtische Bedürftigkeit usw. handhaben zu können, scheint fast unumgänglich. Ausbildungsprogramme zu diesem Ansatz sehen denn auch eine verhältnismäßig ausführliche theoretische und therapie-ähnliche Vorbereitung vor. Wenn wir aber von der Komplexität supervisorischer Aufgaben ausgehen, müssen wir derartige Anforderungen stellen.

Literatur

Argelander, H., Gruppenprozesse, Wege zur Anwendung der Psychoanalyse in Behandlung, Lehre und Forschung, Rowohlt, Hamburg 1972.

Balint, M., Der Arzt, sein Patient und die Krankheit, Fischer, Stuttgart 1957.

Beckmann, D.,Der Analytiker und sein Patient, Huber, Bern 1974.

-, Übertragungsforschung, in: Pongratz, H. (Hrsg.), Hdb. d. Psychol,. Bd. 8, Klinische Psychol,. 2. Halbband, Huber, Göttingen 1978, S. 1242 ff.

Bernstein, S., Lowy, L., Neue Untersuchungen zur sozialen Gruppenarbeit, Lambertus, Freiburg 1975.

Bion, W.R., Erfahrungen in Gruppen und andere Schriften, Klett, Stuttgart 1974.

Bolman, L.G., Deal, T.E., Modern approaches to understanding and managing organizations, Jossey-Bass, San Francisco, Washington, London 1984.

Brocher, T., Gruppendynamik und Erwachsenenbildung, Westermann, Braunschweig 1967.

Bühler, Ch., Allen, M., Einführung in die Humanistische Psychologie, Klett, Stuttgart 1973.

Cohn, R., Von der Psychoanalyse zur Themenzentrierten Interaktion, Klett, Stuttgart 1971.

Conrad, G., Pühl, H., Teamsupervision, Gruppenkonflikte erkennen und lösen, Marhold, Berlin 1983.

Cronen, V.E., Johnson, K.M.,Lannamann, J.W., Paradox, Doppelbindung und Rückkoppelungsschleifen, Familiendynamik 2/1983.

Foulkes, S.H., Praxis der gruppenanalytischen Psychotherapie, Reinhardt, München, Basel 1978.

-, Gruppenanalytische Psychotherapie, Pfeiffer, München 1974.

Freire, P., Pädagogik der Unterdrückten, Klett, Stuttgart 1972.

Friedmann, L., Praxisberatung in Gruppen, in: Caemmerer, v.D. (Hrsg.), Praxisberatung (Supervision), ein Quellenband, Lambertus, Freiburg 1970.

Gaertner, A., Wittenberger, G., Supervision und der institutionelle Diskurs, in: Supervision im Spannungsfeld zwischen Person und Institution, Akademie für Jugendfragen, Münster 1979.

Germain, C.B., Gitterman, A., Das "Life-Model" der sozialen Arbeit, Enke, Stuttgart 1983.

Giesecke, M., Rappe-Giesecke, U. (Hrsg.), Kommunikation in Balintgruppen, G. Fischer, Stuttgart, New York 1983.

Habermas, J., Vorbereitende Bemerkungen zu einer Theorie der kommunikativen Kompetenz, in: Habermas, J., Luhmann, N., Theorie der Gesellschaft oder Sozialtechnologie, Suhrkamp, Frankfurt/M. 197 , S. 101-141.

-, Theorie des kommunikativen Handelns, Bd. 2, Zur Kritik der funktionalistischen Vernunft, Suhrkamp, Frankfurt/M. 1981.

Hämmerling-Balzert, Ch., Grundlagen, Probleme und Ergebnisse der Psychoanalytischen Therapie, in: Pongratz (Hrsg.), Hdb. d. Psychol., klin. Psychol. 2. Halbbd., Huber, Göttingen 1978, S. 1884 ff.

Hoffmann, L., Grundlagen der Familientherapie, Isko-Press, Hamburg 1982.

Horn, K., Gruppendynamik und der subjektive Faktor, Suhrkamp, Frankfurt/M. 1972.

Huppertz, N., Supervision. Analyse eines problematischen Kapitels der Sozialarbeit, Luchterhand, Neuwied und Darmstadt 1975.

Joas, H., Praktische Intersubjektivität, Suhrkamp, Frankfurt/M. 1980.

Judd, J., Kohn, R.E., Schulman, G.L., Praxisberatung in Gruppen (Group Supervision), in: Caemmerer, v.D. (Hrsg.), Praxisberatung (Supervision), Ein Quellenband, Lambertus, Freiburg 1970.

Kersting, H.J., Kommunikationssystem Gruppensupervison, Aspekte eines Lehr-Lernverfahrens, Lambertus, Freiburg 1975.

Knoepfel, H.K., Einführung in die Balintgruppenarbeit, G. Fischer, Stuttgart und New York 1980.

Lemke, J., Gestaltsupervision in therapeutischen Wohngemeinschaften für Drogenabhängige durch Kompetenzgruppen, in: Petzold, H., Vormann, G. (Hrsg.), Therapeutische Wohngemeinschaften, Pfeiffer, München 1980.

Leuschner, G., Beratungsmodelle in der Gruppensupervison, in: Supervision, ein berufsbezogener Lernprozeß, Haus Schwalbach, Wiesbaden 1977.

Lorenzen, P., Autonomie und empirische Sozialforschung, in: Mittelstraß, J. (Hrsg.), Methodologische einer normativ kritischen Gesellschaftstheorie kamp, Frankfurt/M. 1975.

Marcel, G., Sein und Haben, Schöningh, Paderborn 1968.

Mead, G.H., Geist, Identität und Gesellschaft, Frankfurt/M. 1973.

Maslow, A., Psychologie des Seins, Kindler, München 1973.
Moreno, J.L., Gruppenpsychotherapie und Psychodrama, Thieme, Stuttgart 1973.
-, Aktionforschung und Therapie, Integrative Therapie 4, 1981, Paderborn.
Moser, H., Aktionsforschung als kritische Theorie der Sozialwissenschaften, München 1975.
Neidhardt, N., Beiträge zur Gruppensupervision I, II und III, in: Nachrichtendienst des Vereins, Frankfurt/M. 11/1972, 1/1973, 2/1973.
Oberborbeck, K.W., Regel, G., Zur Gruppensupervision von Mitarbeitern sozialer Einrichtungen, Praxis der Kinderpsychotherapie 1/1979, S. 17-29.
Pages, M., Das affektive Leben der Gruppen, Klett, Stuttgart 1974.
Petzold, H., Das Korrespondenzmodell in der Integrativen Agogik, Integrative Therapie 1/1978.
-, Psychodrama-Therapie, Beiheft zu Integrativen Therapie 3, Paderborn 1979, 2. Aufl. 1985.
-, (Hrsg.), Die Rolle des Therapeuten und die Therapeutische Beziehung, Junfermann, Paderborn 1980.
-, Die sozialpsychiatrische Rollentheorie J.L. Morenos und seiner Schule, in: Petzold, H., Mathias, U. 1982.
Petzold, H. Mathias, U., Rollenentwicklung und Identität, Junfermann, Paderborn 1982.
Ricci, C., Das Konzept der organisierten Komplexität, in: Selvini-Palazzoli, M., Anolli, L. et al., Hinter den Kulissen der Organisation, Klett, Stuttgart 1984.
Rosin, U., An welchen Konzepten orientiere ich mich, wenn ich als Leiter einer Balintgruppe interveniere? in: Giesecke,M., Rappe-Giesecke, K. (Hrsg.), Kommunikation in Balintgruppen, G. Fischer, Stuttgart, New York 1983.
Sackmann, S., Organisationskultur: die unsichtbare Einflußgröße, Gruppendynamik 4/1983.
Sbandhi, P., Gruppenpsychologie, Einführung in die Wirklichkeit der Gruppendynamik aus sozialpsychologischer Sicht, Pfeiffer, München 1973.
Scott, W.R., Konflikte zwischen Spezialisten und bürokratischen Organisationen, in: Mayntz, R. (Hrsg.), Bürokratische Organisationen, Rowohlt, Hamburg 1968.
Seiffge-Krenke, I., Probleme und Ergebnisse der Kreativitätsforschung, Huber, Bern, Stuttgart, Wien 1974.
Selvini-Palazzoli, M.S., Cirillo, S. et al., Der entzauberte Magier. Zur paradoxen Situation des Schulpsychologen, Klett, Stuttgart 1978.

Selvini-Palazzoli, M., Über die Familientherapie hinaus: wie ein globales systemisches Konzept entsteht, Familiendynamik 2/1983.

Selvini-Palazzoli, M., Anolli, L. et al., Hinter den Kulissen der Organisation, Klett, Stuttgart 1984.

Shaffer, J.B.P., Galinsky, D.M., Handbuch der Gruppenmodelle, Bd. 1 u. 2, BCS, Gelnhausen/Berlin, Freiburg, Stein/b. Nürnberg 1977.

Stegeren van, W.F., Gruppenpraxisberatung, in: Siegers, F.M.J. (Hrsg.), Praxisberatung in der Diskussion. Formen, Ziele, Einsatzfelder, Lambertus, Freiburg 1974.

Süss, H.J., Martin, K., Gestalttherapie, in: Pongratz, H. (Hrsg.), Hdb. d Psychol., Bd. klin. Psychol., 2. Halbbd., 1978, S. 2725 ff.

Watzlawik, P., Beavin, J.H., Jackson, D.D., Menschliche Kommunikation, Huber, Bern, Stuttgart, Wien 1969.

Watzlawik, P., Weakland, J.H., Fisch, R., Lösungen, Huber, Bern, Stuttgart, Wien 1974.

Wieringa, C.F., Einzel- und Gruppensupervision im Rahmen der sozialen Gruppenarbeit, in: Caemmerer, v.D. (Hrsg.) Praxisberatung (Supervision), ein Quellenband, Lambertus, Freiburg 1970.

Wilhelm, J., Einige Gedanken zum Verständnis von Supervision in Theorie und Praxis der Sozialarbeit, Neue Praxis 2/1975.

Wilhelm, J., Schulz, A.L. et al., Versuch einer emanzipatorischen Gruppensupervision, Neue Praxis 4/1977.

Winkelmann, F., Die Balintgruppen und ihre Weiterentwicklung unter Integration eines analytischen Gruppenkonzeptes, in: Ammon, G. (Hrsg.), Analytische Gruppendynamik, Hoffmann und Campe, Hamburg 1976.

Völker, U. (Hrsg.), Humanistische Psychologie, Beltz, Weinheim, Basel 1980.

Alfred Pritz, Wien

SELBSTERFAHRUNGSGRUPPEN. THEORETISCHE KONZEPTE UND PRAKTISCHE ANSÄTZE

Die Beziehung zum Du ist unmittelbar. Zwischen Ich und Du steht keine Begrifflichkeit, kein Vorwissen und keine Phantasie; und das Gedächtnis selber verwandelt sich, da es aus der Einzelung in die Ganzheit stürzt. Zwischen Ich und Du steht kein Zweck, keine Gier und keine Vorwegnahme; und die Sehnsucht selber verwandelt sich, da sie aus dem Traum in die Erscheinung stürzt. Alles Mittel ist Hindernis. Nur wo alles Mittel zerfallen ist, geschieht Begegnung.
Ich werde am Du; ich werdend spreche ich Du.
Alles wirkliche Leben ist Begegnung.

(Martin Buber)

Zum Begriff der Selbst-Erfahrung: Die Bildung des Selbst und seine Erfahrungsmöglichkeiten

Die Selbsterfahrungsbewegung hat sich seit Beginn der fünfziger Jahre explosiv entwickelt, manche sprechen vom "Psychoboom" (Bach 1976). Es scheint, daß dabei eine existentielle Notwendigkeit besteht, die dem Subjekt eine neue Seinserfahrung vermitteln kann. Viele Gründe mögen dafür ausschlaggebend sein: im ökonomischen Bereich die fortschreitende Entfremdung von einer befriedigenden, den ganzen Menschen involvierenden Arbeit, dabei ein ständig steigender Wohlstand, der wertzersetzende Elemente in sich birgt; weiterhin das Versagen der christlichen Religion in bezug auf die Sinnfrage, die sich viele Menschen der Industriegesellschaften woanders stellen, schließlich aber auch das Entdecken neuer zwischenmenschlicher Umgangsformen. So bezeichnete Carl Rogers einmal die Entdeckung der "Gruppe" als wichtigstes Ereignis dieses Jahrhunderts neben der Atomphysik. Daß gerade diese zwei Elemente sich gegenüberstehen, ist in gewisser Weise bezeichnend: denn die Gruppe (und speziell die Selbsterfahrungsgruppe) kann das Subjekt in die Lage versetzen, wieder "zu sich" zu finden, während die Atomphysik mit ihrer Anwendung in den Kriegstechniken gerade das Gegenteil provoziert, die Vernichtung des Menschen.

Selbst-Erfahrung ist in ihrem Kern ein dialogischer Vorgang; das heißt, nur über die Grenzbestimmung nach außen und nach innen erlebt sich der Mensch selbst. Das Subjekt ohne den Anderen ist nicht denkbar. Das Selbst des Menschen ist somit die Antwort des Subjekts auf innere und äußere Erfahrungen. Anschaulich können wir dies an der Entwicklung des Säuglings und des Kleinkindes zeigen: Wir nehmen an, daß sich der Säugling nach der Geburt in einem Zustand befindet, in dem er mit den äußeren und inneren Gegebenheiten eine Einheit bildet. Igor Caruso (1968) spricht in diesem Zusammenhang vom "sozialen Uterus", Mahler (1980) spricht von der "Dualunion". Dabei befindet sich das Kind in einem Zustand der Grenzenlosigkeit. Es ist ein grandioses, ozeanisches Gefühl, das später Erwachsene im Liebesakt, in der Ekstase und in Drogen wiederfinden. Zu diesem Gefühl der Grenzenlosigkeit gehört auch Machtvollkommenheit und totale Ohnmacht: Machtvollkommenheit, wenn die Umwelt, als dessen Teil sich der Säugling erlebt, befriedigend reagiert, Ohnmacht, wenn diese Umwelt eine versagende ist. Die Grenze nach innen zeigt sich in der Fähigkeit, körperliche Bedürfnisse zu regeln, wobei diese Bedürfnisspannung nach innen immer verbunden bleibt mit der äußeren Realität: die Mutter sorgt oder sorgt nicht für die Nahrungsaufnahme, die Analhygiene etc.

In diesem Zustand der Grenzenlosigkeit beginnt sich nun das Selbst zu bilden. Wir müssen uns allerdings vorstellen, daß dies ein Vorgang ist, der wahrscheinlich schon intrauterin einsetzt (Schindler 1982) und sich immer mehr differenziert. Im wesentlichen vollzieht sich die Grenzziehung zwischen Subjekt und außen bzw. innen so, daß die Umwelt (die Mutter) auf Bedürfnisse des Säuglings empathisch, das heißt entsprechend einfühlsam reagiert. Dabei kommt es zu einer Reduktion der Spannung, zu einem Absinken der Angst und zur Erfahrung: der Andere ist gut oder, im pathologischen Fall, schlecht, wenn die Bedürfnisspannung nicht reduziert werden kann. In dem Maße, wie der Säugling diese Erfahrungen verinnerlicht und sie mit seinen Eigenheiten verbindet, lernt er, einerseits sein eigener "Bedürfnisbefriediger" zu werden, andererseits sich von den Anderen in diesem zu unterscheiden. In dem Maße wie die Umwelt auf das Subjekt in dieser Zeit adäquat eingeht, wird das Subjekt später mit sich selbst und mit den Anderen in Kontakt treten. Aber nicht nur für die unmittelbare Bedürfnisbefriedigung nach Nahrung, Kontakt etc. wird hier die Wurzel gelegt, auch Strukturen der Persönlichkeit werden hier begründet. Minderwertigkeitsprobleme ebenso wie mangelnde Einfühlungsfähigkeit in sich selbst und in andere, depressive Störungen (Ohnmachtserfahrung!) haben hier ihre Ur-Sache. Die Frage nach dem Sinn des Lebens, der sich auf verschiedenen Entwicklungsstufen immer wieder neu stellt, weist zurück auf diese frühe Beziehungserfahrung, in der Sinn-lichkeit eine große oder kleine Bedeutung gehabt haben mag.

Es ist zu betonen, daß die Entstehung des Selbst kein rational steuerbarer Vorgang (überfürsorgliche Mütter schaden den Kindern genauso wie vernachlässigende), sondern ein sehr komplexer Vorgang ist, in dem unbewußte Komponenten eine Hauptrolle spielen. Die Selbst-Verständlichkeit der Beziehung der Mutter (bzw. Mutterpersonen, es ist ja die leibliche Mutter nur zu einem Teil die Erfahrungsperson für den Säugling) scheint eine gute Grundlage für den Säugling zu sein, spätere Gefährdungen seines eigenen Selbst abzuwehren oder zu integrieren. Vor allem um das erste Lebensjahr herum versetzt sich das Kind immer mehr in die Lage, selbst über seine Interessen zu bestimmen (zum Beispiel von der Mutter wegzugehen), seine eigenen Interessen zu entwickeln (zum Beispiel ja und nein zu sagen), seine Motive zu verfolgen (zum Beispiel mittels Tischtuch, das es herunterreißt, um die Gegenstände, die darauf standen, zu untersuchen).

Dieser Prozeß wird immer begleitet von Verinnerlichungen der gemachten Erfahrung und von ständig zunehmenden Verknüpfungen der Erfahrungen. Das Weltbild wird immer komplexer. Kommt es allerdings nur zu einer mangelhaften Bildung einer Selbststruktur, dann wird das Subjekt immer wieder auf die früheren Erfahrungen zurückgreifen, um sich so die Welt erklären zu können. Ist das Selbst hingegen stabil, das heißt, ist das Subjekt sich seiner sicher, dann kann es Erfahrungen machen, die jenseits des Augenblicklichen liegen: Es muß nicht ständig überprüfen, ob wohl alles noch einigermaßen zusammenhält, ob die Welt einen Sinn ergibt oder nicht, ob der Partner, mit dem man lebt, außer schlechten Seiten auch noch gute hat, ob der Arbeitskollege nur nach dem eigenen Posten schielt etc. In anderen Worten: die "gesunde" Selbst-struktur ermöglicht es dem Individuum, weitere Erfahrungen über die Welt und sich selbst zu machen; mangelnde oder fehlende Selbststruktur wirft es immer wieder auf die ursprüngliche Beziehungslage zurück. Natürlich ist dies nicht mechanistisch zu verstehen. Alle Menschen haben mehr oder weniger Selbst-Defekte und mehr oder weniger stabile Selbst-Strukturen.

Dieser Ausflug in die Entwicklungspsychologie soll zeigen, wie die einzelnen Selbsterfahrungsgruppen wirken, worauf sie abzielen und wie ihr ontogenetischer Hintergrund aussieht. So wie das Kind die Mutterperson braucht, um zu reifen, um die Welt zu begreifen, so wird das Kind und der Erwachsene später die Gruppe brauchen, als Resonanzkörper und als Erfahrungsquelle, als Korrektiv und als emotionale Heimat. Die Gruppe erfüllt beim Erwachsenen in hohem Maß, was die Mutter dem Säugling war Max Pages (1974) sieht in dem Bedürfnis nach Gruppenbildung die Notwendigkeit des Subjekts, in der Gruppe die existentielle Angst vor dem Selbstverlust zu reduzieren und sich dermaßen in Beziehung zu setzen mit dem Bekannten in ihm selbst. Die Gruppenerfahrung behalten wir bis an das Lebensende bei, keiner von uns kann sagen, er wüßte nichts von der Gruppe. Skurrile Ausnahmen in der Weltgeschichte sind etwa Wolfskinder und Kaspar Hauser-Existenzen, doch auch sie haben, wenn auch sehr extreme und reduzierte Gruppenerfahrungen gemacht, die sie zumindest am Leben hielten. Der Mensch ohne Gruppenerfahrung ist nicht lebensfähig, da ihm das Korrektiv zur Grenzbestimmung seines Wesens fehlen würde. Yogis und andere Mystiker sind ebenfalls mit Gruppenerfahrung versehen, auch wenn sie für Jahre der "äußeren" Welt den Rücken kehren. Gerade diese Fähigkeit, für sich selbst zu sein, hat ihre Wurzeln in einer Verankerung in der Beziehungswelt. Das Ziel der Yogi, die Vereinigung mit dem Göttlichen, mutet an, als sei dies ein Versuch, die früheste Kindwelt der Grenzaufhebung wieder zu finden.

Selbsterfahrung in der Gruppe erweist sich als eine Möglichkeit, die Grenzen des Individuums zu erkennen und sie zu erweitern. Mittlerweile gibt es eine unübersehbare Vielfalt verschiedener Ansätze, Techniken und Theorien;; Schätzungen gehen in die Tausende. Das Ziel all der Selbsterfahrungsmethoden geht aber in die gleiche Richtung: Mehr Bewußtsein (und Bewußtsein ist eine ganzheitliche Erfahrung) bedeutet, daß Kognition und Emotion sich im Erfahrungsgegenstand vereinen - über das Wesen der eigenen Existenz und der Existenz der Anderen. Dies hat verschiedene Ausfaltungen, im pädagogischen Bereich, im therapeutischen, im Erwachsenenbildungsbereich, in der Industrie und im spirituellen Bereich. Selbsterfahrung ist aber nicht Erfahrung schlechthin, sondern hat im Mittelpunkt die Interaktionsformen, die der Einzelne zu sich selbst und zu anderen Menschen entwickelt.

Der Begriff der Selbsterfahrung in diesem Sinne umfaßt viele Methoden; wir wollen ihn jedoch eingrenzen auf eine spezielle Form der Selbsterfahrung, die man auch "Psychotherapie für Gesunde" nennen kann. Das heißt, daß sich die folgenden Überlegungen vor allem auf Selbsterfahrungsgruppen beziehen, die nicht aus einem Krankheitsverständnis heraus aufgesucht werden, sondern die in erster Linie die Erweiterung der eigenen Möglichkeiten im Auge haben, nicht so sehr ihre Stabilisierung. Das zwischen therapeutischen Selbsterfahrungsgruppen und den Selbsterfahrungsgruppen für Gesunde keine scharfen Trennlinien zu ziehen sind, liegt auf der Hand. Einer der Hauptunterschiede liegt in dem unterschiedlichen Verständnis der Teilnehmer, die sich im einen Fall als Patienten verstehen und im anderen Fall eher als Schüler, Lernende, Kollegen. Viele der Selbsterfahrungstechniken werden im therapeutischen Bereich genauso verwendet wie in den verschiedenen Erwachsenenbildungsworkshops. Was sind nun die Merkmale einer Selbsterfahrungsgruppe:

1. Die freie Interaktion: In einem "Schonklima", in dem die üblichen Bestrafungsmaßnahmen für abweichendes Verhalten außer Kraft gesetzt werden, besteht die Möglichkeit für die Gruppenmitglieder, unerforschte Teile ihrer Persönlichkeit in den Mittelpunkt zu stellen: Phantasien, die man sich niemandem zu sagen getraut hätte, Gefühle, die man einzelnen Personen in der Gruppe entgegenbringt, auszusprechen, auch Widerstände und Hemmungen bei sich und anderen zu beobachten, die man in die Alltagsrituale eingegossen hatte und die nun in einem mobileren Beziehungsraum deutlicher hervortreten und modifiziert werden können.

2. Übungen: Um verschiedene Bewußtseinselemente zu verdeutlichen oder zu initiieren, werden immer wieder (meist vom Gruppenleiter) Beziehungsspiele in Übungsform angeboten, die zu einer Verdichtung des Erlebens führen. Insbesondere für Erfahrungen im nonverbalen Erlebnisbereich spielen Übungen eine besondere Rolle, da sie durch die dramatische Darstellung erst zu bildhafter Klärung beitragen.

3. Feedback-Prozesse: Das Wort feed-back, das der Systemtheorie entstammt, meint, daß sich soziale Lernerfahrungen über Rückkoppelungsprozesse ergeben können. Tatsächlich hat die Feedback-Technik möglichst genaue, persönliche und konkrete Mitteilung darüber, wie der andere wahrgenommen wird, in allen Selbsterfahrungsgruppen einen wesentlichen Anteil und wird auch von den meisten Gruppenleitern gefördert.

4. Die Hier-und-Jetzt-Situation: In den meisten Selbsterfahrungsgruppen wird die aktuelle Beziehung auf Kosten der Dort-und-Dann-Situation überbetont, um ein Ausweichen der Teilnehmer vor der konkreten Beziehungserfahrung zu vermeiden. Doch gibt es auch Selbsterfahrungsgruppen, die die Rolle der Lebensgeschichte besonders betonen und die die Dort-und-Dann-Erfahrung als essentiell für das Hier-und-Jetzt ansehen (vgl. Schmidbauer 1979).

5. Das Primat des Emotionalen: In unserer Kultur findet sich eine Überbetonung des Rationalen. Gefühle werden oft als lästige Störerscheinung, inbesondere in Produktionsbereichen, angesehen. Die Selbsterfahrungsgruppe lebt hingegen von der antithetischen Betonung der Gefühlswelt und mißt dieser zentrale Bedeutung bei.

Selbsterfahrungsgruppen haben in den fünfzig Jahren ihrer Existenz eine Reihe von Einflüssen aus verschiedenen Theorien und Praktiken erfahren. Die meisten huldigen einem gewissen Eklektizismus, holen sich Techniken und theoretische Erklärungsansätze aus den verschiedenen Psychotherapiebewegungen, so daß sich schwerlich eine einheitliche Theorie der Selbsterfahrungsgruppe herausschälen läßt. Besser beschrieben scheinen sie mir als eine Praxeologie, das heißt, sie bestehen aus einem variablen Regelkanon und einem Erfahrungsbereich, der sehr weit gesteckt ist und je nach theoretischem Verständnis unterschiedlich interpretiert werden kann. So eklektisch die Praxis der Selbsterfahrungsgruppen ist, so unduldsam und scharf finden sich Abgrenzungen der einzelnen Methoden in der Literatur (Sander 1981). Dennoch lassen sich einige Grundtheoreme aus den einzelnen Selbsterfahrungsmethoden ableiten.

Die Gruppendynamik

Die Gruppendynamik als eine sozialpsychologische Methode der Beeinflussung von Menschen begann mit den ersten Seminaren von Bethel, Maine, 1947. Das Ziel war, Techniken zur Entwicklung von Problemlösungsstrategien im Sozialbereich zu entwickeln. Als der theoretische Vater der Gruppendynamik ist Kurt Lewin zu bezeichnen, der mit seiner Feldtheorie großen Einfluß auf die Entwicklung der Gruppendynamik ausübte. Dabei ist allerdings zu bemerken,daß der "american way of group dynamics" immer sehr pragmatisch war. So erschien das erste einigermaßen informative Buch zur Entwicklung der Gruppendynamik erst fünfzehn Jahre nach den ersten Trainingsversuchen, nachdem sich die Gruppendynamik schon längst in allen Sozialbereichen ausgebreitet hatte (T-Group Theory and Laboratory Method. Innovation in Re-education, L.P. Bradford, J.R. Gibb, K.D. Benne (Hrsg.), dt.1972). Die Problematik von Umerziehung hatte sich durch die notwendige Re-Integration der Kriegsheimkehrer ergeben, und wohl hat auch der Eindruck des Faschismus einen gewissen Einfluß auf die Entwicklung der neuen Sozialisationstechniken.

Als Probleme wurden erkannt: die Bedeutung von Rolle und Funktion, von wechselseitiger Einflußnahme (im Gegensatz zur linearen Abhängigkeit), die Rolle von Autoritäten und die Bedeutung von Führungseigenschaften; auch die Rolle von Zusammenarbeitsmechanismen in Arbeitsteams wurde problematisiert. Einige typische Lernmöglichkeiten für die Teilnehmer eines gruppendynamischen Seminars lassen sich folgendermaßen darstellen:

(a) Aufdecken und Prüfen von Unzufriedenheiten:Die Unzufriedenheiten bleiben diffus und unbestimmt, solange sie nicht daraufhin untersucht werden können, ob sie Symptome tieferer Unzufriedenheiten sind. Ohne eine Gelegenheit zur Prüfung seiner Unzufriedenheiten bleiben die wirklichen Bedürfnisse im Dunkeln, und der Einzelne kann seine Lernbedürfnisse nicht genau diagnostizieren. So ist es Ziel eines Laboratoriums, eine Situation herzustellen, in der diese Unzufriedenheiten entstehen können, um sie der Diagnose zuführen zu können.

(b) Prüfung der Übereinstimmung zwischen Zielen und Handlungsweisen: Dazu soll dem einzelnen Teilnehmer die Möglichkeit großer Handlungsfreiheit geboten werden, damit er sich frei fühlt, mit den anderen den Komplex seiner Ziele zu besprechen und gegebenenfalls mit deren Hilfe die Wirksamkeit seines Handelns in Bezug auf das Ziel zu untersuchen.

(c) Kooperatives Bestimmen der Veränderungsrichtungen: Um seine Wert- und Motivationskonflikte zu klären und seine Richtung bestimmen zu können, in denen er eine Veränderung für möglich und wünschenswert hält, braucht der einzelne Unterstützung und Hilfe in der Gruppe oder vom Trainer. So ist die aktive Kooperation zwischen Lernenden, Mitlernenden und Trainer Gegenstand der Erörterung.

(d) Bestimmung der Wege der Veränderung: Der Prozeß, in der der Einzelne nach gangbaren Wegen der Veränderung sucht, löst im Betreffenden Ängste aus. In seiner Besorgnis, daß er ein bekanntes Verhaltensmuster gegen ein neues eintauscht, das vielleicht nicht die Güte des alten hat, bedarf eines Rückhalts, das ihm keine neuen Abhängigkeiten schafft. Er muß daher Möglichkeiten des Ausprobierens mit Rückhalt in der Gruppe vorfinden.

(e) Einschätzung der Wirksamkeit neuen Verhaltens: Um ein neu gefundenes Verhalten auf seine Wirksamkeit hin zu überprüfen, bedarf es einer Reaktion und Rückmeldung der Anderen. Das heißt auch, daß die Gruppe Gelegenheiten zum Experiment und zu dessen Überprüfung schaffen muß.

(f) Einübung, Internalisierung und Anwendung neuen Verhaltens: Um die neuen Verhaltensweisen zu festigen, bedarf es einer Übungssituation mit Wiederholungscharakter, sowie der Analyse der Widerstände, die bei der Verhaltensänderung auftauchen, als da sind: Das Suchen nach schnellen Antworten, Konflikte zwischen dem Vertrauten und dem Ungewohnten, das Sich-anpassen-Wollen an die Meinung der Gruppe, Widerstand gegen die Offenlegung von peinlichen Gedanken, Abwehrreaktionen aus Mangel an psychischer Sicherheit, Widerstände gegen das Helfen und Sichhelfen-lassen, um nur einige Widerstände und Probleme zu nennen.

Die gruppendynamische Bewegung entwickelte sich im Laufe der Jahre in zwei Richtungen weiter: Die eine Richtung wird beschrieben als das "Sensitivity-Training", die andere Richtung mündet in der "Instrumented-Group". Das Sensitivity-Training näherte sich den Therapiegruppen an, persönliches Wachstum wurde immer mehr zur Zielvorstellung, während sich die Instrumented Group verschiedener Objektivierungsinstrumente bediente (wie Rating scales, Merkmal-Listen und Rang-Einstufungen). Während das

Sensitivity-Training sich immer mehr in den Bereich "Therapie für Gesunde" hinentwickelte, fanden die Instrumented Groups vor allem in der Wirtschaft und Industrie ihre Entwicklungsmöglichkeiten.

Die Gruppendynamiker hatten immer schon ein besonderes Interesse entwickelt für die Prozeßentwicklung der Gruppe. Dabei wurden Anleihen von psychoanalytischen Autoren wie Bion und Ezriel übernommen. Doch wurde die Bedeutung des subjektiven Unbewußten dabei vernachlässigt und in eine operationale Sprache der Sozialpsychologie übersetzt.
So werden etwa die Entwicklungsphasen einer Gruppe nach dem Bionschen Entwicklungsmodell "Dependenz-Konterdepenz-Katharsis" vor allem als Machtprobleme in der Gruppe untersucht. Bemerkenswert ist, daß ganz im Gegensatz zur Praxis der Gruppendynamik die Rolle des Subjekts und seiner spezifischen Möglichkeiten zugunsten von Gruppenphänomenen in den Publikationen zurücksteht.

Welche Möglichkeiten hat nun die Gruppendynamik für die Selbsterfahrungsgruppen eröffnet:
1. Man kann die Gruppendynamik als die Mutter der Selbsterfahrung bezeichnen, da sie es erst ermöglicht hat, daß Selbsterfahrungsgruppen sich überhaupt entwickeln konnten.
2. Sie entwickelte ein reiches Instrumentarium an Feedback-Techniken und zeigte die Möglichkeiten ihrer Anwendung in Gruppen auf.
3. Die Rolle der Autorität wird in besonderem Maße problematisiert.
4. Demokratische Entscheidungsprozeße können mittels Gruppengesprächen eingeübt werden.
5. Die Emotionalität der Menchen in Gruppen ist von tragender Bedeutung für das Verstehen und Verhalten anderer wie sich selbst; kognitive Lernprozesse allein bleiben im Verhaltens- und Erlebensbereich wirkungslos.

Die Psychoanalyse

Die Psychoanalyse als älteste und theoretisch am fundiertest ausgearbeitete Therapiemethode hat einen großen Einfluß auf alle Psychotherapiemethoden dieses Jahrhunderts. Ihre Erkenntnisse lassen sich überall auffinden, wenn auch manchmal nur sehr verdünnt. Für die Selbsterfahrungsgruppen spielen einige der therapeutischen Konzepte der Psychoanalyse eine große Rolle, so das Konzept des Unbewußten. Dabei wird angenommen, daß es im Individuum Motive und Wünsche gibt, die diesem zu unangenahm, peinlich oder anstößig erscheinen, so daß sie nicht wahrgenommen werden dürfen. Dennoch wirken sie im Alltagsleben. Sichtbar werden sie in Fehlleistungen, Träumen, Versprechern und in künsterlischen Ausdrucksformen. Diese Zugänge zum Unbewußten werden auch in Selbsterfahrungsgruppen genützt, als Trauminterpretation, als Spiel mit Wörtern und künsterischen Techniken, die dann psychodynamisch gedeutet werden.

Ein weiteres zentrales Konzept der Psychoanalyse hat ebenfalls Eingang in die Selbsterfahrungsgruppen gefunden: Übertragung und Widerstand. "Übertragung" bedeutet, daß Personen dazu neigen, in Form von Ähnlichkeitsanalogien Persönlichkeitszüge von Bezugspersonen ihrer Kindheit auf für sie bedeutsame Personen der Gegenwart zu übertragen, auch wenn diese Person diese Aspekte gar nicht aufweist. "Widerstand" bedeutet, daß das Individuum dazu neigt, den Schmerz und die Unannehmlichkeiten, die der Prozeß der Bewußtwerdung mit sich bringt, zu vermeiden. Alle Maßnahmen, die diesen Prozeß verhindern, nennt man in der Psychoanalyse "Widerstand". In der psychoanalytischen Therapie spielen diese beiden Begriffe eine besondere Rolle, da sie die Angelpunkte im therapeutischen Bemühen sind, die kindliche Amnesie aufzuheben, Durch die Abstinenz des Psychoanalytikers, also die bewußte Zurückhaltung seiner Motive, Wünsche und Einstellungen, kommt es beim Analysanden zu einer Regression auf ein mehr oder weniger kindhaftes Verhalten dem Analytiker gegenüber. Ist diese Entwicklung so weit fortgeschritten, daß der Analysand sich so verhält, als wäre er bzw. sie ein Kind, so spricht man von der "Übertragungsneurose", die dann deutend aufgelöst wird. Dabei gibt es eine Reihe von Widerständen, da dieser Prozeß ja eine Reihe von später erworbenen Abwehrmaßnahmen gegen die kindlichen Wünsche aufhebt. Die Absicht der Psychoanalyse ist also das Wiederherstellen der kindlichen Situation, die Übertragungsneurose, zum Ziel der Aufarbeitung der kindlichen Triebwünsche. Dies ist ein langwieriger Prozeß, der sich in der Regel über Jahre erstreckt.

In den Selbsterfahrungsgruppen entwickeln sich ebenfalls solche Phänomene; doch kann das Ziel nicht die Entwicklung einer Übertragungsneurose sein, einmal weil die Zeitdauer von mehreren Intensivtagen die zeitlichen Möglichkeiten beschränkt, andererseits weil das Umgehen damit eine spezielle Schulung verlangt. Das heißt, der

Umgang mit Übertragung und Widerstand wird in unterschiedlicher Weise gehandhabt. Die Absicht in der Selbsterfahrungsgruppe ist nicht, eine Übertragungsneurose zu erzeugen, sondern im Gegenteil, diese zu verhindern. Kommt es zu Wahrnehmungsverzerrungen in die Richtung einer Übertragungssituation, dann wird versucht, den Realitätsgehalt der aktuellen Situation im Hier und Jetzt herauszuarbeiten, da ja Übertragungsverzerrungen immer auch einen aktuellen Wahrnehmungsaspekt beinhalten. Widerstände werden insofern in der Selbsterfahrungsgruppe besprochen, als sie die aktuelle Arbeitssituation behindern. Es gibt eine Tendenz, Widerstände nicht zu analysieren, sondern sie durch Übungen zu überwinden.

Ein weiterer Beitrag der Psychoanalyse für die Selbsterfahrungsgruppen sind die Arbeiten über unbewußte kollektive Phantasiebildungen. Die Psychanalytiker, die sich mit Gruppen befaßten, beobachteten, daß sich Gruppen als Ganzes gemeinsamen Interessen hingeben, die von unbewußten Phantasien genährt werden. Slater beschreibt im Buch "Mikrokosmos" (1970) sehr anschaulich, wie diese kollektive Phantasietätigkeit aussieht. Bion (1971) hat verschiedene Entwicklungsphasen in Gruppen beobachtet, die auch vom einzelnen unabhängig kollektiv verlaufen. Über das Stadium von Kampf- und Fluchtverhalten über die Paarbildung entwickelt sich eine Gruppe hin zu einem Interdependenzverhalten. Bion sieht Analogien zur Entwicklung des Kleinkindes von der Geburt bis zum ödipalen Stadium.

Die Bedeutung des "Agierens" wird in Selbsterfahrungsgruppen immer wieder sichtbar, wenn auch oft mißverstanden. "Agieren" im analytischen Sinn bedeutet, daß Personen einen Konflikt, den sie mit einer anderen Person oder auch mit sich selbst haben, nicht besprechen können, sondern diesen Konflikt handelnd darstellen. Nun sind viele Aspekte des Agierens der betreffenden Person unbewußt und laufen daher zwangsläufig ab. So kann es vorkommen, daß ein Gruppenmitglied wegen einer Kränkung die Gruppe verläßt, da diese Kränkung als eine totale Ablehnung von der betreffenden Person erfahren wurde. (Eine solche Kränkung kann nur dann aufgelöst werden, wenn noch ein Minimalkontakt hergestellt werden kann.) Das Agieren muß vom Probehandeln unterschieden werden, das vonnöten ist, wenn neues Verhalten erprobt und eingeübt werden soll.

Viele Teilnehmer an Selbsterfahrungsgruppen schildern Träume. Träume sind ein guter Zugang zum Unbewußten, darüber hinaus stimulieren sie die Gruppeninteraktion in sehr kreativer Weise. Denn so wie der Träumer Teile seiner Persönlichkeit im Traum aufzeigt ("Erzähle mir einen Traum, und ich sage dir, wer du bist"), so lassen sich im Traum immer auch Elemente der konkreten Gruppenbeziehungen finden, und sie spornen die Gruppe zu Deutungen an, die Lösungen im Alltagsleben antizipieren.

Die humanistische Psychologie

Die humanistische Psychologie ist eine Bewegung in der Psychologie, die beginnend in den fünfziger Jahren dieses Jahrhunderts eine Erneuerung der Psychologie im Sinne des Humanismus und des Existentialismus suchte. Ihr fühlen sich viele Psychotherapeuten verpflichtet, wie die Gestalttherapie, die Gesprächstherapie, die Transaktionsanalyse und die Bioenergetik. Im Unterschied zur Psychoanalyse betont die humanistische Psychologie in besonderem Maße die gesunde Persönlichkeit und konzipiert zur Tiefenpsychologie eine "Höhenpsychologie" (Pritz 1983): sie widmet also besonders auch den transpersonalen Aspekten der menschlichen Existenz ihre Aufmerksamkeit. Wir können den unterschiedlichen Zugang zum Menschen folgendermaßen in Postulate formen:

(a) Autonomie und soziale Interdependenz: Jeder Mensch ist zu Beginn des Lebens biologisch und emotional von seiner Umwelt abhängig. Mit zunehmender Beherrschung seines Körpers und der Umwelt strebt der Organismus nach Unabhängigkeit von äußerer Kontrolle. Es entwickelt sich ein aktives Selbst, das trotz aller deterministischen Einflüsse in die eigene Entwicklung eingreifen kann. Autonomie wird allerdings in der humanistischen Psychologie immer in Beziehung gebracht zum sozialen Feld, in dem sich diese Entwicklung vollzieht. Es wird als ein dialektischer Sozialisierungsprozeß angesehen. Carl Rogers (1979), einer der Pioniere der humanistischen Psychologie, beruft sich in seinen Schriften immer wieder auf S. Kierkegaard.

(b) Selbstverwirklichung: Mit Selbstverwirklichung ist auf biologischer Ebene die Tendenz des Organismus zur Entwicklung und Differenzierung vorhandener Anlagen gemeint. Auf der psychologischen und sozialen Ebene sind Selbstverwirklichungstendenzen durch die Entfaltung von Fähigkeiten, durch das Streben nach Wissen und die Freisetzung des menschlichen Potentials an konstruktiven

Kräften gekennzeichnet. Besonders Maslow (1973) hat sich mit Personen beschäftigt, die in hohem Ausmaß sich selbst verwirklicht haben, und spricht von der inneren Tendenz nach Wachstum im Menschen. Rogers entwirft eine Utopie des "guten Lebens", wenn er schreibt:

"Mir scheint, das gute Leben ist nichts Statisches. Es ist kein Zustand der Tugend, der Zufriedenheit, des Nirwanas und des Glücks, kein Zustand, in dem der Einzelne angepaßt, erfüllt ist. Es heißt vielmehr in den Prozeß des Lebens eintreten". Und an anderer Stelle: "Diese ganze Kette von Erfahrungen und die Sinnzusammenhänge, die ich bis jetzt entdeckt habe, scheinen mich in einem Prozeß hineingetrieben zu haben, der sowohl faszinierend als auch beängstigend ist. All dies scheint zu bedeuten, daß es darum geht, mich von meinen Erfahrungen tragen zu lassen - in eine, so scheint es, vorwärts führende Richtung, Zielen entgegen, die ich beim Versuch, wenigstens den aktuellen Sinn der Erfahrung zu verstehen, nur undeutlich umreißen kann. Es ist das Gefühl, mit einem komplexen Strom der Erfahrung zu treiben, wobei die faszinierende Möglichkeit in dem Versuch besteht, seine fortwährend sich verändernde Komplexität zu begreifen" (Rogers 1979, S. 213 ff).

Diese Selbstaktualisierungstendenz, wie sie C. Rogers beschreibt, ist eine der zentralen Achsen, auf die sich Selbsterfahrungsgruppen, auch wenn sie andere Elemente stärker betonen, stützen und auf der sie immer aufbauen.

(c) Ziel- und Sinnorientierung: Nach humanistischer (und existentialphilosophischer) Auffassung, strebt der Mensch nicht nur nach Befriedigung seiner Bedürfnisse, sondern auch einem sinnvollen und erfüllten Dasein. Eine selbsttranszendierende Zielsetzung wird daher als zentrales Merkmal menschlicher Motivation gesehen. V.Frankl, dessen Logotherapie im Kern auch der humanistischen Bewegung zuzurechnen ist, betont ebenfalls die inhärente Fähigkeit des Menschen, Werte zu setzen und diese teleologisch zu transzendieren (vgl. dazu auch Ch.Bühler 1975).

(d) Ganzheit: Die humanistische Psychologie hat grundlegende Prinzipien der Gestaltpsychologie aufgegriffen und betont die Rolle der ganzheitlichen Erfahrung. Gestörte Menschen sind zu einer ganzheitlichen Erfahrung nur in sehr beschränktem Maße fähig, da sie ständig mit den Problemen der Vergangenheit kämpfen. Sie sind für aktuelle Erfahrungen nicht fähig. Gleichzeitig sparen sie viele Erfahrungsmöglichkeiten des Organismus aus. Daher liegt ein besonderer Schwerpunkt der humanistischen Therapiemethoden auf dem Körperausdruck und seiner Erfahrungsquellen. Zugleich ist die Betonung der Ganzheit auch ein Angriff auf den (zumindest in theoretischer Hinsicht) vorliegenden Atomismus in der Psychoanalyse. Ganzheitliche Erfahrung meint also, daß keine Sinnes-Bereiche aus dem Entfaltungsprozeß ausgeschlossen werden sollen, sondern im Sinn der Selbstaktualisierungstendenz aktiviert werden sollen.

Die humanistische Psychologie gewinnt in den Selbsterfahrungsgruppen immer mehr an Bedeutung, da sie wie keine andere Richtung der Psychologie den Individualismus betont und in dieser Hinricht eine antithetische Haltung zur Technologisierung der Psychologie und Psychotherapie einnimmt. Allerdings ist in der Ablehnung des Technologischen auch die Gefahr mitverbunden, anti-rationalistisch zu werden und in einen anti-wissenschaftlichen Okkultismus zurückzufallen.

Der Einfluß fernöstlicher Philosophie und Meditationskunst

Der abendländische Mensch leidet seit der Kartesianischen Spaltung und der Aufklärung an dem grundlegenden Konflikt der Spaltung von Gefühl und Verstand, Krankheit und Gesundheit, Leben und Tod in besonderem Maße. Insbesondere im Buddhismus finden wir eine Philosophie vor, die in diesen Erfahrungstatsachen keinen Gegensatz, sondern höchstens zwei Seiten einer Medaille im kosmischen Geschehen sieht. Diese Philosophie hat die Psychotherapeuten des zwanzigsten Jahrhunderts besonders angezogen, C.G. Jung ist davon ebenso beeinflußt wie C. Rogers und A. Maslow, um nur einige zu nennen. Das Ziel der buddhistischen Philosophie ist es, die Spaltung die das Subjekt durch seine konkrete Erdhaftigkeit und Individualität erfährt, wieder aufzuheben, um sich mit dem Ewigen zu verbinden. Ein notwendiges Mittel dazu ist die Aufhebung oder Transzendierung des Ich.

Eine Möglichkeit dazu ist die Meditation (die ja auch in den christlichen Religionen von Bedeutung ist, ihre Hochblüte jedoch im Mittelalter hatte) und entsprechende körperliche Übungsabläufe, die sich im Zusammenhang mit der Meditation ergeben. Diese Körperübungen haben sich im Laufe der Jahrhunderte als eigene Körpermeditationsschulen entwickelt. Sie haben den gleichen Zweck wie jede andere Meditation: Sammlung und Ich-Erweiterung. Zwei wesentliche Ziele der Meditation sind körperliche und geistige Entspannung und vertiefte Atmung. Dazu dienen eine entspannte Körperhaltung und das Einüben eines Mantra. Ein Mantra ist ein Klangwort ohne konkrete Bedeutung, das der Meditierende vor sich hin denkt im Zuge des Gedankenflusses und das ihm so zu einer vertieften Entspannung verhilft.

Besonders der Zen-Buddhismus hat die Koan-Meditation entwickelt. Dabei wird dem Meditierenden ein persönliches problemorientiertes Mantra oder auch ein Satz vorgegeben, zu dem er meditieren soll. Dieses Koan hat oft den Charakter einer Paradoxie, die erst in einer höheren Wirklichkeitsstufe aufgelöst werden kann. Die Koan-Meditation erinnert sehr an paradoxe Verschreibungen, wie sie Watzlawick (1976) beschrieben hat und wie sie in der systemischen Psychotherapie zur Anwendung kommt. Der Meditierende ist immer als Subjekt angesprochen, er selbst ist derjenige, der seinen eigenen Befreiungsweg suchen und finden muß.

Im T'Ai Chi, einer Bewegungsmeditation, wird der Körper in die Selbsterfahrung miteinbezogen und die Meditation dadurch erweitert. - In Selbsterfahrungsgruppen werden immer wieder Meditationsübungen und Körpermeditation verwendet, um außengeleitete Erfahrung in eine innengeleitete überzuführen.

Gruppenstruktur und Gruppenprozeß in der Selbsterfahrungsgruppe

Selbsterfahrungsgruppen erstrecken sich in der Regel als Workshops über mehrere Tage, wobei dem intensiven zeitlichen Zusammensein eine wesentliche Bedeutung beikommt. Durch den ständigen Kontakt mit den anderen Gruppenmitgliedern (Selbsterfahrungsgruppen umfassen meist acht bis sechzehn Mitglieder) kommt es zu einem "Aufweichen" der Charakterstruktur und dem damit verbundenen Ausdruck von Gefühlsregungen, was von der jeweiligen Selbsterfahrungsgruppe unterschiedlich aufgenommen wird. Es ist bezeichnend, daß Selbsterfahrungsgruppen sehr rasch, meist nach ein, zwei Tagen, ein außergewöhnlich gutes Gespür für fassadenhaftes Verhalten und die dahinterliegende Problematik entwickeln. Dabei findet in der Gruppe in der Regel eine starke Akzeptanz von unterdrückten Gefühlsregungen, insbesondere von schmerzhaften Gefühlen statt.

Je nach Ausrichtung der Gruppe werden dann stärker verschiedene Elemente betont, etwa Körperempfindungen, Träume, die Interaktion der Gruppenteilnehmer untereinander, die Beziehung der Teilnehmer zum Gruppenleiter, kreatives Schaffen.

Der Beginn der Selbsterfahrungsgruppe ist gekennzeichnet durch zwei Gefühlsregungen: Angst vor der Gruppe und den Gruppenteilnehmern einerseits und neugierige Erwartung andererseits, wobei Vorerwartungen und Vor-Einstellungen in Bezug auf die kommende Gruppenarbeit eine große Rolle spielen. Die Angst dreht sich vorwiegend um Phantasien des Einverleibtwerdens, des Autonomieverlustes, der Bestrafung für mögliches unerlaubtes Handeln. Die Neugier richtet sich auf den Wunsch nach Kontakt, nach freier Interaktion und Selbstbestimmung. Aggressive Gefühlsregungen stehen dabei im Vordergrund.

Die entwickelte Gruppe ist gekennzeichnet durch emotionale Sicherheit, Identität und Konfliktbereitschaft. Es herrschen mehr oder weniger ausgesprochene bewußte und unbewußte Interaktionsregeln in der Gruppe. Es kommt zu einer Amalgamisierung von libidinösen und aggressiven Strebungen. In dieser Phase werden dann auch tiefliegende Konflikte bearbeitet.

Das Ende der Gruppe wird bestimmt durch emotionale Labilität in Bezug auf die einzelnen Gruppenteilnehmer, wobei das Identitätsgefühl, dieser speziellen Gruppe anzugehören, nach wie vor vorhanden ist. Die Konfliktbereitschaft reduziert sich allerdings, in der gut funktionierenden Selbsterfahrungsgruppe tauchen Trauergefühle auf. Ein Versuch, diese Trauer nicht wahrnehmen zu müssen, ist der Trend zur Uniformiertheit am Ende einer Gruppe: Individuelle Differenzen werden aufgegeben zugunsten einer kollektiv-narzißtischen Selbstliebe; die Individualgeschichte wird zugunsten einer Gruppengeschichtlichkeit für eine kurze Zeit aufgeben (vgl. Pritz 1984).

Anwendungsgebiete der Selbsterfahrungsgruppen

Selbsterfahrungsgruppen finden wir mittlerweile in allen Lebensbereichen der Industrienationen versuchsweise auch als Möglichkeiten, zwischen unterschiedlichen Gesellschaftsordnungen Kommunikation herzustellen. C.Rogers führte zum Beispiel 1979 ein Projekt in Südafrika durch, wo sich Weiße und Schwarze zur Frage der Rassentrennung in Selbsterfahrungsgruppen trafen (Rogers 1980). Die häufigste Anwendungsform ist die des frei ausgeschriebenen Workshops, in dem sich mehr oder weniger einander Unbekannte treffen. Gerade der Unbekanntheitsgrad ist für viele Menschen eine Hilfe, einmal ihr übliches Rollenschema zu verlassen und alternative Handlungsweisen auszuprobieren. Manchmal dauern diese Workshops nur einige Tage, wobei der psychodiagnostische Wert hoch, der Veränderungswert allerdings oft gering ist. Es gibt Gruppenleiter, die daher Selbsterfahrungsgruppen veranstalten, bei denen sich die Teilnehmer regelmäßig über Jahre an mehreren Wochenenden pro Jahr treffen. Dies garantiert den Gruppenteilnehmern eine höhere Gruppenstabilität und ist für langfristige psychische Wachstumsprozeße sicher besser geeignet.

Im beruflichen Rahmen finden wir arbeitsbezogene Selbsterfahrungsgruppen, die oft auch Balint-Gruppen genannt werden (wobei die "eigentlichen" Balint-Gruppen sich auf die Gruppensupervision von Ärzten beziehen). Diese Selbsterfahrungsgruppen beziehen naturgemäß die Arbeitssituation viel stärker mit ein und sind daher in der Regel nicht so regressiv, die therapeutische Dimension spielt eine wesentlich geringere Rolle, während Fragen der Autorität, der Berufskompetenz und der Teamarbeit einen breiten Raum einnehmen.

Selbsterfahrungsgruppen erfahren eine spezielle Veränderung, wenn sie in Institutionen durchgeführt werden. Institutionen sind ja sehr mächtig und beeinflussen Selbsterfahrungsgruppen enorm. Die Gruppengrenzen sind nicht mehr so variabel, die Toleranzschwelle der Institution wird immer wieder zum Thema. Daher bedarf es einer besonderen Schulung des Gruppenleiters, wenn er mit institutionellen Rahmenbedingungen umgehen muß. So wird etwa der Grad der Informiertheit der Institution, was in der Gruppe passiert, die jweilige Interaktion in der Gruppe entsprechend beeinflussen. Institutionen, die ihre Mitglieder in Selbsterfahrungsgruppen schicken, bevorzugen manchmal außenstehende Trainer, manchmal Trainer, die in der Institution selbst arbeiten. Beide Modelle haben Vorteile, wobei bei den "hauseigenen" Trainern die Diskretion über sehr persönliche Aspekte sich natürlich anders entwickelt, als wenn der Trainer nicht in einem Abhängigkeitsverhältnis zur Institution steht.

Schließlich gibt es Selbsterfahrungsgruppen, die sich anhand von konkreten Problemstellungen treffen, etwa um die Kompetenz als Gruppenleiter zu erhöhen, und Selbsterfahrungsgruppen, die sich um gemeinsame Persönlichkeitsmerkmale gruppieren, etwa Homosexuelle, die diskriminiert werden.

Die Rolle des Gruppenleiters

Die Ausbildung zum Selbsterfahrungsgruppenleiter geschieht bis heute in privaten Vereinigungen, wobei die Qualität der Ausbildung recht unterschiedlich ist. In der Regel wird der Ausbildung viel Gewicht beigemessen, handelt es sich doch bei der Leitung von Gruppen um eine höchst komplizierte Aufgabe, die eine stabile und kenntnisreiche Person als Leiter braucht. Ein Kriterium für die Gruppenleitung ist also eine entsprechende Charakterbildung, die der jeweilige Gruppenleiter meist als Teilnehmer in Selbsterfahrungsgruppen erwirbt (wobei diese Charakterbildung sicherlich ein lebenslanger Prozeß ist). Der Gruppenleiter sollte eingermaßen seine Stärken, seine Schwächen und seine Grenzen kennen. Darüber hinaus aber braucht er auch noch Kenntniss in Psychopathologie und Gruppendynamik, die über die eigene Selbsterfahrung weit hinausgeht. In den jeweiligen Ausbildungsinstitutionen werden dazu Kurse angeboten. Ratsam ist es, daß angehende Gruppenleiter zuerst als Ko-Leiter und in Supervision Gruppen leiten, bevor sie sich Verhaltensweisen angewöhnen, die auf eine Gruppe destruktiv wirken könnten.

Wie Liebermann und Yalom (1972) nachweisen, passieren in Gruppen, in denen charismatische Gruppenleiter am Werk sind, wesentlich häufiger negative Zwischenfälle als in Gruppen, in denen der Gruppenleiter keine "Bekehrung" zu einer bestimmten Anschauungsweise oder Lebensform anstrebt. Gruppenleiter, die ein Sendungsbewußtsein haben, sind zwar oft sehr beeindruckend, helfen ihren Gruppenmitgliedern allerdings nicht unbedingt weiter. Der Gruppenleiter soll ein besonders hohes Ausmaß an Einfühlungsvermögen aufweisen, damit er individuelle und Gruppenkrisen schnell zu spüren vermag. Diese Sensibilität läßt sich in der Ausbildung steigern, wobei es manchmal notwendig ist, daß sich der auszubildende Gruppenleiter einer ausführlichen Einzeltherapie unterzieht. Mit Schmidbauer (1979) bin ich einer Meinung, daß Gruppenleiter nach einigen Jahren Tätigkeit wieder als Teilnehmer in Selbsterfahrungsgruppen gehen sollten, um die beruflich bedingte Distanz zu den Gruppenmitgliedern wieder zu überbrücken und ihre eigenen "blinden Flecke" wieder zu untersuchen.

Grenzverläufe zwischen Selbsterfahrungsgruppen und Gruppentherapie

Im Zuge der raschen Verbreitung psychologischer Interventionsmethoden hat sich die klare Grenzziehung zwischen Selbsterfahrungsgruppen und Gruppenpsychotherapie verwischt. Tatsächlich haben sich die Methoden der Gruppentherapie in Selbsterfahrungsgruppen bewährt, wie auch Techniken von Selbsterfahrungsgruppen Eingang in die Gruppentherapie gefunden haben. Teilnehmer wie Gruppenleiter verwenden immer wieder das Wort "Therapie", wenn sie an Selbsterfahrungsgruppen teilnehmen. Dennoch gibt es einige Unterschiede, die jedoch graduell zu sehen sind und sich in der konkreten Situation in die eine oder andere Richtung verschieben.

(1) Die Teilnehmer an Selbsterfahrungsgruppen sind in der Regel psychisch gesunde Menschen mit spezifischen neurotischen Defiziten. Das heißt, daß in Selbsterfahrungsgruppen selten Personen mit schweren psychischen Leiden, wie Psychosen oder schweren Neurosen, anzutreffen sind. Hingegen sind Klienten von Selbsterfahrungsgruppen meist Personen, die an und für sich ihr Leben relativ gut bewältigen, arbeits- und beziehungsfähig sind, aber ihre Fähigkeiten analysieren und optimieren wollen, da sie oft an Langeweile, Leere und ähnlichen Gefühlen leiden.

(2) Das Ziel der Selbsterfahrungsgruppen ist die periphere Veränderung von Persönlichkeitsstrukturen, das Ziel der Gruppentherapie ist es, zentrale Persönlichkeitsdimensionen zu verändern. So ist die Bedeutung der Kindheit in der Gruppentherapie von großer Bedeutung, während in Selbsterfahrungsgruppen dem aktuellen Geschehen besonderer Raum gewidmet wird (Pritz 1984). Mit einher geht schließlich die Notwendigkeit mit zum Teil schweren Symptombildern in der Gruppentherapie fertig zu werden, während in den Selbsterfahrungsgruppen Personen mit gravierender Symptomatik (etwa schwere Handlungszwänge, Phobien oder schwere Depressionen) kaum Zugang finden.

(3) Die Ausbildung von Selbsterfahrungsgruppenleitern unterscheidet sich häufig von Gruppentherapeuten. Während Gruppentherapeuten in der Regel eine psychotherapeutische Einzelausbildung aufweisen, ist dies bei Leitern von Selbsterfahrungsgruppen nicht immer bzw. selten der Fall. Damit verbunden haben diese häufig auch pädagogische Interessen und sind weniger in explizit psychotherapeutischen Berufen tätig.

Neben diesen Unterscheidungskriterien finden sich aber wesentlich mehr Übereinstimmungen. Besonders in den letzten Jahren verfließen die Gruppenmethoden immer mehr, und es lassen sich oft nur mehr Grenzziehungen in der Theorie vornehmen, während die Praxis sich der jeweils notwendigen oder verfügbaren Technik bedient.

Literatur

Bach, G., Psychoboom, Diederichs, Düsseldorf/Köln, 1976.

Bion, W., Erfahrungen in Gruppen und andere Schriften, Klett, Stuttgart, 1971.

Buber, M., Ich und Du, Schneider, Heidelberg, 1954.

Bradford, C.P., Gibb, J. R., Benne, K.D. (Hrsg.), Gruppentraining, Klett, Stuttgart, 1972.

Bühler, Ch., Einführung in die humanistische Psychologie, Klett, Stuttgart, 1974.

-, Die Rolle der Werte in der Entwicklung der Persönlichkeit und in der Psychotherapie, Klett, Stuttgart, 1975.

Caruso, I.,Trennung der Liebenden, Huber, Bern/Stuttgart, 1968.

Liebermann, Yalom, Miles; Encounter groups, Basic Books, New York, 1972.

Mahler, M., Die psychische Geburt des Menschen, Fischer, Frankfurt, 1980.

Maslow, A., Psychologie des Seins, Kindler, München, 1973.

Pages, M., Das affektive Leben in Gruppen, Klett, Stuttgart, 1974.

Pritz, A., Gibt es eine Gesundheitslehre der Psychoanalyse;. in: R. Larder (Hrsg.), Psychoanalyse heute, Likras, Wien, 1983.

-, Übertragung, Gegenübertragung und Widerstand, in: W. Schmetterer (Hrsg.), Gruppen, Selbstverlag, Wien, 1984.

Rogers,C ., Die Entwicklung der Persönlichkeit, Klett, Stuttgart, 1979.

-, Die Person als Mittelpunkt der Wirklichkeit, Klett-Cotta, Stuttgart, 1980.

Sandner, D., Gruppenpsychotherapie, Gruppendynamik 17 (1981), S. 234-250.

Schindler, S., Vortrag im Arbeitskreis für Tiefenpsychologie in Wien, Herbst 1982.

Schmidbauer, D., Selbsterfahrung in der Gruppe, Rowohlt, Reinbek, 1979.

Slater, Ph., Mikrokosmos, Fischer, Frankfurt, 1970.

Watzlawick, P., Wie wirklich ist die Wirklichkeit, Piper, München, 1976.

Michael Lukas Moeller, Frankfurt

SELBSTHILFEGRUPPEN - HOFFNUNG AUF EINE PERSÖNLICHE MEDIZIN?

1. Technische Medizin

Eine Situation aus dem Alltag der Medizin: Ein Mann wird Opfer eines Verkehrsunfalls. Nach ausgiebiger ärztlicher Versorgung fragt man ihn im Krankenhaus: "Wer ist Ihr Arzt?" Der Mann antwortet:

"Ob mich auf der Straße jemand versorgt hat, weiß ich nicht, weil ich ohnmächtig war. Wer mich operiert hat, weiß ich nicht, weil ich in Narkose lag. Danach hat sich der Anästhesist um mich gekümmert. Einer hat mich geröntgt, einer meine Augen untersucht. Ein Neurologe, nehme ich an, hat mein Gedächtnis anhand eines Fragebogens geprüft. Ich würde gerne mit einem Arzt über meinen Zustand sprechen und über meine gesundheitliche und berufliche Zukunft - aber ich weiß nicht, mit wem" (Frankfurter Rundschau, 04.03.1978).

Der Patient war nach seinem Hausarzt gefragt worden, aber er charakterisierte, ohne dies zu wissen und ohne es zu wollen, den Zustand des derzeitigen Medizinbetriebes. Nicht zuletzt vor diesem Hintergrund hat Tom Dewar (1976) zwei einfache Formen der Hilfe unterschieden: die technische Hilfe und die persönliche Hilfe. Die technische Hilfe wird in der Regel von den Professionellen, den Spezialisten geboten. Sie setzt besondere Fähigkeiten, Techniken und Werkzeuge voraus; und sie kann nur selten eine wechselseitige Hilfe sein. Sie setzt von vornherein eine ungleichgewichtige Beziehung zwischen Helfenden und Hilfsbedürftigen voraus. Die persönliche Hilfe dagegen umfaßt den ganzen Menschen, nicht nur einen kleinen Teil. Sie versucht zu verstehen und zu stützen, und sie ist in der Regel wechselseitig.

Je höher der Grad der Spezialisierung ist, um so offenkundiger wird der Unterschied zwischen technischer und persönlicher Hilfe. Als klassisches Beispiel können wir den Chirurgen ansehen. Er soll zum Beispiel eine Magenoperation vornehmen. Mit dieser Handlung nimmt er eine sehr präzise, hochspezielle Beziehung zum Patienten auf. An einer ganzheitlichen, persönlichen Beziehung mag ihm als Arzt gelegen sein; als Operationstechniker liegt sie außerhalb seines Blickfeldes. Wir können dieses kleine Beispiel ohne große Verzerrung auf die gesamte Organmedizin übertragen. Dann bleibt die Frage: Wer behandelt denn nun - nach, neben, zusammen mit dem erkrankten Organ oder auch gesondert - den Menschen? Vernachlässigen wir einmal die kleine Schar der Psychosomatiker und Psychotherapeuten, dann kann man ohne Bedenken sagen: von den medizinischen Fachkräften keiner. Das ist die große Verlustzone der heutigen Medizin. Im Bereich der persönlichen Hilfe, das heißt im Bereich des Erlebens und Leidens, zur Bewältigung der zahllosen seelischen und sozialen Konflikte, die vor, mit und auch nach der Überwindung der organischen Erkrankung gegeben sind, bietet die organmedizinische Versorgung so gut wie nichts. Auch nachdem Verletzungen und Erkrankungen versorgt sind, bleiben sie Zonen intensivsten Leidens. Es ist deshalb kein Wunder, daß sich gerade in diesem Bereich Selbsthilfegruppen gebildet haben.

2. Persönliche Gruppenselbsthilfe

Anfangs haben Krisen, Krankheiten und Not zur Bildung selbstverantwortlicher Gesprächsgruppen geführt. Millionen Menschen teilen inzwischen die Einsicht, die ein amerikanisches Gruppenmitglied in die treffenden Worte faßte: "Nur du allein kannst es schaffen, aber du schaffst es nicht allein". Ihr Erfolgsgeheimnis ist einfach: Die Gruppe kann mehr als der Einzelne. Sie steigert die Chancen der einzelnen, eigene Probleme zu lösen, und intensiviert die Selbstentwicklung.

Seit 1935 gibt es die Anonymen Alkoholiker. Ihre Arbeit ist zum verbreitetsten und wirksamsten Mittel gegen den Alkoholismus, einer der Hauptkrankheiten der Industrienationen, geworden. Seit 1965 entstehen Selbsthilfegruppen aller Art, die seelische Probleme wie Ängste und Depressionen zu beheben versuchen. Inzwischen sind weltweit über 450 Selbsthilfeorganisationen für nahezu jede psychosoziale Belastung entstanden: Behinderte; chronisch Leidende; Eltern mit kranken oder verhaltensauffälligen Kindern; Familien, die ein schweres Schicksal zu bewältigen haben; Übergewichtige; Menschen, die den Verlust eines nahen Angehörigen tragen müssen; Genesende und Todkranke.

Selbsthilfeorganisationen haben im gesamten Bereich der Medizin, Psychotherapie und Sozialarbeit eine stille Revolution eingeleitet.

Sie haben die heute fast verlorengegangene persönliche Medizin gleichsam wiederbelebt. Ich möchte auf den leicht mißzuverstehenden Begriff "persönliche Medizin" kurz eingehen. Er meint zunächst eine an der Person des Kranken orientierte Medizin. Die Krankheit wird vom Menschen nicht wie ein fremdes Objekt getrennt, vielmehr unauflösbar mit seinem Erleben und Verhalten verbunden gesehen. "Ich habe kein Problem, ich bin das Problem selbst", sagte ein Anonymer Alkoholiker treffend. Ähnlich formulierten Frauen in der Frauenbewegung: "Ich habe keinen Körper, ich bin mein Körper". Darüber hinaus meine ich keinesfalls mit persönlicher Medizin etwa einen Rückfall in ein individualistisches Gesundheitswesen. Gerade die Selbsthilfegruppen haben viel früher als die Fachleute erkannt, wie wenig sich die Krankheit nur auf den Krankheitsträger beschränken läßt. Sie haben sehr frühzeitig Familiengruppen, Jugendlichengruppen und sogar Kindergruppen eingerichtet (Alanon, Alaten, Alapreten), die andere Anonymous-Gruppen übernommen haben.

Das natürliche Beziehungsnetz des Einzelnen (z.B. seine Familie, manchmal auch die Arbeitsgruppe) ist für die Medizin ein viel bedeutenderes Orientierungsfeld, wie alte Hausärzte schon immer wußten. Wir leben nicht isoliert im Vakuum. Auch unser natürliches Beziehungsnetz tut das nicht. So kommen z. B. auch die aktuellen Arbeitsbedingungen ins Blickfeld entsprechender Selbsthilfegruppen. Dazu ein kurzes Beispiel: Eine Stationsgruppe (Ärzte, Krankenschwestern, Pfleger, Sekretärin etc.) eines psychiatrischen Krankenhauses erkannte erst, nachdem sie sich zu einer Arbeitsplatzgesprächsgemeinschaft zusammengetan hatte, recht deutlich zwei Phänomene: Zum einen, wie sehr die drohende Entlassung einiger Ärzte oder gar die Schließung der ganzen Station im Zuge von Sparmaßnahmen sich auf das Verhalten ihrer psychotherapeutisch versorgten Patienten auswirkte: Die Patienten riskierten es nicht mehr, sich offen aggressiv mit den Ärzten auseinanderzusetzen. Das Bedrohtheitsgefühl über den Ärzten legte sich wie eine ängstigende Narkose auch auf die Patienten. Zum anderen aber erkannte die Gruppe erst in der Gesprächsgemeinschaft die ungeheure Beziehungslosigkeit untereinander und damit auch die Unfähigkeit, Konflikte am Arbeitsplatz zu lösen. Arbeitsunzufriedenheit als Resultat eines schlechten Arbeitsklimas z. B. ist jedoch ein Krankheitsfaktor ersten Ranges. Erst in der Gesprächsgemeinschaft wurden die Konflikte deutlich, gleichzeitig erstmals aber auch gemeinsam lösbar.

Es gibt viele weitere Beispiele, die deutlich machen, daß die Gefahr einer Psychologisierung sozialer Mißstände durch Selbsthilfegruppen nicht groß ist. Im Gegensatz zum allgemeinen Glauben ist es nicht die Regel, daß Selbsthilfegruppen über längere Zeit ausschließlich personenbezogen die soziale Situation ausklammern. Vielmehr ist gerade im Gegenteil die sozialverändernde und insofern politische Arbeit bei der Mehrheit der Selbsthilfeverbände das Hauptziel, während die Arbeit an der Person fast bis zur Vernachlässigung zurücksteht.

Persönliche Medizin heißt für mich allerdings auch Arbeit <u>an</u> der eigenen Person, also am eigenen Verhalten und Erleben - nicht nur Arbeit <u>für</u> die eigene Person. Diese Arbeit an der Person verbindet sich in meinen Augen unlösbar mit politischer Arbeit. Nicht nur schafft sie - wie die Psychoanalyse - günstigere Voraussetzungen für eine nach außen gerichtete politische Aktivität, indem sie Wahrnehmungsfähigkeit, Entscheidungsfähigkeit, Handlungsfähigkeit, Beziehungsfähigkeit und vor allem Konfliktfähigkeit entwickelt. Vielmehr ist die Arbeit an der Person selbst eine besondere Form politischer Tätigkeit. Denn gern übersehen wir, wenn wir gegen soziale Mißstände initiativ werden, daß diese Arbeit allein für Veränderungen nicht ausreicht. Wir haben nämlich die Ungerechtigkeiten und Verzerrungen dieser Gesellschaft im Zuge unserer eigenen seelischen Entwicklung von Kindheit an verinnerlicht. Für die Friedensarbeit etwa bedeutet das, neben der Destruktivität der Anderen und der Institutionen auch die eigene Destruktivität zu bearbeiten. Das versuchen die Friedensselbsthilfegruppen. <u>Norbert Elias</u> hat nachgewiesen, wie die sogenannte Gesellschaftsmechanik unsere seelische Struktur durch und durch prägt. Auch die Tatsache, daß die gesellschaftlichen Verhältnisse durch die Herkunftsfamilie vermittelt, gebrochen und von uns erst in dieser Form verinnerlicht werden, ändert nichts daran, daß jede Person wie auch ihre Erkrankung ein politisches Produkt ist. So verstanden, gehört Arbeit an der Person für mich im umfassenden Sinne zur politischen Arbeit. Wir müssen also stets eine doppelte Auseinandersetzung leisten: mit den Verhältnissen, in denen wir leben, und gleichzeitig mit uns selbst.

Inwieweit nun Selbsthilfegruppen eine so verstandene persönliche Medizin zustande bringen, hängt meines Erachtens von ihrem eigenen Entwicklungsstand ab. Sie arbeiten zur Zeit sehr unterschiedlich. Einigen gelingt eine persönliche Medizin sehr gut, andere können sie nicht realisieren. Selbsthilfegruppen haben meines Erachtens häufig noch gar nicht entfalten können, was in ihnen als Anlage steckt. Wer heute Kenntnis von der Selbsthilfegruppenentwicklung hat, ist sich im Klaren darüber, daß die international zu beobachtende Spaltung in sozial-verändernde Selbsthilfegruppen einerseits und selbst-verändernde Gesprächsgemeinschaften andererseits nach Möglichkeit überwunden werden sollte. Dafür gibt es schon gute Beispiele, auf die ich später teilweise zu sprechen komme. Ich möchte im Folgenden kurz die Entwicklung in der Bundesrepublik Deutschland darstellen. Im letzten Jahrzehnt unterscheide ich für mich persönlich vier Phasen.

3. Zur Anfangsphase der Selbsthilfegruppen in der Bundesrepublik Deutschland (bis 1975)

Die erste war die Entstehung der Selbsthilfegruppen überhaupt. Vorher waren sie praktisch unbekannt. Die Anonymen Alkoholiker waren allen anderen um Jahre, wenn nicht Jahrzehnte voraus. Auf ihrem ersten Treffen im Bundesbahnhotel des Hauptbahnhofes München (1956) waren sie 8 Mitglieder. 1968 tragen sich zum Deutschlandtreffen 80 Betroffene, jetzt im Frühjahr 1983 waren es 8.000. Wenn alle anderen Selbsthilfegruppenformen sich ebenso brisant entwickeln, wird die Medizin in 10 Jahren anders aussehen müssen. Diese Phase war etwa 1975 abgeschlossen, als sich die ersten Anonymen Neurotikergruppen verbreiteten, die großen Selbsthilfeorganisationen im Dachverband "Hilfe für Behinderte" selbstbewußter auftraten und die "Deutsche Arbeitsgemeinschaft Selbsthilfegruppen" mit zunächst nur 30 Betroffenen und solidarischen Fachleuten als loser Verbund gegründet wurde.

4. Diskussion über die Zusammenarbeit von Selbsthilfegruppen und Fachleuten (bis 1980/81)

Die zweite Phase war gekennzeichnet durch die prekäre Frage, ob und - wenn ja - wie berufliche Helfer an der Entwicklung von Selbsthilfegruppen mitwirken könnten. In diesem Zusammenhang wurden eklatante Mißbräuche bekannt: So züchteten beratende psychologische Institute in ihrem Umkreis Selbsthilfegruppen als eine Art lebender Warteliste heran, und es kam sogar zur Ansiedlung eines aus den USA stammenden Konzerns, der die Selbsthilfegruppenentwicklung gezielt anregte, um sich eine entsprechende Konsumentenmasse für seine Kaufhausartikel zu schaffen. In dieser Zeit waren progressive Experten von quälenden Schuldgefühlen gepackt, wenn sie sich Selbsthilfegruppen näherten, da die Fachleute befürchteten, sie könnten eine neue Abhängigkeit herstellen. Interessanterweise ist diese Angst, die nur im Kreis der Fachleute auftrat, das bekannte Helfersyndrom in neuem Gewande. Denn hier werden ja wieder einmal - wie im traditionellen Abhängigkeitsverhältnis von Arzt und Patient zum Beispiel - die Betroffenen für so ohnmächtig und schwach gehalten, daß sie ihre Bedürfnisse angesichts von Fachleuten nicht mehr klar und stabil vertreten können. Wer allerdings konkret mit und in Selbsthilfegruppen arbeitet, weiß, daß nichts der Wirklichkeit ferner ist als diese Auffassung, Selbsthilfegruppen gerieten allzu schnell in die Abhängigkeit von Fachleuten. Im Gegenteil: sie können sich außerordentlich gut selbst behaupten und vertreten.

Zum Abschluß dieser Phase ging es nicht mehr darum, ob, sondern darum, wie die Fachleute sich sinnvoll beteiligen könnten. Die ängstliche, wechselseitig mißtrauische Einstellung wich der Einsicht, daß eine Zusammenarbeit beiderseits hilfreich wäre, aber eine grundlegende Veränderung der helfenden Beziehung voraussetzt, eine Emanzipation in Richtung einer wirklich gleichgestellten Partnerschaft zwischen Helfenden und Betroffenen. Sofern es etwa um die Begleitung von Selbsthilfegruppen durch Professionelle geht - womit gruppendynamische und psychotherapeutische Kenntnisse auch den Betroffenen in eigene Verfügung kämen -, kann die feine Veränderung des Begriffes "Beratung" die Situation verdeutlichen. Wir sagten, Selbsthilfegruppenbegleiter beraten nicht die Selbsthilfegruppen, sie beraten mit ihnen.

5. Breite Anerkennung der Selbsthilfegruppen (bis heute)

Die dritte Phase war gekennzeichnet durch die sich durchsetzende breite Anerkennung der Selbsthilfegruppen. Ich kenne noch die Anfangszeiten, in denen ich zum Beispiel vor den Universitätspräsidenten zitiert wurde. Er sah in völliger Unkenntnis der Selbsthilfegruppenarbeit einen Schandfleck auf die Universität zukommen, wenn die Entwicklung von Selbsthilfegruppen vom Zentrum für Psychosomatische Medizin aus aktiv unterstützt würde. Ich höre noch heute den Nervenarzt in einem Seminar auf einem großen Fachkongreß von "wildgewordener Krankenhausmeute" reden oder den Internisten, der die erste Selbsthilfegesprächsgruppe von Infarktpatienten mit den Worten kommentierte, sie sollten doch ihr psychologisches Papperlapapp lassen. Selbst an unserem psychosozial sehr fortschrittlichen Zentrum in Gießen sprach man davon, daß sich die Selbsthilfegruppen in die Psychose oder in den Suizid treiben könnten, weil sie nicht wissen, was sie tun. Und der Direktor des Arbeitsamtes verbot die an sich problemlose Überlassung abends leerstehender Räume, weil langhaarige Chaoten doch nur alles zertrümmern würden. Daß damals bereits Mitarbeiter der Universitätsverwaltung in Selbsthilfegruppen gingen, hätte er wohl als glatte Lüge abgetan.

Heute dagegen gibt es keinen großen Verband der sogenannten helfenden Berufe von den Sozialarbeitern bis zu den Fachärzten, der nicht schon im Rahmen von Jahreskongressen Selbsthilfegruppen zu einem Schwerpunktthema gemacht hätte. Eine Entwicklung ist für mich geradezu zu einer Parabel geworden: die der Herzinfarktkongresse. Ursprünglich redeten da hochspezialisierte Fachleute unter Ausschluß von Patienten. Dann wurden Patienten als Zuhörer zugelassen. In einem nächsten kühnen Schritt hielten Betroffene Diskussionen und Korreferate zu den Fachvorträgen. Schließlich drehte sich das Verhältnis um: die Betroffenen hielten die Hauptvorträge und die Fachleute das Korreferat. In der vorläufig letzten Fassung reden nur noch die Betroffenen und die Ärzte sind passive Zuhörer.

Was an diesem Beispiel im Aufbau des Kongresses seinen Niederschlag findet, ist die Anerkennung eines neuen Wissens in der Medizin: die Anerkennung des Expertentums der Betroffenen. Der Durchbruch der Selbsthilfebewegung im Gesundheitswesen, aber auch in Erziehung und Fortbildung, im politischen Bereich und im Alltag, ist nahezu allseitig. Die New York Times vom 01.01.1980 bezeichnete im Rückblick die 70er Jahre als das Jahrzehnt der Selbsthilfegruppen. Die Verbände für niedergelassene Ärzte wie der NAV und BPA widmen sich heute intensiv den Möglichkeiten der Zusammenarbeit mit Selbsthilfegruppen ebenso wie Krankenkassenvereinigungen. Eine soeben publizierte Schrift zur "Struktur ärztlicher Versorgung im Wandel" des Verbandes der niedergelassenen Ärzte enthält beispielsweise eine Passage, die vor wenigen Jahren völlig undenkbar gewesen wäre:

"Die Zahl der Selbsthilfegruppen hat sich in den letzten Jahren auf ungeahnte Weise vermehrt. Verzeichnete eine WHO-Expertentagung 1980 für die Bundesrepublik Deutschland, für Belgien, die Niederlande, Österreich, Polen und Jugoslawien erst steigendes Interesse an dieser Form der Selbsthilfe, während es in den USA schon 750.000 Gruppen mit 14 bis 15 Millionen Mitgliedern gab, so gab es nach Angaben der 50. Konferenz der Gesundheitsminister und Senatoren der Länder im Dezember 1982 vorsichtig geschätzt schon mindestens 5.000 Selbsthilfegruppen mit einer halben Million Mitgliedern in der Bundesrepublik Deutschland. Diese Zusammenschlüsse sind sowohl Ausdruck einer veränderten Einstellung des Patienten zu seiner Krankheit und ihrer (auch psychischen) Bewältigung als auch des Empfindens der Betroffenen, im Erfahrungsaustausch mit Leidensgefährten eine Sicherheit zu gewinnen oder zurückzugewinnen, die ihnen die medizinische Wissenschaft nicht zu geben vermag.

Unter diesen Selbsthilfegruppen gibt es viele, die eng mit Ärzten zusammenarbeiten, während andere eine solche Zusammenarbeit ablehnen, besonders wenn Ärzte nicht bereit sind, von einer rein organbezogenen Form der Medizin abzugehen. Immer größere Kreise der Bevölkerung wünschen eine mehr subjektbezogene Betrachtung ihrer Krankheit. Man erwartet von den Ärzten, daß sie den Patienten als soziales Individuum betrachten und nicht als ein medizinisches Phänomen. Die Ärzte sollen in verstärktem Maße - parallel zur spezifisch medizinischen Behandlung - dem Patienten helfen, seine Selbstgesundungskräfte zu stärken, um damit Krankheitsverläufe positiv zu beeinflussen."

In politischen Gremien steht heute bekanntlich die Thematik Selbsthilfegruppen mehr und mehr im Zentrum, Anfragen in Landesparlamenten (Kiel und Berlin), aber auch im Bundestag, zeigen das. Keine Partei - von den Grünen bis zur CSU - verschließt sich diesem Thema. Die Konferenz der Gesundheitsminister hat einen wesentlichen Beschluß zur Förderung von Selbsthilfegruppen gefaßt. Die Regierungserklärungen enthalten den Hinweis auf dieses inzwischen schon nicht mehr so neue Phänomen. Der Kampf und die Auseinandersetzung um die Anerkennung hat sich also gelohnt.

6. Die aufkeimende Frage nach der Qualität der Selbsthilfe-Gruppenarbeit

Die gegenwärtige Lage ist meines Erachtens durch eine besondere Entwicklung gekennzeichnet, die erst wenigen Beteiligten bewußt wird. Als ich vor einigen Jahren mit allen damaligen Vertreterinnen der Selbsthilfegruppen, die zur "Frauenselbsthilfe nach Krebs" gehörten, ein zweitägiges Seminar durchführte, zeichnete sich für mich erstmals dieses neue Problem ab. Die öffentliche Anerkennung der Selbsthilfegruppen stand im Gegensatz zur einst entsetzten Ablehnung bereits dicht bevor. Dieses Ziel war also nahezu erreicht, obwohl es auch künftig noch viel Überzeugungsarbeit erfordern wird. Was nun allerdings mehr und mehr in den Mittelpunkt rückte, war nicht mehr die Frage *ob*, sondern *wie* Selbsthilfe in Gruppen stattfindet. Die Frage nach der Qualität der Selbsthilfegruppenarbeit - das heißt: wie sie denn am besten wirke - wird meines Erachtens heute zum Brennpunkt und muß es wohl oder übel werden. Das wird eines Tages Rückwirkungen auf die professionellen Versorgungsleistungen haben - etwa die der niedergelassenen Ärzte, die sich ebenfalls der Qualitätsfrage ernster werden stellen müssen. In vielfacher Hinsicht kommen differenziertere Fragen auf.

Ich erinnere mich an eine Fachtagung, zu der sich sechs Forschergruppen aus westdeutschen Universitäten versammelten. Sie bearbeiteten jeweils unterschiedliche Aspekte aus einer gemeinsamen Thematik "Laienpotential, Patientenaktivierung und Gesundheitsselbsthilfe". Es wurde deutlich, daß die einzelnen Ergebnisse, aber auch überhaupt die Tatsache solcher umfänglicher wissenschaftlicher Untersuchungen, einen Bewußtseinswandel auch auf Seiten der Fachleute erzwingen. Ein Moment ist mir persönlich besonders in Erinnerung: Eine Untersuchung ergab, daß organmedizinische Krankheitsepisoden - sofern sie keinen schweren Grad erreichen - in mehr als 90 % der Fälle in familialer Selbsthilfe bewältigt werden. Angesichts solcher Ergebnisse stehen die Gesundheitspolitiker und Ärzte zunächst einmal vor dem Phänomen, nur einen kleinen Bruchteil der Krankheits- bzw. Gesundheitsversorgung zu leisten. Wir werden wenigstens relativiert (vgl. Grunow u.a. 1983).

In diesem Zusammenhang aber mußte ich auch an die ganz andere Situation bei schweren, chronischen oder gar lebensbedrohlichen Erkrankungen wie z. B. Krebs denken, bei denen die familiäre Selbsthilfeleistung sehr häufig völlig versagt. Ich erinnere an die erschütternde Tatsache, die Mildred Scheel einmal bekannt gab, daß jede zehnte Frau, die an Krebs erkrankt ist, von ihrem Partner verlassen wird. Wer in der Lage ist, die Veränderung der Familienverhältnisse feiner und genauer einzusehen, die dadurch entstehen, daß ein Mitglied der Familie an Krebs oder anderweitig schwer erkrankt - ein Kind, die Mutter oder der Vater -, der ahnt, welche ungeheure Wirkung meist unbewußt eine solche Erkrankung nicht nur auf das Seelenleben und die Lebensqualität des einzelnen, sondern auch auf die Partner der Familie hat. Es gilt heute zu erkennen, daß die Familie nur bedingt in der Lage ist, diese psychosozialen Belastungen aufzufangen. Diese Arbeit kann in Gesprächsselbsthilfegruppen gut geleistet werden.

Allerdings bemerkte dazu eine Teilnehmerin: "Es gehört zwar kein Geld dazu, aber Mut". Denn solche Gruppenarbeit erfordert die Überwindung zahlreicher Ängste für den einzelnen. Vorbehalte gegen die Arbeit ohne einen Leiter (gegen das Prinzip Selbsthilfe also); die Angst, sich zu verändern, die auf dem bedrohlichen Verlust der alten Identität beruht; die Scheu vor der Gruppe, in der man intime Probleme nicht zu äußern können meint; die Fremdenfurcht; der Widerstand gegen die Begegnung mit Ängsten, Konflikten und Depressionen in einem selbst; Furcht vor schädigendem Ruf, man sei psychisch nicht in Ordnung; und schließlich die Angst vor der Kränkung, es nicht alleine zu schaffen, haben sich in unseren Untersuchungen als wesentliche Barrieren ergeben. Diese zeigen sich auch bei Experten vor allem in ihren diagnostischen und prognostischen Auffassungen von Selbsthilfegruppen.

Ich möchte daher auf einen imaginären Typ von Selbsthilfegruppen kommen, der stärker als die wirklich vorhandenen Selbsthilfeformen die heutige Sozialpolitik bestimmt.

7. Phantombild und Realbild der Selbsthilfegruppen

Die heutige Phase des wechselseitigen Wahrnehmens, der Auseinandersetzung und der gebotenen Zusammenarbeit bringt ein eigenartiges Phänomen zustande, das ich als Doppelbild der Selbsthilfegruppen bezeichnen möchte. Einerseits jenes mit Projektionen, Fehlinformationen, Idealisierungen und Abwertungen durchsetzte Bild, das sich Fachleute, aber auch Laien von Selbsthilfegruppen machen bzw. mangels konkreter Kenntnis machen müssen. Andererseits das realistischere und nüchterne Bild, das sich aus der Selbsthilfegruppenarbeit direkt ergibt. Möglichkeiten, Grenzen und Gefahren müssen in dieser Doppelperspektive gesehen werden. Phantasien über Selbsthilfegruppen, die sich bis zu Behauptungen steigern können, bilden den Erwartungsraum, wenn von Selbsthilfegruppen gesprochen wird. Diese oft stereotypen Vorstellungen lassen ganz andere, vermeintliche Chancen und Probleme aufkommen, als sie die tatsächliche Selbsthilfegruppenarbeit mit sich bringt.

Im Phantombild - wenn ich das einmal so nennen darf - und im Realbild der Selbsthilfegruppen sind gegensätzliche Welten enthalten. In zahllosen Expertenseminaren werden immer wieder ähnliche Gefahren und Schwierigkeiten vermutet; zum Beispiel, daß Selbsthilfegruppen in die Psychose oder in den Suizid treiben könnten, weil sie nicht wissen, was sie tun; daß sie zu passiv seien, um eine effektive Gruppenarbeit zustande zu bringen; daß die Gesundung der einen durch die Schädigung der anderen erkauft werde; daß dominante Mitglieder die Macht ergreifen würden und sektiererische Entwicklungen die Folge seien. Was steht aber hinter dieser Furcht vor destruktiver Entartung; hinter diesen Ängsten, die zur äußersten Wachsamkeit, Kontrolle und Verantwortung aufrufen; ja oft genug hinter dieser kaum verhüllten Panik, das Schlimmste sei dann nicht mehr abzuwenden? Genau besehen eine Auffassung, die davon ausgeht, daß zur Selbstverantwortung bereite, erwachsene Menschen sich wie unfähige und ganz hilflose Kinder verhalten und darüber hinaus nur Schaden anrichten können, wenn sie nicht angeleitet, geführt, gelenkt, gesteuert oder angewiesen werden. Dieses Konzept ist hierarchischer Struktur und entspricht der traditionellen Abhängigkeitsbeziehung in Therapie und Medizin. Selbsthilfegruppen sind in diesem Vorstellungsraum nicht eigenständige, sondern von einer Führungsfigur verlassene Gruppen. Destruktivität, Passivität und Chaos leiten sich dann - in der Phantasie natürlich - geradezu zwingend als eine Form verzweifelter Trauer dieser vermeintlich im Stich gelassenen Bedürftigen von diesem Konzept ab.

Das Realbild der Selbsthilfegruppen ist jedoch primär keine von den Eltern verlassene Geschwister- oder Kindergruppe, sondern eine Gruppe selbstverantwortlicher Erwachsener, die versuchen, ihre Fähigkeiten in eigenständiger Arbeit gemeinsam zu nutzen und zu entwickeln, um ihre innere und äußere Situation besser verstehen und gestalten zu lernen. Ihre Basis ist ein gleichgestelltes demokratisches Arbeitsbündnis (vgl. Moeller 1979). Stellen Sie sich selbst als ein Mitglied einer solchen selbständigen Kleingruppe vor, und Sie werden schnell feststellen, daß Sie sich nicht gern abqualifizieren ließen als jemand, der zu nichts Vernünftigem fähig sei und nur Schaden anrichte. Vielmehr wird Ihnen klar, daß Sie gemeinsam mit den anderen Aufgaben übernehmen, die ihre eigenen Schwierigkeiten und auch Gefahren in sich tragen. Sie müssen, um nur ein wichtiges Beispiel herauszugreifen, das Setting, das Arrangement mit den anderen klären, organisieren und aufrechterhalten.

Um es kurz zu sagen, alle Schwierigkeiten und davon abgeleitet die möglichen Gefahren der Selbsthilfegruppenarbeit resultieren aus den Besonderheiten der grundlegenden neuen therapeutischen Beziehung in Selbsthilfegruppen, dem demokratischen Arbeitsbündnis mit all seinen direkten und indirekten Folgen, - nicht aber aus der Tatsache, daß ein Therapeut fehlt.

Ich bin ja nun selbst als Psychoanalytiker und Gruppentherapeut, der täglich in einer psychosomatischen Klinik und Poliklinik arbeitet, ein hochspezialisierter Fachmann. Ich entwickelte anfangs nicht nur dieses Phantombild der Selbsthilfegruppen als einer im Stich gelassenen Gruppe, sondern ein ganzes Bündel von Widerständen gegen Selbsthilfegruppen. Damit müssen wir Fachleute ehrlicherweise in uns rechnen.

8. Selbsthilfegruppe ist nicht Selbsthilfegruppe: Konzeptunterschiede

Ich habe meine ursprünglichen Auffassungen zu Selbsthilfegruppen, wie ich sie in meinen beiden Büchern zur Selbsthilfegruppenarbeit und zur Zusammenarbeit von Selbsthilfegruppen und Fachleuten dargelegt habe, durch meine persönlichen Erfahrungen in zwei Selbsthilfegruppen, denen ich angehöre (eine Psychoanalytikergesprächsgemeinschaft und eine Arbeitsplatzgesprächsgruppe), vertieft. Mehr denn je bin ich vom Wert einer guten Selbsthilfegruppe überzeugt. Allerdings habe ich auch eine sehr klare Position gewonnen, was qualitative Unterschiede, notwendige oder hilfreiche Bedingungen, schließlich was Grenzen und Gefahren der Selbsthilfegruppenarbeit betrifft. Schlagwortartig gesagt, ist Selbsthilfegruppe nicht Selbsthilfegruppe. Meine Mitarbeiter und ich haben ein vierjähriges, vom Bundesgesundheitsministerium finanziertes Forschungsprojekt zu "Psychologisch-therapeutischen Selbsthilfegruppen" im Sinne von Gesprächsgruppen gerade beendet.

Das Fazit lautet: "Daß diese Gruppen helfen, ist nicht mehr zu bezweifeln. Es geht jetzt darum, die gewonnenen Erkenntnisse auch wirklich in die Praxis umzusetzen, die Betroffenen zu ermutigen und Angehörige aus allen psychosozialen Berufen zur Zusammenarbeit zu befähigen". Das ist in meinen Augen eine wesentliche Zielvorstellung für die am Universitätsklinikum Frankfurt am Main eingerichtete Psychosoziale Ambulanz und die außeruniversitäre Frankfurter Arbeitsgemeinschaft Selbsthilfegruppen, die ich anschließend vorstellen werde.

Da heute die Gefahr groß wird, daß alle von Selbsthilfegruppen reden und jeder etwas anderes meint, möchte ich im folgenden einige wesentliche Unterschiede im großen Panorama der Selbsthilfezusammenschlüsse hervorheben und dabei auch auf eine Arbeitsweise kommen, die mir optimal erscheint.

International lassen sich acht Arten von Selbsthilfegruppen unterscheiden. Die drei wesentlichen Typen im Bereich der Medizin sind die großen Selbsthilfeorganisationen, die informierenden Selbsthilfegruppen und die regelmäßigen Gesprächsgemeinschaften. Die anderen fünf will ich vorab nur kurz erwähnen. Zu den bewußtseinsverändernden Selbsthilfegruppen gehören die Frauengruppen der Emanzipationsbewegung oder die Homosexuellengruppen. Zu den lebensgestaltenden Selbsthilfegruppen unter anderem Wohngemeinschaften und Landkommunen. In arbeitsorientierten Selbsthilfegruppen haben sich jugendliche und ältere Arbeitslose zusammengefunden, um sich eine berufliche Tätigkeit zu erschließen. Mehr und mehr entwickeln sich auch ausbildungsorientierte Selbsthilfegruppen - etwa für Krankenschwestern, Sozialarbeiter, Psychotherapeuten -, oft als selbstorganisierte Fortbildung. Und schließlich sind alle Bürgerinitiativen zu den im engeren Sinne politischen Selbsthilfegruppen zu zählen. Die entscheidenden Merkmale aller Selbsthilfegruppen sind Selbstbetroffenheit und Handeln in eigener Sache.

Die Vielfalt heutiger Selbsthilfegruppen ließe sich noch stärker differenzieren. Für den Bereich der Medizin möchte ich die drei Hauptformen wegen ihrer Unterschiedlichkeit näher charakterisieren.

9. Selbsthilfeorganisationen

Der Senat für Gesundheit, Soziales und Familien hat in Berlin einen vorbildlichen Wegweiser "Hilfe durch Selbsthilfe" herausgebracht, in dem alle Selbsthilfeorganisationen und -gruppen verzeichnet sind. Er gehört meines Erachtens in die Praxis eines jeden Arztes. Eine ähnliche Broschüre existiert in Hamburg, herausgegeben von der Gesundheitsbehörde, und in Wien. Ich greife aus der Berliner Publikation ein Beispiel für eine kurze Selbstdarstellung der Deutschen Ileostomie-Colostomie-Urostomie-Vereinigung e.V., Landesverband Berlin, heraus:

"Informationsschriften. Informationsveranstaltungen des Landesverbandes mit Vorträgen über alle für Stomaträger interessanten Themen, Aussprache mit Fachleuten. Erfahrungsaustausch in Form von regelmäßigen geselligen Treffen. Beratung und Betreuung von Betroffenen, Mithilfe bei der Verbesserung von Behandlungsmethoden, Mitarbeit in anderen Organisationen, soweit das Gebiet der sozialen Arbeit für Stomaträger berührt wird, Förderung von Vorsorgeprogrammen, Kontakte zu Behörden und Medien, Durchführung eines Beratungs- und Besucherdienstes". (Es folgen die Adressen und Telefonnummern der Kontaktpersonen.)

Ähnlich schreibt der Landesverband Berlin der Kehlkopflosen e.V.:

"Wir betreuen Personen, denen wegen einer Krebserkrankung im Halsbereich der Kehlkopf ganz oder teilweise

operativ entfernt worden ist. Bei rechtzeitiger Benachrichtigung besuchen wir den Betroffenen schon vor der Operation im Krankenhaus und führen einen Videofilm vor, der den Patienten auf die körperlichen Veränderungen nach der Operation vorbereitet. Der Landesverband Berlin der Kehlkopflosen e.V. ist eine gemeinnützige Selbsthilfevereinigung".

Es handelt sich hier um Selbsthilfeorganisationen. Sie sind deutlich abzusetzen von Selbsthilfegruppen oder gar Gesprächsselbsthilfegruppen. Das geschieht heute in der Regel nicht, weil trotz breiter Anerkennung die verwirrende Vielfalt von Selbsthilfegruppen viel zu wenig ins Bewußtsein gerückt ist. Selbsthilfeorganisationen (zusammengefaßt etwa im Bundesverband "Hilfe für Behinderte" mit insgesamt inzwischen 33 bundesweiten Vereinigungen) sind bürokratisch organisiert und verfolgen im wesentlichen "äußere" Selbsthilfeziele, also hauptsächlich Information der Betreffenden, gelegentliche Diskussionsrunden, Forschungsförderung, Öffentlichkeitsarbeit und vor allem Gesetzesänderung zugunsten ihrer Kranken. Sie nutzen nicht die Möglichkeiten einer Kleingruppe, in der es zu einer ganz anderen Bearbeitung der Krankheitsfolgen kommen kann; sie sind schon gar nicht mit dem regelmäßigen, hochfrequenten, das heißt wöchentlichen Austausch von Gesprächsgemeinschaften zu vergleichen. Das Selbsthilfeprinzip tritt zugunsten des Fremdhilfeprinzips zurück. Kurz: Arbeitsweise und Wirkungsgrad von Selbsthilfeorganisationen sind ganz anders zu beurteilen als bei den Gruppen, die man Selbsthilfegruppen im engeren Sinne nennt. Sie sind allerdings ein unverzichtbarer Bestandteil im heutigen Gesundheitswesen, weil hier die außerordentlich große Chance gegeben ist, daß im sozialen und politischen Bereich tatsächlich Veränderungen eingeleitet werden, die für die Kranken von hoher Bedeutung sind.

10. Selbsthilfegruppen

Selbsthilfegruppen sind weniger bürokratisiert und arbeiten in der Regel lokal oder regional. Sie sind teils spontan auf Einzelinitiativen hin entstanden, teils im Rahmen der bundesweiten Selbsthilfeorganisationen als Ortsgruppen zu verstehen. (Ich fasse hierunter nicht - wie sonst - die reinen Gesprächsgruppen, weil diese Gesprächsgemeinschaften eine völlig neue Qualität der Gruppenselbsthilfe bedeuten.) Hierunter gehören zum Beispiel die meisten Selbsthilfegruppen der "Frauenselbsthilfe nach Krebs", ferner alle eher informierenden Selbsthilfegruppen, die meist auch ein zwangloses Zusammensein ermöglichen, sich gemeinsam Vorträge anhören, sehr häufig Krankenbesuche machen und sich auch sonst wechselseitig stützen und beraten. Sehr oft entschließen sie sich zu gemeinsamen kleinen Aktivitäten, zu einer Gymnastikgruppe, einer Schwimmgruppe, einer Wandergruppe. Diese schon kleineren lokalen Gruppen sind außerordentlich hilfreich, streben allerdings nicht an, die psychosoziale Situation kontinuierlich aufzuarbeiten. Ihre Vorgehensweise könnte das auch nicht leisten.

Hier ist als wesentliches Moment zu vermerken, daß die Betroffenen auf eine vergleichsweise unverbindliche Art in Kontakt miteinander kommen und auf diese Weise überhaupt lernen, ihre Isolation wenigstens teilweise aufzuheben. Andererseits ist doch auch zu beobachten, daß häufig Abwehrstrukturen wie etwa glatte Verleugnung verfestigt werden. Im übrigen ist auch hier das Selbsthilfeprinzip nicht konsequent befolgt, wie etwa der widersprüchliche Titel "Gruppenleiterin einer Selbsthilfegruppe" besagt. Mehr und mehr erkennen Betroffene und engagierte Fachleute, daß Information und unverbindliche Gespräche allein die Möglichkeiten der Gruppenselbsthilfe nicht voll ausschöpfen. Aus diesem Anlaß entstand ein meines Erachtens vorbildliches Modell in Ludwigsburg, in dem Krebskranke zunächst ermutigt wurden, sich in unterschiedlichsten kleineren Aktivitätsgruppen zusammenzutun, um dann den in der Regel mehr Mut erfordernden Schritt in jene Kleingruppe zu tun, die nach wissenschaftlichen Untersuchungen eine gute Chance bedeutet, das eigene Schicksal seelisch zu meistern.

11. Gesprächsgemeinschaften

Gesprächsgemeinschaften sind eine besondere Form der Selbsthilfegruppen. Sie können aus allen Formen von Selbsthilfegruppenzusammenschlüssen entstehen, also von den großen bundesweiten Vereinigungen angeregt werden und deren tragendes Element bedeuten oder aus aktivitätsorientierten bzw. informierenden Selbsthilfegruppen erwachsen. Wichtig ist, daß die Betroffenheit der Einzelnen und ihrer Angehörigen im Zentrum steht. Schon ihre Selbstdarstellung unterscheidet sich etwas, sie ist persönlicher und spricht unmittelbarer an. So schreibt die Selbsthilfegruppe für Männer mit Hodenkrebs und deren Angehörige: "Wir sind im Augenblick 10 Männer zwischen 20 und 40 Jahre alt und treffen uns donnerstags um 20 Uhr in der Schnackenburgerstraße 4. Unsere Themen sind unter anderem: Schwierigkeiten, mit unserer Krankheit zu leben; Möglichkeiten, auch positive neue Lebenserfahrungen zu machen; die Reaktion im persönlichen Umfeld (Freundin, Ehefrau, Freunde, Eltern usw.)". - Sie haben aber auch zum Thema: die verschiedenen Therapien (medizinisch, psychotherapeutisch, naturheilkundlich); Erfahrungen in den verschiedenen Krankenhäusern; soziale Hilfsmöglichkeiten (Kuren, finanzielle Hilfen, Schwerbeschädigtenausweise). Schließlich schreiben sie: "Weiterhin haben Angehörige an einigen Treffen teilgenommen und wollen in einer eigenen Gruppe ihre Erfahrungen austauschen". Karl und Wolfgang geben dann ihre Telefonnummern an.

Eine Gesprächsgemeinschaft hat ein relativ klar festgelegtes "Setting" (Gruppenanordnung), wie sie in einem Faltblatt der Deutschen Arbeitsgemeinschaft Selbsthilfegruppen kurz zusammengefaßt sind: Alle Gruppenmitglieder sind gleichberechtigt; jeder bestimmt über sich selbst; jede Gruppe entscheidet selbstverantwortlich; jeder geht in die Gruppe wegen eigener Schwierigkeiten; was in der Gruppe besprochen wird, sollte in der Gruppe bleiben und nicht nach außen dringen; die Teilnahme ist kostenlos. Zu einer Gesprächsgemeinschaft finden sich 6 bis 12 Personen (5 Paare oder 3 Familien) zusammen. Sie lernen im regelmäßigen Gespräch ohne die Mitwirkung eines Gruppenleiters oder Therapeuten, mit ihrer inneren und äußeren Situation angemessener umzugehen, und sie versuchen, ihre persönlichen Ziele gemeinsam zu erreichen. Sie treffen sich in der Regel über mehrere Jahre hinweg einmal die Woche zu einer Sitzung von zwei Stunden Dauer in einem möglichst neutralen Raum.

12. Ergebnisse der Arbeit in Gesprächsgemeinschaften

Nach unseren Untersuchungen gleichen die Resultate dieser Gruppen denen einer ambulanten, psychoanalytisch orientierten Gruppentherapie und sind außerordentlich positiv. Empirische Erhebungen sind international gesehen noch spärlich, aber diejenigen, die vorliegen, belegen die positiven Ergebnisse bzw. Behandlungserfolge der Gruppen. Morton A. Liebermann und Gary R. Bond (1976) konnten in einer sorgfältigen Studie über 1.700 Frauen in

Frauengruppen nachweisen, daß indirekte Behandlungswünsche die stärkste spezifische Motivation darstellten, in eine Frauengruppe zu gehen (74 %); daß diese Gruppen damit gleichsam in die Domäne der professionellen Psychotherapie übergreifen; daß der Gewinn von Einsicht ein sehr wichtiger therapeutischer Faktor im Gruppenprozeß ist; und daß 80 % die Ergebnisse der Gruppenarbeit positiv, 14 % neutral und 6 % negativ einschätzten.

Zwei von uns durchgeführte empirische Erhebungen konnten die Therapieerfolge spezifizieren. Eine Erhebung wurde an sechs Selbsthilfegruppen aus Gießen (Daum, Moeller 1984), eine andere an acht Selbsthilfegruppen im Bundesgebiet und acht psychoanalytisch-orientierten Therapiegruppen (Stübinger 1977) durchgeführt. Empirisch gesichert sind folgende Ergebnisse: Eigenständige Gesprächsgruppen führen zu großen therapeutischen Änderungen. Im ersten Vierteljahr zeigen sich nur geringfügige Änderungen, bei einer längeren Teilnahme jedoch, über einen Zeitraum von einem Jahr oder länger, werden die Resultate einhellig positiv beurteilt. Sie bestehen in

- *einer deutlichen Abnahme der Depressivität,*
- *einem Rückgang von körperlichen und seelischen Beschwerden,*
- *einer Zunahme von Initiative und Autonomie,*
- *einer Zunahme der Kontaktfähigkeit,*
- *einer verstärkten Aufnahme intensiver Beziehungen zu anderen,*
- *einer Zunahme der Bindungsfähigkeit,*
- *einer erhöhten Bereitschaft und Fähigkeit, anderen zu helfen,*
- *insgesamt einer erhöhten psychosozialen Kompetenz zur Konfliktlösung.*

Im Vergleich zu den Angaben von Teilnehmern aus expertengeführten Therapiegruppen werden Selbsthilfegruppen insgesamt als befriedigender und effektiver angesehen. Das therapeutische Potential der Selbsthilfegruppen wurde bei zahlreichen Faktoren höher eingeschätzt als das der Therapiegruppe. Dabei spielen unter anderem die größere Geborgenheit und die stärkere wechselseitige Aktivierung in den Selbsthilfegruppen nach Meinung ihrer Mitglieder die größte Rolle. Die therapeutischen Resultate der Selbsthilfegruppen sind beinahe identisch mit den Resultaten professioneller Behandlungsgruppen, wie in einem testpsychologischen Vergleich festgestellt wurde (nach einem standardisierten Persönlichkeitstest, dem Gießen-

Test, einem Beschwerdefragebogen und einem Einstellungsfragebogen zu Situation und Therapie; Stübinger 1977).

Diese durch verschiedene Arten von Erfolgskontrolle aufgezeigten positiven Ergebnisse überraschen nicht, wenn man vor jeder Forschung zunächst einmal an das einfachste, aber entscheidende Erfolgskriterium denkt: die große Vermehrung und Weiterentwicklung von Selbsthilfegruppen. Sie folgen dem Prinzip der Selbstregulierung. Eine eigenständige Gesprächsgruppe zum Beispiel, die aufgrund einer ungünstigen Zusammensetzung oder eines bestimmten rigiden und lähmenden Abwehrverhaltens oder aus welchen Gründen auch immer ihren Mitgliedern nichts bedeutet, zerfällt von selbst. Gruppen, die bestehen bleiben, sind also mit einer gewissen Wahrscheinlichkeit an sich schon ein Beweis für den Behandlungserfolg. Von 1935 bis 1965 haben sich die Anonymen Alkoholiker weltweit pro Jahr durchschnittlich um 250 neue Gruppen vermehrt (Leach u.a. 1969).

Selbstverantwortliche Gesprächsgruppen für seelische Gesundheit und psychosoziale Konflikte stehen heute erst am Anfang, doch zeichnet sich auch bei ihnen eine ähnliche Entwicklung ab, wie eine Untersuchung über das Wachstum einiger Selbsthilfeorganisationen ergab (Tracy, Gussow 1976).

Dieses Anwachsen ist nicht zufällig, es hat seine Ursache in der von vielen Menschen gewonnenen Überzeugung, daß ihnen die Gruppe hilft.

Auf die konkrete alltägliche Lebenssituation bezogen gab eine Gesprächsgruppe, deren sieben Teilnehmer von meinen Mitarbeitern Karl-Werner Daum, Jürgen Matzat und Gerhard Sauer im Rahmen einer Fallstudie einzeln jeweils etwa 60 bis 90 Minuten interviewt wurden (1979), folgendes an:

"Verbesserte verbale Ausdrucksfähigkeit; verbesserte Fähigkeit, auf Leute zuzugehen; verbesserte Beziehungsfähigkeit in der eigenen Partnerbeziehung; Zunahme der Sensibilität für eigene Gefühle und für die Gefühle des anderen; Stärkung des Selbstwertgefüls; Abbau von Ängsten".

Es wird also deutlich, wie die Autoren sagen, "daß sich die Veränderungen innerhalb der Gruppe auch in den jeweiligen Lebenszusammenhängen auswirkten" (Daum, Matzat, Sauer 1979).

Die häufig geäußerte Auffassung, daß die Wirkung von Selbsthilfegruppen allein in dem psychischen Halt bestehe, den sie ihren Mitgliedern biete, und daß für die Kompensation der eigenen Konflikte und Störungen eine lebenslange Teilnahme erforderlich sei, läßt sich vor diesem Hintergrund nicht aufrechterhalten.

In einer soeben abgeschlossenen Dissertation hat mein Mitarbeiter Karl-Werner Daum noch weitere interessante Befunde empirisch sichern können, die ich wegen ihrer praktischen Bedeutung kurz erwähnen möchte: Zum einen hängen die Veränderungen natürlich auch von der Teilnahmezeit ab:

"- *Neue Selbsthilfegruppen und deren Teilnehmer ändern sich im ersten Gruppenjahr nur gering.*
- *Deutliche Veränderungen der Gruppen im Sinne eines gefestigteren und stabileren Gruppenklimas und einer differenzierteren psychotherapeutischen Arbeit beginnen zwar im ersten Jahr, stabilisieren und dokumentieren sich aber erst im zweiten und dritten Gruppenjahr. Das scheint nicht zuletzt das Ergebnis eines unveränderten Gruppenrahmens (Setting) zu sein. Die Gruppen haben sich dann über einen längeren Zeitraum in der gleichen Zusammensetzung und ohne ständige Zerfallsangst getroffen und gearbeitet.*
- *Im vierten Gruppenjahr bleiben Gruppenklima und Gruppenarbeit in der gefestigten und differenzierten Form bestehen. Die erfahrenen Gruppenteilnehmer sehen sich deutlich verändert, was auch durch Änderungen im Selbstbild der Persönlichkeit bestätigt wird."*

Bei seinen Untersuchungen an 18 Selbsthilfegruppen konnte Daum auch vier unterschiedliche Typen von Selbsthilfegruppenteilnehmern ermitteln. Auch sie sind in einer differenzierteren Betrachtung zu beachten:

"Seelisch stark leidende Personen (der 'typisch neurotische" Gruppenteilnehmer) profitieren durch den Selbsthilfegruppenbesuch schon im ersten Jahr. Der Gruppenbesuch führt zu einer Beschwerdeentlastung; die depressive Grundstimmung geht zurück (siehe auch Daum, Moeller 1984).

Eine konfliktaufdeckende und analysierende therapeutische Arbeit in einem gefühlsbetonten Gruppenklima führt bei einem anderen Teilnehmertyp, dem 'kontaktfähigen Neurotiker' zu einem verstärkten emotionalen Erleben, zu Verunsicherungen im Selbsterleben und dadurch zu Irritationen, die man als therapeutische Regression durch den Kontakt mit dem vielschichtigen Leben in der Gruppe (Argelander 1972; Bion 1974) verstehen muß.

Der 'gesunde Teilnehmertyp' findet sich erwartungsge-

mäß in den erfahrenen Gruppen. Er ist aber vereinzelt auch Teilnehmer in einigen neuen Gruppen. Hier leistet er für sich eine vorbeugende Konfliktarbeit, für die jeweilige Gruppe übernimmt er emotional integrierende Funktionen.

Für bestimmte Teilnehmer, besonders für den 'durchsetzungsfähigen Neurotiker' ist der Zeitraum von neun Monaten zu kurz, um Veränderungen zu erleben. Die geringen Änderungen dieses Teilnehmers sowie auch der Gruppen, in denen er sich befindet, lassen die Vermutung aufkommen, daß man es hier mit eher psychosomatisch strukturierten Personen (Overbeck, 1975) zu tun haben könnte. Ein Profilvergleich des Gießen-Tests mit psychosomatischen Patienten einer Heidelberger Untersuchung (von Rad, Wierthmann, zitiert nach Beckmann, Richter 1979, S. 233) bestätigt diese Annahme."

In diesem Bereich sind künftig noch sehr viel Forschungen nötig. Selbsthilfegruppe ist auch bei einem identischen Selbsthilfetyp für dasselbe Problem nicht Selbsthilfegruppe. Bei Übergewichtigen-Selbsthilfegruppen konnte z.B. belegt werden, daß ein Teil der Gruppen ausgesprochen gute, ein anderer Teil sehr mäßige Ergebnisse erreichen konnte - eine Spannweite, die im übrigen exakt den Ergebnissen einer professionellen ärztlichen Therapie entsprach (Stunkard 1972).

13. Zur Arbeitsweise von Gesprächsgemeinschaften

Ein wesentliches Moment für eine erfolgreiche Arbeit ist darin zu sehen, daß die Gruppe ihr eigenes "Setting", ihre Gruppenanordnung stabil einhält. Denn dieses Setting enthält indirekt jene grundlegenden Regeln, die eine Selbstregulation der Gruppe garantieren. In meinem Buch über Selbsthilfegruppen habe ich die drei wesentlichen Prinzipien, die jede regelmäßig arbeitende Selbsthilfegruppe nach einiger Zeit selbst entdeckt, ausführlich beschrieben: das Kontinuitätsprinzip, das Gruppenprinzip und das Selbsthilfeprinzip. Ich möchte zur Verdeutlichung nur das Selbsthilfeprinzip herausgreifen. Es besagt: hier hilft nicht einer dem anderen und der wieder ihm (wie es die Anekdote vom Tauben und Lahmen wiedergibt; denn das wäre wechselseitige Fremdhilfe), vielmehr hilft hier jeder sich selbst und hilft damit den anderen, sich selbst zu helfen. Der entscheidende Vorgang in solchen kleinen überschaubaren Gruppen ist also die Tatsache, daß jeder für jeden zu einem kleineren oder größeren Vorbild wird. Das Lernen am Modell - ohnehin in der Erziehung seit langem als das wirksamste Prinzip erkannt - ist also die Grundlage. Die " Emotions Anonymous" (Selbsthilfegruppen für seelische Gesundung) fassen das in den lakonischen und revolutionären Satz: "Keine Fragen, keine Ratschläge, jeder über sich selbst".

Natürlich findet in jeder Gesprächsgemeinschaft auch Fremdhilfe statt, sie ist aber nicht das entscheidende Moment, um die beiden großen Therapeutika der Selbsthilfegruppen zustande zu bringen: das wesentliche Gespräch und die gemeinsame Bindung. Unsere Erfahrungen zeigen, daß Gruppen, die längere Zeit tagen, diese Erfahrungen nach und nach von selbst berücksichtigen.

Einen wichtigen Vorgang, der sich in Selbsthilfegruppen direkt abspielt, habe ich einmal "teilnehmende Resonanz" genannt. Daum konnte ihn inzwischen auch empirisch sichern. Er besagt, daß jedes Gruppenmitglied unwillkürlich nachvollzieht, was ein anderer gerade berichtet. Dementsprechend kommt er durch das vorgebrachte Problem zu eigenen Gefühlen und Vorstellungen. Auf diese Weise antwortet also jeder mit eigenen inneren Erlebnissen einfach durch die Tatsache, daß er an dem Gruppengeschehen teilnimmt; oder anders gesagt, er bildet eine Resonanz - eine teilnehmende Resonanz aus. Nun ist klar, daß diese Resonanz etwas mit dem zu tun haben muß, was ein Mitglied gerade berichtet hatte. Es ergänzt also diesen Bericht oder dieses Problem um eine neue, bisher nicht bewußt gewordene Seite. Deswegen ist es günstig, wenn diese Erlebnisse oder Phantasien oder Gefühle, die in den Gruppenmitgliedern angeregt werden, auch zur Sprache kommen.

Ein Beispiel - eine Sequenz innerhalb einer Gruppensitzung, die ich versuche, sehr komprimiert wiederzugeben: Ein Gruppenmitglied berichtet über seine nachts aufkommende Angst, überfallen zu werden. Die anderen Teilnehmer, die diesen Bericht hören, werden von dieser Gefühlssituation angesteckt, das heißt, sie identifizieren sich unwillkürlich damit. Jedes Gruppenmitglied hat seine je individuelle Assoziation ähnlicher Ängste, seine spezielle Verarbeitung dieser Befürchtungen, seine dagegen gerichteten Abwehrformationen. Nun antworten aber zahlreiche Mitglieder auf diese vorgebrachte Angst. In diesen Äußerungen wird diese Angst mit anderen Inhalten verknüpft. So kommt ein Mitglied auf die Angst vor brutalen

Menschenmengen; ein anderes auf die Furcht, vergewaltigt zu werden; ein anderes auf Ängste vor einer sexuellen Beziehung oder vor einer Elternfigur. Zusamengefaßt bildet die Gesamtresonanz aus zahlreichen Variationen und Assoziationen einen neuen Bedeutungsraum, der das ursprüngliche Problem, die Angst, überfallen zu werden, unwillkürlich erläutert. Das Gleiche kann sich nun auch direkt in den Beziehungen zwischen einzelnen Gruppenmitgliedern darstellen, das heißt durch das Erleben der aktuellen Beziehung in der Gruppe ergänzt werden. So spürte ein Mitglied plötzlich Aggressivität und Angst vor einem anderen, usw.

Das Phänomen wird auf diese naive Weise sozusagen gedeutet. Das aufkommende Problem, das sich zunächst außerhalb der Gruppe im Alltag und in der Vergangenheit befand, inszeniert sich nun innerhalb der Gruppe im Hier und Jetzt. Der Prozeß bleibt ganz auf der unmittelbaren Gefühlsebene. Aus der gesamten teilnehmenden Resonanz der Gruppenmitglieder ergibt sich also eine spezifische Antwort auf die aufgekommene Thematik. Sie entspricht der Deutung in der professionellen Psychotherapie. Wie die Deutung führt diese teilnehmende Resonanz zur verändernden Einsicht. Einsicht kann man vielleicht als das entscheidende allgemeine Ziel der Selbsthilfegruppen ansehen. Nur über Einsicht lassen sich Konflikte und seelisch bedingte Körperbeschwerden auflösen.

14. Zur Konzeptbildung in Gesprächsgemeinschaften

Das Konzept der Gruppenselbstbehandlung ist nicht von Anfang an vorhanden, es entwickelt sich erst. Daß damit nicht dem Chaos Tor und Tür geöffnet ist, hat seinen Grund vor allem in Rahmen und Richtung des therapeutischen Prozesses, aber auch in der besonderen Ausgangslage. Die Ausgangslage bestimmt, was überhaupt in das Konzept eingeht. Das Wesentlichste ist hier die unprogrammierte Auswahl der Teilnehmer durch den freien Anschluß. Diese Auswahl aber ist selbst natürlich schon ein Ergebnis des ganzen Vorhabens, in Gruppen die eigenen Konflikte zu bearbeiten. So kann man also die Auswahl der Teilnehmer, die das Konzept mitbestimmen, und das Konzept, das auch über das therapeutische Arrangement und die Auswahl bestimmt, nicht isoliert voneinander betrachten. Das ist zu erweitern: Jedes Element des Konzeptes steht mit jedem anderen in Wechselwirkung, alles ist aufeinander abgestimmt, ein Detail verleiht dem anderen erst seine Bedeutung und umgekehrt.

Die Gruppenselbstbehandlung ist nur als Ganzes, als Gestalt zu betrachten. Darin allerdings unterscheidet sie sich in keiner Weise von einer professionellen Gruppentherapie. Ich betone den Systemcharakter hier so sehr, weil es ein falsches Bild ergibt, wenn wir ein isoliertes Element als charakteristisch für die Gruppenselbstbehandlung herausgreifen: erst das Ganze ist charakteristisch. Vor allem ist daran zu denken, daß die Gruppenselbstbehandlung eine ständige Entwicklung und kein Zustand ist. Das Erleben, die Erfahrung, das Handeln in der Gruppe ist entscheidend. Der Anfang ist ganz anders als das Ende.

Die Entwicklung hat ihre Richtung durch das Ziel: es geht um die eigenen Konflikte, nicht um die der anderen. Das ist das entscheidende Merkmal der Selbstbetroffenheit. Es geht darum, sie nach Möglichkeit zu beheben. Das Abschlußergebnis ist jedoch nicht eine sterile Konfliktlosigkeit, sondern Konfliktfähigkeit. In ihr ist das Gruppenziel zu sehen. Der Rahmen ist vor allem durch das therapeutische Arrangement gegeben. In ihm sind auf eine unausgesprochene Weise fast alle nötigen Anleitungen enthalten.

Daraus ergibt sich die Gruppenselbstregulation. Zu ihr tragen vor allem die Wertvorstellungen bei. Die vier von allen geteilten und angestrebten Ideale (Selbstbestimmung, Echtheit oder Offenheit, Hoffnung und Solidarisierung zu einer Gemeinschaft) habe ich andernorts ausführlicher besprochen (Moeller 1978). Sie haben große therapeutische Konsequenzen, ja, man kann sie geradezu als Säulen des unausgesprochenen therapeutischen Konzeptes der Gruppenselbstbehandlung betrachten.

Aus Arrangement und Wertvorstellungen ergeben sich die drei großen therapeutischen Prinzipien: das Kontinuitätsprinzip, das Gruppenprinzip und das Selbsthilfeprinzip. Aus allem folgt das therapeutische Verhalten, das sich während der gemeinsamen Arbeit nach und nach entwickelt und bei voller Entfaltung als Gruppenselbstbehandlungsfähigkeit angesprochen werden kann. - Das Konzept ist nicht, es wird.

Eine EA-Teilnehmerin sagte in einem Gespräch: "Wenn es mit dreckig geht, möchte ich sprechen, sprechen, sprechen. Ich suche Menschen, mit denen ich reden kann.." Eine Gruppe meinte auf dem Gesamttreffen: "Solange die Gruppe Gefühle ausdrückt, bleibt sie zusammen". Der Psychoanalytiker Michael Balint empfahl als wesentlichste psychotherapeutische Grundregel: der Therapeut sollte vor allem für eine Atmosphäre sorgen, in der ein Patient frei sprechen könne.

Die Selbsthilfegruppen bieten diesen Gesprächsraum von Anfang an. Betrachten wir das Anfangsgeschehen, so sind die Momente besonders gut zu erkennen, die für die therapeutische Atmosphäre der Selbsthilfegruppen ausschlaggebend sind. Vor allem entsteht durch die gleichgestellte Solidarisierung ein tieferes wechselseitiges Vertrauen. Offensichtlich ermöglicht die Solidarität einen offeneren Austausch als die abhängigen Beziehungen in der professionellen Therapie. Das zeigen die empirischen Vergleiche von Selbsthilfegruppen und psychoanalytisch orientierten Gruppentherapien: die Selbsthilfegruppenteilnehmer fühlen sich mehr ermutigt, Probleme anzusprechen, als die Patienten. Sie geben sich eher so, wie sie sind. Besonders die Anfänger in Selbsthilfegruppen erleben, verglichen mit den Anfängern in den professionellen Gruppen, die anderen als offener.

Wir müssen jetzt jedoch den Blick über dieses emotionale Anfangsereignis hinaus erweitern und die Umstände ins Auge fassen, die überhaupt zu einem solchen Anfang führen: die Anordnung der Selbsthilfegruppen, die freie Wahl und den Kreis der Personen. Denn erst dadurch wird klar, was in die Konzeptbildung eingeht: Vor allem das beschriebene therapeutische Arrangement enthält fast alles Nötige: Die Konfliktarbeit findet in der Gruppe statt. (Auf die Bedeutung und die Konsequenzen dieses Gruppenprinzips gehe ich noch ausführlicher ein.) Die Gruppe hat eine bestimmte Größe von sechs bis zwölf Personen. Dadurch kann jedes Ereignis von jedem persönlich miterlebt werden. Die Frequenz von einer bis zwei Sitzungen pro Woche, die Sitzungsdauer von zwei bis drei Stunden und die langfristige Teilnahme garantieren die Kontinuität, die zum Durcharbeiten der Konflikte nötig ist. (Auch auf dieses Kontinuitätsprinzip komme ich noch gesondert zu sprechen.) Das Thema sind die eigenen Konflikte. Das Ziel ist ebenfalls klar: die Teilnehmer wollen gemeinsam versuchen, ihre persönlichen Probleme zu lösen, oder zumindest lernen, mit ihnen besser umzugehen. Aus Thematik und Ziel leitet sich die Gruppenmethode ab. Sie bedient sich des einfachsten und wohl auch wirkungsvollsten Instrumentes: des Gesprächs. Vor allem geht es darum, die eigenen Probleme, seine emotionalen Erlebnisse zu äußern und sich wechselseitig zu helfen, sie zu verstehen.

Das alles ist unausgesprochen im Arrangement enthalten. Es kommt noch hinzu, daß es um eine Selbsthilfegruppe geht. Jeder ist hier für sich selbst da. Er ist Kotherapeut und Kopatient zugleich - allerdings mit der entscheidenden neuen Qualität dieses therapeutischen Verfahrens: er nimmt sich selbst als Ziel der Veränderung, nicht den anderen. Das Selbsthilfeprinzip, nicht das Fremdhilfeprinzip, ist hier gültig. Dadurch ist die Gleichheit in der Gemeinschaft vollends gegeben. Vielleicht hat sie die größte Auswirkung, da sich ja die meisten vorher subjektiv oder objektiv ausgestoßen, stigmatisiert oder minderwertig fühlten. Im vollen Umfang läßt sich die Bedeutung des therapeutischen Arrangements kaum ausloten. Allein die Tatsache zum Beispiel, daß sie nicht in einem professionellen Therapieraum stattfindet, sondern in einem neutralen Alltagsraum, den die Gruppe für sich hat, gibt ein ganz anderes, weniger funktionales, lebendigeres, wärmeres Gefühl füreinander. Die Ausgangslage der Gruppenselbstbehandlung wird außerdem entscheidend durch die freie Wahl geprägt, sich der Gruppe anzuschließen. Sie resultiert aus einem der vier Werte der Selbsthilfegruppen, aus der Selbstbestimmung. Jeder einzelne befolgt diese ungeschriebene Regel.

Die freie Wahl in Form der Selbstindikation und selbstbestimmten Gruppenzusammensetzung ist ein therapeutischer Faktor ersten Ranges,

- weil sie als selbständige Handlung eben diese Selbständigkeit mobilisiert;
- weil sie unversehens und von vornherein die Gruppe vor allem in den persönlichen Merkmalen aufeinander abstimmt;
- weil sie vor allem Menschen zusammenführt, die ihre innere Bereitschaft und Entschlossenheit teilen, an sich zu arbeiten;
- kurz: weil sie eine therapeutische Wahlverwandtschaft hervorbringt.

Die Ähnlichkeit wirkt sich nun natürlich nicht nur positiv auf die Anfangsdynamik aus. Sie ist ein positives therapeutisches Moment für die gesamte Selbsthilfegruppenarbeit.

15. Erfahren oder Geführtwerden? Das Programmproblem

Einige sprechen davon, daß das Problem der Selbsthilfegruppen den Therapeuten ersetze. Wie erwähnt, haben die Anonymen Alkoholiker und davon abgeleitet alle Anonymousgruppen eine Art "Programm": die sogenannten "Zwölf Schritte" für den einzelnen, die "Zwölf Traditionen" für die Gruppe als Ganzes. Darüber hinaus werden inzwischen zahlreiche weitere Empfehlungen in kleinen Borschüren verbreitet. In ihnen spiegelt sich der Geist, das Klima, die Atmosphäre einer Selbsthilfegruppenorganisation.

Solche Programme werden jedoch regelmäßig von Außenstehenden und Neulingen mißverstanden. Am besten ist es, sie gar nicht als Programm oder Anleitung zu bezeichnen. Was mir EA-Selbsthilfegruppenmitglieder schon oft berichtet haben, stellte mir kürzlich Ernst Herhaus in einem Gespräch noch einmal deutlich vor Augen: die "Zwölf Schritte und Traditionen" seien keine Gebote, die man zu befolgen habe, es seien "Empfehlungen, denen man folgen kann, wenn man sie für sich als geeignet ansieht." Eine Umfrage, an der sich zehn deutsche EA-Selbsthilfegruppen beteiligten, ergab demnach als eine Art Grundregel: "Keine Ratschläge, keine Vorschriften". Unter den größten Problemen der Gruppe wurde sogar einmal die Überfremdung durch die "Zwölf Schritte" erwähnt, also ihre Fehlauffassung als vorgeschriebenes Programm.

Die sogenannten Programme unterscheiden sich ganz grundsätzlich von Regeln und Vorschriften, wie sie etwa jene Selbsthilfegruppen einzuhalten haben, die von Experten konzeptualisiert wurden. Ich will hier als Beispiel nur die "Recovery Incorporation" von A. A. Low und die "Integritätsgruppen" von O. Hobarth Mowrer nennen. Der fundamentalste Unterschied liegt darin, daß Empfehlungen das Selbsthilfeprinzip, die Selbstbestimmung und die Selbstverantwortung nicht einschränken. Jeder kann selbst entscheiden, ob er etwas für sich übernimmt. Jutta hat dafür ein modernes, vielleicht zu konsumorientiertes, aber doch auch treffendes Bild gefunden: es sei wie in einem Selbstbedienungsladen; man könne sich selbst nehmen, was man benötige. Was man jedoch üblicherweise unter Programmen versteht, enthält feste Vorschriften, so etwa die "Zehn Gebote" der Integritätsgruppen. Hier wird ein Teilnehmer von außen gesteuert. So lautet Gebot Nr. 9: nicht lügen. Oder Gebot Nr. 3: kein Abreagieren negativer

Emotionen. - Wenn der Teilnehmer aber nicht anders kann?

Nehmen wir das Lügen als Beispiel: es gibt hundert Formen von Lügen, liebevolle und niederträchtige, zärtliche und destruktive, schützende und gemeine. Es gibt Hunderte von Situationen, in denen Lügen notwendig oder überflüssig sein können und jeweils eine ganz andere Bedeutung haben. Wie wesentlich ist es also, in einem Prozeß der Selbsterkenntnis frei lügen zu dürfen! Erst dann kann man auch verstehen, warum man lügt. Wir lügen meist, um eine eigene Schwäche auszugleichen. Wenn man die Lüge "medizinisiert", das heißt in das Bezugssystem der Psychopathologie einspannt, dann kann man sie als Krankheitssymptom auffassen. Welche Bedeutung aber hat es, Krankheitssymptome zu verbieten? Nur eine: die Verdrängung zu fördern. Das Gebot "Du sollst nicht lügen" mag als Norm für ein allgemeines menschliches Verhalten einen Wert haben. In einer Selbsthilfegruppe, in der jeder versucht, sich selbst zu erfahren, sich zu entdecken und sich auch in seinen negativen, abgelehnten, verpönten Seiten zu verstehen, ist ein solches Gebot eher schädlich. Es schafft nur Unfreiheit. Es sperrt jene Verhaltensweisen wieder aus, die sich hier gerade entfalten sollten. Wie oft sind Lügen in jenen harmoniebesessenen, von Vertrauen durchtränkten, symbiotisch verschmolzenen Familien die einzige schmale Basis für die Selbständigkeit der sonst nur noch ans Herz der Eltern gedrückten Kinder! Ein Verbot der Lüge wiederholt diese symbiotische Familienmoral, die selbst auf einer Lüge (keine Aggressionen zu kennen, wie sie in Lügen enthalten sind) aufbauen muß und vielleicht deswegen so allergisch reagiert. Wie in allen psychoanalytisch orientierten Therapien geht es aber auch in Selbsthilfegruppen darum, die moralische Haltung durch die verstehende Haltung zu ersetzen. Anders ist Konfliktarbeit nicht möglich.

An diesem herausgegriffenen Beispiel der Lüge werden wesentliche Probleme einer Anleitung deutlich. Wenn wir verstehen, warum wir lügen, finden wir einen neuen Zugang zu uns selbst, wir gewinnen Einblick in jene Seiten, die wir sonst vom Bewußtsein abgespalten hatten. Wir können diese Anteile jetzt in unsere Person integrieren. Was geschieht aber, wenn wir der Regel folgen, nicht zu lügen? Wir übernehmen eine moralische Haltung und unterdrücken unsere Lügenhaftigkeit. Da aber sonst nichts weiter verstanden ist, kommt es entweder zur Symptomverschiebung oder viel einfacher zur Verleugnung der

Lüge. Wir meinen dann sogar, ehrlich zu sein, wenn wir lügen. Das schlimmste ist also, daß sich die Beziehung zu uns selbst durch solche Gebote verzerrt. Ein Programm, so gut es gemeint sein mag, hat also erhebliche seelische Nebenwirkungen:

1. Es betont die Außensteuerung und verringert die Selbstbestimmung.
2. Es schwächt das Ich.
3. Es ersetzt die persönliche Erfahrung durch äußere Maßstäbe. Es verändert die Beziehung zu sich selbst (zum Beispiel in Richtung einer moralischen Haltung), fördert die Verdrängung und riegelt das Unbewußte ab.
4. Es legt Zustände fest und geht dadurch an der Entwicklungsqualität der Selbsthilfegruppen vorbei. Es verleiht einzelnen Verhaltensweisen (zum Beispiel Lügen) außerhalb ihres Zusammenhangs zuviel Gewicht, setzt sie absolut, fördert eine oberflächliche Symptomorientierung und geht an den vielfachen Bedeutungen und mehrfachen Wurzeln eines Verhaltens vorbei.
5. Es schränkt die freie Entfaltung der Konflikte ein. Es irritiert also die gesamte gruppendynamische Steuerung und mindert damit die therapeutische Effektivität.
6. Es verhindert die beste innere Abstimmung zwischen konkreten aktuellen therapeutischen Bedürfnissen und Möglichkeiten des einzelnen und der Gruppe.

Diese Nebenwirkungen sind so erheblich, daß man den haltgebenden und richtungsweisenden Wert eines Programms allein deswegen niedriger einzuschätzen hat. Noch fraglicher aber wird ein Programm, wenn man weitere Konsequenzen bedenkt. Vollends ungeeignet erscheint eine Anleitung schließlich, wenn man den haltgebenden und richtungsweisenden Wert selbst befragt und in Vergleich setzt zur Wirkung der ungeschriebenen Orientierung durch therapeutisches Arrangement, Wertvorstellungen und Prinzipien.

Die Gießener Selbsthilfegruppen haben nach und nach eine anfänglich bestehende Themenzentrierung ("Kontaktschwierigkeiten", "Arbeitsprobleme", "Sexualität" und so weiter) und Programmwahl aufgegeben. Sie folgen den Programm der Programmlosigkeit. Man kann das mit dem Erlernen einer Fremdsprache vergleichen. Auch hier stehen zwei Wege offen: entweder geht man unmittelbar in das Land selbst oder man unterzieht sich einem Sprachunterricht. Zwar wird beim Erlernen einer neuen Sprache in der

Regel der programmierte Weg gewählt, aber ja nur deswegen, weil man sich einen längeren Auslandsaufenthalt kaum leisten kann. Doch gilt die offenere Methode als die günstigere. Sie wird zum Beispiel heute als "Totalimmersion-System" in Sprachschulen imitiert. Wie im Land selbst hört und spricht man ohne weitere Vorkenntnisse nur in der fremden Sprache. Das gleicht dem spontanen Weg der Selbsthilfegruppen. Er ist nicht nur gangbar, er dürfte auch der bessere sein. Nichts kann die ständige unmittelbare Herausforderung, die Aktivität, die persönliche Erfahrung und die direkte Modellbildung "im Milieu selbst" ersetzen. Darüber hinaus geht es ja in Selbsthilfegruppen gar nicht nur um eine Sprache, in der man sich zurechtfinden muß, es geht um das Aufnehmen und Herstellen von Beziehungen zu Menschen in einer Gruppe und um die Selbstentdeckung. Dabei liegen nun Programme fast nur noch quer.

Selbsthilfegruppen müssen also von ihrer Aufgabe her nichtdirektiv sein. Programme im Sinne zu befolgender Gebote sind mit der Gruppenselbstbehandlung kaum zu vereinbaren. In der Praxis können sich Selbsthilfegruppen im übrigen ausgefeilte Programme auch nicht leisten. Sie sind zu teuer.

Inwieweit es sich lohnt, die wachsende Erfahrung der Selbsthilfegruppen in Empfehlungen weiterzugeben, muß zunächst offenbleiben. Es ist etwas ganz anderes, ob eine Gruppe durch zunehmende Entdeckung gemeinsam an Erfahrung gewinnt oder ob sie durch Hinweise von außen, sozusagen künstlich, in einen höheren Stand der Erfahrung versetzt werden soll. Hier scheint mir der direkte und fortlaufende Erfahrungsaustausch der Selbsthilfegruppen in einem Gesamttreffen der aussichtsreichste Weg.

Wegen ihrer unabsehbaren Nebenwirkungen werden wir den Nutzen von Regeln sorgfältig erwägen müssen. Sehr schnell kann eine ursprünglich spontane Bewegung in den Prozeß einer Verschulung geraten und erstarren. Es gibt aber auch Regeln und Programme zur Förderung von Autonomie, Selbstverantwortlichkeit und Spontanität. Es mag sein, daß solche Anleitungen nötig sind, um aus einer Welt herauszukommen, in der durch Familienleben, Arbeitssituation und Alltag ununterbrochen Abhängigkeiten, Unterwerfung unter Autoritäten und spontanitätserstickende Rücksichtnahme gefordert und eintrainiert werden. Vielleicht gilt das insbesondere für sozial sehr unterdrückte Gruppen wie Arme, Alte, langfristig eingesperrte chronische Patienten und Strafgefangene.

Die Gruppenselbstbehandlung beruht jedoch in ihrer ursprünglichen Form auf Selbstregulation und persönlicher Erfahrung, nicht auf Anleitung und guten Ratschlägen. Wenn einmal Hinweise oder Empfehlungen unerläßlich scheinen, sollten drei Gesichtspunkte beachtet werden:

- so wenig wie möglich,
- so einfach wie möglich,
- und so weit wie möglich aus der Erfahrung der Teilnehmer stammend.

Die Programmierung von Selbsthilfegruppen läßt zur Zeit zwei Dimensionen erkennen, die auch künftig als wesentliche Bedingungen bei der Einschätzung jeder Form von Gruppenselbstbehandlung zu berücksichtigen sind:

1. Das Ausmaß der Regulierung überhaupt: Die Selbsthilfegruppen arbeiten völlig ohne Anleitung (offene Gesprächsgruppen), mit wenig (EA), mehr (AA) oder sehr viel Regulierung (Synanon).
2. Das Ausmaß der Expertenbeteiligung: Die Regeln stammen von Experten (Recovery Inc.) oder überwiegend von Experten mit Beteiligung der Selbsthilfegruppen (z.B. das Selbsthilfe-Psychotherapiemodell nach Thomas J. Scheff). Sie sind eher von Teilnehmern mit Hilfe von Experten (Integritätsgruppen) oder ausschließlich von Teilnehmern (AA) entworfen.

Die exakte Anleitung bei sogenannten Selbstkontrollgruppen verfolgt einen ganz anderen Weg. Sie ist für einen Lernprozeß bestimmt, etwa mit dem Ziel, sich ein angemesseneres soziales Verhalten anzueignen. Der Grad der außengesteuerten Vorstrukturierung ist hoch. Vielleicht aber ist gerade deshalb die Wirksamkeit der Selbstkontrollgruppen bei Arbeitsstörungen von Studenten so günstig, wie Jörg Fengler mir berichtete, da es hier um außenbezogene Leistungen geht, die die Entwicklung spezieller organisatorischer Ich-Funktionen erfordert. Ich glaube, daß man Selbstkontrollgruppen wegen ihrer ganz anderen Zielsetzung deutlich von Selbsthilfegruppen abgrenzen sollte. Es sind notwendigerweise direktive Gruppen. Dennoch dürfte auch hier der bei uns geplante Erfahrungstaustausch wechselseitig sehr anregend wirken.

Fragen wir nach dem haltgebenden und richtungsweisenden Wert von Programmen. In Gießen haben zum Beispiel mehrere Gruppen mit einem Programm nach Schwäbisch-Siems begonnen. Es enthält soziale Übungen für elf Sitzungen. So kann jeder in einer Vertrauensübung lernen, dem anderen mehr zu vertrauen. Er kann dabei auch sein eigenes Mißtrauen besser kennenlernen. Zunächst leuchtet die Vorstellung ein, daß die Gruppe hiermit einen guten Einstieg findet. Man kann das auch im Rahmen ihres ganzen Vorhabens nicht als unsinnig bezeichnen. Vielmehr könnte man argumentieren, die Gruppe überwinde so leichter ihre angstbesetzte und mißtrauensvolle Anfangsphase; sie gewinne Halt. Nach einigen Versuchen sehen wir die Sache aber doch anders. Im Vergleich nämlich zu den Selbsthilfegruppen, die nicht mit dem Programm beginnen, ist das Vertrauen in diesen programmierten Gruppen keinesfalls höher. In elf Sitzungen haben auch die programmlosen Gruppen ein solidarisches Gruppengefühl entwickelt. Darüberhinaus sind sie sogar an gemeinsamen Erfahrungen reicher.

Zugegeben, die ersten Sitzungen einer programmlosen Selbsthilfegruppe machen wohl manchmal einen katastrophalen Eindruck. Nichts will gehen. Einer ängstigt sich mehr als der andere. Keiner will sich das anmerken lassen. Man fragt sich, was das nun alles solle, ob das immer so weiter gehe; das bringe doch nichts. Angst, Mißtrauen, Zurückhaltung und Oberflächlichkeit prägen diese Sitzungen.

Wie munter dagegen eine Schwäbisch-Siems-Gruppe! Hier hat man das Programm greifbar in den Händen und beginnt planmäßig mit der ersten Sitzung: "Sich-Kennenlernen", 165 Minuten, 6 Stufen. Beim nächsten Mal folgt "Metakommunikation in Gruppen", das heißt Reflektieren über den Ablauf eines Gespräches, 18o Minuten, 7 Stufen. An diesem Spalier wächst die Gruppe weiter und folgt meist begierig dem Programm. Ich möchte betonen, daß die "Anleitung zum sozialen Lernen" von Lutz Schwäbisch und Martin Siems sehr viel bietet, was wirklich ausgezeichnet ist. Nicht zufällig haben sich gerade Selbsthilfegruppen dafür erwärmt. Denn fast alles, was hier geboten wird, läßt sich mit dem Geist der Selbsthilfegruppen verbinden. Es geht hier aber nicht so sehr um den sinnvollen Inhalt, sondern um den Nutzen des Ganzen am Anfang einer Selbsthilfegruppe. Zunächst ist zu vermerken, daß einige

Gruppen das Programm abgebrochen haben. Warum? Sie hätten wohl gelernt und gelernt, war die Antwort, aber die persönlichen Probleme seien nicht zum Zuge gekommen; der Aufschub sei zu groß. Andere, die mit allen elf Sitzungen durchgekommen waren, standen dann sozusagen wieder am Anfang: plötzlich hätten sie gar nicht gewußt, was nun weiter werden sollte. Einige Gruppen lösten sich auf.

Wir standen also vor der Tatsache, daß die Vertrauensbildung durch das haltgebende Moment des Programmes zwar vonstatten ging, sich aber auf die spezielle Tätigkeit beschränkte, die der Gruppe die Struktur gab. Schwäbisch-Siems-Gruppen sind eben wohl oder übel Arbeitsgruppen, keine Therapiegruppen. Dieser Unterschied ist wichtig. Er verändert die ganze Gruppengestalt. Alfred Katz und Eugene Bender diskutieren das auf dem Hintergrund einer schon vor drei Jahrzehnten vorgeschlagenen Einteilung von Gruppen in "psyche-groups" und "socio-groups". Während psyche-groups ("Seelengruppen") der Primärgruppe, wie zum Beispiel der Familie, ähnlich sind und sich durch eine persönliche, spontane und emotional sehr beeindruckende Atmosphäre auszeichnen, haben die socio-groups ("Arbeitsgruppen") einen formellen und eher unpersönlichen Charakter. Die heutige Gruppenforschung könnte noch eine Fülle weiterer Merkmale herausstellen. Es genügt aber, Helen H. Jennings Definition zur Kenntnis zu nehmen: die psyche-group-Mitglieder wählen sich danach, ob sie miteinander gut zusammensein und zusammenleben können; socio-group-Teilnehmer wählen sich nach dem ganz anderen Gesichtspunkt aus, ob sie zusammen arbeiten können. Schon die Wahl findet also nach unterschiedlichen Fähigkeiten und Eigenschaften statt.

Das ist auch in Gießen deutlich zu erkennen, wenn sich im Rahmen eines größeren Anfangstreffens Schwäbisch-Siems-Gruppen und freie Gesprächsgruppen bilden. Es kommt allein dadurch zu einer ganz anderen Gruppenzusammensetzung. Die Aufgabe selbst bedingt dann darüberhinaus noch ein ganz anderes Gruppenhandeln. Die Gruppencharaktere unterscheiden sich also erheblich. Nach ihren offiziellen elf Sitzungen muß sich die Schwäbisch-Siems-Gruppe von einer Arbeitsgruppe in eine Therapiegruppe wandeln. Die Vertrauensbildung bezog sich bisher auf die gewohnte Arbeitsgruppenexistenz. Das so gewonnene Vertrauen hilft nur wenig bei dem Vorhaben, sich jetzt mit sich selbst in offener Interaktion auseinanderzusetzen. Die Gruppe steht also nicht nur wieder am Anfang. Vielmehr muß sie eine innere Umstrukturierung zustande bringen. Und das ist besonders schwierig.

Eine unprogrammierte Selbsthilfegruppe hat aber in der zwischenzeit etwas Unersetzliches durchlebt: die Erfahrung der eigenen Ängste und des wechselseitigen Mißtrauens, das zunehmende Bekanntwerden und das zögernd wachsende Vertrauen; oft auch die große Entlastung, freier sprechen zu können oder einfach nur schweigend dabei zu sein. Kurz: die Gruppe hat ihre Bildungsphase selbst erfahren, ohne durch irgendwelche Regeln in diesem Prozeß gestört oder aufgehalten zu werden. Die Anfangserfahrung, das Wachstum der therapeutischen Beziehungen aus einer offenen Situation, ist den Teilnehmern nicht genommen worden. Es war ihnen und ihren konkreten Bedürfnissen und Chancen überlassen, wie sich die ersten Schritte entwickelten. Es ist ihr eigenes Erleben und ihre eigene Leistung, was wiederum Selbstverantwortlichkeit und Autonomie mobilisiert. Und sie haben die Schwierigkeiten kennengelernt, die sich aus ihrem Verhalten selbst ergeben. Sie sind gewappnet. Insofern sind sie viel besser orientiert als diejenigen, die mit einem Programm begonnen haben.

Kurzum, der haltgebende Wert des Programms ist fragwürdig, weil er eine ganz andere Gruppenkonstellation zugrunde legt und der orientierende Wert kann niemals die Orientierung durch die eigene Erfahrung ersetzen. Es erscheint also als ein Umweg, sich zunächst von einem Programm abhängig zu machen, um sich dann von dieser Abhängigkeit wieder mühsam zu lösen - wenn diese Unabhängigkeit dann überhaupt noch zu erreichen ist. Was für das Schwäbisch-Siems-Programm gesagt wurde, gilt ähnlich für alle anderen Anleitungen - besonders, wenn sie den ganzen Gruppenprozeß durchstrukturieren. Eine völlig andere Situation ist gegeben, wenn sich laufende Selbsthilfegruppen für Übungen zu interessieren beginnen und damit im Rahmen ihrer Gruppenarbeit auch experimentieren. Solche Bedürfnisse entstehen aus dem selbsttätigen Gruppenprozeß, sie sind durch Eigenständigkeit gegenüber dem Programm charakterisiert.

16. Hauptprobleme der Arbeit in Gesprächsgemeinschaften

Für die praktische Arbeit der Gesprächsgemeinschaften ergeben sich nach unseren Erfahrungen sechs Kernprobleme, die nicht zuletzt auch das Verhältnis dieser Kleingruppen zu ihrer regionalen Arbeitsgemeinschaft, zu ihrer übergreifenden Selbsthilfeorganisation und die Zusammenarbeit mit den Ärzten betreffen. Ich will sie im folgenden kurz benennen:

1. Wie kann eine Gruppe von den Erfahrungen der anderen lernen? Das bedeutet konkret: Wie läßt sich die Gruppenselbsthilfe verbessern? Wie lassen sich Probleme angehen, die eine Gruppe als Ganzes nicht lösen zu können meint? Wie läßt sich Fehlentwicklungen vorbeugen - etwa der Entwicklung zu einem reinen Ratschlagverein oder Diskutierclub? Wie ließe sich wechselseitige Gruppenberatung realisieren?

2. Wie kann gemeinsames Reden und gemeinsames Handeln zugleich erreicht werden? Mit anderen Worten: Wie läßt sich Selbstveränderung (also Reflexion des eigenen Erlebens und Verhaltens und damit Aufarbeitung seelischer Belastungen) verbinden mit Sozialveränderung - das heißt gemeinsamer Planung für Initiativen, die als Konsequenz des Erkenntnisgewinnes in den Gruppen anzusehen sind? Wie ist die international zu beobachtende Spaltung des integrierten Selbsthilfegruppenziels in Gesprächsgruppen einerseits und Aktionsgruppen andererseits (etwa in Form der großen Selbsthilfeorganisationen) zu beheben? Gibt es überhaupt eine Chance, introspektive Besinnung mit handlungsorientierten Planungen gleichzeitig zu realisieren?

3. Wie können neue Interessenten kontinuierlich informiert und aufgenommen werden, ohne daß die Gruppenarbeit gestört wird und ein Kampf gegen ständige Gruppenvergrößerung geführt werden muß?

4. Wie lassen sich gemeinsame alltägliche Aufgaben im Rahmen der Selbstorganisation möglichst wirksam lösen - so etwa Raumbeschaffung und vor allem die meist vernachlässigte Bekanntgabe nach außen? Wie ist eine maximale Entlastung von organisatorischem Aufwand für einzelne Gruppen zu realisieren?

5. Wie soll die Zusammenarbeit mit Fachleuten vonstatten gehen, ohne die Eigenständigkeit der Gruppen zu gefährden? Wie können Selbsthilfegruppen Fachleute nach Bedarf zur eigenen Information gewinnen? Wie ist auch umgekehrt der

Kontakt der Gruppen zu Fachleuten möglich - etwa, wenn andere Betroffene erreicht werden sollen? Ja, wie können Fachleute die Selbsthilfegruppenarbeit kennenlernen - und noch mehr: von ihnen lernen?

6. Wie ist der Neigung zu vereinzeltem Arbeiten der Gruppen zu begegnen, die so häufig zu enttäuschendem Zerfall oder einer Art Selbstghettoisierung führt? Das bedeutet: Wie ist ein größerer Zusammenhang herzustellen, der unbürokratisch bleibt und doch eine Möglichkeit eröffnet, für die eigenen Belange politisch wachsamer und handlungsfähiger zu werden?

17. Der Verbund im monatlichen Gesamttreffen

Für die gleichzeitige Behebung dieser sechs Kernprobleme gibt es keine geeignetere Lösung als die eines konkreten Verbundes mehrerer ähnlicher Selbsthilfegruppen/Gesprächsgemeinschaften in einer Region. Dieser Zusammenschluß realisiert sich in einem institutionellen Rahmen, wie sie z.B. die "Frankfurter Regionale Arbeitsgemeinschaft" darstellt, und in einer machbaren gemeinsamen Aktivität: im monatlichen Gesamttreffen. Es handelt sich um einen etwa zweistündigen Termin, der zusätzlich zu den üblichen wöchentlichen Gruppensitzungen vereinbart wird und meistens an einem gesonderten Ort stattfindet. Das Gesamttreffen ist also sozusagen die Selbsthilfegruppe der Selbsthilfegruppen. Es kann von den regionalen Arbeitsgemeinschaften, den Bundes-Selbsthilfeorganisationen und von Fachleuten organisatorisch angeregt und unterstützt werden. Die Sitzung findet in Form eines offenen Gespräches statt. Zu ihm kommen nur in besonderen Problemfällen alle Mitglieder der Gruppen, in der Regel jedoch zwei bis drei Vertreter, die nicht immer dieselben sein sollten (rotierende Delegierte). Die Bedeutung des Gesamttreffens ergibt sich aus den sogenannten Kernproblemen. Es ist also ein praxiserprobtes Modell, dessen sechs wesentliche Aufgaben folgendermaßen zu formulieren wären:

- Offener Erfahrungsaustausch im Sinne wechselseitiger Beratung zur Optimierung der Gruppenarbeit,

- Planung von Initiativen,

- Information der Neuen mit Angebot, sich Gruppen anzuschließen oder neue zu gründen,

- gemeinsame Selbstorganisation wie Raumbeschaffung und Öffentlichkeitsarbeit.

- Zusammenarbeit mit Fachleuten im Sinne einer gleichgestellten Partnerschaft, damit Nutzung des professionellen Wissens und die Beeinflussung der Fachwelt,

- höheres sozialpolitisches Bewußtsein durch Kontakt zu anderen Gruppen und damit Vorbeugung der Selbstghettoisierung.

Ein Beispiel (von meinem damaligen Mitarbeiten Jürgen Matzat formuliert):

"Das Gesamttreffen der Selbsthilfegruppen für Berufstätige: Es sind ca. 25 Personen anwesend, davon sieben neue Interessenten und Vertreter aus allen vier existierenden Gruppen. Der Gruppenaustausch erfolgt in der fast schon gewohnt positiven Weise. Dabei berichten die beiden Geschwistergruppen (Montag, Dienstag), daß sie momentan in einer gewissen Stagnation stecken. Die meisten Gruppenmitglieder hätten nun etwas von sich erzählt, man würde sich ein wenig kennen, wisse aber jetzt nicht so recht, wie es weitergehen solle. Im Verlauf des Gesprächs wird immer deutlicher, daß es im Grunde um die Angst vor zunehmender emotionaler Verwicklung geht. Aus einer der beiden Gruppen wird berichtet, daß es sehr viele Außenaktivitäten von Subgruppen gibt, meistens Zweier- oder Dreiergruppen, und daß zwischendurch viel telefoniert wird. Auf diese Weise kommen zwar viele intensive Gespräche zustande, die jedoch nicht in die Gruppe zurückgemeldet werden. Das Gesamttreffen weist die Gruppe deutlich darauf hin und macht sie darauf aufmerksam, daß der Gruppenprozeß dadurch ziemlich behindert werde. Ich habe den Eindruck, daß die Mitglieder dieser Gruppe davon tatsächlich betroffen sind und heute ganz schön kritisiert werden. Eine Frau sagte: "Ich finde uns trotzdem ganz toll!". Nach dem Gesamttreffen zu urteilen, hat die jüngste Gruppe (Freitag) recht gut zueinander gefunden und sich auf einen anspruchsvollen psychotherapeutischen Weg gemacht. Von den sieben neuen Interessenten gehen zwei (Frauen) in die Donnerstagsgruppe, die mittlerweise nur noch aus ca. sechs Mitgliedern besteht, wobei "Männerüberschuß" herrscht. Vier neue Interessenten gründen eine neue Gruppe, die sich auch freitags treffen will. Ein Interessent kann sich nicht zur Teilnahme entschließen."

18. Zur Bedeutung der Selbsthilfegruppen im Gesundheitswesen

Selbsthilfegruppen bieten mit gutem Erfolg wenigstens eine "psychologische Basistherapie". Ihre weiteren Vorteile machen sie zu einer bedeutenden Entwicklungslinie innerhalb der psychosozial-orientierten Medizin, Versorgung und Erziehung:

- Sie sind von jedermann einfach einzurichten und zu erhalten.
- Sie sind für jedermann leicht erreichbar.
- Sie können in unbeschränkter Zahl entstehen, das heißt, ihre Kapazität ist unbegrenzt.
- Ihre Anwendungsbereiche sind außerordentlich vielseitig.
- Sie sind sehr flexibel, können also rasch auf neue Bedürfnisse reagieren.
- Sie bieten bei gleichem Grundkonzept eine Vielzahl von Variationsmöglichkeiten: Einzelpersonengruppen, Paargruppen, Familiengruppen, Jugendgruppen, Kindergruppen, Angehörigengruppen usw.
- Die Probleme, mit denen sie sich beschäftigen, sind alltagsnah. Die Teilnehmer sprechen ihre eigene Sprache, und bei entsprechender Anregung bleibt ihr Angebot nicht nur auf eine soziale Schicht beschränkt.
- Sie lassen sich, falls die oft versteckte Dominanz der Experten vermieden wird, in vielfältiger Weise mit professioneller Versorgung oder Ausbildung verbinden.
- Nicht zuletzt: sind sind praktisch kostenlos. Die Kostenfrage ist ähnlich wie beim Sport zu sehen: ihn auszuüben, kostet oft nichts und ist dem Entschluß des Einzelnen überlassen - hilfreich aber ist dafür ein Rahmen, also sportliche Institutionen wie Sportplätze, Hallen usw. Solche erleichternden Angebote sollte - ohne mit besonderen Bedingungen verknüpft zu werden - von der öffentlichen Hand auch den Betroffenen von Selbsthilfegruppen gemacht werden. Das geschieht mit der Psychosozialen Ambulanz und in Zukunft wohl auch mit der Frankfurter Arbeitsgemeinschaft Selbsthilfegruppen.

Wie bei jeder neuen Entwicklung gibt es noch reichlich Fragen zu stellen und zu beantworten: nach Ängsten vor Selbsthilfegruppen bei Laien und Fachleuten, nach Widerständen gegen diese neuartige Vorgehensweise, nach Schwierigkeiten, nach speziellen Problemen, nach Grenzen und Gefahren. Die am häufigsten gestellte Frage macht allerdings zur Zeit kein Problem, die Frage nach ihrer Effizienz: Die Gruppen helfen mehr, als manchem lieb ist.

19. Die Medizin als Schleuse zu Selbsthilfegruppen und der Beitrag der Fachleute

Die Zusammenarbeit von Selbsthilfegruppen und Experten wird meines Erachtens die Zukunft einer auch stärker psychosozial orientierten Medizin prägen müssen, da die umfangreichen Aufgaben anders nicht bewältigt werden können. Die Ärzte und andere berufliche Helfer können sich auf diesem Weg als Schleuse zu Selbsthilfegruppen neu verstehen. Sie können vor allem zwei Aufgaben versehen:

1. in der Sprechstunde oder Beratung als Vermittler zu Selbsthilfegruppen,
2. auf dem Gesamttreffen als Begleiter von Selbsthilfegruppen.

Zunächst ist es wesentlich, die Eigenständigkeit und Selbstverantwortlichkeit der künftigen Gruppenteilnehmer hervorzuheben. Daher kann es auch keine "Überweisung" in die Selbsthilfegruppe geben. Nötig ist es aber, im Beratungsgespräch auf die noch zu wenig bekannte Form der Gruppenselbsthilfe in eigenständigen Gesprächsgruppen aufmerksam zu machen. Der Patient sollte sich selbständig entschließen. Er ist ja auch in der Selbsthilfegruppe nicht mehr unmittelbar in der Patientenrolle. Insofern muß er letztlich eine Selbstindikation stellen. Hilft ihm eine Selbsthilfegruppe, wird er in der Regel dabei bleiben.

Aufgabe des Arztes oder Beraters wäre:

1. auf die Möglichkeit und die therapeutische Chance der Selbsthilfegruppen hinzuweisen;
2. auf die Eingewöhnungszeit von etwa zehn Sitzungen aufmerksam zu machen und mit dem Patienten zu klären, daß erst dann eine fundierte Entscheidung von ihm getroffen werden kann;
3. alle zwiespältigen und ängstlichen Gefühle des Patienten zu erörtern, die seine Entscheidungen erschweren. Sie konzentrieren sich in der Regel auf die bereits genannten Ängste.

Als Berater der Selbsthilfegruppen kann der Arzt oder ein anderer beruflicher Helfer wie Psychologe, Sozialarbeiter oder Krankenschwester usw. am monatlichen Gesamttreffen teilnehmen. Im Gegensatz zum traditionellen Abhängigkeitsverhältnis des Patienten zum Arzt ist hier die gleichgestellte Beziehung zu beachten. Der Arzt soll also nicht die Gruppen beraten, sondern *mit* ihnen beraten. Ein Internist in der Nähe von Bremen arbeitet inzwischen mit 17 Selbsthilfegruppen zusammen. Das Wartezimmer wird zum Kommunikationsraum für Selbsthilfegruppen.

Bei der teilweise großen Scheu vieler Ärzte wird es künftig wohl eine interessante neue Aufgabe für Patienten geben: ihren Arzt zur Zusammenarbeit mit Selbsthilfegruppen stärker zu ermutigen.

Die heutigen großen Ärzteorganisationen beginnen in Gemeinschaft mit der Deutschen Arbeitsgemeinschaft Selbsthilfegruppen diese Entwicklung zu fördern, indem sie Adressenlisten von Selbsthilfegruppen zusammenstellen. Zwar lockt die Gesundheitspolitiker natürlich auch die drastische Senkung der Gesundheitskosten, die mit einer solchen Konzeption verbunden ist, doch liegt das wesentliche Argument für Selbsthilfegruppen in der Emanzipation der helfenden Beziehung. Ihr steht zur Zeit als größte Barriere allerdings noch das traditionelle Rollenverständnis von Therapeuten und Patienten entgegen. Der Umstrukturierungsprozeß wird viel Zeit benötigen; dennoch haben Selbsthilfegruppen ohne Zweifel bereits eine stille Revolution im Bereich der Medizin eingeleitet und zahlreiche Experten zu einer neuen therapeutischen Beziehung in der Zusammenarbeit mit ihnen gefunden.

20. Unser Zwiespalt Angesichts der Selbsthilfegruppen

Der wirksamste Widerstand gegen eigenständige Gesprächsgruppen ist m.E. in unserer gesamtgesellschaftlichen Situation zu sehen. Als Individuen sind wir im Grunde Bruchstücke von Gruppen. Unter dem Einfluß zunehmender Verdünnung, Verkürzung und Versachlichung menschlicher Beziehungen haben wir das jedoch nahezu vergessen. Vereinzelung und Individualismus sind deshalb zugleich die stärksten Kräfte gegen Selbsthilfegruppen wie auch für sie. Einerseits haben sie uns von der Gruppe entfremdet: Unser Gefühl für Gruppenvorgänge ist nur noch wenig entwickelt, ja, direkte Abneigung gegen Gruppen ist weit verbreitet. Andererseits aber führt gerade unser übersteigerter Individualismus dazu, daß der einzelne, um individuelle Enge, Schwäche und Isolation aufzuheben, das Bedürfnis hat, sich kleinen Gruppen anzuschließen, in der Hoffnung, dort eine freiere, gemeinschafsfähige Individualität zu gewinnen. Dieser Widerstand der Kräfte führt nicht nur äußerlich dazu, daß die Selbsthilfegruppen Gegner und Fürsprecher finden; er zeigt sich in jedem Interessierten auch als innerer Konflikt, den er selbst lösen muß.

Der Vater des Psychodramas, das ja sehr viele Selbsthilfegruppenelemente enthält, Moreno, prägte in Einsicht dieser Zwiespältigkeit einmal ein Motto schwankender Hoffnung, mit dem ich auch schließen möchte: "Käme der liebe Gott noch einmal auf die Erde, käme er als Gruppe".

Literatur

Badura, B., Chr. v. Ferber (Hrsg.), Selbsthilfe und Selbstorganisation im Gesundheitswesen, Oldenbourg, München, 1981.

Daum, K.-W., Selbsthilfegruppen- eine empirische Untersuchung von Gesprächsselbsthilfegruppen. Dissertation (Humanbiologie, Fachbereich Humanmedizin), Justus Liebig-Universität Gießen, 1984, (Broschüre).

Daum, K.-W., J. Matzat, M.L. Moeller, Psychologisch-therapeutische Selbsthilfegruppen. Ein Forschungsbericht, Schriftenreihe des Bundesministers für Jugend, Familie und Gesundheit, Kohlhammer, Stuttgart, 1984.

Daum, K.-W., J. Matzat, G. Sauer, Psychologisch-therapeutische Selbsthilfegruppen - eine Fallstudie (wird publiziert), 1979.

Daum, K.-W., M.L. Moeller, Therapieresultate bei Selbsthilfegruppen, Manuskript, 1984.

Dewar, T., Professionalized Clients as Self-Helpers, in: A. Gartner, F. Riessmann (Hrsg.), a.a.O., 1976, S. 77 ff.

Elias, N., Der Prozeß der Zivilisation, Bd. 1 u. 2, Suhrkamp, Frankfurt am Main, 1958.

Gartner, A., F. Riessmann (Hrsg.), Self Help and Health: A Report, New Human Services Institute, New York, 1976, (Broschüre).

Grunow, D. et al., Gesundheitsselbsthilfe im Alltag, Enke Copythek, Stuttgart, 1983

Kickbusch, I., A. Trojan (Hrsg.), Gemeinsam sind wir stärker. Selbsthilfegruppen und Gesundheit, Fischer alternativ, Frankfurt am Main, 1981.

Lieberman, A., G.R. Bond, The Problem of Being an Woman. A Survey of 1700 Women in Consciousness Raising Groups, J.Appl. Behav.Sci. 12, (1976) 3, S. 363 ff.

Lieberman, A., L.D. Borman et al, Self-Help Groups for Coping with Crisis, Jossey-Bass Publishers, San Francisco, 1979.

Moeller, M.L. Selbsthilfegruppen. Selbstbehandlung und Selbsterkenntnis in eigenverantwortlichen Gesprächsgruppen, Rowohlt, Reinbeck, 1978.

-, Das demokratische Arbeitsbündnis in Selbsthilfegruppen. Einige Folgen der Deprofessionalisierung für die Therapeutische Beziehung, psychosozial 2 (1979), S. 36 - 66.

-, Anders helfen, Selbsthilfegruppen und Fachleute arbeiten zusammen, Klett Cotta, Stuttgart, 1981 a.

-, Gesundheit, die ansteckt, psychologie heute, Nr. 5, (1981 b), S. 47 - 53.

-, Gruppenselbsthilfe chronisch Kranker und ihrer Angehörigen, in: M. Angermeyer, O. Dörner (Hrsg.),Chronisch kranke Kinder und Jugendliche in der Familie, Enke, Stuttgart, 1981 c.
-, Selbsthilfegruppen. Bedeutung für die ärztliche Praxis, Medizinische Klinik 76, (1981 d), 6, S. 16 - 21.
-, Arbeitsplatz-Selbsthilfegruppen und Organisationsentwicklung, Zeitschrift Organisationsentwicklung 1 (1982), S. 30 - 38.
-, Möglichkeiten, Grenzen und Gefahren psychotherapeutisch arbeitender Selbsthilfegruppen. Psychotherapie, Psychosomatik, Medizinische Psychologie 33, (1983 a), S. 69 - 77, Sonderheft 2.
-, Gruppenpsychotherapie und Selbsthilfegruppen, Gruppenpsychoth. Gruppendynamik 19, (1983 b), S. 142 - 157.
-, Destruktive Friedfertigkeit. Ein psychoanalytischer Beitrag zum unbewußten Mißbrauch der Friedensbewegung. Vortrag im Rahmen der Ringvorlesung "Friedensarbeit an der Universität", Johann Wolfgang Goethe-Universität, Frankfurt am Main, 26.01.1984 (Manuskript),1984.
Stübinger, D.K., Psychotherapeutische Selbsthilfe-Gruppen in der BRD. Eine Untersuchung über Sozialstruktur und therapeutische Prozesse in den Gruppen, Med. Dissertation, Gießen, 1977.
Stunkard, A.J., The Success of TOPS, a Self-Help-Group, Post Graduate Medicine 18 (1972). S. 143 - 147.
Tracy, G.S., Z. Gussow, Self-Help Health Groups: A Grass-Roots Response to a Need for Services, Journal Appl. Behav.Sci. 12 (1976), 3, S. 381 ff.
Verband der Niedergelassenen Ärzte Deutschlands (NAV) e.V., Strukturen ärztlicher Versorgung im Wandel, 1983 (Broschüre zu beziehen über: Belfortstraße 9, 5ooo Köln 1).

Der vorstehende Beitrag ist der Text eines öffentlichen Vortrags und Antrittsvorlesung zur Einleitung der 1. Frankfurter Selbsthilfegruppentage Frankfurt/Main, am 11.5.1984.

Teil III Anwendungsbereiche

Friederike Lott, Salzburg

DIE BEDEUTUNG DER GRUPPE IN DER THERAPIE MIT KINDERN

Vorbemerkung

Der Frage nach der Bedeutung der Gruppe in der Therapie mit Kindern wird im vorliegenden Aufsatz in zweifacher Richtung nachgegangen: Zunächst wird die Gruppe im Zusammenhang mit der psychosozialen Entwicklung und der Sozialisation des Kindes betrachtet, wobei hier vor allem der Stellenwert der Gruppe der Gleichaltrigen für die Persönlichkeitsbildung und Entwicklung des Kindes ins Auge gefaßt werden soll. Zum anderen wird die Bedeutung der Gruppe in der Therapie und die in ihr wirksamen Dynamismen (Identifizierung, Übertragung, Beziehung u.a.) anhand der verschiedenen Modelle der Gruppenpsychotherapie von Kindern und Jugendlichen (Slavson, Schiffer, Ginott, Lebovici, u.a.) dargestellt werden.

1. Die Bedeutung der Gruppe von Gleichaltrigen in der Sozialisation des Kindes

Die fundamentale Bedeutung der Primärgruppe und der frühkindlichen Objektbeziehungen hat - von unterschiedlichen Standpunkten ausgehend - in zahlreichen Forschungsarbeiten (Spitz, Bowlby, Freud, A., Mahler, Klein, Parsons u.v.a.) ihren Niederschlag gefunden. Demgegenüber nimmt - trotz einiger Ansätze in der frühen Entwicklungspsychologie (Bühler, Piaget) - das Thema der Gruppe der Gleichaltrigen im Bereich der Sozialisationsforschung erst in den letzten Jahrzehnten wieder breiteren Raum ein (Erikson, Parsons, Eisenstadt). Das ist wohl einerseits darauf zurückzuführen, daß weithin die Auffassung von Sozialisation als Übernahme von Werten und Normen durch Erwachsene galt, andererseits fanden auch in der Sozialforschung vor allem die frühkindlichen Sozialbeziehungen innerhalb der Familie (die Mutter-Kind-Beziehung, die Mutter-Vater-Kind-Triade) als Forschungsgebiete hervorgehobene Beachtung. Wenngleich in jeder Entwicklungsphase die Beziehungen zu Gleichaltrigen eine Rolle spielen - Erikson (1956, S. 150/51) zeigt z.B. auf, daß alle Träger der Sozialisation um das Kind herum immer präsent bleiben und von Phase zu Phase des

Entwicklungsprozesses Veränderungen erfahren -, so ist die Bedeutung dieser Beziehungen zu Gleichaltrigen je nach Entwicklungsalter verschieden und auch verschieden gewichtet.

Zunächst ist davon auszugehen, daß verschiedene Voraussetzungen in der Entwicklung des Kindes erfüllt sein müssen, bevor soziale Beziehungen zu Gleichaltrigen aufgenommen werden können. Zwar gibt es Untersuchungen, deren Ergebnisse belegen, daß bereits vor dem 2. Lebensjahr das Spiel mit Gleichaltrigen beginnen kann und auch jüngere Kinder intensiv auf Ablehnung oder Anerkennung durch Gleichaltrige reagieren (Eckermann u.a. 1979, Stevenson 1965), jedoch sind der Qualität dieser sozialen Beziehungen in den frühen Lebensjahren doch enge Grenzen gesetzt.
Ob die soziale Anpassung als das Ergebnis von Triebschicksalen betrachtet wird, das heißt als Umformung von Strebungen angesehen wird, die in jedem normalen Kind vorhanden sind, oder ob die Aufnahme sozialer Beziehungen im Zusammenhang mit der affektiven und kognitiven Entwicklung des Kindes ins Auge gefaßt wird, ist vom jeweiligen theoretischen Hindergrund abhängig.

Anna Freud (1968) zeigt unter anderen typischen psychoanalytischen Entwicklungslinien auch die "Linie vom Egoismus zur Freundschaft und Teilnahme an einer menschlichen Gemeinschaft" auf. Als egozentrisches Wesen beginnend, das nur auf sich selbst und seine narzißtischen Interessen eingestellt ist, erlebt das Kind andere Kinder in dieser Welt als Rivalen in der Beziehung zu den Eltern. Darauf folgt eine Periode, in der das Kind das andere Kind wie eine Art Spielzeug behandelt, das je nach Laune angenommen oder weggestoßen wird. Auch wenn etwas später Altersgenossen als Spielgefährten beim Bauen oder Zerstören zugelassen werden, dauert das Verhältnis zu ihnen nicht länger, als das jeweilige Spiel andauert. Erst nach dieser Stufe wird das Kind fähig, sich die Spielkameraden zu Freunden zu machen, sich mit ihnen zu messen oder mit ihnen zu teilen und sie als gleichberechtigt zu behandeln. Auch eine weitere Entwicklungslinie von der "Autoerotik zum Spielzeug", vom "Übergangsobjekt" (Winnicott 1953) zum Spielmaterial, spielt in dem Bereich der sozialen Fähigkeiten kleiner Kinder hinein und zeigt ihre altersgemäßen Begrenzungen auf.

Jean Piaget sieht die soziale und affektive Entwicklung mit der kognitiven Entwicklung untrennbar verbunden und parallel verlaufend. Seiner Theorie nach verbindet der kognitive Entwicklungsprozeß die Strukturen einer frühen sensomotorischen Stufe über eine präoperative Stufe (2-7 Jahre) mit einer Stufe der konkreten Operationen (7-11 Jahre). Erst auf dieser konkreten Stufe bilden sich "neue interindividuelle Beziehungen kooperativer Natur aus" (Piaget/Inhelder 1973, S. 120), während die präoperative Stufe noch durch eine systematische Assimilation an das eigene Tun gekennzeichnet ist (symbolisches Spiel, Nichterhaltungen, Vorkausalität usw., Piaget/Inhelder 1973, S. 117). Die soziale Entwicklung verläuft parallel mit dieser Entwicklung, der soziale Austausch ist auf der "präoperativen Stufe, präkooperativer Art (...), das heißt, sozial unter dem Gesichtspunkt des Kindes, und auf das Kind selbst und seine eigene Tätigkeit zentriert unter dem Gesichtspunkt des Beobachters" (Piaget/Inhelder 1973, S. 121). Als das Kriterium im eigentlichen Sinne - auch auf der Ebene des Spiels - sieht Piaget die Fähigkeit an, sich dezentrieren zu können, fähig zu sein, Unterschiede in den Gesichtspunkten des Gesprächspartners zu berücksichtigen, ein Problem aus der Perspektive des Gegenübers zu sehen, was erst auf der operativen Stufe möglich ist.

Das Mißverständnis, Piaget halte Kinder bis zum Alter von etwa 7 Jahren (Beginn der operativen Phase) für unfähig zu kooperieren, hängt mit dem Mißverstehen seines Begriffes von "kindlicher Egozentrik" zusammen. Zwar hält er die sozialen Beziehungen zu Gleichaltrigen für labil und unbeständig, er zeigt jedoch auch auf, daß gerade diese Beziehungen die verschiedenen Formen des kindlichen Egoismus zurückdrängen können (Piaget/Inhelder 1973, S. 89). Die Funktion der Gruppe der Gleichaltrigen ist - der Entwicklung des Kindes entsprechend - eine jeweils verschieden bedeutsame.

Im "Spielalter", das im Eriksonschen Diagramm auf das Säuglings- und Kleinkindalter folgt, ist das zentrale Element der Gleichaltrigengruppe das gemeinsame Symbol- und Rollenspiel, das die konflikthafte Auseinandersetzung mit den Eltern zum Thema hat. Das gemeinsame Spiel, die Möglichkeit des aktiven Auslebens und Ausspielens, bestimmt die Beziehung zu den anderen. Nach Erikcon ist das Grundthema dieser Periode Initiative versus Schuldgefühl - Spielidentifikation gegen (ödipale) Phantasieidentitäten (Erikson 1956, S. 150/151).

Obwohl der Zeitraum zwischen 5 oder 6 Jahren bis zum Zeitpunkt der Vorpubertät in bezug auf die Beziehungen zu Gleichaltrigen in der Sozialisationsforschung nicht denselben Raum einnimmt wie die nachfolgenden Jugendjahre, sind die sozialen Beziehungen zu den gleichgeschlechtlichen Altersgenossen in diesem Entwicklungsabschnitt doch von besonderer Bedeutung: "... die Gruppe der gleichaltrigen Kinder (bietet) den Rahmen für desexualisierte Objektbeziehungen sowie Sublimierungen und Reaktionsbildungen (...), und zwar vor allem im gemeinsamen Spiel (S. Freud 1905, 1924; Erikson 1950b). Sie erlaubt, neue Rollen zu erproben, die nicht durch Alter und Geschlecht wie in der Familie festgelegt sind, und Normen auf ihre Verbindlichkeit hin zu prüfen (Parsons 1955). Sie bewirkt "... die Überwindung des Egozentrismus und sorgt für Fortschritt in der reversiblen Koordinierung der Gesichtspunkte (Piaget 1959, S. 365)" (Krappmann, 1982, S. 445).

Es ist dies der Entwicklungsabschnitt, in dem das Kind vor die Aufgabe gestellt ist, sein Verhältnis zu den anderen Gleichaltrigen zu klären und zu definieren. In der Primärgruppe war der Junge Sohn unter Söhnen, das Mädchen Tochter unter Töchtern, erst durch die Gruppe der Gleichaltrigen kann erlebt werden, was es heißt, ein Junge unter anderen Jungen und ein Mädchen unter anderen Mädchen zu sein. Das Allgemeine, die gemeinsame Norm und die Verabredung von Normen tritt in den Vordergrund. Piaget hat anhand des Kindermurmelspiels aufzeigen können, daß etwa vom 7. Lebensjahr an die Spielregeln beachtet werden und sich die Spieler gegenseitig bei der Beachtung dieser Regeln überwachen (Piaget/Inhelder 1973, S. 121) Auch Parsons führt aus, daß die Heranwachsenden gleichen Geschlechts sich zusammenfinden und Beziehungen unterhalten, die durch andere Spielregeln bestimmt sind, als die Normen, die außerhalb dieser Gruppe institutionalisiert sind. Die Stärkung egalitärer Komponenten in sozialen Beziehungen durch die Gruppe ist ein hervorstechendes Merkmal in dieser Sozialisationsperiode.

Das Kriterium der Stärkung der Gleichaltrigen und einer gemeinsamen Kooperationsstruktur in Abgrenzung zur Welt der Erwachsenen bestimmt auch die Solidarität der Peer-Gruppe bis zur Adoleszenz. Die Bedeutung der Gruppe liegt hier in der Unterstützung des Ablösungsprozesses von der Familie und bei der Bewältigung des Problems des Jugendlichen, seine Identität zu entwerfen und zu finden.

Im Verlauf der kindlichen Entwicklung bis hin zur Adoleszenz hat die Gruppe der Gleichaltrigen verschiedene Funktionen zu erfüllen: Ausleben und Ausagieren von Konflikten im gemeinsamen Spiel, die Möglichkeit von Einübung und Erprobung neuer Rollen, die nicht, wie in der Familie durch Alter und Geschlecht festgelegt sind, Stärkung egalitärer Komponenten durch Anerkennung oder Ablehnung, Finden gemeinsamer Kooperationsstrukturen, Stärkung der geschlechsspezifischen Identität und Unterstützung im Ablösungsprozeß.

2. Die Gruppe im Zusammenhang mit Entwicklungsstörungen

Die Funktionen, die die Gruppe der Gleichaltrigen im Verlauf der Entwicklung des Kindes erfüllt, machen gleichzeitig ihre therapeutische Wirksamkeit aus (Lutz 1981, S. 337-338). Bei narzißtischen Störungen aufgrund von mißglückten Mutter-Kind-Beziehungen, die in elementaren Schuldgefühlen gegenüber eigenen Bedürfnissen und Strebungen gründen und sich in Selbstunsicherheit, gestörtem Selbstwertgefühl, in hoher Ängstlichkeit und Gehemmtheit äußern können, bietet die Gruppe die Möglichkeit sichernder und bergender Erfahrungen. Durch den Vergleich mit anderen Gruppenmitgliedern wird die eigene Werthaftigkeit wahrnehmbar und gestärkt.

Störungen in der oralen Phase, Störungen, die mit dem Aufnehmen von Nahrung verbunden sind, mit Sattsein oder Mangel, mit Übersättigung oder Unersättlichkeit, zeigen sich in depessiven und passiv-retentiven Verhaltensweisen oder destruktiven Tendenzen, die die totale Vereinigung mit einem Objekt und dessen Zerstörung zum Ziel haben. Zustimmung oder Protest der einzelnen Gruppenmitglieder ermöglichen hier einen Ansatz für therapeutische Bearbeitung.

Störungen, die der analen Phase zugerechnet werden und die den Bereich des Gebens und Nehmens betreffen, des Bemächtigens und Beherrschens, können sich in aggressiven oder retentiven Verhaltensweisen, in Zwängen oder maßlosem Besitzstreben äußern. Die Gruppe ermöglicht schuldfreies Ausagieren und setzt durch Anerkennung und korrigierende Erfahrungen neue Lernprozesse in Gang.

Die phallische Stufe ist durch die Auseinandersetzung mit den Problemen der eigenen geschlechtlichen Identität, durch Ängste und Abwertung der eigenen Rolle gekennzeichnet. Die Gruppe bietet Sicherheit und Vertrauen und erleichtert durch Vergleich mit den anderen Gruppenmitgliedern die Annahme einer positiven Einstellung zum eigenen Geschlecht.

Für Störungen, die sich aus der nicht gelungenen Bewältigung von Leistungsforderungen in der Schule ergeben, bietet die Gruppe die Möglichkeit der Relativierung institutioneller Normen und trägt dazu bei, Fehleinstellungen zu korrigieren und Fehleinschätzungen zu versachlichen.

Die Gruppe in der Therapie von Kindern und Jugendlichen

Samuel R. Slavson, der bereits 1934 in New York die Gruppenpsychotherapie emotional gestörter Kinder begann und als ihr Pionier gilt, definiert die therapeutische Gruppe folgendermaßen:

"Eine Gruppe im therapeutischen Sinn nennen wir das zwanglose Beieinander von drei oder mehr Personen, wenn es dabei zu einer direkten und dynamischen Wechselwirkung zwischen den Einzelnen kommt und - als deren Ergebnis - zu einer grundlegenden Änderung der Persönlichkeit jedes einzelnen Mitgliedes" (Slavson 1972, S. 16).

Veränderung der Persönlichkeit, oder anders ausgedrückt, eine Änderung im seelischen Gleichgewicht, in der Struktur der Persönlichkeit, ist das Ziel sowohl der Einzel- als auch der Gruppentherapie.

In der therapeutischen Gruppe kann - nach Ginott (1966) - diese Veränderung durch Beziehung, Katharsis, Einsicht, Erproben der Realität und Sublimierung erreicht werden. Dadurch kommt es zur Ich-Stärkung, zur Modifizierung des Über-Ichs und somit zu einem verbesserten Selbstbild. Die Korrektur und Förderung der Persönlichkeit wird durch das Gruppenerlebnis erleichtert, die Anfangsschritte in der Therapie werden beschleunigt, die Übertragung auf den Therapeuten wird begünstigt, und es werden Übertragungen zu den einzelnen Teilnehmern hergestellt. Die Bedeutung der Gruppe für die Therapie von Kindern liegt somit einerseits in den Prinzipien und Prozessen, die in einer Gruppe wirksam sind, andererseits spielen die Charakteristika und Besonderheiten der kindlichen Persönlichkeit und Entwicklung bei diesen Prozessen und Abläufen eine Rolle.

Wenngleich die Gruppentherapie von Kindern und Jugendlichen in den dreißiger Jahren auch aus der Not heraus entstand, für viele Jugendliche therapeutische Hilfe mit nur wenigen geschulten Fachkräften anzubieten, ist Gruppentherapie nicht eine auf mehrere Teilnehmer gleichzeitig bezogene Einzeltherapie, sondern qualitativ anders. Eines der besonderen Spezifika der Gruppe ist, wie bereits erwähnt, der ständige Wechsel von Wirkung und Gegenwirkung und die darin begründete persönlichkeitsformende Kraft. Ein anderer Akzent liegt in der Möglichkeit, in der Konfrontation mit anderen die innerpsychischen Konflikte zur Darstellung und Bearbeitung zu bringen, wobei die Umgebung integrierend und stützend wirkt.

Zu den Besonderheiten der Gruppentherapie von Kindern zählen nach Slavson (Slavson/Schiffer 1975, S. 33 f)
- schnelle Umwandlung von Vorstellung und Gefühlen in motorischen Ausdruck;
- Impulsivität und Sprunghaftigkeit;
- schwache Ich-Struktur;
- unzureichende Ausbildung des Über-Ichs;
- ein leichter Zugang zum Unbewußten des Kindes;
- nichtverbale Kommunikation durch Aktion, die für Kinder natürlich ist.

Das Bedürfnis des Kindes nach Bewegungsfreiheit, Aktion und Spiel bestimmt ebenso die Eigenart der Therapie mit Kindern wie auch die offenen Grenzen zwischen der kindlichen Phantasie und der Wirklichkeit, das Ineinanderübergehen von Vorstellung und Realität, das von organischen Veränderungen und der psychischen Entwicklung abhängig ist. Die erst in Entstehung begriffenen, schwachen Abwehrmechanismen und fließende Identifikationen sind weitere Besonderheiten.

Ein wesentliches Charakteristikum der Therapiegruppe ist die Ähnlichkeit mit der Familie. Die Entwicklung des Kindes wird durch seine frühesten Sozialbeziehungen in der primären Gemeinschaft bestimmt. Durch die Art und Wirkung dieser frühen Beziehungen, durch die Bestätigung oder Ablehnung seiner Umgebung erwirbt das Kind sein Identitätsbewußtsein, indem es sich mit den Wünschen und Forderungen seiner Umgebung identifiziert und die sozialen Regeln internalisiert. Da jedes Kind wünscht, von den "Ersatz-Familienmitgliedern" der Gruppe anerkannt zu werden, versucht es, sein Verhalten daraufhin abzustimmen und zu korrigieren. Durch die Ähnlichkeit der Gruppe mit der Familie werden die Übertragungsbeziehungen sowohl unter den Aspekten der Eltern-Kind-Beziehung als auch der Geschwisterbeziehungen wirksam. Bei jüngeren Kindern stellen sich Übertragungen eher ein, ältere Kinder brauchen länger, um Übertragungen zu entwickeln. Die Schwierigkeiten mancher Kinder, mit Erwachsenen konstruktive Übertragungsbeziehungen herzustellen, werden durch das Gruppenerlebnis reduziert.

Den Wunsch, in einer Gemeinschaft angenommen zu werden, bezeichnet Slavson als "sozialen Hunger". Dieser Wunsch nach Annahme durch die Gruppe und Teilnahme an der Gemeinschaft ist eine der Voraussetzungen für die Anpassung an den Gruppencode und die Grundlage für die Errichtung des Gruppen-Über-Ichs (Slavson 1972, S. 172 ff). Die in der Gruppe erfolgenden Anpassungen ermöglichen den Abbau des aus Angst vor Strafe oder Verlassenwerden errichteten infantilen Über-Ichs zugunsten eines sozialeren Gruppen-Über-Ichs:

"Durch die Annahme der Gruppenforderungen und der daraus erwachsenen Befriedigungen löst das Kind die Bindungen zu seiner Familie auf oder lockert sie zumindest (...). Soziale Fehlanpassungen werden verhindert und korrigiert dadurch, daß wir dem Kind helfen, in seine Über-Ich-Struktur die Anforderungen und Werte der Gemeinschaft einzufügen (...). Die durch das infantile Über-Ich bedingten Ängste des Kindes werden abgebaut, da es feindselige und aggressive Gefühle in der Gegenwart eines Erwachsenen und anderer Kinder abreagieren kann und so aufnahmefähig wird für Erlebnisse, die eine Reifung fördern" (Slavson 1972, S. 173-174).

Der besondere Wert der Aktivität, der freien Interaktion und der aktiven Erkundung der Umwelt für die geistige und psychische Entwicklung findet neuerdings auch in den Entwicklungstheorien nicht zuletzt aufgrund der Erkentnisse Piagets zunehmend mehr Beachtung. Slavson hat den Stellenwert der Aktivität in der Therapie von Kindern und Jugendlichen als wesentliches Kriterium erkannt und schon von Beginn an seine Aktivitätsgruppentherapie unter diesen Schwerpunkt gestellt:

"Für ein Kind, das seinen noch ungeformten Antrieben nur begrenzt mit bewußter Überlegung folgt, ist Bewegungsfreiheit von fundamentaler Bedeutung. Es muß die Bedeutung der realen Dinge in seiner Umwelt erst noch entdecken und eine brauchbare Vertrautheit damit entwickeln. Deshalb ist physische Aktivität so wichtig, und deshalb hat sie mehr als erzieherische Bedeutung; sie ist wesentlich für die

seelische Gesundheit, denn durch angemessene Triebentladung über das vegetative Nervensystem wird körperliches Wachstum und emotionelles Gleichgewicht gefördert" (Slavson/ Schiffer 1975, S. 34).

Aktivität, in diesem Kontext betrachtet, inkludiert mehr als nur die Motorik, sie beinhaltet körperliche, intellektuelle und emotionale Funktionen. Im Prozeß von Assimilation und Akkommodation, in ständigem Umsetzen von Erfahrung in Tun, führt der Verlauf der Entwicklung von aktiver Betätigung des sensomotorischen Apparats zu zielgerichteten Aktivitäten und mündet über Verhaltensimitationen schließlich in symbolische Darstellungen. Auch das Spiel ist zu einem Teil aktive Umsetzung und Bearbeitung von Erfahrungen. "Es ist das ein Stück Bewältigungsarbeit an der Außenwelt, die ihm (dem Kind) auferlegt ist, und kann selbst dazu führen, daß es sich um die Wiederholung solcher Eindrücke bemüht, die es wegen ihres peinlichen Inhalts zu vermeiden Anlaß hätte" (S. Freud 1931, S. 529). Das Spiel ist für das kleine Kind "Leben im tiefsten und bedeutsamsten Sinn. Gesundes Gefühl und ein kraftvoller Intellekt erfordern, daß dem Spieltrieb in früher Kindheit volle Freiheit gewährt wird. Durch ein verweigern spielericher Aktivität werden nicht nur die Gefühle verwirrt, sondern Aggressivität, die zu Wißbegier werden könnte, verkümmert" (Slavson 1948, S. 326). Aktivität und Spiel sind "Sprache" des Kindes, natürliche Ausdrucks- und Kommunikationsweise und im therapeutichen Rahmen bevorzugtes Mittel der Katharsis.

In den nicht interpretierenden Methoden der Gruppenbehandlung (Slavsons Aktivitätengruppen) nimmt die Aktivität im therapeutischen Vorgang vorrangige Stellung ein. Um die befreiende Wirkung der Aktivität zur vollen therapeutischen Wirksamkeit zu bringen, müssen bestimmte Bedingungen erfüllt sein (Slavson 1972, S. 143):

"1. Die Beschäftigung muß den augenblicklichen Interessen (abhängig von dem Entwicklungsstand) angemessen sein, d.h. das Kind muß diese Interessen auf dem Wege des Ausprobierens selbst entdecken.

2. Während der Therapie werden Art, Beginn und Fortdauer der Arbeit nur vom Kinde bestimmt, ohne Eingreifen des Therapeuten. Der letztere hilft nur, wenn es zur Erreichung eines annehmbaren Erfolges und ausreichender Befriedigung unbedingt nötig ist.

3. Die Tätigkeit findet im Rahmen einer Gruppe statt, nicht jedoch unbedingt als Gruppenaufgabe, die Gegenwart anderer übt eine sozialisierende Wirkung aus: durch spontan erwachsende gegenseitige Hilfe, Anerkennung der Arbeit anderer, Zusammenarbeit zweier oder mehrerer Kinder an einem Gemeinschaftsprojekt, Erweckung angenehmer Empfindungen, die auf der konstruktiven Anstrengung im Rahmen der Gruppe beruhen, und durch die allmähliche Entwicklung des Verständnisses für die Bedürfnisse anderer." Slavson 1972, S. 143.

Slavson bezeichnet die befreiende Wirkung der Aktivität in der Gruppentherapie als "Handlungs-Katharsis". Die aktive Katharsis, die Möglichkeit, frei zu handeln, sich schöpferisch zu betätigen, zu malen, zu modellieren, mit Holz oder Metall zu arbeiten, bringt ebenso Lockerung und Freisetzen unbewußter Spannungen wie aggressiver und destruktiver Umgang mit Werkzeug und Arbeitsmaterial im Sinne absorbierender Ersatzhandlungen.

"Man könnte annehmen, daß solch ungezügelte Aktivität lediglich abreagierenden Wert hätte. Das ist jedoch nicht der Fall. Dadurch, daß wir einem gestörten Kind erlauben, sich so zu verhalten, wie ihm zumute ist, geben wir ihm die Gewißheit unserer Zuneigung und auch des Verständnisses durch die Gruppe. Eine Verminderung des inneren Zuganges, weiterhin aggressiv zu sein, ist die Folge" Slavson 1972, S. 147).

Slavson betont bei diesen Aktivitäten deren libidobindende Funktion, die desorganisierten Impulsen Struktur und Richtung verleiht. Die anfangs isolierenden Beschäftigungen, die Kinder in den Gruppen aufgreifen, führen nach und nach in sozialisierende Beschäftigungen über.

In der Aktivitätsgruppentherapie wird das freie Verhalten und Handeln ebenso wie die Sprache zum Ausgleich emotionaler Spannungen und als Ausdruck von Gedanken und Gefühlen verwendet. Der therapeutische Wert besteht darin, daß dies in Gegenwart anderer möglich ist, die weder Zwang ausüben noch strafen, die Möglichkeit, in einer freundlichen, akzeptierenden Umgebung bei freundlichen Beziehungen korrigierende Erfahrungen zu machen. Das therapeutische Medium ist die Gruppe, die Therapie geschieht durch die Gruppe als Ganzes. Die Aktivitätsgruppentherapie ist eine Ich-Therapie, in der auf verbale Interpretation verzichtet wird; die Gruppe wirkt als psychosozialisierende Kraft. Sie eignet sich für Kinder, die die ödipale Phase durchlaufen haben und deren Störungen nicht allzu tief sind. In den analytisch orientierten Gruppen geschieht die Therapie nicht durch die Gruppe sondern in der Gruppe. Im Mittelpunkt steht das einzelne Kind, das sich innerhalb der Gruppe von seinen Schwierigkeiten zu befreien sucht. Für jüngere Kinder ist das bevorzugte Mittel der Katharsis das Spiel. Durch das Spiel kann das Kind seine emotionalen Konflikte ausagieren und abreagieren. Da die Abwehrmechanismen noch nicht verfestigt sind, ist "der Weg zurück ins Unbewußte ... (beim Kind) leichter zu finden" (Klein 1932); so kommen im Spiel die Emotionen schnell an die Oberfläche. Das Spiel ermöglicht das Entladen und Kanalisieren feindseliger Impulse, mit Fixierungen zusammenhängende übermäßige Affektbesetzungen können aufgelöst werden. Die Anwesenheit anderer Kinder, die auf ähnliche Weise spielen, wirkt interstimulierend und sozialisierend.

Ginott sieht die Bedeutung der Gruppe auch darin, daß sie die Katharsis fördert, da sie "außer der 'frei assoziierten' Katharsis (...) auch die 'stellvertretende' (vicarious) und 'induzierte' (induces) Katharsis" bietet (Ginott 1966, S. 23). Als Zuschauer können Kinder Handlungen miterleben, die sie sich selbst nicht zu setzen trauen, oder sie werden von anderen ermutigt, selbst initiativ zu werden. Abreagieren an sich hat noch keine heilende Wirkung, diese tritt erst ein, wenn durch Ausagieren die inneren Schwierigkeiten dargestellt werden und Einsicht in die unbewußten Motivierungen ermöglicht wird. Die Einsicht kann ausgesprochen oder unausgesprochen entstehen. Die Förderung von Einsicht ist eine weitere Voraussetzung für eine therapeutische Gruppe:

"Die Erfahrung mit Gruppen kleinerer Kinder hat jedoch gezeigt, daß wechselseitig angeregte Ideen und Gefühle tiefgründige Einsichten ins Bewußtsein bringen. Selbsterkenntnis wird durch das Erleben verschiedener Beziehungen entwickelt" (Ginott 1966, S. 26).

Auch Schiffer (1969, S. 130) sieht das Gewinnen von Einsichten bei Kindern als ein Derivat aus dem gesamten Gruppengeschehen, d.h. als eine Form abgeleiteter Einsicht:

"Solche Einsicht vollzieht sich nicht gedanklich; sie wird aktiv in der Gruppe erlebt und ist eine Folge der dynamischen Interaktion zwischen jedem Kind und dem Therapeuten und den Kindern untereinander".

Ob dem Kind Deutungen seines Spiels gegeben werden, ist von der jeweiligen Situation abhängig. Wichtig ist, daß der Therapeut die unbewußte Bedeutung des Spiels, den zugrundliegenden Konflikt und die beteiligten Mechanismen erkennt, um dem Kind vermitteln zu können, daß es verstanden wird. Durch das Erörtern von Problemen, die vielen Kindern gemeinsam sind, und durch die eigenen Beobachtungen der Kinder wird der therapeutische Vorgang angereichert und die Übertragung gefördert. Auch im analytischen Psychodrama mit Kindern wird die Deutung aus dem Spiel und dem unmittelbaren Erleben heraus gegeben.

"Das Psychodrama besteht also nicht im Spielen mit Patienten und deren Heilung während des Spiels, sondern dient vielmehr dazu, ihre Fehlhaltungen und Hemmungen zu zeigen, die sich in der schauspielerischen Darstellung ihrer Konflikte äußern. (...) Die Patienten können am anderen besser als an sich selbst erkennen, welches die Folgen ihrer Konflikte sind und welche Abwehrhaltungen sich daraus ergeben. Durch die entlarvenden Identifikationen können sie verstehen, was sie stört oder was sie in Widerspruch zu ihren Eltern bringt" (Lebovici 1969, S. 773 und 775).

In der Gruppenbehandlung bieten sich vermehrte Möglichkeiten, neue Verhaltensweisen zu erproben und diese mit der Realitätswelt zu verbinden. In der therapeutischen Gruppe können im geschützten Raum entlastende Erfahrungen in zwischenmenschlichen Beziehungen gemacht werden. In dem Maß, in dem das Kind sich durch die anderen erkennen lernt, lernt es auch, die anderen zu sehen und mit ihnen zu kooperieren.

"Die größte Bedeutung der Gruppe für junge Menschen liegt aber darin, daß sie ihnen den Übergang von Narzißmus und Egozentrik zu Außengerichtetheit erleichtert. Der unentrinnbare Anpassungsdruck, den eine Gruppe ebenso ausübt wie positive Anreize, verändert und vermindert egozentrische Selbstbezogenheit, da die Gruppe an sich schon alloplastisch ist. Einige Fachleute sehen in der Gruppe ausschließlich und recht allgemein die Möglichkeit zur 'Sozialisationserfahrung'; sie scheinen sich der vielfachen anderen heilsamen Einflüsse, die Gruppen auf Unangepaßte ausüben können, ebenso wenig bewußt zu sein wie der Tatsache, daß die Wurzeln der antisozialen Haltungen bis in frühe zwischenmenschliche Beziehungen hinabreichen" (Slavson/Schiffer 1976, S. 275).

Jedoch reichen auch die negativen Einflüsse bis in die frühen Gruppenbeziehungen hinein: zunehmende Isolierung von den Mitmenschen durch räumliche Gegebenheiten (in manchen Wohnblöcken sind nur eine oder wenige Familien mit Kindern aus Rücksicht auf die Ruhebedürfnisse der Erwachsenen zugelassen), die immer kleiner werdenden Kernfamilien mit oft nur einem Kind, wechselnde Arbeitsbedingungen mit häufigen Umzügen, der Rückzug auf die Wohnung und "Innenkontakte", die durch das Fernsehen vermittelt werden, wenig Außengerichtetheit.

Die Kontaktschwierigkeiten und Kommunikationsstörungen unter Kindern nehmen in einem beträchtlichen Ausmaß zu; die natürlichen Gruppenbildungen auf Spielplätzen und in Höfen werden beeinträchtigt. Andererseits werden die institutionalisierten Gruppen in Kindergärten und Schulen durch altersunangemessene Leistungsforderungen zu konkurrierenden statt kooperierenden Leistungsgruppen pervertiert. Wenn heute vielfach die heilenden und prophylaktischen Kräfte der Gruppen vertan bzw. zunichte gemacht werden, soll dieser Beitrag gerade das große positive Potential einer Gruppe wieder ins Bewußtsein bringen und zu neuen Reflexionen anregen. Je früher in der Entwicklung des Menschen positives Gruppenerleben zum Tragen kommt, desto mehr werden persönlichkeitsbildende, soziale und demokratische Kräfte wachsen und sich entfalten können.

Literatur

Baumgärtel, F., Theorie und Praxis der Kinderpsychotherapie, Pfeiffer, München 1976.

Biermann, G., Handbuch der Kinderpsychotherapie II, Reinhardt, München, 1969.

-, Handbuch der Kinderpsychotherapie IV, Rheinhardt, München, 1981.

Bowlby, J., Bindung, Kindler, München, 1975.

Bühler, C., The Social Behaviour of Children, in: Murchison, C. (Hrsg.), Handbook of Child Psychology, Clark University Press, Worcester, Mass. 1933, S. 374-416.

Eckermann, C.O. u.a., Growth of Social Play with Peers during the Second Year of Life, Developmental Psychology 11 (1975) S. 42-49.

Eisenstadt, S.N., From Generation to Generation. Age Groups and Social Structure, Free Press, Glencoe 1956.

Erikson, E.H., Kindheit und Gesellschaft (1950a) Klett, Stuttgart 1965.

-, Wachstum und Krisen der gesunden Persönlichkeit in: Erikson, E.H., Identität und Lebenszyklus, Suhrkamp, Frankfurt .M., 1966, S. 55-122.

-, Das Problem der Ich-Identität (1956), in: Erikson, E.H., Identität und Lebenszyklus, Suhrkamp, Frankfurt a.M., 1966, S. 123-215.

Freud, A., Wege und Irrwege in der Kinderentwicklung, Klett Stuttgart, 1968.

Freud, S., Drei Abhandlungen zur Sexualtheorie (1905), Studienausgabe Bd. V, Fischer, Frankfurt a.M. 1972. S. 34-145.

-, Der Untergang des Ödipuskomplexes (1924), Studienausgabe Bd. V, Fischer, Frankfurt a.M., 1972, S. 243-251.

-, Über die weibliche Sexualität (1931), Studienausgabe Bd. V, Fischer, Frankfurt a.M.,1972

Ginott, H., Gruppenpsychotherapie mit Kindern, Beltz, Weinheim 1966.

Krappmann, L., Sozialisation in der Gruppe der Gleichaltrigen, in: Hurrelmann, K. Ulrich D. (Hrsg.), Handbuch der Sozialisationsforschung, Beltz, Weinheim 1980, S. 443-468.

Lebovici, S., Das Psychodrama mit Kindern und Jugendlichen, in: Biermann, G. (Hrsg.), Handbuch der Kinderpsychotherapie II, Reinhardt, München 1969, S. 771-777.

Lutz, Ch., Gruppenpsychotherapie bei Kindern und Jugendlichen, in: Biermann, G. (Hrsg.), Handbuch der Kinderpsychotherapie II, Reinhardt, München 1981, S.337-347.

Parsons, T., Family Structure and the Socialization of the Child in: Parsons, T., Bales, R.F., Family, Socialization and Interaction Process, Free Press, Glencoe 1955, S. 35-131.

Piaget, J., Nachahmung, Spiel und Traum (1959) Klett, Stuttgart, 1969.

-, Das moralische Urteil beim Kinde, Suhrkamp, Frankfurt a.M., 1973.

Piaget, J., Inhelder, B., Die Psychologie des Kindes, Walter, Olten 1973.

Schiffer, M., Die therapeutische Spielgruppe, Hippokrates, Stuttgart 1969.

Slavson, S.R., Recreation and the total personality, Association Press, New York 1948.

-, Child psychotherapy, Columbia University Press, New York 1952.

-, Einführung in die Gruppentherapie von Kindern und Jugendlichen, Vandenhoeck & Ruprecht, Göttingen 1972.

Slavson, S.R., Schiffer, M., Gruppenpsychotherapie mit Kindern, Vandenhoeck & Ruprecht, Göttingen 1975.

Spitz, R.A., Vom Säugling zum Kleinkind, Klett, Stuttgart, 1967.

Stevenson, H.W., Social Reinforcement of Children's Behaviour, in: Lippsitt, L.P., Spiker, C. (Hrsg.), Advances in Child Development und Behaviour Bd. 2 Academic Press, New York 1965, S. 97-126.

Winnicott, D.W., Transitional objects and transitional phenomena (1953), in: Winnicott, Collected Papers, Tavistock, London 1958.

Raoul Schindler, Wien

KLINISCHE GRUPPENARBEIT MIT PSYCHIATRISCHEN PATIENTEN

Obwohl dieses Buch vorwiegend an der ambulanten Gruppenarbeit, sei es in der beratenden oder therapeutischen Praxis oder in Trainingsveranstaltungen oder unmittelbar im sozialen Feld, orientiert ist, so sei doch die große Bedeutung nicht übersehen, die das Medium Gruppe als therapeutisches Instrument im Rahmen des Spitals und insbesondere des psychiatrischen Spitals einnimmt. Heute lassen sich im Spitalwesen generell zwei Trends erkennen:

1. Die Ausrichtung der stationären Therapie auf eine möglichst kurze Zeit unter Inanspruchnahme aller verfügbaren technischen Mittel, gewissermaßen die integrierte Diagnose-Therapie-Maschine, wobei die zeitaufwendige Gesundpflege dem durch Pflegedienst unterstützten heimischen Bereich mit seinem großen emotionalen Vorteil überlassen wird. Beispielgebend hierfür sind vor allem die Chirurgie, aber auch englische und holländische Modelle der geriatrischen Medizin. Dem technischen Bereich der Spitalstation wird der humane Bereich der eigenen Wohnung und Familie kontrastreich gegenübergestellt. Die Station wird in dieser Hinsicht als notwendiges Übel verstanden, das seine Rechtfertigung ausschließlich aus der Bereitstellung der überlegenen Technik herleitet; daher Ausbau derselben um jeden Preis und unter Hintanstellung humaner Rücksichtnahmen, dafür Verkürzung der Spitalzeit aus Motiven der Rentabilität und der Humanität. Der emotionale Auftrieb bei Rückkehr aus dem Spital nach Hause und seine die Gesundung fördernde Wirkung wird durch den Kontrast sogar verstärkt. Die Klage über die Inhumanität des Spitalbetriebes führt aber nicht zu dessen Aufhebung, sondern zur Verknappung der nicht der Technik zur Verfügung gestellten Zeit.

2. Es ist klar, daß diese Tendenz nicht sinnvoll weitergeführt werden kann bei allen chronischen Krankheiten und dort, wo das heimische Milieu den in es gesetzten humanitären Erwartungen für eine gute Nachpflege widerspricht. Modell für ersteres bildet z.B. die Kuranstalt mit ihrem gepflegten Schonklima, der Bereitstellung kommunikativer Warteräume, dem Kurkonzert als Treffpunkt der Großgruppe und auflockernden Veranstaltungen von Animationswert. Hier wird Gruppenstruktur als Heilmittel angeboten bei weitgehendem Offenlassen der kommunizierten Inhalte.

Die Situation der stationären Psychiatrie kann als Modell der zweiten Art gelten: ist es doch allemal eine soziale Krise daheim, die als Auslösung (z.B. bei der reaktiven Depression oder auch der Schizophrenie) oder als Folge der Krankheit (z.B. bei der Manie) die Möglichkeiten ambulanter Therapie durchbricht und stationäre Pflege erforderlich macht. Das heimische Milieu kann also nicht ohne weiteres als humaner oder in irgend einem Sinne "besser" als das Spitalmilieu gelten. Ähnliches gilt übrigens auch bei hochgradiger materieller Notlage. Um der historischen Gerechtigkeit willen sei daran erinnert, daß die allgemeine Erwartung, jemand fühle sich zu Hause besser als in den unpersönlichen Bedingungen des Spitals, erst für die Wohlstandsgesellschaften des 2o. Jahrhunderts mehr oder minder allgemein zutrifft.

Im Trend all dieser Beispiele wird also der Ausbau des Spitals zu einer humanen Stätte der Gesundpflege gefordert; der Patient muß in ihr solange bleiben und gefördert werden, bis seine Kräfte ausreichen, um die belastenderen Umstände des Lebens draußen, also daheim, meistern zu können. Dazu bedarf es ausreichender Zeit, die allerdings aus Gründen der Kostenexplosion in der Medizin nur ungern zur Verfügung gestellt wird. Nicht nur aus ökonomischen Überlegungen: Gerade im sensitiven Bereich der Psychiatrie wurde der Vorwurf der Inhumanität zu einer aktiven Bewegung, die sich als "Anti-Psychiatrie" provokant deklarierte. Dieser gelang zwar nicht die Abschaffung psychiatrischer Krankenhäuser (auch nicht in Italien, wo es jedoch zur sozialen Öffnung der bestehenden, kleineren, Privatkrankenhäuser kam), wohl aber der Druck auf Verkürzung der stationären Pflegezeiten durch Bereitstellung "gemeindenaher" Übergangseinrichtungen (Beratungsstellen, Heime, geschützte Werkstätten), so daß die Belegzahlen der großen psychiatrischen Spitäler erheblich gesenkt werden konnten. Die Situation der psychiatrischen Station ist dadurch auch kritischer als früher geworden: Die Verkürzung der Aufenthaltsdauer des einzelnen Patienten verknappt die Zeit für die Entwicklung spontaner sozialer Bezüge, die Station gerät in die Gefahr, zur inhumanen Stätte pharmakologisch bewirkter Ruhigstellung und administrativer Verteilung an Nachbetreuungseinrichtungen zu entarten. Sie ist daher mehr als jemals dazu berufen:

a) ihre Aufgabe als Teil eines Gesamtbehandlungsplans zu verstehen, b) ihre Mittel zur Überwindung von Isolation, irrealer Verstiegenheit oder fixiertem Rollenverhalten methodisch zu organisieren,

(c) ihre eigene gesellschaftliche Situation nicht als verwöhnende Gegen-Gesellschaft aufzubauen, sondern als Simulation der allgemeinen Gesellschaft draußen und ihrer spezifischen Ausformung des jeweils zu erwartenden privaten Bereichs, freilich in abgestuften Schwierigkeitsgraden. Die Aufgaben der Punkte (b) und (c) werden mittels Gruppentechniken bewältigt, deren Differenzierung bei Erstellung des Gesamtbehandlungsplans (a) vorzusehen ist. Im weiteren Teil dieser Arbeit werden Grundzüge derselben dargestellt.

Es kann allerdings nicht verschwiegen werden, daß die meisten psychiatrischen Stationen die solcherart heute mögliche psychologische Intensivbetreuung nicht ausnützen. Aus Gründen der Personalauswahl verfügen sie meist nur über einzelne gruppentherapeutische Techniken, die eben allgemein angeboten werden, wie früher Aspirin für alle fieberhaften Erkrankungen. Das hat eine gewisse Entsprechung zur Psychotherapie im allgemeinen, da die meisten Psychotherapeuten eine ihnen selbst entsprechende Technik einseitig bevorzugen, wenn sie überhaupt über mehrere verfügen. Doch während der Patient von seiner Wohnung aus denjenigen Psychotherapeuten aufsuchen kann, der ihm liegt, und damit auch eine Technik sich zu wählen vermag, so ist der Patient im Krankenhaus vom bestehenden Angebot abhängig. Umgekehrt wären freilich die Krankenhäuser sehr wohl in der Lage, ein entsprechendes Angebot zu machen, wenn sie nur die entsprechenden Spezialisten gegebenenfalls in Teilzeitverträgen an sich zu binden bereit wären. Das Strukturkonzept psychotherapeutischer Versorgung ist ja allgemein noch unbeholfen und unübersichtlich. Es ist aber anzunehmen, daß die Zukunft eine Konzentrierung psychotherapeutischer Angebote im Ambulanzbereich größerer psychiatrischer Spitäler bringen wird, so daß auch der heute noch allzu übliche lächerliche Bruch zwischen der Versorgung im Spital und nach der Entlassung vermieden werden kann.

Die nun folgende Darstellung konkreter Einrichtungen zur psychotherapeutischen Versorgung im psychiatrischen Spital, ihrer Möglichkeiten und Schwierigkeiten, entspricht jedoch weder einem eklektizistischen Konzept noch einer utopischen Wunschvorstellung. Sie hält sich an die konkret vorliegenden, verwirklichten Methoden und die damit gewonnenen Erfahrungen und folgt einem Gesamtbehandlungsplan, der berücksichtigt, daß es eine spezifische Therapie der uns geläufigen Psychosen, sei es psychischer oder körperlicher Art, derzeit nicht gibt. Wir sind also gezwungen, dem multifaktoriellen Aufbau dieser Krankheiten entsprechend ein ebenso mehrschichtiges Behandlungsangebot entgegenzustellen, - ein übrigens in der Medizin allgemein geübtes Verhalten. Die einseitige Betonung einer einzigen Therapieform ist, außer im Bereich der Forschung, nicht aus dem Wesen der Krankheit und des Patienten, sondern ausschließlich aus den Bedingungen des Therapeuten und seiner Arbeitsstruktur begründet. In der komplexen Struktur des Krankenhauses und der Notwendigkeit multiprofessionaler Zusammenarbeit darf dieser Faktor freilich nicht übersehen bleiben.

1. Das Grundnetz - Teamkonferenz und Vorstandsbesprechung

Teamkonferenz nennen wir die "horizontale", also als Gruppe funktionierende Kommunikation des Mitarbeiterstabs. Sie unterscheidet sich von der "vertikal",also hierarchisch strukturierten Vorstandsbesprechung, die es in vielen Spitälern auch gibt. Letztere vereinigt entweder gleichartige Ränge bei einem Vorgesetzten, bisweilen auch gleichartige Professionen. Die Vorstandsbesprechung ist eine Ausgabestelle von Informationen und Anweisungen, günstigenfalls auch eine Rückmeldungs- und Rückfragestelle. Sie arbeitet rasch und präzise, doch bleibt das Verwendungsschicksal der ausgegebenen Anweisungen abhängig von der inneren Übereinstimmung der Teilnehmer. Je heterogener deren Interessenslage ist, wie es die Zusammenarbeit vieler Spezialisten mit sich bringt, desto schlechter funktioniert diese Struktur. Deshalb klagen vorwiegend hierarchisch strukturierte Spitäler über die Multiprofessionalität der Mitarbeiter und suchen sie zu reduzieren; neue Professionen (etwa gar freiwillige Mitarbeiter von außen) finden schwer Zugang und fühlen sich abgelehnt. Dagegen hilft auch eine wohlwollend patriarchale Haltung des Konferenzleiters nichts. Ein weiterer Mangel ist die fehlende Kreativität von unten und das Beharren in Traditionen, so daß Neuerungen gegen großen Widerstand durchgesetzt werden müssen. Die dadurch bedingte Unzufriedenheit wird freilich meist nicht sichtbar, so daß Vorstandsbesprechungen in der Regel ein friedlich-harmonisches Bild für den Außenstehenden abgeben. Die rasche Unterdrückung auftauchender Disharmonien spricht für das Bestehen von Spannungen, diffus-sprunghafter Themenwechsel für schwache Leitung.

Dagegen bildet die Teamgruppe in ihrer Konferenz ein wesentlich gefühlsbelebteres Bild; Unzufriedenheiten werden artikuliert, die eingebrachten Themen werden überwiegend als Problem formuliert. Pausen des Nachdenkens und durcheinander gehende Einfälle nach Art des "brain storming" sind akzeptiert, entspannende Witze kommen von irgendwoher, neue, überraschende Denkmöglichkeiten werden vorgebracht. Die Verständigung der Teamkonferenz beruht durchaus nicht nur auf verbalem Abstraktionsniveau, sie erfolgt auch affektiv. Daher ist die Formalisierung der erarbeiteten Beschlüsse oft durchaus sekundär. Im Vordergrund steht die gemeinsame Beteiligung an den auftauchenden Problemen. Teamkonferenzen neigen daher dazu, sich auszubreiten. Auch sie bedürfen einer Leitung, deren Hauptanliegen die Einhaltung und Vorgabe der zeitlichen Struktur und der Ausgleich persönlicher Dominanzen innerhalb der Gruppe sein muß. Immer wieder muß darauf geachtet werden, daß nicht die leichter verbalisierenden Teilnehmer (etwa der akademischen Berufsgruppen) das Gespräch auf Kosten der anderen an sich reißen. Gelingt dies alles, ist der Grad der Informiertheit und der Zusammenarbeit hoch, die Bereitschaft zu Innovationen groß. Es gibt zwei Ebenen der Teamkonferenz:

a) Die leitende Teamkonferenz, die verschiedene Stationen eines größeren Bereichs zusammenbindet. In ihr laufen alle Verteilungsprobleme zwischen den Stationen und zwischen der Gesamtabteilung und kooperierenden Außenstellen zusammen. Nicht nur die Personalverteilung, die Verteilung der materiellen Ressourcen, auch die Verteilung der Patienten zwischen Akutstation und spezialisierten längerfristigen Stationen wird hier angeregt. Das bedeutet nicht nur den Anstoß für eine mögliche Patientenverlegung, sondern auch Anstöße für die innovative Entwicklung spezieller Bereiche nach den sich abzeichnenden Bedürfnissen. So gibt es z.B. an der von mir geleiteten Abteilung des Psychitrischen Krankenhauses der Stadt Wien keine chronische Station mehr, sondern eine Vielzahl von Wohngruppen von jeweils 4-6 Patienten, die sich auf ein je gemeinsames Rehabilitationsziel vorbereiten. Die Definition dieser Wohngruppen ändert sich mit der Belegung. Soeben stellen wir eine Wohngruppe für hochgradig Hörbehinderte psychiatrische Patienten zusammen, da diese an der sonst überwiegend akustischen Kommunikation nicht teilhaben können. Für sie werden wir einen Lehrer der Zeichensprache und für das Mundablesen brauchen, auch einen spezialisierten Sozialarbeiter, die alle ins Team integriert werden müssen, auch wenn sie nur teilstundenverpflichtet arbeiten. Vordem hatten sich im Rahmen dieser Wohneinheit von 6 Betten psychiatrische Alterspatienten auf eine gemeinsame Transferierung in ein Altersheim vorbereitet, die sie nun erfolgreich bewältigt haben, da sie sich aneinander abzustützen gelernt haben. Für das Personal des zuständigen Pavillons bedeutet das eine große Umstellung; die leitende Teamkonferenz, in der die Ärzte, Psychologen und Pfleger(innen) aller der Abteilung zugehörenden Pavillons vertreten sind, hatte länger über den geeignetsten Standort beraten, nachdem der Entschluß zu der innovativen Wohngruppe für Hörbehinderte aus dem kasuistischen Problem dreier verschiedener Stationen erwachsen und vorgebracht worden war.

b) Die kasuistische Teamkonferenz verbindet die am gleichen Patienten beschäftigten Therapeuten. Ihre Grundstruktur bilden Arzt, Psychologe und Pfleger(innen) der Station, über Einladung nehmen auch Ergotherapeuten, Musiktherapeuten, Bewegungstherapeuten usw, vor allem aber Sozialarbeiter daran teil. Die Form dieser Konferenz reicht vom Gespräch beim gemeinsamen Kaffee bis zum Rollenspiel, das gewisse Interaktionsprobleme simuliert und in den eigenen Erfahrungsbereich rückt. Fortgeschrittene Teams können sich dabei auch technischer Geräte, wie z.B. der Video-Aufzeichnung, bedienen; doch ist das nicht ohne Probleme: sie belasten die zur Verfügung stehende Zeit und verleiten dazu, mehr aus der Distanz des (kritischen) Betrachters teilzunehmen als aus der engagierten Teilhabe des Rollenträgers. Für die leitende Teamkonferenz sollte eine Wochenstunde zur Verfügung stehen, für die kasuistischen Teamkonferenzen 2x1 Wochenstunde. Insgesamt sollten die personalinternen Tätigkeiten, die also vom unmittelbaren Kontakt mit dem Patienten wegführen und auch entlasten, etwa 20 % der Dienstzeit beanspruchen.

c) Hierher gehört auch die Supervision mit etwa 90 Minuten pro Woche. Sie wird zweckdienlich in Kleingruppen abgehalten, die professionell einheitlich, aber durchaus Abteilungs-überschreitend zusammengestellt sein können und deren Leitung nicht im Abhängigkeitsbereich des Spitals liegt, also von außen gestellt wird. In dieser Zusammenstellung kommt ihr auch Fortbildungswert zu, doch ist das ein Nebeneffekt, der bei ökonomischen Begründungen zu Unrecht in den Vordergrund gerückt wird. Die eigentliche Aufgabe der Supervision liegt in der Entlastung von Schuld, die bei der Arbeit mit weitgehend abhängigen und ihres Willens nicht mächtigen Patienten notwendig entsteht. Vor der Komplexität der unbewußten Verflechtung von Übertragungs- und Gegenübertragungsvalenzen ist die

Verantwortung vor dem je eigenen Gewissen unzureichend. Nur Supervision vermag ein Gefühl der ungeheuren Macht und ihrer Tragweite zu geben, die in der Therapie mit psychisch Kranken wirksam wird, auch dort, wo das Handeln vornehmlich in Unterlassungen besteht. Es ist daher durchaus als Verlogenheit anzusehen, wenn zu ethischem Bewußtsein gegenüber dem Kranken gemahnt, aber in der Beistellung von Supervision gespart wird.

d) Fortbildung sollte den Mitarbeitern psychiatrischer Einrichtungen im Ausmaß von 10-20 % ihres regulären Urlaubsanspruchs jährlich in Form von Blockveranstaltungen (verlängerte Wochenenden bis zum Ausmaß von Fortbildungswochen) zur Verfügung gestellt werden. Nur so kann dem Wandel im Vollzug der psychiatrischen Reformen unserer Zeit entsprochen werden. Es besteht ein nahezu ausreichendes Angebot an sozialpsychiatrischen, gruppendynamischen und gruppentherapeutischen Trainingsschritten. Die in diesem Programmen sich bietende Durchmischung mit Mitarbeitern anderer Institutionen ist gegenüber der isolierten Verordnung von Fortbildungen im Rahmen der je eigenen Institution vorzuziehen: Fortbildung sollte nicht nur den akademischen Mitarbeitern zur Verfügung stehen und sich zum Privileg von Oberschichten entwickeln, sondern ein gewerkschaftlich zu fordernder Anspruch für alle Mitarbeiter werden, deren Grundausbildung mit den im raschen Wandel befindlichen Entwicklungen sonst nicht Schritt halten kann. So sind z.B. die Ausbildungsprogramme der Pflegeschulen noch keineswegs auf die Erfordernisse der "therapeutischen Gemeinschaft" ein- und umgestellt, um ihren Absolventen dafür mehr als eine Vokabel ins Berufsleben mitzugeben.

2. Stationsversammlung

Die Stationsversammlung (je nach Widmung der Station 1-2x wöchentlich 1 Stunde, bis zu täglich) bildet das Grundnetz für die Kommunikation der Patienten untereinander und mit dem therapeutischen und pflegerischen Personal im Sinne der therapeutischen Gemeinschaft. Sie umfaßt alle Patienten der Station mit Ausnahme der Bettlägerigen und der akut Erregten sowie alle therapeutisch und pflegerisch tätigen Mitarbeiter der Station, soweit sie nicht gerade außer Dienst oder durch dringende Maßnahmen (z.B. Überwachung eines

Schwerkranken) verhindert sind. Sie ist von zwei Mißverständnissen abzugrenzen:

Die Stationsversammlung ist eine handelnde Großgruppe, kèine analytisch meditierende oder individuell deutende Therapiegruppe. Sie deckt Probleme auf, informiert gegenseitig über Gefühle und Absichten, verbindet Interessen (z.B. durch Zusammenführung von Untergruppen, "Kommittees", die irgendetwas bearbeiten), faßt Beschlüsse. Sie ist andererseits wohl inspiriert an einer demokratischen Gesellschaft, aber weder ein psychiatrisches Vorbild der Gesellschaft noch eine Kopie ihrer demokratischen Vorbilder. Daher ist auch der vielfach gebrauchte Ausdruck "Stationsparlament" fehlweisend. Es geht nicht darum, über alles abzustimmen und Minderheiten zu majorisieren. Vielmehr geht es darum, solche Minderheiten zu Besonderheiten zu erheben und ihnen durch Verstehen ihrer Anliegen eine integrierte Funktion zu verschaffen oder durch Zusammenführen der Interessen ihre Macht zu vergrößern, ihren Mut zu stärken.

Unzufriedenheit ist der Ausgangspunkt aller Veränderung und auch des Nachdenkens. Es ist Zeichen overprotektiver Autoritätsansprüche, wenn das Personal auf alle Unzufriedenheiten mit Schuldgefühlen antwortet, sie als Vorwurf wertet oder sogleich zu befriedigen sucht. Eine gute Stationsversammlung ist dann erreicht, wenn das Personal seine eigene Unzufriedenheit mit der gleichen Überzeugung, am rechten Ort damit zu sein, einbringt wie die Patienten die ihre. Stationsversammlungen dürfen nicht nur psychologisieren, sie müssen auch effektiv sein.

So haben Stationsversammlungen meiner eigenen Stationen bei der Verwaltung des Großkrankenhauses mehr Entgegenkommen erlebt, als ich selbst. Sie regeln nicht nur interne Auseinandersetzungen, schaffen Verhaltensnormen, die immer wieder neugeschaffen werden in Anpassung an die jeweilige Belegschaft, etwa in der Verteilung der Funktionsräume zwischen Rauchern und Nichtrauchern, Bastlern, Zeichnern, Spielern, Musikern und Isolationisten, in der Einteilung der Aufmerksamkeit für das Radio und das Fernsehen und eigene Konzertprogramme aus dem Bandrepertoire der Station. Sie haben sich auch mit Hilfswünschen nach außen gewendet und zu günstiger Stunde einen eigenen, autonomen Clubbetrieb mit alkoholfreien Getränken zu Selbstkostenpreisen in einem leerstehenden Souterrainraum eingerichtet, der seit 5 Jahren funktioniert und auch von Patienten anderer Pavillons und Abteilungen gerne aufgesucht wird. Stationen mit langfristigen Patienten feiern ihre Geburtstagskinder, ihre Abgänger, wie natürlich auch Neulinge in der Stationsversammlung vorgestellt werden; manche Stationen entwickeln eine Art Hostessendienst für sie.

Das alles sind Beispiele, die beliebig fortgesetzt werden könnten und deren Bedeutung aktuell umso größer ist, je überraschender, innovativer ihr Entwurf und ihre Realisierung ist. Dafür bedarf es beim Personal vor allem der Fähigkeit, sich Gruppen anvertrauen zu können, etwas, das nicht gelehrt, sondern nur erfahren werden kann und deshalb in den traditionellen Schulungen fehlt.

Der Begriff der "therapeutischen Gemeinschaft" wurde 1936 von Moreno geprägt, 1946 von Main aufgenommen und durch den engagierten Einsatz von Maxwell Jones mit weltweitem Echo vorangetrieben. Mit dem zurückgehenden Elan der 68er-Jahre droht er sich auf den mehr oder minder funktionierenden Betrieb von mittlerweile fast überall eingerichteten Stationsversammlungen zurückzuziehen, der aber gleichzeitig mit allerlei therapeutischen Anliegen überfrachtet wird. Es ist daher notwendig zu betonen, daß eine psychiatrische Station, die über keinerlei Stationsversammlungen als Mittler der Kommunikation zwischen Patienten und Personal verfügt, nicht nur auf den wichtigsten Träger für ein akzeptierendes, ermutigendes, humanes Klima verzichtet, sondern ganz einfach den modernen Erwartungen nicht mehr entspricht. Umgekehrt aber gilt auch, daß eine Station, die außer medikamentöser Therapie nur Stationsversammlungen vorsieht, wesentliche psychotherapeutische Angebote ihren Patienten vorenthält, die damit nicht abgedeckt werden können.

3. Klinische Gruppentherapie

Gemeint sind hier Kleingruppen von 7-14 Teilnehmern, wobei die ganze Palette der in diesem Buch enthaltenen Methoden zur Auswahl stehen. Bei der Indikation und Zusammenstellung erhebt sich sogleich die Frage, ob nicht in Anbetracht der irgendwann bevorstehenden Entlassung diese Behandlung besser erst nachher, also extramural, angesetzt werden soll. Der prognostizierte Entlassungstermin ist also nicht unerheblich. Im allgemeinen gilt in der Psychiatrie (wie auch in der Medizin vielfach) die Fausregel, daß akut dramatisch verlaufende Krankheitsbilder, also mit hohem Erregungsgrad und halluzinatorischer Verwirrtheit, eine kurzfristig günstigere Prognose haben als schleichend einsetzende, teilangepaßte, stille Wahnbilder, die eine geringere Auseinandersetzung mit der Umwelt und mit der sie spiegelnden Innenwelt des Patienten aufweisen. Diese Unterscheidung wird heutzutage durch die ziemlich rasch und verläßlich funktionierende pharmakotherapeutische Sedierung, unter Umständen durch Vorbehandlungen vor der Einweisung ins Spital, verwischt. Aber auch im Spital führen längerfristige neuroleptische Hochdosierungen, die anfänglich sehr indiziert sein mögen, zu Hemmungsbildern, die die innere Entwicklung des Patienten überlagern. Es entsteht die Gefahr, daß der Patient vom "Stadium der produktiven Verwirrtheit" direkt in eine inaktive, passive Gehemmtheit übergeleitet wird, in dem ihm nur Resignation zu eigener Persönlichkeitsentwicklung verbleibt. Er mündet dann in ein "Stadium der stabilen Persönlichkeitsabwandlung" oder den durch häufige Rückfälle sich kennzeichnenden Versuch, eine Stabilisierung zu erreichen, ohne ihn durchhalten zu können. Bei dieser Therapieführung wird das für die Psychotherapie so wichtige "Stadium der labilen Persönlichkeitsabwandlung" übergangen. Der Patient vermag sich nicht den für ihn optimalen Bereich zwischen seinen Entwicklungswünschen und den Forderungen seiner Umwelt zu erarbeiten; er wird in eine forcierte Anpassungsrolle gezwungen und bei Versuchen, aus dieser auszubrechen, entweder durch Dosiserhöhungen seiner neuroleptischen Basiseinstellung oder durch neuerliche Spitalseinweisungen bestraft. Es empfieht sich daher, 3 Stadien zu unterscheiden und danach den Therapieplan auszurichten:

a) Im Stadium der produktiven Verwirrtheit besteht zwischen den inneren Ansprüchen des Patienten und den tragfähigen Möglichkeiten seines Umfeldes größte Diskrepanz; er ist daher hochgradig erregt gespannt, aber unfähig zu eigenen Entscheidungen, alle Alternativen bekommen Symbolwert innerhalb des Patts zwischen seiner eigenen Macht und den Mächten um ihn. Es ist daher falsch, von ihm Entscheidungen zu verlangen oder die erreichte Vertrauensbasis dafür zu nutzen, um ihn an sowieso notwendigen Entscheidungen passiv zu beteiligen. Der Lebensbereich ist klein, einfach und übersichtlich zu halten, die Notwendigkeiten klar hervortretend und in ihrer Auswirkung begrenzt. Die Station mit ihrem einfachen

Lebensrhytmus beherrscht die Szene, der Kontakt ist auf 6-12 Personen begrenzt. Die Konstanz der Dinge ist ein Vorteil der klassischen Beschäftigungstherapie, die aber von Leistungsansprüchen freigehalten werden muß. Jede Verunsicherung durch widersprüchliche Anweisungen (etwa im Dienstwechsel des Personals) oder durch fehlende Anweisung (etwa durch einen Laissez-faire-Führungsstil oder durch ausweichende Antworten, insbesondre bei notwendigen Versagungen) steigert die Angst und verzögert die Vertrauensbildung und Beruhigung. Die Konfrontierung des Patienten mit dem von ihm nicht bewältigten Konflikt ist in diesem Stadium kontraindiziert; wir müssen als Psychotherapeuten zunächst akzeptieren, daß dieser Konflikt im Augenblick mit den Kräften des Patienten unlösbar ist. Sonst wäre er ja nicht an ihm gescheitert. Und wenn manche Therapeuten meinen, daß eine Lösung für sie einfach erscheint, so gilt das vermutlich für ihre Person, nicht aber für den Patienten, in den einzufühlen ihnen offenbar nicht ausreichend gelingt. Sie dürfen nicht überrascht sein, wenn er sie bestenfalls als Autoritätspersonen einstuft, als unerreichbare Vorbilder. Im Stadium der produktiven Wahnbildung und halluzinatorischen Verwirrtheit ist deshalb analytische und konfliktorientierte Psychotherapie kontraindiziert, die kleine, stabile Stationsgruppe und die Beschäftigung mit Materialien (z.B. Ton, Bauelemente, Farbe) ist für den Aufbau einer beruhigenden Selbstfindung und erster Vertrauensbrücken wichtig. Narzißtische Befriedigungen sind allenthalben zu fördern, nur, wenn sie nicht tragbar sind, klar und eindeutig zu verhindern.

b) Im Stadium der labilen Persönlichkeitsabwandlung besteht die Chance einer Ordnung der inneren und äußeren Mächteverhältnisse: Der seelische Wiederaufbau hat zur Konsolidierung um einen narzißtischen Kern geführt, der weitere Aufbau vollzieht sich je nachdem mehr in Anpassung an äußere oder innere Wünsche, die, tastend vorgetragen, entweder fallgelassen oder emanzipativ verstärkt werden. In diesem Stadium liegt das Optimum der psychotherapeutischen Chancen, und es mutet tragisch an, daß es noch heute zumeist versäumt wird. Konservative Psychiater behalten die therapeutische Ausrichtung am vorangegangen "Stadium der produktiven Verwirrtheit" bei, obwohl dieses unter Therapie ja kaum länger als 2-3 Wochen anhält. Progressive Therapeuten aber lassen sich vom Motiv der raschest möglichen Entlassung ablenken: Diese wird mittels Übersedierung und Unterwerfung unter Anpassungsforderungen zwar möglich, doch bietet das heimische Milieu, womöglich überlastet mit Arbeitsanpassungsforderungen, kaum Spielraum für emanzipative Entwicklungen. Jede Krise, Test zur Abgrenzung der Machtbereiche und Möglichkeit zu befreienden Durchbrüchen, ist durch die Bedrohung der Wiedereinweisung ins Spital überschattet. Das Angebot psychotherapeutischer Hilfen außerhalb des Spitals ist daher überwiegend erregungsfeindlich und übend eingestellt, wie es sinngemäß dem 3. Stadium (der stabilen Persönlichkeitsabwandlung)entspricht. Das wirkt sich auf den stationären Bereich aus, obwohl hier die Entwicklung einer geschützten Selbständigkeit möglich wäre. Freilich kommt es auch da beim Zusammenprall mit den konservativen Wünschen der Familie zu Krisen, die aber begleitet und durchgestanden werden können, wenn die Station sie zu deuten vermag.

Die allmählich wieder ansteigenden stationären Behandlungszeiten sind allerdings nur zu rechtfertigen, wenn sie von einem entsprechenden psychotherapeutischen Angebot gefüllt sind. Dieses umfaßt kleine Gruppen von 7-12 Teilnehmern, die ihre Zusammensetzung durch 3-9 Monate beibehalten, das heißt auch nach der Entlassung ambulant aufgesucht werden. Ihre Methodik ist konfliktorientiert, analytisch und psychodramatisch, nach Möglichkeit auch mit Einbeziehung der Bezugsgruppe, wie es z.B. im Schema der "bifokalen Familientherapie" gehandhabt wird. Dieses sieht die Mitarbeit der Eltern oder Lebenspartner in einer eigenen, einmal wöchentlich zusammenkommenden Gruppe vor, die nach ebenso therapeutischen Prinzipien geführt wird wie die zweimal wöchentlich sich treffende Patientengruppe. Dieses Schema eignet sich für längerfristige Behandlungen, vor allem im Indikationsbereich der Schizophrenien, besser als die Zusammenfassung einer einzigen Familiengruppe mit ihrem Patienten und dem Therapeuten, einmal aus rangdynamischen Überlegungen, weil nämlich in einer normalen Familiengruppe ein Ich-gestörtes und medikamentös gebremstes Mitglied notwendig in die Omega-Position gerät; und zweitens, weil die Einbettung der konflikthaften Interaktionspartner (Eltern und Kind) in jeweils eine eigene Gruppe den Horizont der jeweiligen Alternativen erweitert und festgefahrene Standpunkte relativiert. Das bifokale Grundschema wird deshalb in vielen stationären Einrichtungen in persönlichen Varianten gehandhabt, während die von mir 1956 angegebene Methodik der "bifokalen Familientherapie" im strengen Sinne seit der Entwicklung meiner damaligen Mitarbeiter in leitende Positionen nur mehr wenig tradiert wird. Vermutlich zu Unrecht, wie die katamnestische Nachuntersuchung von 116 so behandelten Patienten im Jahr 1978, also nach 20 Jahren ergab: Immerhin 89 % der damals wegen Schizophrenie bifokal familientherapeutisch Behandelten erwiesen sich in irgend einer Form arbeitstätig, 76 % lebten in Partnergemeinschaften, nur 3 % isoliert, 24 % hatten Kinder bekommen und aufgezogen, nur 5 % waren infolge Rückfällen hospitalisiert. Es seien daher die Grundzüge dieser für stationäre Institutionen doch sehr geeigneten Methodik der modernen Familientherapie, hier nochmals angeführt:

Bifokale Familientherapie: *Die Indikation ist für schizophrene Patienten des paranoiden und katatonen Verlaufstyps am besten, wenn nach der akut-pharmakotherapeutischen Behandlung keine voll (ausgliedernde) Remission, sondern Übergang in Wahnfixierung sich abzeichnet. Die Mitarbeit der unmittelbaren Bezugspersonen, also Eltern, gegebenenfalls Geschwister sowie Ehepartner, ist Voraussetzung. Die Therapiedauer ist dabei mit 6-9 Monaten vorzusehen. Die Patientengruppe umfaßt 4-7 Patienten und tagt zweimal wöchentlich je 9o Minuten; die Elterngruppe ist größer und richtet sich nach der Zahl der Angehörigen, sie trifft sich einmal wöchentlich ebenfalls 9o Minuten. Die Angehörigen wissen, daß sie nicht als Therapeuten oder Pädagogen ihrer kranken Angehörigen Supervision erfahren, sondern daß sie ihre eigenen Probleme beraten werden.*

Phase 1: *Beide Gruppen arbeiten unabhängig und analytisch, lernen sich und ihre Sorgen kennen. Der Therapeut ist das einzige Bindeglied zwischen den beiden Gruppen (den Brennpunkten des psychotherapeutischen Prozesses),er geht aber auf keine inhaltlichen Bezüge (wie Erkundigungen nach dem Ergehen usw.) ein, erfährt aber dafür Übertragungsaffekte, die in der Patientengruppe Elternzüge, in der Angehörigengruppe Patientenzüge aufweisen. Er kann so erfühlen, wie der Patient sich im Erlebnis seiner Angehörigen erfährt. Er befindet sich rangdynamisch überwiegend in G-Position.*

<u>Phase 2:</u> In beiden Fokalgruppen werden analytisch Enttäuschungen erarbeitet und in Wunschphantasien umgesetzt. Patienten und Angehörige werden nicht bemitleidet, sondern als (zumindest potentiell, in Phantasien und Gefühlen) Handlungsfähige angesprochen. Schuldzuweisungen werden vom Therapeuten durch Ergänzung der Schuldentsprechung relativiert (also z.B. Klagen über Unterdrückung durch Hinweis auf die korrelierende Passivität der sich unterdrückt Fühlenden ergänzt). Der Therapeut bleibt in beiden Gruppen rangdynamisch in der Beta-Position.

<u>Phase 3:</u> Die meisten Patienten sind inzwischen entlassen und besuchen die Gruppe ambulant. Sie werden ermutigt, etwas aus den in Phase 2 entwickelten Wünschen und Phantasien zu realisieren. Das ergibt Konflikt zu Hause. Auf die Empörung der betroffenen Angehörigen in der Angehörigengruppe antwortet der Therapeut rangdynamisch durch Omegarochade; das heißt, er lässt sich in die Omega-Position der Gruppe zurückfallen, verweigert der Empörung seine Unterstützung, leistet ihr aber auch keinen Widerstand. Er wird solcherart zum Sündenbock der emanzipativen Entwicklung des Patienten, bis ihn die Gruppe gegen undosierte und irrationale Angriffe der betroffenen Angehörigen in Schutz nimmt. Jetzt erst leiht er diesen nun ihrerseits Angegriffenen sein Verständnis, wechselt wieder in Beta- oder vorübergehend auch in Alpha-Position, entlastet sie von der Enttäuschung, sich allseits unverstanden zu fühlen, und artikuliert neue Denkmöglichkeiten, auch übertriebene, anscheinend absurde, nicht aber völlig irreale. Infolge dieser Kräfteumlenkung gelingt es in der Regel, dem Patienten seinen Wunsch zu realisieren, ohne damit zu scheitern, Anpassung an die Wünsche der Angehörigen als sein Entgegenkommen (und nicht mehr als seine Machtlosigkeit) zu verstehen. Die Bestärkung der eigenen Macht wird durch das mitfühlende Erleben bei gleichartigen Erfahrungen der anderen Patienten fortgesetzt. Scheitert aber einer derselben, so ist das Sich-von-ihm-abheben-Können wesentlich und muß herausgearbeitet werden, etwa: "Ich aber hätte nicht nachgegeben" oder es anders gemacht.

<u>Phase 4:</u> Der Therapeut zieht sich in beiden Fokalgruppen in die Gamma-Position zurück, wird bloßes Mitglied und verabschiedet sich schließlich. Allgemeine Hinweise: Der Therapeut darf nicht mit medikamentösen Fragen belastet sein, diese sind an einen anderen Arzt zu delegieren,

ebenso Entscheidungen wie Entlassung, Ausgangsbewilligung und dergleichen. Dieser andere Arzt gehört für Patient und Therapeut dann zu den Realitäten, so wie Arbeitgeber, Behörde usw. Das hierarchische Verhältnis der beiden Ärzte (oder Psychologen-Arzt) zueinander ist dabei unerheblich, die Kompetenzen müssen aber vereinbart und offenkundig sein. Bei Erregungen des Patienten reagieren diese beiden Rollenträger oft verschieden, etwa in der Meinung über die kreative Bedeutung der Erregung oder die Notwendigkeit einer Sedierung. Sie mögen sich diesbezüglich austauschen, aber keinesfalls in die Kompetenz des anderen eingreifen.

Im Unterschied zur bifokalen Methodik ist die Familientherapie in gemeinsamer Gruppe, wie sie von Amerika nach Europa zurückgekehrt ist, geläufiger, sei es mehr analytisch interpretierend im Sinne von Helm Stierlin in Heidelberg oder Luc Kaufmann in Lausanne, der am stärksten mit den stationären Bedingungen eines psychiatrischen Krankenhauses verbunden zu arbeiten vermag; oder sei es kommunikationstheoretisch im Sinne von Watzlawick (und seiner Schule in Palo Alto) und Frau Selvini-Palazzoli in Mailand, mit paradoxen Verschreibungen. Besonders letztere eignet sich zur Familienberatung vor der Entlassung von der Station, wenn es sich um kurze stationäre Behandlungen handelt und das Gewicht der psychotherapeutischen Betreuung poststationär geplant ist. Bei diesen Indikationen (rasch remittierende Katatonien, reaktive Depressionen, Suchtproblemen und Neurosen) ist jedoch die Einleitung der Psychotherapie außer Haus auf Ausgangsbasis vorzubereiten. Kompetenz und Verantwortung des Entlassungszeitpunkts liegt bei der Stationsführung, die in Kontakt mit dem nachbehandelnden Kollegen, aber nicht in Abhängigkeit von ihm entscheidet. Die derzeit vielfach vorherrschende Unterbewertung des stationären Bereichs bei Psychotherapeuten führt unter Umständen zu einem therapeutischen Scheinbündnis, das nur die "Befreiung" des Patienten von der Station zum Ziele hat. Das rächt sich alsbald durch vorzeitigen Abbruch der Psychotherapie. Es ist daher zweckmäßig, klar auseinanderzuhalten: a) der Aufbau eines psychotherapeutischen Bündnisses von ausreichender Tragfähigkeit, der vom Psychotherapeuten zu beurteilen ist und vom Stationsarzt nicht durch Entlassungswünsche in Zeitdruck gebracht werden darf; und b) die Wiedererholung der ICH-Kräfte zur Bewältigung der gegebenen Lebenssituation ohne Verleugnung der vorliegenden Macht- und Realverhältnisse, in der Regel also die Fähigkeit, Entscheidungen aufzuschieben, ohne ihre Notwendigkeit durch forcierte Scheinverzichte oder illusionäre Scheinerfüllungen aufzulösen, - was vom Stationsarzt beurteilt werden muß und nicht vom Psychotherapeuten durch unbegründbare Zusagen auf ein erst anzustrebendes Psychotherapieergebnis beeinflußt werden sollte.

c) Im Stadium der stabilen Persönlichkeitsabwandlung ist die erregte Auseinandersetzung nach außen oder innen (gespannte Hemmung) einer resignativen Grundeinstellung gewichen; bei Schizophrenen beherrschen Wahn- und Rollenfixierungen das klinische Bild, bei Charakterneurosen die dominante Bindung an Partialtriebe und Suchtformen. Das bedeutet ein weitgehendes Arrangement mit einer eingeschränkten Umwelt. Die Veränderung solcherart "überoptimaler" Anpassungen ist nur unter großen Krisen vorstellbar und in der Regel unzumutbar geworden. Die Psychotherapie in diesem Stadium bemüht sich daher um Anpassungshilfe in Form der Erweiterung des Anpassungsbereichs, sie bedient sich übender und trainierender Methoden.

Die gesellschaftliche Situation wird in halboffenen und in Großgruppen simuliert, in Clubaktivitäten und Selbsthilfegruppen. Die Arbeitstherapie wird leistungsorientiert und gewinnbringend in geschützten Werkstätten und bei deren Vorbereitung im Spital. Der Anschluß an die Sozialversicherung rangiert vor der Entlohnungsprämie! Zu recht, weil damit ein bedeutender Anschluß an unsere derzeitigen gesellschaftlichen Spielregeln gewonnen wird. Dagegen wiegt die von manchen Sozialarbeitern so wichtig genommene Umordnung von den Leistungen der sozialen Fürsorge zu denen der Sozial- und Rentenversicherung für den Patienten oft nur wenig. Der tatsächliche Gewinn liegt nicht in mehr Geld, sondern im Wiedereintritt in ein kommunikatives Zeremoniell unserer "normalen Gesellschaft".

Schwerer abweichende Persönlichkeiten mit auffälligen Verschrobenheiten im Gehabe können sich besser aneinander als an Normalpersonen gewöhnen, nicht zuletzt, weil letztere ihnen zu wenig Berührungszeit gewähren. Solcherart bauen Wohngruppen chronisch behinderten oder veränderten Persönlichkeiten ein aufeinander abgestimmtes System von Kompetenzen auf, bei denen oft illusionäre Ansprüche stärker wiegen als reale Fähigkeiten. Die Transferierung solcher Systeme en bloc in andere Strukturen (wie Altersheime oder Wohnheime oder betreute Gemeinschaftswohnungen) geben nach außen weniger Reibung als die Umgewöhnung von Einzelpersonen, so daß gegenseitige

Ergänzung vermutet werden kann. Diese liegt allerdings nicht im Leistungsbereich, sondern im Bereich der Toleranz mit sehr feinen Abstimmungen, bei deren Mißachtung es zu schweren Krisen kommen kann. Die Zusammenstellung und Förderung solch elementarer Subkulturen bildet ein neuartiges Feld der Gruppentherapie mit chronisch Kranken, ebenso ihre Begleitung, die vornehmlich in der Hand groupwork geschulter Sozialarbeiter liegt. Diese entwickeln und trainieren Austragungsmuster zur Konfliktbewältigung gerade dieses Personenkreises, leisten gegebenenfalls Krisenintervention und leiten Störwirkungen ab, die sonst für das soziale Umfeld belastend wären. Die im allgemeinen überbetonte Anpassungsforderung muß mit der Stützung zwanghafter Rituale und Zeremonien einhergehen, die der Identitätsbildung dienen, - wie sich auch allgemein an Minoritätsgruppen erkennen läßt. Der betreuende Sozialarbeiter leistet wenig, wenn er sich nur als Vermittler materieller Hilfen versteht. Basierend auf gruppen-dynamischen und rangdynamischen Kenntnissen vermag er dagegen sehr viel. Vor allem die Vermittlung jener vertrauten Fremdheit, die ohne überfordernde Angstentwicklung doch genügend "Herausforderung" enthält, um - wie H. Rauch sorgfältig nachgewiesen hat - soziales Leben in Gang zu setzen und zu erhalten.

Indikationsfolge der psycholgisch orientierten Therapie

	Präpsychotisch	Produktive Verwirrtheit	Labile Persönlichkeitsabwandlung (Umbau und Fixierung)	Stabile Persönlichkeitsabwandlung
Ausrichtung	analytisch	führend, begrenzend Beziehung errichten	konfliktorientiert Abwehr entspannen	trainierend Bereich erweitern
Aktivitätstherapie	-	Beschäftigungstherapie	Kreativitätstherapie	Arbeitstherapie
		Stationsversammlung		Club
Gruppentherapie	analytische Gruppe	kleine Stationsgruppe	Rollenspiele, Psychodrama, analytische Gruppen (bifokale) Familientherapie	Selbsthilfegruppe halb offene Gruppe
Kontraindiziert	Gruppendynamik	Laisser-faire	Isolierung	
Ziel	Identitätstärkung	Solidarisieren	Emanzipationshilfe	Anpassungshilfe

aus: R. Schindler, Die Veränderung psychotischer Langzeitverläufe nach Psychotherapie, Psychiatria clinica 13, 206-216, 1980

Literatur

Basaglia, F., Die negierte Institution, Suhrkamp, Frankfurt, 1973.

-, Was ist Psychiatrie? Suhrkamp, Frankfurt, 1974.

Bateson u.a. (Hg.), Schizophrenie und Familie, Suhrkamp, Frankfurt, 1972.

Cooper, D., Psychiatrie und Antipsychiatrie, Suhrkamp, Frankfurt, 1971.

Dörner, K. et al. (Hg.) Freispruch der Familie, Psychiatrie Verlag, Wunstdorf/Hannover 1982.

Jones, M., The therapeutic communicy,Basic Books, New York, 1953.

-, Prinzipien der therapeutischen Gemeinschaft, Huber, Bern, 1976.

Katschnig, H., Die andre Seite der Schizophrenie. Patienten zu Hause, Urban und Schwarzenberg, München-Wien-Baltimore, 1977.

Kaufmann, L., Familie, Kommunikation, Psychose, Huber, Bern, 1972.

Main, T.F., The hospital as a therapeutic instituion, Bull.Menninger Clinic 10, 66, 1946.

Rauch, H., Das Prinzip der Herausforderung - in Gruppe, Masse, Organisation und Gesellschaft, P. Lang, Frankfurt-Bern-New York, 1985

Richter, H.E., Strotzka, H., Willi, J. (HG), Familie und seelische Krankheit, Rowohlt, Hamburg, 1976.

Schindler, R., Der soziodynamische Aspekt in der bifokalen Gruppentherapie, Acta psychother., psychosomat. et orthopädagogica 7, 2o7, 1959.

-, Bifokale Familientherapie, in: Richter et al (Hg): Familie und seelische Krankheit, Rowohlt, Hamburg, 1976.

-, Gruppenpsychotherapie an psychiatrisch-klinischen Stationen, Psychologie des 20. Jahrhunderts, Bd. VIII, 938-944, Kindler, Zürich, 1979.

-, Über Chronifikation der chronischen Patienten aus dem Gesichtspunkt der Interaktion im medizinischen Behandlungssystem, Schweiz. Arch. f. Neurol., Neurochir., u. Psychiatr. 128, H 2, 313-320, 1980.

-, Die Veränderung psychotischer Langzeitverläufe nach Psychotherapie, Psychiatria clinica 13, 206-216, 1980.

Skynner, R., Die Familie, Schicksal und Chance, Walter, Olten und Freiburg, 1978

Selvini-Palazzoli, M., Boscolo, L., Cechin, G., Prata, G., Paradoxon und Gegenparadoxon, Klett, Stuttgart 1977.
Stierlin, H., Von der Psychoanalyse zur Familientherapie, Klett, Stuttgart 1975.
Watzlawick, P., Beavin, J.H., Jackson, D.D., Menschliche Kommunikation, Formen, Störungen, Paradoxien, Huber, Bern/Stuttgart 1969.

Hilarion G. Petzold, Düsseldorf

DIE ROLLE DER GRUPPE IN DER THERAPEUTISCHEN ARBEIT MIT ALTEN MENSCHEN. KONZEPTE ZU EINER „INTEGRATIVEN INTERVENTION“

1. Zum Kontext der Gerontotherapie

Die Psychotherapie alter Menschen ist bis in die jüngste Zeit ein vernachlässigter Bereich (Petzold/Spiegel-Rösing 1985). Es ist eine weitverbreitete Auffassung, daß der alte Mensch psychotherapeutisch nicht behandelbar sei oder, gravierender noch, daß er der Psychotherapie nicht bedürfe, da er ohnehin am Abschluß seines Lebens stehe. Der psychoanalytische Zugang, der die Neurosegenese in der Jugend und mit zunehmendem Alter eine Involution der Libido sieht, hat eine solche Auffassung noch bekräftigt, insbesondere, da Freud selbst hier eine klare Position eingenommen hat: bei "Personen nahe an oder über fünfzig Jahren schlägt die Plastizität der seelischen Vorgänge so fehl, auf welche die Therapie rechnet, alte Leute sind nicht mehr erziehbar". Überdies verlängere das Material, welches durchzuarbeiten ist, die Behandlungsdauer ins Unabsehbare (Freud 1905). Und noch einmal in einer späten Arbeit betont er: "Es erweisen sich alle Abläufe, Beziehungen und Kraftverteilung so unabänderlich fixiert und erstarrt. Es ist so, wie man es bei sehr alten Leuten findet; durch die sogenannte Macht der Gewohnheit ist die Erschöpfung der Aufnahmefähigkeit hervorgerufen" (Freud 1937).

Es fügt sich dieses Vorurteil - denn um ein solches handelt es sich nach den Erkenntnissen der neueren Sozialgerontologie (Lehr 1979a, b; Thomae 1976; 1983; Bergener et al., 1983; Oswald et al., 1984) - in die allgemeinen Verleugnungstendenzen, die in unserer Gesellschaft im Hinblick auf das Altern und das Sterben bestehen. Es sind die "Tiefenpsychologen" nicht ausgenommen von der Angst, die in der Tiefe der menschlichen Seele nistet und die in der Kunst bedrängenden Ausdruck gefunden hat (Janssen 1978; Cosacchi 1965; Schmitz 1982), der Angst vor dem Abstieg von der Höhe der Lebenstreppe (Joerißen 1984) hinab zum Alter und in den

Tod: "Der Tod. Ich kann ihn nicht lernen. Der Tod ist in mir selbst, und dennoch gehört er mir nicht zu. Er ist in mir und gegen mich. Und nicht einzuholen. Niemals zu begreifen, niemals. Er läßt sich auch nicht annehmen oder hinnehmen. Er ist eine Kränkung, die tiefste Kränkung, die sich nur denken läßt"... Und ich bin "fast sicher, daß im Grunde alle so empfinden oder doch so empfänden, wenn sie es sich nur klarmachen. Auch die Frommen. Auch der legendäre Sokrates, von dem es heißt, er allein sei imstande gewesen, dem Tod mit einer ganz gewöhnlichen Miene zu begegnen, d'un visage ordinaire. Wir betrügen uns, wenn wir glauben oder erkennen oder jedenfalls behaupten, der Tod sei natürlich. Mir ist er nicht natürlich. Uns ist der Tod nicht natürlich" (Sternberger 1981, 16 f).

Dieses Gefühl, daß Alter und Tod nicht zum Leben gehören, wird akzentuiert durch die Entfremdung von der Lebensspanne als einem Ganzen, durch das Verschwinden des "öffentlichen Sterbens", durch die vorwiegende, ja fast ausschließliche Wertschätzung von Leistung und Leistungskraft, durch einen Kult von Jugend, wie er sich kaum zu einer anderen Zeit findet, durch die Delegation der Sorge um die Alten und die Sterbenden an spezialisierte Institutionen und damit durch die Ausgrenzung der letzten Lebensstrecke und des Lebensendes aus dem allgemeinen Lebensvollzug. Dadurch werden Alter und Tod, obwohl sie zu unserer Natur gehören und insofern schon eine natürliche Sache sind (Scheler 1957), in die Positionen einer Marginalität gedrängt, und die Menschen, die in dieser Lebensphase stehen, werden "marginale Menschen" (Stonequist 1937). Es findet sich viel Vereinzelung im Alter. Freunde und Verwandte sterben weg. Der alte Mensch findet nicht mehr soviel Zugang zum gesellschaftlichen Leben. Es finden wenige Zugang zum alten Menschen. Und so haben sich auch in der Psychotherapie nur wenige dem Alter und dem Sterben zugewandt (vgl. Petzold 1979a, 152 ff; Radebold 1983, 12). Die Psychotherapeuten zentrieren sich auf die Kindheit. Sie versuchen in ihr, in den frühen Seelenzuständen ihrer Patienten, das eigene Kinderland wiederzufinden. Über die Neurosegenese im Senium, über die psychologischen Prozesse des höheren und mittleren Erwachsenenalters ist wenig gearbeitet worden, und zwar nicht nur wegen der "unverändert großen Nachfrage nach Therapiemöglichkeiten für Patienten im jüngeren und mittleren Lebensalter" oder "bei inhaltlich und zeitlich begrenzten Therapieerfolgen im höheren und hohen Lebensalter" (Radebold 1979); auch für die Nöte alter Menschen - und sie sind mit diesen weitgehend allein - ließe sich eine Nachfrage herstellen. Und die Therapieerfolge sind so schlecht nicht, wenn man sich nicht gerade die Vitalität der Jugend als Ziel steckt. Es sind wohl die "Probleme bei Übertragung und Gegenübertragung" (ibid. 92), jedoch nicht nur die Gegenübertragung zum alten Menschen hin, sondern die damit aktivierten Abwehrvorgänge genüber Infirmität, Siechtum und Tod. So gibt es bis in die neueste Zeit wenig zu vermelden aus der Einzel- und der Gruppenpsychotherapie alter Menschen. Der Grinnstein-Index weist 1956 unter ca. 50.000 psychoanalytischen Forschungsarbeiten nur 50 über das höhere Lebensalter aus, und Müllers (1973) gerontopsychiatrische Bibliographie zeigt 215 Arbeiten aus 6.000 Publikationen an, die sich im weiteren Sinne mit psychoanalytischen und psychotherapeutischen Fragen des Alters beschäftigen. Die Umfrage von Malzahn (1974) zeigt, daß die Hälfte der in den deutschen psychoanalytischen Gesellschaften befragten Analytiker die Altersgrenze für die psychoanalytische Behandlung bei etwa 50 Jahren ansetzt. Es lassen sich diese Zahlen vermehren, und es läßt sich zeigen, daß all diese Fakten Pseudofakten sind, daß Menschen über fünfzig sehr wohl einer tiefenpsychologisch fundierten Therapie zugänglich sind (Radebold et al., 1981; 1983), daß psychosoziale Interventionen (Petzold 1985) in der Arbeit mit alten Menschen durchaus greifen (Lehr 1979b) und daß die gerontotherapeutische Arbeit Heilung psychischer und psychosomatischer Erkrankungen, Bewältigungshilfe im Umgang mit schwierigen Lebenssituationen und der Entwicklung und Entfaltung der Persönlichkeit zu bewirken vermag (Petzold/Bubolz, 1979, Brink 1979).

2. Psychotherapie mit alten Menschen

Gerontotherapeutische Gruppenarbeit steht in besonderer Weise unter dem Anspruch, therapeutische und sozialwissenschaftliche Erkenntnisse zu integrieren. Die bedeutenden Ergebnisse der sozialgerontologischen Forschung können durch therapieimmanente Theorien und Forschung nicht aufgewogen werden. So reichen psychoanalytische oder gestalttherapeutische oder auch psychodramatische Konzepte allein nicht aus, um mit alten Menschen fundiert therapeutisch zu arbeiten. Es haben diese Therapieformen ihren "body of knowledge" in der Arbeit mit jüngeren Menschen und mit Erwachsenen entwickelt. Sie verfügen deshalb kaum über ausreichendes Material, auf dessen Grundlage sie die Theorie einer Gerontotherapie aufbauen könnten, deren Komplexität und Differenziertheit den sich stellenden Aufgaben entsprechen. Es ist ohnehin ein gravierender Mangel der psychotherapeutischen Schulen - ganz gleich welcher Provenienz -, insbesondere aber der Psychoanalyse, daß sie Ergebnisse der Sozialpsychologie, der allgemeinen Entwicklungspsychologie, der lifespan developmental psychology und der psychologischen Persönlichkeitstheorien kaum integrieren, sondern nur auf schulimmanenten Theoremen, Konzepten und in Ausnahmen auch Forschungen basieren (vgl. Jüttemann 1983, 30 ff). Die allgemeine Gerontologie, die psychologische und soziologische Alternsforschung (Lehr 1979; Rosenmayr 1983; Thomae 1976; 1983; Tews 1974), die Geragogik (Bubolz 1983; Petzold/Bubolz, 1976; Vleeken 1981) und Thanatologie (Wittkowski 1978; Spiegel-Rösing/Petzold, 1984) haben eine Fülle von Materialien zur Grundlagenforschung und zu Detailfragen geschaffen, so daß eine detaillierte Überschau schon nicht mehr möglich ist und man auf zusammenfassende Darstellungen verwiesen ist. Aber diese Disziplinen haben in nur äußerst geringem Maße praxisrelevante und erprobte Interventionsmethoden hervorgebracht. Diese wurden von Psychotherapie, Sozialarbeit und Pädagogik eigenständig entwickelt, so daß sich heute immer noch die schwierige Aufgabe stellt, den Hiatus zwischen Theorie und Praxis, zwischen Forschungsorientierung und Anwendung, zwischen gérontologie descriptive und gérontologie appliquée zu überbrücken, eine Situation, die ich schon vor zwanzig Jahren kritisch vermerkt habe (vgl. Petzold 1965) und die nach wie vor problematisch ist. Es erweist sich dieses Problem insbesondere in der theoretischen Begründung und der methodischen Elaboration von Konzepten zur Gruppenarbeit mit alten Menschen. Wie in unseren geragogischen Veröffentlichungen (Petzold/Bubolz, 1976a; 1976b; 1985c; Bubolz 1983) und gerontotherapeutischen Publikationen (Petzold/Bubolz, 1979) wird in dieser Arbeit, stärker als das sonst bei psychotherapeutischen Veröffentlichungen zu diesem Thema der Fall sein mag (Radebold 1971; 1982), auf sozialgerontologische Theorien Bezug genommen. Sie bestimmen unsere Praxis maßgeblich, und zwar so weit, daß wir wichtige Forschungsergebnisse und Theoriekonzepte in allgemein verständlicher Form unseren Patienten im Rahmen der therapeutischen Gruppenarbeit vermitteln. Damit werden kognitive Verstehenshilfen gegeben, die die Ambiguität der therapeutischen Situation mindern, es wird die Partizipation am therapeutischen Geschehen gefördert und ihnen ein Verständnishorizont für die Interpretation der eigenen Situation eröffnet. Es kommt in diesem Vorgehen auch unsere Konzeption zum Tragen, daß sich in der gerontotherapeutischen Arbeit psychotherapeutische, soziotherapeutische und geragogische Elemente in spezifischer Weise verbinden (ähnlich, wie es einst im Konzept der Psychagogik intendiert war), ohne daß dies zu Lasten einer psychodynamisch ausgerichteten und praktizierten Gruppentherapie - und wir verstehen unseren integrativen Ansatz durchaus in diesem Sinne - gehen müßte.

Die Mehrzahl der Berichte über psychotherapeutische Arbeit mit alten Menschen geht von Erfahrungen mit Einzelbehandlungen aus, wie sie für die Praxis der überwiegend psychoanalytischen Autoren kennzeichnend sind. Und obwohl Abraham (1919; 1942), Ferenczi (1921; 1922), Jelliffee (1925) u.a. schon früh mit alten Menschen gearbeitet haben, ist das ohne Folgen geblieben. Dies sind bekannte Namen in der Psychoanalyse, aber auch sie konnten das Verdikt Freuds über die Unbehandelbarkeit alter Menschen nicht verändern oder abschwächen, zumal sich in der Praxis offenbar auch bei der Behandlung Schwierigkeiten einstellten, und zwar wohl hauptsächlich, weil die Behandlung in der klassischen Technik durchgeführt wurde unter größtmöglicher Zurücknahme und Abstinenz des Therapeuten und auf der Couch. Diese Behandlungsmodalität erwies sich auch für andere Patientengruppen als ungeeignet: Suchtkranke, Psychosen, Borderline-Patienten, Menschen also mit frühen Störungen, Defiziten und Traumata (Petzold/Maurer, 1985). Erst die Veränderung der psychoanalytischen Technik in Richtung auf größere Aktivität von seiten des Therapeuten, einer deutlicheren Annahme von Übertragungen und durch eine zugewandte Haltung (Kohut 1981) konnte ein besserer Zugang zu diesen Patientengruppen und auch zu Alterspatienten gefunden werden (Goldfarb 1956; Segal 1958; Meerloo 1953; Wolf 1956; 1963; 1970). Ein aktiver Weg der Behandlung wurde schon von Ferenczi gewählt und war für seine Technik kennzeichnend (Cremerius 1983).

Das wichtigste Moment für die Gestaltung einer angemessenen Behandlungssituation in der Gerontotherapie war das Einbeziehen gruppentherapeutischer Verfahren. Als Linden (1953; 1954; 1955; 1956) seine beachtenswerten Arbeiten zur Gruppentherapie mit alten Menschen auf psychoanalytischer Grundlage veröffentlichte, hat er ein Behandlungsmodell vorgelegt, das zukunftsweisend war. Aber auch seine Arbeit fand wenig Resonanz. So ist die Psychotherapie als Einzel- und Gruppenbehandlung auch heute noch die Arbeit einzelner, obwohl sich die Situation in vielfältiger Hinsicht gewandelt hat und wandelt (Radebold 1982), nicht zuletzt dadurch, daß in der Mehrzahl der westeuropäischen Länder gravierende Veränderungen in der Alterspyramide durch die Zunahme des Anteils alter Menschen in der Bevölkerung eine stärkere Zentrierung auf die Probleme dieser Population mit sich bringt. Es wird hier in Zukunft noch zu bedeutsamen Entwicklungen kommen und kommen müssen, denn die Situation der alten Menschen ist nicht gerade rosig, sowohl was ihre ökonomische Situation (Bujard/Lange, 1978), als auch was ihre psychosoziale und psychische Situation anbelangt (Wiendick 1973; Bungard 1975; Miller 1979). Es ist weiterhin eine "neue Generation" alter Menschen im Kommen. Interessenverbände, Selbsthilfegruppen, die grauen Panther bzw. der Seniorenschutzbund (Meier/Seemann, 1982; Unruh 1983) sind Anzeichen für Veränderung. Die Gruppe der alten Menschen wird unruhiger, prägnanter, sichtbarer, und zwar immer dann, wenn alte Menschen in Gruppen sich zusammenfinden und auftreten. Die Gruppe steht gegen die Vereinzelung. Sie bietet die Möglichkeit von Solidarität (Richter 1976). Gruppenarbeit, sei es in therapeutischer, soziotherapeutischer, geragogischer oder persönlichkeitsentwickelnder Ausrichtung, wird im gerontologischen Bereich zunehmend an Bedeutung gewinnen (Veelken 1981).

Interessanterweise findet sich der erste Hinweis auf psychotherapeutische Arbeit mit alten Menschen in einem Bericht über ein aktives gruppentherapeutisches Verfahren, das "Therapeutische Theater" (Petzold 1982). V.N.Iljine schreibt: "Unter den Gemütsleidenden sind es nicht nur die jungen oder erwachsenen Kranken im mittleren Alter, die sich von der Kraft des Spiels ergreifen lassen. Auch der alte Mensch wird berührt. Er gewinnt nicht nur eine neue Beweglichkeit des Leibes, sondern auch an seelischer Lebendigkeit. Wenn unsere Patienten Szenen ihrer Jugend im gemeinsamen Spiel lebendig werden lassen, gewinnen sie ein Stück Jugend zurück" (Iljine 1909).

Iljine hatte in Kiew mit gerontopsychiatrischen Patienten Problemstücke aufgeführt, die er für ihre jeweilige Lebenssituation verfaßt oder die er zum Teil mit ihnen zusammen erarbeitet hatte. Häufig waren es Familienszenen. "Versöhnung braucht das Alter, Versöhnung braucht die Jugend. Um Versöhnung geht es in jedem Spiel. Nicht ein billiges Arrangement, ein Hinwegwischen von Kränkungen, von Zorn oder Schuld ist es, was wir suchen. Es muß dies alles ausgesprochen sein, mit allem Gefühl, daß der Greis dem Sohn, der Sohn dem Greis vergeben kann" (ibid.). Iljine hat während seiner gesamten therapeutischen Tätigkeit mit Gruppen alter Menschen gearbeitet, weiterhin mit Familiengruppen und Gruppen, in denen junge und alte Menschen gemeinsam im therapeutischen Theater spielten. "Die ganze Fülle des Lebens erschließt sich nur im Leben als Ganzem. Der alte Mensch verliert das Leben, wenn er nicht mehr mit Kindern spielen, ein Kind spielen, ein Kind sein kann. Das Kind erhält keine Ahnung von der Ganzheit des Lebens, wenn es nicht mit der alten Frau, dem alten Mann spielen kann, das Alter spielen kann, Greis und Hutzelweib sein kann. Unsere Persönlichkeit ist nie auf eine Ebene festgelegt, wenn sie lebendig ist. Sie vermag sich auf dem gesamten Spektrum des Lebens zu bewegen. Der Tod beginnt, wenn in uns das Kindliche und das Ergraute, schon immer Uralte, verlorengeht und erstirbt" (ibid.).

Auch die zweite Verwendung gruppentherapeutischer Arbeit mit alten Menschen stammt aus dem Bereich der "dramatischen Therapie". J.L.Moreno beschreibt den Einsatz von psychodramatischem Rollenspiel bei der Bearbeitung von Verlusterlebnissen mit Alterspatienten. Es geht ihm um die Stabilisierung beschädigter oder atrophierender "sozialer Netzwerke", deren progredienter Zerfall zum "social death" führt (Moreno 1947). Auch Moreno arbeitete mit altersheterogenen Gruppen. Wie Iljine vertrat er die These, daß alt und jung zusammen einen ganzheitlichen Lebenszusammenhang darstellen. "Ein Individuum hat schon von Geburt an eine Struktur von Beziehungen um sich, eine Mutter, Vater, Großmutter usw. Das soziale Atom weitet sich kontinuierlich aus, wenn wir erwachsen werden; innerhalb des sozialen Atoms leben wir am konkretesten ... Allerdings verändert sich das soziale Atom ständig, solange wir jung sind und noch über mehr Ressourcen verfügen; wenn ein Mitglied es verläßt, übernimmt ein anderes seinen Platz und erfüllt eine ähnliche Rolle. Wenn ein Freund geht, wird der alte Freund rasch durch einen neuen ersetzt; sozialer Ausgleich scheint fast automatisch stattzufinden ... Aber wenn wir älter werden, wird es schwieriger, den Verlust von Mitgliedern in signifikanten Rollen zu ersetzen; ähnlich wie auch die Wiederherstellung in unserem physischen Organismus im Verlauf des Alterns schwieriger wird. Es ist dies das Phänomen des "sozialen Tods", nicht aus der Sicht des Leibes, nicht im individuellen Sinn der Psyche, nicht wie wir von innen heraus sterben, sondern wie wir von außen her sterben" (ibid. 81). Die von Iljine (1909) und Moreno (1909) vertretenen Konzepte der Lebensspanne, des sozialen Kontextes bzw. des sozialen Atoms (Iljine 1923; Moreno 1934; 1947) eröffnen eine Perspektive zur Fundierung der Arbeit in Gruppen für die Behandlung, Betreuung, Aktivierung und Persönlichkeitsentwicklung von alten Menschen.

3. Der alte Mensch, der soziale Kontext und die Gruppentherapie

Der "soziale Kontext, in dem ein Mensch, jeder Mensch, steht, ist ein sensibles Gebilde. Er ist keine für immer festgefügte Größe, sondern verändert sich mit dem Leben, durch das Leben, über das Leben hin. Und die Punkte seiner größten Verwundbarkeit finden sich am Anfang und am Ende des Lebens. Am Anfang, weil das kleine Kind ohne den sorgenden Halt der Familie nicht überleben könnte, und am Ende, weil der hochbetagte Mensch ohne den sorgenden Kontext der Familie oder einer Ersatzfamilie - Spital oder Pflegehaus - schnell und jämmerlich zugrunde gehen würde" (Iljine 1923, 48). Hier wird ein Konzept von "Verwundbarkeit" formuliert, das später in der life event research als vulnerability besondere Bedeutung erhalten wird (Brown/Harris, 1978). Auch Moreno (1947, 81) hat ja das soziale Atom des alten Menschen als besonders gefährdet beschrieben. Der Mensch lebt in sozialen Netzwerken, die auf die Qualität seines Lebensvollzuges einen entscheidenden Einfluß haben. Moreno war einer der ersten Sozialwissenschaftler, der die Bedeutung derartiger Netzwerke erkannte und untersuchte. Seine Erkenntnisse und Erfahrungen haben ihn dazu geführt, die "Interventionssoziometrie" (Dollase 1975) zu entwickeln - ein Vorläufer interventionsbezogener psychosozialer Praxis und damit auch der "Interventionsgerontologie" (vgl. Petzold 1979a; Lehr 1979b). Die Beeinflussung eines sozialen Netzwerkes ist sicherlich schwieriger als die Betreuung eines einzelnen, ja sie kann sogar Gefahren heraufbeschwören. "Dieser Umgang mit sozialen Netzwerken und Strömungen in einer Population ist ein höchst gefährliches Spiel" (Moreno 1934, 350). Aber es ist auch ein effektiver Ansatz, destruktive Sozialzusammenhänge zu beeinflussen. Im Zusammenhang mit der Theorie der sozialen Netzwerke entwickelt Moreno die Theorie des sozialen Atoms: "die kleinste lebendige soziale Einheit, die selbst nicht noch weiter geteilt werden kann" (ibid. 141), und er kommt zu der radikalen Erkenntnis, daß der Mensch kein soziales Atom hat, sondern daß er ein soziales Atom ist (Petzold 1982a), d.h., daß er in jedem Moment seiner Existenz mit der Gesamtheit der Menschen lebt, die ihm verbunden sind, und daß der Verlust dieser Menschen mit einem Prozeß des sozialen Sterbens gleichzusetzen ist (Moreno 1947). Moreno bezeichnet das soziale Atom als ein Interaktionsmuster (a pattern of attractions and repulsions, 1941, 24), seine Mitarbeiterin H. Jennings (1941; 1943, 135) als "structural unit". Ich selbst verstehe das soziale Atom als "Matrix von Identität" (Petzold/Mathias, 1983), denn Identität wird in bestimmendem Maße gewonnen durch Identitätsattributionen, Rollenzuschreibungen aus dem Umfeld, die oft die Selbstattributionen nachhaltig beeinflussen (George 1980). Selbstwahrnehmung im Lebenskontinuum und die Wahrnehmung der Identitätszuschreibungen zusammen als Grundlage für das Identitätserleben des Ichs weisen für unser theoretisches Konzept die hohe Bedeutung von Gruppen und sozialen Netzwerken aus. Dies wird noch klarer, wenn man sich vergegenwärtigt, daß die zentralen Bereiche des Identitätserlebens (vgl. Petzold 1985c, 95 ff u. 143 f) an die Zuweisungen des sozialen Feldes, an die emotionalen Bezüge im "sozialen Atom" unlösbar gebunden sind. Für den Identitätsbereich Leiblichkeit gilt, daß der Leib Zuwendung oder Ablehnung erfährt. Für den Bereich Arbeit und Leistung gilt, daß Arbeit gemeinsam als Zusammenarbeit positive soziale Gratifikationen mit sich bringen kann - oder auch nicht -, daß Leistung sozial bewertet wird und die Möglichkeit von Gratifikation oder Abwertung beinhaltet. Für den Bereich materielle Sicherheiten bedeutet das soziale Netzwerk die Möglichkeit zusätzlicher Ressourcen durch das Eintreten der Gemeinschaft für den einzelnen. Für den Bereich Werte bedeutet die Wertegemeinschaft die Möglichkeit eines Rückgriffes auf Bindendes und Tragendes. Der Bereich soziales Netzwerk selbst beinhaltet die Vielfalt oder Eingeschränktheit von Interaktionen, von Möglichkeiten zum sozialen Rollenspiel.

4. Die Gruppe als soziales Netzwerk

Da Menschen in sozialen Netzwerken leben und diese für ihre Lebensqualität, ja ihr Überleben entscheidende Bedeutung haben, kommt der Analyse sozialer Netzwerke im Hinblick auf ihre Vitalität und Kraft besondere Bedeutung zu, und wird die Sorge um die Erhaltung und Restitution sozialer Netzwerke ein wesentliches Moment von Therapie darstellen. Die Gruppe als ein soziales Netzwerk wird damit per se zu einem hervorragenden Instrument therapeutischer Arbeit, das gerade im Hinblick auf die Zielgruppe alter Menschen durch kein anderes therapeutisches Instrument ersetzt werden kann (vgl. z.B. auch die über die Gruppe im engeren Sinne hinausgehende Stadtteilarbeit und die ihr zugrundeliegenden Netzwerkkonzepte, (Petzold 1985c, 159 ff).

Die Bedeutung sozialer Netzwerke ist in jüngster Zeit stärker in den Sozialwissenschaften erkannt worden. Die Erkenntnisse Morenos und Iljines sind auf einen kleinen Kreis von Gruppenpsychotherapeuten beschränkt geblieben oder fanden im Bereich der Soziometrie weitere Ausarbeitung. Seit Moreno (1934; 1947) seine Konzepte differenziert vorgelegt hat, sind also mehr als 40 Jahre vergangen, bevor z.B. in der Sozialgerontologie die Bedeutung des Netzwerkkonzepts erkannt wurde. Schneider (1979), Pilisuk und Minkler (1980) und Wieltschnig (1982) haben auf die Bedeutung sozialer Netzwerke und der aus ihnen kommenden sozialen Unterstützung für die Bewältigung von Altersproblemen hingewiesen. Die vielfältigen Verluste, die ein alter Mensch hinnehmen muß, Verluste an Gesundheit und Vitalität, Verluste an körperlicher Integrität, etwa durch Ertauben oder Erblinden (Petzold 1985c, 383 ff), Verluste von Rollen, Funktionen und Aufgaben etwa durch die Pensionierung (ibid. 123 ff), Verluste von vertrauter Umgebung, etwa durch die Übersiedlung ins Altenheim (idem 1985; Saup 1983), Verluste von vertrauten und geliebten Menschen durch den Tod - das alles sind Momente, die einen Menschen zu kaum einem Zeitpunkt mehr bedrängen als im Alter. Der Verlust des Gedächtnisses kann hier manchmal geradezu als eine Gnade betrachtet werden. In derartigen Belastungssituationen sind Gesprächspartner notwendig, andere Menschen, bei denen man sich entlasten kann oder die Hilfe geben, so daß man nicht mit allem "alleine fertig werden muß". Die soziale Einbettung kann auf diese Weise negative Auswirkungen für die psychische und physische Gesundheit durch kritische Lebensereignisse auffangen (Dean/Lin, 1977; Palmore/Cleveland/Nowlin, 1979). Streß, Angst und Hilflosigkeit werden durch die Entlastungsfunktionen eines tragfähigen sozialen Kontextes besser bewältigt (Schwarzer 1981). Besonders bei Verlust von geliebten Menschen wird der Trost und der soziale Support aus einem intakten sozialen Netzwerk dazu beitragen, daß Bewältigungsleistungen leichter erbracht werden (Walker et al., 1977) und psychische bzw. psychosomatische Reaktionen, insbesondere aber auch Depressionen weniger häufig oder gravierend auftauchen bzw. leichter abklingen (Mueller 1980; Waltz 1981; Dean et al., 1981).

Nun darf das Konzept des soziales Netzwerkes nicht unbedingt gleichgestellt werden mit seiner Kapazität zur sozialen Hilfeleistung bzw. Unterstützung (George 1980). So werden von einigen Autoren diese beiden Aspekte differenziert (Schaefer et al., 1982; Pearlin et al., 1981). Es gibt ja durchaus toxische soziale Netzwerke für den alten Menschen, die ihm keinen Status zuweisen oder ihm Negativattributionen geben bis hin zur seelischen und körperlichen Mißhandlung (vgl. Petzold 1985c, 500 ff). Oder es gibt Netzwerke, die als negativ erlebt werden. Im Anschluß an Thomaes "kognitive Theorie der Persönlichkeit und des Alters" (Thomae 1970; 1971) ist es auch sinnvoll, die subjektive Bewertung eines sozialen Netzwerkes in Rechnung zu stellen, wie Schaefer (et al., 1982) oder Schwarzer (1981, 25), die die "persönliche Überzeugung, in ein hilfreiches Kommunikationsnetz eingebettet zu sein", als Kern von sozialer Unterstützung ansehen. Faktische Unterstützung und subjektive Bewertung dieser Unterstützung müssen aber insgesamt gesehen werden, um die "supportive Valenz" eines sozialen Netzwerkes einzuschätzen. Die Bedeutung der Gruppe für die Arbeit mit alten Menschen wird von einem solchen Konzept "supportiver Valenz" her zu betrachten sein.

Die Metapher vom sozialen Netzwerk impliziert einerseits den Aspekt der Vernetzung, das Hin- und Herlaufen von Kommunikationen und Interaktionen in einer vielfältigen, aber doch geordneten Verbindung, zum anderen den Aspekt der Sicherheit, ein Netz, in dem man aufgefangen wird. Schließlich könnte man noch einen Aspekt der Begrenzung, ja Bedrohung sehen, das Netz, in dem man gefangen ist, verstrickt, aus dem man nicht mehr herausgelangen kann, ein Netz von Zwängen, Forderungen und Einschränkungen. Soziale Netzwerke haben also durchaus nicht nur streßmindernde Wirkung (Schwarzer 1981; Pearlin et al., 1981). Was kennzeichnet nun hilfreiche bzw. stützende soziale Netzwerke? Zunächst lassen sich strukturelle Momente herausarbeiten, z.B. die Zahl der Personen, die Kontaktdichte, Rollenbereiche, Homogenität oder Heterogenität im Hinblick auf die soziale Situation, auf Einstellungen oder Lebensstile. Weiterhin finden sich funktionale Merkmale; wie z.B. Kommunikation, persönliche Förderung, emotionale und materielle Unterstützung, Identitätserhaltung, Situationsbewältigung (vgl. Kaplan 1975; Tolsdorf 1976; Walker et al., 1977; Mueller 1980).

Unter der Perspektive von Morenos Konzept des sozialen Atoms können wir diese spezifische Form des sozialen Netzwerkes durch folgende Dimensionen kennzeichnen (Petzold 1979b, 54 f):

1) Quantität: d.i. das Volumen bzw. die Zahl der Relationen zwischen dem Kernindividuum und den kern-, mittel- und randständigen Individuen des sozialen Atoms.
2) Qualität: d.i. die Zahl der positiven, negativen und indifferenten Relationen des Kernindividuums zu den umgebenden Individuen gemäß seiner eigenen subjektiven Einschätzung.
3) Distanz: d.i. der Abstand der Individuen vom Kernindividuum entsprechend der Einteilung des Zonenprofils in eine Kern-, Mittel- und Randzone. Diese Dimension gibt Aufschluß über die Intensität der Kontakte im sozialen Netzwerk und über die Handhabung von Nähe und Distanz.
4) Kohäsion: d.i. die Verbindung, die die ein Kernindividuum umgebenden Personen untereinander haben.
5) Konnektierung: d.i. die Stellung des sozialen Atoms zu anderen sozialen Atomen und übergeordneten Netzwerken (vgl. Abbildung 3 und 4).
6) Supportive Valenz: das sind die Möglichkeiten der Stützung.

Ein soziales Atom von guter Konsistenz ist gekennzeichnet durch eine hohe Zahl von positiven und eine geringe Zahl von negativen Relationen zwischen dem Kernindividuum und den umgebenden Individuen, durch zahlreiche Relationen der umgebenden Individuen (sie bilden dadurch ein auffangendes und tragfähiges soziales Netz), eine ausgewogene Verteilung von Nähe und Distanz im Gesamtvolumen der Relationen sowie eine vielseitige Konnektierung zu anderen sozialen Atomen. Es ist hiermit eine sehr komplexe Beschreibung eines sozialen Netzwerkes gegeben (Kulenkampff 1982), in der mit der Dimension "Qualität" der subjektiven Einschätzung Rechnung getragen wird. Es können diese fünf Dimensionen um eine zusätzliche sechste, nämlich die der supportiven Valenz, ergänzt werden. Unter diesem Konzept verstehen wir die Möglichkeiten und Fähigkeiten emotionaler, sozialer, materieller und spiritueller (Wertebereich) Stützung von den Mitgliedern eines sozialen Atoms gegenüber dem Kernindividuum. Man könnte auch von der coping capacity des sozialen Netzes sprechen. Die Möglichkeiten liegen in der Verfügbarkeit von Eigen- und Fremd-Ressourcen. Die Fähigkeiten liegen in der Bereitschaft, diese Ressourcen zur Unterstützung für das Mitglied des sozialen Netzwerkes einzusetzen.

In einer empirischen Untersuchung von sozialen Atomen alter Menschen (Petzold 1979b, a) konnten wir feststellen, daß es einen dramatischen Abfall der Konsistenz, d. h. der Gesundheit und Leistungsfähigkeit und der coping capacity, der sozialen Atome, vom 40. zum 70. Lebensjahr gibt (vgl. Abbildung 3 u. 4). Die Konsistenzwerte der sozialen Atome fielen erheblich ab. In unserer Untersuchung ging z.B. die Zahl der Relationen, die die untersuchten Personen mit 40 Jahren hatten, gegenüber den Relationen, die sie im Alter hatten, in 39 von 40 Fällen zurück, und zwar im Schnitt um 51,8 %, bezogen auf den Mittelwert und die gesamte Population, wobei die Frauen mit 36,8 % gegenüber den Männern mit durchschnittlich 60,4 % wesentlich besser dastehen. Der Konsistenzwert des sozialen Atoms sank im Mittel um 29 % (bei den Frauen um 18,4 %, bei den Männern um 37,1 %). Auch im Hinblick auf die Qualität der Relationen ist ein erheblicher Rückgang positiver Beziehungen kennzeichnend. Im Hinblick auf die Distanz nimmt die Kernständigkeit zu. Die Menschen im Alter und in Bedrängnis rücken näher zusammen. Es findet aber auch eine Verödung der Kernzone statt. Insbesondere verödet die Mittelzone, in der früher die Berufskontakte und die Beziehungen, die über den engeren Familien- und Freundeskreis als Ausdruck von Lebensvielfalt hinausgingen, angesiedelt waren. Nur die Dimension Kohäsion nimmt zu. Das stärkere Aufeinander-angewiesen-Sein mag diesen Effekt bewirken. Bei der Dimension Konnektierung zeigt sich ein Rückzug von anderen Bereichen, ein Verlust von Lebensvielfalt und Horizont (Petzold 1979b, 67 f). Ein weiteres Problem ist die "Überalterung" von sozialen Atomen. Eine große Anzahl alter Menschen der gleichen Kohorte erhöht die Verwundbarkeit des Netzwerkes: wichtige Stützpersonen können plötzlich wegfallen, Verlustereignisse können es erschüttern. Außerdem ist die Zahl der Hilfsbedürftigen innerhalb eines solchen Netzwerkes groß. Zwar wachsen auch die Möglichkeiten des Verständnisses - man steht ja in der gleichen Situation -, auf der anderen Seite nehmen die Ressourcen ab. Die Leistungsfähigkeit eines sozialen Atoms als coping agency ist von der materiellen, emotionalen und sozialen Leistungsfähigkeit seiner Mitglieder abhängig. Auch Bandura (1983) und Saup (1983) differenzieren soziale Netzwerke nach sozialen, emotionalen und instrumentalen Aspekten, wobei es schwierig ist, diese drei Größen zu gewichten, denn sie hängen von der jeweiligen individuellen Bewertung ab, wie nämlich Materielles, Emotionales oder Soziales eingeschätzt wird.

Die dramatische Reduktion von sozialen Atomen im Alter ist sicherlich ein kulturspezifisches Phänomen. In den pluralistischen westlichen Industrienationen, wo das extended-family-Modell von der Kleinfamilie abgelöst wurde und die Verlängerung der individuellen Lebenszeit und die lange Empty-nest-Phase zu einem Auseinanderdriften der Generationen führt (Majce 1982), nimmt das Support-System Familie ab, und an seine Stelle treten öffentliche Institutionen, die natürlich auch eine formale Struktur, eine größere Anonymität und ein Verlust an individualisierter Zuwendung kennzeichnet. Es bleibt allenfalls eine "Intimität in der Distanz" (Rosenmayr 1983). Auch der Verlust der Nachbarschaften und der sozioökologischen Eingebundenheit des Quartiers durch die sich verändernden baulichen bzw. städtebaulichen Bedingungen führen zu einer Reduktion "natürlich gewachsener" Gruppierungen in ihrer identitätsstiftenden Funktion für den alten Menschen. Es kommt hier ein Moment zum Fortfall, dem bislang noch nicht ausreichend Beachtung geschenkt wurde: sozioökologische Eingebundenheit als ein bedeutsamer Faktor für seelische Gesundheit und Lebenszufriedenheit bzw. bei ihrem Fehlen als bedeutsamer Faktor der Pathogenese.

Die numerische Quantität eines sozialen Atoms reicht bei weitem nicht. Die soziale Bezugsgruppe zeigt ihre supportive Kraft nicht vorwiegend in ihrer finanziellen

Potenz, sondern in ihrer Fähigkeit, auf den alten Menschen einzugehen, ihn zu verstehen und ihm "die richtige" Zuwendung zu geben. Es ist vielleicht die bedeutsamste Erfahrung, die wir in nunmehr 20jähriger geragogischer, soziotherapeutischer und psychotherapeutischer Arbeit mit alten Menschen gewonnen haben, daß ein rechtes Verstehen, gegründet auf einer adäquaten Einfühlung, und das angemessene Vermitteln von Zuwendung das ist, was für das Gesamtbefinden des alten Menschen am meisten zählt. In ähnlicher Weise wie Kohut (1981) die mangelnde Empathiefähigkeit wichtiger Bezugspersonen, insbesondere der Mutter, für seelische Erkrankungen verantwortlich macht, konnten wir die mangelnde Empathiefähigkeit des sozialen Kontextes als kausal für Leiden, Krankheit und akzelerierte Alternsprozesse, ja für erhöhte Mortalität der alten Menschen finden (Petzold/Bubolz, 1979). Die Restitution sozialer Netzwerke, wo sie atrophiert oder angekränkelt waren, wo sie indifferent oder toxisch geworden sind, war uns deshalb stets ein wichtiges Anliegen, und wo dies nicht zu erreichen war, haben wir versucht, prothetische soziale Atome aufzubauen, etwa durch die Einrichtung therapeutischer Wohngemeinschaften (Petzold 1985c, 202 ff) oder von Selbsthilfe- und Exchange-learning-Gruppen (ibid. 69 ff) oder durch therapeutische Gruppen, die mit den verschiedensten Medien arbeiten (vgl. die entsprechenden Kapitel in 1985c). Eine Veränderung sozialer Atome durch Methoden dramatischer Therapie (Gestalttherapie und Psychodrama) konnten wir empirisch durch Kartierungen der sozialen Atome (Kulenkampff 1982) vor und nach der Gruppentherapie feststellen. Nach 12 Monaten therapeutischer Gruppenarbeit stieg der Konsistenzwert der sozialen Atome im Mittel um 20,7 %. Eine Kontrollgruppe ohne Therapie zeigte im genannten Zeitraum eine Verschlechterung der Konsistenzwerte von 30 % im Mittel (Petzold 1979b, 71; vgl. Abbildung 3). Die therapeutische Gruppe selbst bildet also ein "soziales Netzwerk", das defiziente Netzwerke ergänzen kann.

Projektives soziales Atom als »freies Bild«

Neben seiner metrischen Form, die das Geflecht der Bezugspersonen eines Menschen exakt *kartiert* (*Petzold* 1979b; *Kulenkampff* 1982), wird die von *Petzold* entwickelte Technik des »projektiven sozialen Atoms« verwandt. Die Teilnehmer werden aufgefordert, ihr soziales Netzwerk so darzustellen, wie sie es erleben. Für Beziehungen und Beziehungsqualitäten sollen Farben verwendet werden, für Menschen sollen sie Symbole finden, die für sie charakteristisch sein könnten (Blumen, Tiere, Gegenstände usw.) – ein ähnliches Vorgehen wie in der Kindertherapie die »Familie in Tieren«. Manche Patienten behalten beim projektiven sozialen Atom die Form des metrischen Modells bei (vgl. Abbildung H 2). Andere finden vielfältigste Formen: einen Baum mit verzweigter Krone und verschiedenen Blüten, einen illustrierten Stammbaum, der mittelalterlichen Darstellung der »Wurzel Jesse« ähnlich, einen Flußlauf mit vielen Armen oder auch ein »freies Bild« (vgl. Abbildung H 1), dessen Elemente Personen und Beziehungen darstellen. Durch Farb- und Symbolwahl werden nicht nur die bewußten Beziehungsqualitäten deutlich, auch unbewußte Beziehungsdynamik kommt – oft für den Zeichner überraschend – zum Vorschein. Die Bearbeitung erfolgt in gestalttherapeutischem Vorgehen mit den Techniken der »Identifikation«, des »Dialogs« mit der Person bzw. ihrem Symbol, des »Dialoges« zweier oder mehrerer Personen (Symbole) auf dem Bild untereinander. Eine biographische Perspektive wird durch das Aufgreifen der »Geschichten von Beziehungen» möglich. Prägnanz kann hier gewonnen werden, wenn man neben dem gegenwärtigen »sozialen Atom« die Beziehungen vergangener Zeiten in projektiver oder metrischer Form darstellen läßt. Aus explorativen Gründen legen wir auf eine Rekonstruktion des SA aus dem Alter von fünf Jahren (ödipales/postödipales Sozialisationsfeld) und 15 Jahren (Sozialisationsfeld der Adoleszenz) Wert, weil sich hier oft pathogene Beziehungskonstellationen finden, die Beziehungsschwierigkeiten in späteren sozialen Atomen erklärbar machen. Interessanterweise finden sich in den Beziehungsmustern von sozialen Atomen des Seniums des öfteren Muster aus den frühen SA-Konstellationen, die offenbar in involutiven Prozessen reproduziert werden.

Legende zur Topographie des abgebildeten »sozialen Atoms«

1 Personen, die mich in der Kindheit und Jugend usw. geprägt haben (Kindergärtnerinnen, Lehrer, Ausbilder usw).
2 Vater / Baum + Haus
3 Mutter / Baum + Haus mit Schornstein und Rauch
4 Ich, zum anderen Ufer blickend und als »zynischer Luftgeist«
4 eine alte Freundin »große Schwester« – M } Rosenbüsche
6 ein Freund – W. } Rosenbüsche
7 eine Freundin – I. – Schwan
8 langjährige Freundin und Kollegin (Sicherheit) – Schiff
9 V. – neuer Freund der D. – Gebirge
10 D. – meine ehemalige Freundin (See – Wasserfall – Gewitterwolke – Wolke über der Sonne)
11 Rose – Symbol der Liebe, strahlt Ruhe, Geborgenheit, Sicherheit aus – Zeichen für ein geändertes Leben
12 Gebirge – »Ich weiß nicht, was mich auf dem Weg dadurch erwartet«, Unsicherheit, Angst, »Sich-verletzen-Können«
13 Vögel – einige Freunde, die mich noch erwarten
14 Sonne – Symbol für Leben, Wärme
15 Steine bzw. Weg, den es zu gehen gilt, um mein Leben zu verändern
16 Strand-Symbol für Ruhen – Entspannen – Krafttanken

Abb. 1 Projektives soziales Atom als "freies Bild".

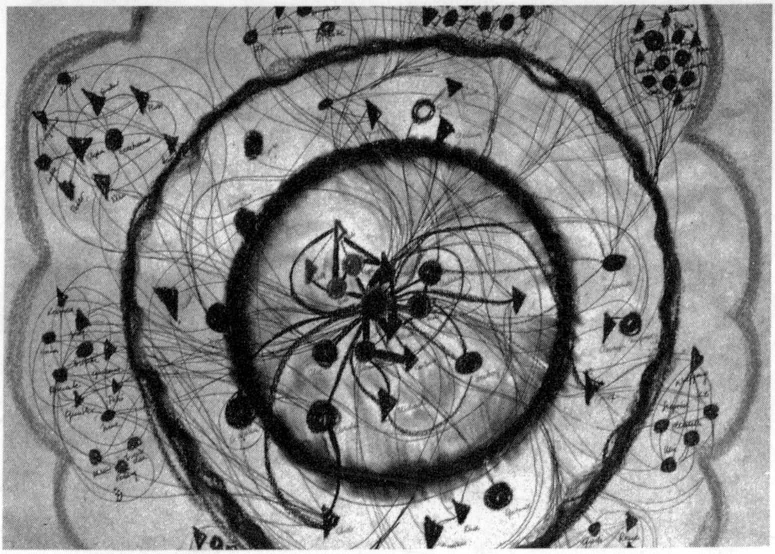

Abbildung 2: Soziales Atom - projektives Verfahren

Das Konzept des sozialen Atoms und seine Bedeutung für die Persönlichkeit, die seelische Gesundheit und das Gesamtbefinden der Person wird den Teilnehmern erläutert und verständlich gemacht. Dies erfolgt z.B. durch eine exemplarische Arbeit mit dem "Münzsoziogramm" - ein Teilnehmer legt sein soziales Atom, dargestellt durch Münzen, variiert die Distanzen, probiert die Beziehungen aus, die er zu einzelnen Mitgliedern seines sozialen Netzwerkes hat. Oder wir lassen die sozialen Atome kartieren. Auch dieses wird exemplarisch mit einem Teilnehmer vorgeführt. Es wird eine ganze Gruppensitzung damit verbracht, soziale Atome zu zeichnen. Oft werden die angefangenen Blätter noch mit nach Hause genommen, ergänzt, um dann in den nächsten Gruppenstunden besprochen zu werden (Petzold 1979a; Kulenkampff 1982). Es seien im folgenden einige pathogene und einige kompensatorische Momente im sozialen Netzwerk alter Menschen beschrieben.

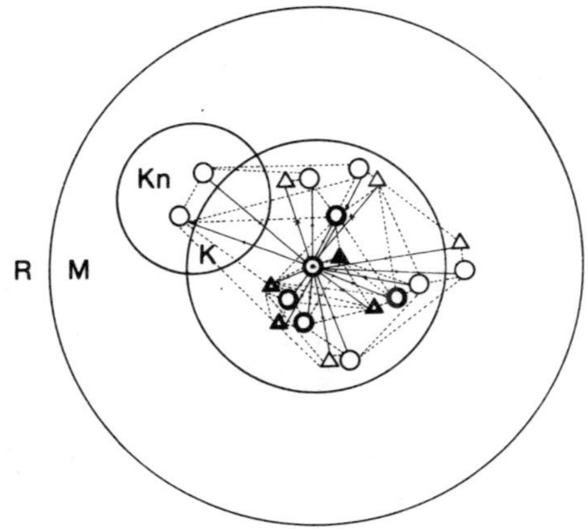

Soziales Atom von Hedi 75 J.
vor der Therapie KSA 22.8

R = randständig 0
M = mittelständig 4
K = kernständig 15
Qn = Quantität der Relationen 19
Ql = Qualität der Relationen 17 positiv 2 negativ
D = Distanzen im SA massiert kernständig
Kh = Kohäsion gut
Kn = Konnektierung einseitig

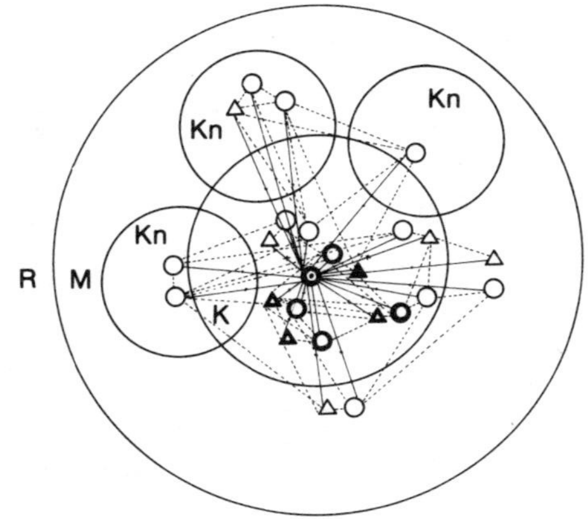

Soziales Atom von Hedi 76 J.
nach der Therapie KSA 29,2

R = 0
M = 10
K = 14
Qn = 24
Ql = 22 pos. 2 neg.
D = optimal
Kh = gut
Kn = vielseitig

Legende:

△ = Männer
○ = Frauen
▲ = Söhne, Schwiegersöhne, Enkel
◎ = Töchter, Schwiegertöchter
⊙ = Kernindividuum
▲ = Ehemann
—— = positive Beziehungen
—— = negative Beziehungen
······ = Verflechtungen

4.1 Rollenentzug/Rollenkreation

In sozialen Gruppierungen von Menschen kommt es mit zunehmendem Alter zu einem Rollenverlust durch die Veränderung im sozialen Netzwerk. Die Berufsrollen entfallen mit der Pensionierung, die klassischen Großeltern-Rollen können in geringerem Maße wahrgenommen werden als in früheren Zeiten, weil die Familien zum Teil stark auseinandergedriftet sind. Die Altersrollen sind eher unscharf, und es fehlt an brauchbaren Rollenmodellen und Vorbildern (George 1980). Die Altersrollen erfahren vorwiegend negative Bewertungen. Insgesamt verarmt das "Rollenrepertoire", Grundlage für ein starkes Selbst und eine konsistente Identität (Petzold/Mathias, 1983) - nicht zuletzt durch den Verlust von Mitspielern im sozialen Rollenspiel durch Todesfälle im sozialen Atom. Es müssen deshalb Hilfen geboten werden, neue Rollen zu schaffen und anzunehmen, das Volumen des Rollenrepertoires zu vergrößern, indem alte, schon lange nicht mehr gespielte Rollen aufgegriffen werden (z.B. durch Aktualisierung alter Hobbies), indem die Rollenflexibilität trainiert wird (durch therapeutische Gruppenarbeit, insbesondere Psychodrama und Therapeutisches Theater), indem neue Felder für Rolleninteraktionen bereitgestellt werden. Der Bereich der Selbsthilfe- und Therapiegruppen bietet hier vielfältige Möglichkeiten.

4.2 Negative und positive Identitätszuweisungen

Das Faktum abnehmender Kräfte wird dem alternden Menschen oft genug von seiner sozialen Umgebung in sehr schmerzlicher und kränkender Weise vermittelt. Hingegen nehmen Attributionen, die sein Selbstgefühl stärken und aufbauen, ab. Erfahrungen des Angenommenseins und Akzeptiertwerdens sowohl von seiten der Therapeuten bzw. des Gruppenleiters als auch in der wechselseitigen Kommunikation der Teilnehmer untereinander vermögen hier Korrektive zu setzen. Positive Identitätszuweisungen ergeben sich allein aus dem Bewußtsein, für jemanden etwas zu bedeuten, erwartet zu werden, für jemanden noch etwas tun zu können, mit Rat, mit Tat, mit kleinen Diensten oder durch das bloße Zuhören. Das gemeinsame Teilen von Erinnerungen, lebensgeschichtlichen Erfahrungen führt dazu, daß die Gruppenteilnehmer einander vertraut werden, daß sie sich bekannt werden, einander kennen, und das ist eine wichtige Dimension von Identität (Petzold/Mathias, 1983).

4.3 Ausgrenzung/Solidarität

Der alternde Mensch wird aus vielen Bereichen des Lebens ausgegrenzt (vgl. Petzold 1985c, 159 ff). Hilfen in der Bewältigung von Lebensproblemen von seiten seiner Peers nehmen ab, nicht zuletzt, weil diese Bezugspersonen selber hilfsbedürftig werden. Rückzugsmechanismen verhindern vielfach den Zusammenschluß zu Solidargemeinschaften. "Man muß mit seinen Problemen alleine fertig werden". Der Verfall von Nachbarschaften trägt zu dieser Entwicklung bei. Ausgrenzung und Vereinzelung aber können in einer Gruppe überwunden werden, wenn sie zu einer Solidargemeinschaft in der Bewältigung von Altersproblemen wird. Wenn die Schwelle überwunden wird, über das zu sprechen, was alle belastet, wird die Gruppe zu einer Gemeinschaft, in der wechselseitige Hilfeleistung stattfinden kann, zu einer "Coping-Gemeinschaft". Coping-Leistungen werden ja nicht nur von einzelnen, sondern von seinem sozialen Atom, von seiner relevanten Umwelt erbracht. Bewältigungstechniken, "coping styles", können miteinander geteilt, einander mitgeteilt werden. Das Potential einer Gruppe bietet hier, was die Vielfalt und die Kraft von Ressourcen anbelangt, mehr Möglichkeiten, als sie der Einzelperson in der Regel zur Verfügung stehen.

Dieses alles spricht dafür, vermehrt Gruppenarbeit in der Betreuung alter Menschen einzusetzen. Sie ist unter den verschiedenen therapeutischen Modalitäten (Einzeltherapie, Kurzzeit- und Fokalintervention, Paartherapie, Familientherapie, vgl. Brink 1979; Petzold/Bubolz, 1979; Radebold 1982; Radebold/Schlesinger-Kipp, 1983) das Mittel der Wahl, um soziale Netzwerke zu restituieren. Der scheinbaren Unabänderlichkeit des Verlustes an "sozialer Potenz" (Petzold/Bubolz, 1976), die wie ein unentrinnbarer Fluch hingenommen wird, muß begegnet werden: "Alte Menschen sollten lernen, diesen Fluch nicht hinzunehmen. Sie sollten Freunde finden, wieder jemanden, den sie lieben können. Sie sollten vor allem versuchen, die Jugend ihres sozialen Atoms wiederherzustellen. Es ist wahrscheinlich einfacher, Störungen ihres sozialen Atoms durch soziatrische Maßnahmen anzugehen als ihre physischen und psychischen Beschwerden zu behandeln. Die Vorstellung, daß Liebe und Spontaneität nur etwas für junge Leute ist und daß alte Leute sich auf den Tod vorbereiten sollten, ist eine antiquierte Grausamkeit. Es muß ein neuer Wind in die Geriatrie als Wissenschaft vom Alter kommen durch die

Erkenntnis, daß wir nicht nur "innen" in uns leben, sondern daß es auch ein "außen" gibt, das hochstrukturiert und empfänglich für Wachstum und Verfall ist. Der Tod ist eine Funktion des Lebens. Er hat eine soziale Realität" (Moreno 1947, 82).

5. Funktionen der Gruppe in der gerontotherapeutischen Gruppenarbeit

In der Gruppenarbeit mit alten Menschen besteht die Funktion der therapeutischen Gruppe weitgehend in der Übernahme von Funktionen des sozialen Netzwerkes bzw. naturwüchsiger Gruppen. Einige für die Gerontotherapie besonders relevante Funktionen seien im folgenden kurz aufgezeigt.

5.1 Die Gruppe als Matrix der Identität

Identität ist keine starre, stabile Größe, sondern ist im Verlauf des Lebens mehr oder weniger großen Veränderungen unterworfen. Diese Veränderungen sind abhängig von Veränderungsprozessen der Leiblichkeit und des sozialen und ökologischen Lebensraumes, wie sie besonders durch den Vorgang des Alterns gegeben sind. Der Mensch ist mit dreißig ein anderer als mit sechzig, obgleich es überdauernde Merkmale gibt (George 1980). Es ist eine gewisse Konstante gegeben durch das Gedächtnis, die Erinnerungen, das Wissen, das das Ich über das Selbst hat, durch die Leiblichkeit, durch die Präsenz wichtiger Bezugspersonen im sozialen Netzwerk und durch eine übergeordnete Qualität des ökologischen Bezugssystems - nur wenige Menschen werden gänzlich aus ihrem regionalen oder zumindest übergeordneten regionalen Bereich (Deutschland, Mitteleuropa) herausgerissen. Die Bilder, die das Ich über das Selbst hat, die Selbstattributionen und die Zuweisungen aus dem sozialen Feld, die Identitätsattributionen, wie sie über die Lebenszeit hin erfolgen, konstituieren Identität (Petzold/Mathias, 1983; Petzold 1984). Das soziale Feld und die in ihm wirkenden Gruppierungen sind demnach ein wesentlicher, konstitutiver Bestandteil für das Entstehen und die Erhaltung von Identität. Eine therapeutische Gruppe, die klare Identitätszuweisungen gewährleistet, hat deshalb gerade in Zeiten der Krise, besonders im Alter, wenn die sozialen Netzwerke ausdünnen oder zerfallen, spezifische Möglichkeiten der Sicherung von Identität. Unter dieser Zielsetzung steht dann auch im wesentlichen gerontotherapeutische Gruppenarbeit: Identität zu erhalten, zu entfalten und, wo sie beeinträchtigt oder beschädigt ist, zu restituieren.

5.2 Die Gruppe als Reservoir an Ressourcen

Ressourcen-theoretische Überlegungen (Schneider 1979; George 1980) haben in der gerontotherapeutischen Literatur bislang kaum Beachtung gefunden. Die Ressourcenlage des alten Menschen, seine Verfügung über Eigenressourcen und die Möglichkeit zur Erschließung von Fremdressourcen, ist aber zur Beurteilung der Lebenssituation, zur Abschätzung der Prognose und für die Konzipierung der Behandlung von einschneidender Bedeutung. Ich werde hierzu noch kurz im Rahmen unserer diagnostischen Überlegungen (vgl.6.1) zurückkommen. Wir verstehen unter Ressourcen "alle materiellen, physischen, psychischen, kognitiven und sozialen Mittel, die zur Erhaltung des Lebens, zur Gewährleistung einer angemessenen Lebensqualität und zur Bewältigung von Lebensproblemen für ein Individuum oder eine Gruppe erforderlich sind".

Ressourcen können also Geldmittel und Grundbesitz sein, aber auch soziale Kontakte, Beziehungen, Freundschaften und auch Intelligenz, Sprachkenntnisse, Lebenserfahrungen, Mut, Gelassenheit, Leidensfähigkeit usw. Eine der bedeutendsten Ressourcen sind die physischen Fähigkeiten: Gesundheit, Vitalität, körperliche Elastizität und Geschicklichkeit. Ein derartig komplexes Ressourcenkonzept macht die Erhebung schwierig (vgl. ein Raster bei Rahm 1986). Wird aber der Gruppe die Bedeutung des Ressourcen-Konzeptes vermittelt, so kann ein Teil der Gruppenarbeit auch darin bestehen, gemeinsam eine Ressourcen-Analyse zu erstellen, und zwar für die einzelnen Mitglieder, aber auch für die Gruppe insgesamt. Die Gruppe wird sich dabei sehr bald selbst als "Reservoir von Ressourcen" erkennen und erleben. Nicht nur, daß die einzelnen Teilnehmer Mitglieder eines sozialen Netzwerkes und damit eine soziale Ressource geworden sind, sie sind noch in einem weiteren Sinne resource persons. Ihre Erfahrungen, Erinnerungen, lebenspraktischen Kenntnisse sind eine wichtige Informationsquelle, die man gemeinsam teilen kann. Ihre Bereitschaft, sich emotional zu engagieren, sich wechselseitig zu stützen, ein Gruppenmitglied in Krisensituationen mitzutragen, ist Quelle der

Unterstützung. Beziehungen und Verbindungen, Kontakte, die ein einzelner hat und einem anderen Gruppenmitglied oder der Gesamtgruppe zur Verfügung stellt, bis hin zu praktischen Hilfeleistungen im Alltag können als weitere Ressourcen betrachtet werden. Je bewußter sich eine Gruppe dieser Möglichkeiten und Funktionen wird, je eher ist sie in der Lage, diese Potentiale auch gezielt für sich und für die einzelnen Teilnehmer einzusetzen. Es werden damit die eigenen Ressourcen des einzelnen Gruppenmitgliedes erheblich aufgefüllt, und es wächst auch die Chance, sich Fremdressourcen verfügbar zu machen. Fremdressourcen sind nämlich sozialen Gruppierungen aufgrund des größeren sozialen Druckes, den sie auf Institutionen ausüben können, leichter zugänglich als der Einzelperson. Auch die motivationale Kraft, gemeinsam Defizitbereiche anzugehen und fehlende bzw. unzureichende Ressourcen zu beschaffen bzw. aufzubessern, ist in der Gruppe günstiger einzuschätzen.

5.3 Die Gruppe als Agentur wechselseitiger Hilfeleistung

In der Gruppe kommt ein Moment zum Tragen, das Moreno als die Essenz der Gruppentherapie angesehen hat: "That one man becomes the therapeutic agent of the other" (Moreno 1932). Die Gruppe greift auf die grundlegende Fähigkeit des Menschen zur wechselseitigen Hilfeleistung zurück, ein Konzept, das Kropotkin herausgestellt und betont hat. Sie wird zu einer Gemeinschaft, in der "exchange learning and exchange helping" (Petzold 1985c, 69 ff) einen grundlegenden Funktionsmodus darstellen. Dieser ist in unterschiedlicher Weise vorhanden und entwickelt. Besonders bei den zurückgezogenen, auf sich gestellten oder in einer Heimsituation hospitalisierten Gruppenmitgliedern müssen diese Fähigkeiten der wechselseitigen Hilfeleistung und des wechselseitigen Lernens erst wieder aufgebaut werden. Solidarität kann nicht immer als Gegebenheit angenommen werden, auch wenn man unter den gleichen Belastungen leidet, sondern sie ist auch Lernziel (Richter 1976). In der Arbeit mit alten Menschen haben wir es häufig mit einer Situation zu tun, in der die wechselseitige Hilfeleistung über die Gruppensitzungen im engeren Sinne hinaus in den Alltag transferiert werden muß, so daß die Gruppe zu einer wirklichen Selbsthilfegruppe wird (vgl. Petzold 1985c, 128 ff; Veelken 1981).

5.4 Die Gruppe als Ort selbstverfügter Kontrolle

Das Konzept des Kontrollverlustes und der erlernten Hilflosigkeit von Seligman (1975) hat gerade in neueren Untersuchungen seine Brauchbarkeit auch für den gerontologischen Bereich gezeigt (Langer/Rodin, 1976; Rodin 1980; Mercer/Kane, 1979; Schulz/Hanusa, 1980; Saup 1983). Es wurden deutliche Zusammenhänge zwischen dem Verlust an Kontrollmöglichkeiten, erlebter Belastung und Depression bzw. defensiven Bewältigungsstilen (Resignation, Wunsch zu sterben, gefühlte Aussichtslosigkeit, passives Erdulden) festgestellt. Wenngleich sich die genannten Studien auf die Situation von Menschen in Altenheimen bezogen, zeigt die klinische Praxis in allen Bereichen der Arbeit mit alten Menschen - ob es sich nun um die gesellschaftlich verfügte Zwangspensionierung handelt (Petzold 1985c, 123), um den Eintritt einer unerwarteten Erkrankung, z.B. eines Glaukom-Anfalls (ibid. 383 ff), ob es die Abnahme körperlicher oder geistiger Fähigkeiten anbelangt oder den Entzug von sozialer Zuwendung oder die Reduktion materieller Sicherheiten (Bujard/Lange, 1978)-, daß wir überall Situationen finden, in denen alte Menschen Einflüssen ausgesetzt werden, die sich ihrer Kontrolle entziehen. Nicht nur das Eintreten kritischer Lebensereignisse und der mit ihnen verbundene Streß, auch der damit einhergehende Kontrollverlust und damit der Verlust an "sozialer Potenz" (Petzold/Bubolz, 1976, 134) können als auslösende Momente für psychische Belastungsreaktionen und Erkrankungen, insbesondere für Depressionen und psychosomatische Reaktionen angesehen werden. Häufig werden noch die bei Verletzung und Kontrollverlust auftretenden aggressiven Impulse retroflektiert, wodurch die Reaktionsbildung verstärkt wird. Ich habe schon 1977 darauf hingewiesen: "Bei Depressionen alter Menschen sind Faktoren wie Rollenverlust, Einbußen an physischen Fähigkeiten, Verlust von Bezugspersonen, Einschränkung der wirtschaftlichen und Wohnsituation, sowie Auswirkungen sensorischer und perzeptueller Deprivation meist mit im Spiel" (Petzold 1977a). Ich habe sieben Faktoren für eine multifaktorielle Genese der Depression im Alter herausgearbeitet:

"1. altersbedingte cerebrale Veränderungen; 2. Stimulierungsverlust; 3. retroflektierte Aggression gegen die aktualen Einengungen durch die Umstände (die Gesellschaft, die Jüngeren); 4. retroflektierte Aggression gegen die Bedingungen eines ungünstigen Lebensschicksals; 5. Fehlende Integrationsfähigkeit im Hinblick auf die Lebensbilanz; 6. Fehlen der Integrationsmöglichkeiten im Hinblick auf Sinn- und Wertfragen; 7. Fehlen der Integrität der Person im Hinblick auf die Bedrohung durch den unabänderlichen Tod" (Petzold 1977a). Die Dimension des Kontrollverlustes ist in den Punkten 1-4 eingeschlossen.

Zu Punkt 4 könnte man spezifizierend hinzufügen, daß er die Auswirkungen pathogener Konstellationen in Kindheit, Jugend und Erwachsenenalter entsprechend dem psychoanalytischen Modell der Genese von Depressionen miteinschließt.

Hautzinger (1978; 1979a-c) hat verschiedentlich die Nicht-Kontrollierbarkeit von Umweltbedingungen als Erklärungsmodell für die Genese von Alterdepressionen herausgestellt. "Damit eine psycho-reaktive Altersdepression entsteht, müssen also nicht-kontrollierbare Bedingungen (Veränderungen) gegeben sein, das Individuum muß diese Situation als solche wahrnehmen und subjektiv bedeutsam empfinden, kein Verhalten zur Bewältigung dieser Bedingungen zur Verfügung haben und sich selbst als unfähig einschätzen. Die dann entstehende Einstellung der gelernten Hilflosigkeit wird auf viele oder alle Lebensbereiche generalisiert. Das Individuum erlebt sich überall als hilflos. Das typische Verhalten einer Depression ist die Folge" (Hautzinger 1978, 352). Sicher ist dieser Erklärungsansatz allein nicht ausreichend. Die Ätiologie ist, wie aufgezeigt, in der Regel noch komplexer. Aber dieses Modell stellt für die Sicht der Altersdepression sicher eine innovative Perspektive dar.

Kontrollverlust als die Unfähigkeit einer Person, Zusammenhänge zwischen dem, was ihr zustößt, und dem, was sie tut, herzustellen, kann für die Alterssituation als ein gewichtiges pathogenes Moment angesehen werden. Saup (1983, 183) zieht aus seiner Untersuchung für eine Altenheim-zentrierte Belastungsprävention als Schlußfolgerung die Schaffung erweiterter Handlungsspielräume und erhöhter Kontrollmöglichkeiten, und für die Individuum-zentrierte Belastungsprävention schlägt er den Aufbau assertiven Bewältigungsverhaltens vor, durch das Kontrollmöglichkeiten restituiert werden. In der Reduktion von Kontrollverlust und dem Aufbau personaler Kontrollmöglichkeiten als der Fähigkeit wahrzunehmen, wie man durch eigenes Tun die persönliche Lebenssituation verändern und beeinflussen kann, haben wir ein wichtiges Moment psychotherapeutischer, soziotherapeutischer und geragogischer Gruppenarbeit mit alten Menschen zu sehen. Die Gruppe wird zu einem Ort selbstverfügter Kontrollmöglichkeiten. Die alten Menschen werden dazu ermutigt, die Gruppensituation zu kontrollieren, aktiv mitzugestalten, sie als Freiraum zu nutzen. Dazu wird erforderlich, daß der Gruppenleiter Situationen schafft, die nicht ausschließlich oder überwiegend von ihm bestimmt und strukturiert werden. Der in der Regel aktivere und direktivere Interventionsstil in der gerontotherapeutischen Arbeit muß durch Phasen der Zurücknahme und relativen Abstinenz auch Gegenakzente beinhalten, um die Möglichkeiten der Gruppe nicht zu depotenzieren. Die Ermutigung, im Transfer auf Lebenssituationen Kontrolle über Bereiche wieder zu übernehmen, in denen man sie schon auf- und abgegeben hat, stellt für die Teilnehmer ein wichtiges Moment dar, selbstbestimmte Lebensgestaltung wiederaufzunehmen. Wiederum ist es uns ein Anliegen in unseren therapeutischen Gruppen, das Konzept des Kontrollverlustes und der gelernten Hilflosigkeit den Teilnehmern verstehbar zu machen, indem wir exemplarisch Beispiele aus dem Leben der Gruppe und der Gruppenteilnehmer aufgreifen und unter diesem Erklärungsmodell in verständlicher und eingehender Weise explizieren. Die Gruppe beginnt dann selbst die Analyse von Situationen und Lebensumständen, die mit Kontrollverlust einhergehen. Dabei wird häufig deutlich, daß eine Veränderung der Sichtweise dazu führen kann, daß ein Kontrollverlust nicht als totaler erlebt wird, Generalisierungen verhindert oder aufgehoben werden, so daß der Teufelskreis von Negativerwartungen und Negativkonsequenzen durchbrochen wird. Den Gruppenteilnehmern wird damit in mehr oder weniger großem Maße die Entscheidung wiedergegeben, es werden Handlungsspielräume erweitert (Averill 1973) und in der gruppalen Interaktion auch genutzt und eingeübt. Die Reversibilität erlernter Hilflosigkeit (Abramson/Seligman/Teasdale, 1978) durch die Möglichkeiten selbstverfügter Kontrolle in der Gruppe ist ein immer wieder feststellbares klinisches Resultat gerontotherapeutischer Arbeit. Es sollte deshalb dezidierter und strategischer in der Behandlung alter Menschen eingesetzt werden und zum Tragen kommen.

5.5 Die Rolle der Gruppe als Generator sozialer Welten

Das Individuum lebt in multiplen sozialen Welten, die seine Identität nachhaltig beeinflussen und deren Veränderung Auswirkungen auf das Identitätserleben und die Stabilität des Selbst haben (Matthews 1979). Der Verlust von sozialen Welten, wie er sich durch den Übergang in den Ruhestand und andere Statuspassagen (Strauss/Glaser, 1971) zeigt, trägt zur Verarmung des Individuums und zu Krisensituationen bei (vgl. Petzold 1985c, 142 f, 149), so daß diesen Zusammenhängen besondere Beachtung geschenkt werden sollte. Das unter Rückgriff auf G. H. Mead von Anselm Strauss (1978) entwickelte Konzept der "social world" kann wie folgt definiert werden: "Eine soziale Welt (social world) ist eine extrem weite, höchst durchlässige, amorphe und räumlich transzendente Form einer sozialen Organisation, in der die Akteure kognitiv miteinander verbunden sind durch eine gemeinsame Perspektive, die sich aus gemeinsamen Kommunikations-Kanälen ergibt" (Unruh 1983, 14). Dieses Konzept nimmt den Lebenswelt-Gedanken (E. Husserl, M. Merleau-Ponty, A. Schütz) auf und fügt dem Konzept des sozialen Netzwerkes bzw. sozialen Atoms weitere Dimensionen hinzu, insbesondere die der gemeinsamen Perspektive, die symbolisch vermittelt ist und sich z.B. in bestimmten Sprachmustern und Verhaltensformen äußert. Durch das für das Alter einzigartige Faktum aber, "daß die Alters-Kohorte zunehmend zerbrechlicher wird" (Dono et al., 1979), werden die Möglichkeiten, eine "soziale Welt" gemeinsam zu teilen, reduziert, denn die Menschen, mit denen man in der Vergangenheit gelebt hat, sind gestorben. Soziale Welten aber behalten Bedeutung und wirken identitätsstiftend, auch wenn sie nicht mehr bestehen, wie Shibutani (1955) treffend herausgestellt hat. Aber gerade dann ist es wichtig, daß man sich ihrer nicht einsam erinnert, sondern sie teilen kann. Die gerontotherapeutische Gruppenarbeit stellt einen Raum bereit, in dem Menschen ähnlichen Alters die Möglichkeit haben, soziale Welten zu teilen, indem sie über Vergangenheitsereignisse sprechen können, über Zeiten, die sie gemeinsam erlebt haben. Die aktive Rekonstruktion vergangener Welten, z.B. durch Tagebücher, Fotoalben und Einnerungssouvenirs, ist ohnehin ein für alte Menschen sehr charakteristisches Moment. Es kann diese Tendenz durch die psychodramatische Re-Inszenierung von Szenen, die Gestaltung von Erinnerung mit kreativen Medien oder mit imaginativen Methoden aufgenommen werden (vgl. Petzold 1985c, 101 ff, 476). Aber das Leben in der Vergangenheit genügt nicht. Auch die Gegenwart muß "valide soziale Welten", die befriedigend und erfüllend sind, bieten. Wo derartige "social worlds" vorhanden sind, gilt es, sie zu erhalten, wo sie verlorengingen, gilt es, neue zu schaffen. Zuweilen wird es auch notwendig, sich von alten Welten zu verabschieden, sie zu betrauern (und sie sich damit auch in gewisser Weise zu bewahren durch eine neue Form der Aneignung; vgl. ibid. 543 ff), damit sie nicht den Zugang zu möglichen Sozialbezügen hier und heute verstellen. David Unruh (1983) hat in einer Reihe von Einzelfallstudien Beispiele gesammelt, wie alte Menschen in alten sozialen Welten leben und sich neue soziale Welten erschließen. Und Andrea Fontana (1979) legt mit ihren Interviews eine beeindruckende Dokumentation über die Möglichkeiten sozialer Welten im Alter vor. Soziale Welten, die sich alte Menschen suchen, können eine Bowling-Gruppe sein, eine "square dancing world", eine "bicycling world", usw. (Unruh 1983). Es kann die soziale Welt eines Altenzentrums sein, eines Volkshochschulkurses, einer Kirchengemeinde (Hochschild 1978; Atchley 1980). Es kann aber auch die soziale Welt einer Therapie- oder Selbsterfahrungsgruppe sein. Das Fehlen entsprechender Bezugsgruppen zeigt sich als eine der schwierigsten Probleme für Leute, die sich mit dem Verlust sozialer Welten durch das Alter auseinanderzusetzen haben (Lopata 1973).

Gruppen in der Arbeit mit alten Menschen sind in sich selbst soziale Welten. Sie können und müssen darüber hinaus Generatoren für soziale Welten werden, indem sie an Stelle von Rückzugsstrategien, defensive Bewältigungsmechanismen (siehe unten) oder ähnliche Strategien des Herausgehens Fähigkeiten aufbauen, neue soziale Welten zu betreten und auf neue Kontexte zuzugehen. Dies gelingt leichter, wenn man es nicht alleine tun muß. Gemeinsame Aktivitäten der gerontotherapeutischen Gruppe, wie z.B. Theater- und Museumsbesuche, Ausflüge, Reisen, Besichtigungen, Projekte, sind deshalb zu fördern und zu initiieren (Petzold 1985c, 49 ff, 189 ff). Eine Abstinenz der Gruppenmitglieder untereinander, insbesondere außerhalb der Gruppe, wie sie von bestimmten Richtungen analytischer Gruppenpsychotherapie befürwortet wird, erweist sich hier - wie wahrscheinlich überhaupt - als dysfunktional. In den gruppalen Aktivitäten innerhalb und außerhalb der Sitzungen "ereignen" sich Verhaltensweisen bzw.

werden Verhaltensstile aufgebaut, die die Integration in neue soziale Welten fördern, wie z.B. "consuming, collecting, creating, performing, marketing, organizing, representing, evaluating" (Unruh 1983). Die Vielfalt sozialer Welten, die im sozialen Atom durch die Dimension "Konnektierung" (siehe oben) repräsentiert wird, stellt einen Reichtum der Person dar. Das Alter könnte Freiräume bieten, sich neue soziale Welten zu erschließen, für die während der Berufszeit von Zeit und Spannkraft her gesehen keine Ressourcen vorhanden waren. Und so finden sich auch immer wieder alte Menschen, die in der Zeit des Ruhestandes zahlreiche Aktivitäten entfalten und "mehr beschäftigt sind als vor der Pensionierung". Zumeist aber sind dies Menschen, die schon immer ein hohes Aktivitätspotential hatten, nicht unter sozialer Depotenzierung und Kontrollverlust ihrer Situationen zu leiden hatten und nicht durch Entzug von Kontaktmöglichkeiten und Kontakthemmungen eingeschränkt sind. Solche Menschen erleiden keine "Hospitalisierung im Alltagsleben" (Petzold/Bubolz, 1979, 262). Psychotherapeutische, soziotherapeutische und geragogische Gruppen aber können den Menschen Möglichkeiten bieten, die aus eigenem Antrieb und eigenem Potential sich keine neuen sozialen Welten erschliessen können, sondern Verluste im Hinblick auf die Vielfalt von sozialen Bezügen hinnehmen mußten. Gerontotherapeutische Gruppenarbeit geht damit immer über den spezifisch psychotherapeutischen Raum hinaus in den Bereich der Geragogik bzw. Sozialgeragogik, der Freizeitaktivität und der Persönlichkeitsentwicklung, und sei es nur, indem sie diese Bereiche anspricht und in der Gruppe zum Thema macht. Das Konzept der "social world", seine Bedeutung für die geistige und seelische Gesundheit und das persönliche Wohlbefinden, wird den Gruppenteilnehmern vorgestellt und damit verfügbar gemacht, etwa dadurch, daß man mit den Teilnehmern eine "Kartierung" ihrer sozialen Welten vornimmt. Sie wird in der Gesamtgruppe durch den Therapeuten mit einem oder zwei Teilnehmern exemplarisch auf einem großen Papierbogen aufgezeigt und illustriert. Dann kann die Kartierung in Kleingruppen fortgeführt werden oder als "Hausarbeit" mitgegeben werden, so daß in einer weiteren Gruppensitzung die illustrierten Bögen vorgestellt werden können. Diese Aktivität setzt in diagnostischer und therapeutischer Hinsicht sehr viel Material frei. Sie bewirkt bei den einzelnen Teilnehmern und der Gesamtgruppe ein hohes Maß an Involvierung und hat ein äußerst stimulierendes Potential für das Aktivitätsniveau der Gruppe und den weiteren Gruppenverlauf.

5.6 Die Gruppe als Ort zwischenleiblicher Gemeinschaft

Gruppenarbeit vollzieht sich in zwischenleiblicher Präsenz (Petzold 1985 a, b). Die Gruppe setzt sich zusammen aus leiblich präsenten Individuen, die nicht nur verbal, sondern wesentlich auch non-verbal miteinander kommunizieren. Es scheint diese Aussage eine Banalität zu sein, aber dem Bereich der Non-Verbalität wird erst in jüngster Zeit und mit dem Aufkommen humanistischer Psychotherapieformen, wie z.B. der Gestalttherapie oder der Reichianischen Verfahren, größere Beachtung geschenkt. Zwar haben die non-verbalen Therapieverfahren schon eine gewisse Bedeutung erlangt (Petzold 1985a; 1977; 1974). Von seiten der Vertreter verbaler Therapieformen werden sie aber oft noch als exotisch angesehen. Gerade in der Arbeit mit Patientengruppen, deren Leiblichkeit in besonderer Weise tangiert wird, Psychosomatikern und Alterspatienten (Küchler 1983), ist dem Moment der Leiblichkeit und der Zwischenleiblichkeit besondere Aufmerksamkeit zu schenken (Petzold/Berger, 1979; Petzold 1985c, 428 ff).

In der Gruppenarbeit mit alten Menschen kommt der Leib immer wieder zur Sprache, etwa in Klagen über Schmerzen, Funktionseinschränkungen, Beschwerden vielfältigster Art. Der Leib ist oftmals negativ besetzt. Die Spuren des Alters, die Veränderung der Haut, der Konsistenz des Gewebes machen es vielen Menschen schwer, sich leiblich anzunehmen, sich "in ihrer Haut" wohl zu fühlen und zu akzeptieren. Die Abspaltung von der eigenen Leiblichkeit führt dann konsequent zur Entfremdung von der Leiblichkeit des anderen. Körperkontakt wird vermieden, und so entsteht - insbesondere wenn kein Kontakt zu Enkelkindern da ist - ein Defizit an "Streicheleinheiten", die auch und gerade für den alten Menschen wichtig sind. In der Gruppenarbeit mit Alterspatienten nimmt deshalb die Wiederaneignung von Leiblichkeit durch bewegungstherapeutische Elemente, durch Fokussierung auf Körpersprache und leiblichen Ausdruck, durch Aneignung von Zwischenleiblichkeit über Kontakt- und Partnerübungen einen besonderen Platz ein. Es ist aufschlußreich zu vermerken, daß in der Vielzahl von Forschungen zur Non-verbalität sich kaum Studien über die Körpersprache alter Menschen finden und auch die gerontologischen Forschungsarbeiten diesen Bereich bisher vernachlässigt haben - offenbar ist er sehr bedrohlich. Obgleich in der gerontotherapeutischen Praxis die Bewegungstherapie ein bewährtes Verfahren ist (Petzold/Berger, 1979), wird dem Phänomen der Leiblichkeit im Alter erst in jüngster Zeit größere Beachtung geschenkt. Das Thema Leiblichkeit wird in der Gruppe explizit angegangen. Den Teilnehmern werden die wichtigsten theoretischen Konzepte zur Negativbewertung von Leiblichkeit im Alter und die Folgen negativer Selbstattribution vermittelt, um ein neues Leibbewußtsein aufzubauen und die Gruppe als positiv erfahrbaren "social body" wirksam werden zu lassen (Petzold 1985 a, b). Methodisch werden hier neben den Bewegungselementen Körperskulpturen aus Ton, Körperumrißzeichnungen, die ausgemalt werden, und Körperbemalung mit Schminkfarben verwandt. Nach der Überwindung einer initialen Hemmschwelle diesem Thema gegenüber wird es von alten Menschen mit großer Aufmerksamkeit und persönlicher Beteiligung aufgenommen.

5.7 Die Gruppe als Ort gemeinsamer Sinnfindung

Aehnlich wie die Leiblichkeit ist auch die Frage nach den Werten, nach dem Lebenssinn, nach dem Geistigen, nach der Transzendenz in der Psychotherapie weitgehend ausgespart worden (vgl. Frankl 1972; Huth 1984). In der Arbeit mit alten Menschen, die durch ihre Lebenssituation, ihre Nähe zum Tod existentiell mit den Fragen nach dem Woher und dem Wohin, nach der Sinnhaftigkeit des gelebten Lebens und nach einem möglichen Jenseits konfrontiert werden, kann man sich dieser Problematik nicht entziehen. Dennoch ist es erstaunlich, wie wenig in der Literatur zur Interventionsgerontologie (Lehr 1979b) diesen Fragestellungen Rechnung getragen wird. Lediglich Autoren aus dem Bereich existenzphilosophisch fundierter Psychotherapie (Böschemeier 1979; Dürckheim 1979; Kastrinidis 1979; Condrau 1985; Lückel 1981) haben sich hier ausführlicher eingelassen, und das zu Recht, denn die klinische Exploration zeigt immer wieder, daß alte Menschen mit einer erschütterten oder geschwächten Wertewelt eine größere Vulnerabilität zeigen, daß sie die Bedrohung durch den bevorstehenden Tod - sofern sie nicht den Abwehrmechanismus der Verleugnung massiv einsetzen - nur schwer ertragen. Dabei ist die Wertwelt durchaus nicht nur im Sinne religiöser Glaubensbekenntnisse zu verstehen, sondern im Sinne einer konsistenten, tragfähigen persönlichen Lebensphilosophie, die ganz unterschiedlich ausgeprägt sein kann (Petzold 1985c, 28, 479 ff).

In der Gruppenarbeit werden die Fragen nach dem Lebenssinn, nach dem Jenseits, nach dem Sterben, nach dem, was überdauert, nach dem, was gut und böse gewesen ist im Leben, immer wieder thematisiert. Die Gruppenmitglieder lernen dabei die Bedeutung der Wertwelt und die Wichtigkeit von Sinnerfahrungen kennen und einschätzen. In der Auseinandersetzung um Lebensphilosophien, persönliche Auffassungen und Einschätzungen wird gemeinsamer Sinn geschaffen, werden Werte neu überdacht und werden auch Werte neu geschaffen, etwa im Erleben von Vertrauen, Gemeinschaft und Mitgefühl in der Gruppe. Für die nootherapeutische Gruppenarbeit (von griechisch νοῦς = Geist) wird neben dem verbalen Austausch auch auf die Mittel der Poesietherapie (Petzold 1985c, 338) und der Gestaltung in kreativen Medien (ibid. 49 u.109 f) zurückgegriffen. Und dies nicht nur in Einzelarbeiten, sondern auch durch kollektive Gestaltungen, wie z.B. Gruppengedichte und Gruppenbilder. Das Erleben der eigenen Kreativität verdeutlicht, daß das Leben Integration und Kreation ist, und auch dieses vermag neue Sinnhorizonte zu eröffnen (Petzold 1983; Fittkau 1984), die dem alten Menschen Stütze, Sicherheit und Perspektive geben in einer Zeit, wo der Zukunftsraum sehr knapp geworden ist. Der Gruppe kommt hierbei auch insofern Bedeutung zu, als Werte immer nur tragfähig sind, wenn sie gemeinsam mit anderen Menschen geteilt werden: "shared values". Die gemeinsam erarbeiteten, erfahrenen und praktizierten Werte lassen die Gruppe zu einer "Wertegemeinschaft" werden, deren Tragfähigkeit sich auch über das engere therapeutische Setting hinaus erweist.

6. Strategien und Ziele gerontotherapeutischer Gruppenarbeit

Strategien und Ziele gerontotherapeutischer Gruppenarbeit ergeben sich zu einem Teil aus den beschriebenen Funktionen der Gruppe für die Arbeit mit alten Menschen. Es übernehmen von sozialen Hilfsagenturen und professionellen Therapeuten eingerichtete und geleitete Gruppen weitgehend Aufgaben naturwüchsiger Gruppen, von Familienverbänden, Freundeskreisen und Nachbarschaften. Im Unterschied zur psychoanalytischen Gruppentherapie, die die Bedingungen der klinischen Arbeit mit jüngeren Erwachsenen über lange Zeit auf die Arbeit mit alten Menschen zu übertragen suchte, haben die Formen dramatischer

Therapie von ihren Anfängen an eine Arbeit in der unmittelbaren Lebenswelt des Patienten angestrebt. Moreno (1924) kennzeichnet das "Privathaus" als die eigentliche Bühne und vertritt zeit seines Lebens eine Therapie "in situ" (idem 1946). "Der Ort des Spiels ist idealiter die Familie, die Haus- und die Dorfgemeinschaft. Hier vollzieht sich das "therapeutische Theater" des Lebens, von dem wir in der Klinik nur ein Abbild schaffen können, das immer dann eintreten muß, wenn die Geschehnisse auf der Bühne des Lebens entgleisen, wenn die Regeln, die Sicherheit und Hilfe geben, außer Kraft gesetzt sind. Und dies ist besonders häufig der Fall für die Kinder und für die alten Menschen" (Iljine 1909).

Die Strategien in der Gruppentherapie mit alten Menschen werden von den Besonderheiten der letzten Lebensphase geprägt. Ihre Zielsetzungen verändern sich gegenüber der Therapie jüngerer Erwachsener etwa dadurch, daß nicht Hilfen für die Eröffnung eines Lebenshorizonts, für Entwicklung von Lebenszielen gegeben werden sollen, sondern Hilfen für die Bilanzierung gelebten Lebens, für die Bewältigung unwiederbringlicher Verluste, Hilfen für den Abschluß des Lebens, dessen Zukunftshorizont klein geworden ist. Oftmals - insbesondere im institutionellen Rahmen, etwa im Heim oder der gerontopsychiatrischen Station - wird die Gruppe nicht mit der Zielsetzung einer zeitlichen Befristung aufgebaut, nach der dann die Gruppenmitglieder "ins Leben entlassen" werden, sondern mit der Perspektive, eine Lebensgemeinschaft zu formen, die in wechselseitiger Hilfeleistung und Zuwendung Möglichkeiten findet, die verbleibende Lebenszeit miteinander zu gestalten. Ist die Gruppe in der Behandlung jüngerer Menschen eine Brücke, eine vorübergehende Hilfskonstruktion, in der das Leben in Gruppen wieder erlernt werden soll, so daß naturwüchsige Gruppen an die Stelle der therapeutischen Gruppen treten können, so können gerontotherapeutische Gruppen zuweilen zu einer Dauereinrichtung, zu einer natürlichen Gruppe werden. Welche Ausrichtung die Gruppenarbeit mit alten Menschen nun erhält, welche Ziele und Inhalte für die gerontotherapeutische Arbeit maßgeblich werden, welche Form, welcher methodische Ansatz gewählt wird (eine Übersicht zu den Methoden findet sich bei Radebold 1982), wird von folgenden Einflußgrößen bestimmt:

1) von Meta-Zielen, die aus der theoretischen Position des Therapeuten, seinem Menschenbild, seiner Persönlichkeitstheorie, Krankheitslehre usw. abgeleitet sind;

2) von Zielen, die sich aus den Bedürfnissen des Patienten, den Erfordernissen seines sozialen bzw. familiären Kontextes ergeben;

3) von den Bedingungen des Settings;

4) von den Besonderheiten des Krankheitsbildes;

5) von der Charakteristik der verwandten Methoden.

In den Bereich der Metaziele gehören neben dem Menschen- und Weltbild auch eine anthropologische Explikation von Altern und Sterben (Petzold 1984). Altern und Sterben sind hochkomplexe Prozesse mit biochemischen, biologischen, psychischen, sozialen, ökologischen und spirituellen Dimensionen. Wird eine von ihnen ausgeblendet, führt dies zu einer Verkürzung oder Fragmentierung eines humanen und menschengerechten Alternsgeschehens und als dessen Abschluß eines menschenwürdigen Sterbens. Die gerontotherapeutische Gruppenarbeit muß sich deshalb auf die Erkenntnisse der Gerontologie und Thanatologie stützen, um nicht Vorurteile und Fehlmeinungen über die letzte Phase der Lebensspanne fortzuschreiben. Leider ist in der Mehrzahl der psychotherapeutischen Ansätze der Zugang zum alten Menschen nur im Rekurs auf die Theoreme der eigenen Schule gefunden worden - sofern man sich ihm überhaupt zugewandt hat -, und es ist eine gravierende Vernachlässigung gerontologischer bzw. sozialgerontologischer Erkenntnisse festzustellen. Die eingangs skizzierten Fehlmeinungen Freuds werden noch immer fortgeschrieben, obwohl Freud selbst, geistig aktiv bis ins hohe Alter, ja bis zu seinem Tod (Schur 1981), ein Beispiel für den Unfug einer generellen Defizithypothese des Alters ist. Er widerlegt mit seinem eigenen Leben seine Konzepte über das Alter.

Ein weiteres Moment gilt es besonders für die Psychotherapie zu beachten: die Sichtweite einer differentiellen Gerontologie und Thanatologie (Thomae 1983; Lehr 1979; Petzold 1984). Gerade die psychoanalytisch geprägte Neurosenlehre und Charakterologie vertritt ja eine Fixierung der Neurosegenese an das Kindes- und Jugendalter und die Ausbildung spezifischer Neuroseformen und Charakterstrukturen durch typische, lebensgeschichtliche Konfliktkonstellationen. Die differentielle Gerontologie jedoch hat gezeigt, daß kein Alternsprozeß dem anderen gleicht, daß wir es mit sehr spezifischen Ausformungen individueller Schicksale zu tun haben und sich deshalb Typologisierungen im Sinne der psychoanalytischen Krankheitslehre verbieten. Die Forschungen zu den "kritischen Lebensereignissen" (Filipp 1981) und die Forschungen über Belastungserfahrungen im Alter (Thomae 1976; 1983) weisen auf eine Neurosegenese über die gesamte Lebensspanne hin bzw. zeigen die Ausbildung spezifischer Bewältigungs- oder Versagensformen im Senium, so daß auch hier für den ausschließlichen Rekurs auf eine "frühe Genese" kein Rückhalt gefunden werden kann, wenngleich außer Zweifel steht, daß vorgängige Lebensereignisse auch nachfolgende bestimmen. Der Blick des Psychotherapeuten muß deshalb aufgrund der Kenntnis sozialgerontologischer Forschungen auf die unmittelbar wirksamen Faktoren des Feldes genauso gerichtet sein wie auf rezente kritische Lebensereignisse, Situationen des Gelingens und Mißlingens von Lebensplänen im Erwachsenenalter, und natürlich auch auf die Bedingungen von Kindheit und Jugend.

6.1 Prozessuale Diagnostik und Gruppenarbeit

In der Integrativen Therapie wurde zur Erfassung derartig komplexer Situationen das Modell "Prozessualer Diagnostik" (Petzold 1975; 1984; Rahm 1986) entwickelt, um die individuellen Bedingungen von Gesundheit und Krankheit zu explorieren unter den Fragestellungen:

1) *Was ist gesund und funktionsfähig und muß erhalten werden (konservierende Strategie).*
2) *Was ist defizient oder gestört und in seiner Funktion beeinträchtigt und muß deshalb restituiert werden (reparative Strategie) oder - sofern dies nicht möglich ist - durch Kompensations- oder Verzichtsleistungen bewältigt werden (Coping-Strategie).*
3) *Welche Möglichkeiten sind in der Situation enthalten, aber noch nicht genutzt, und könnten entwikkelt werden (evolutive Strategie).*

Um diese Fragen adäquat beantworten zu können, wird eine Analyse des Lebenszusammenhanges vorgenommen, die folgenden Dimensionen Rechnung trägt:

1) *Bedürfnisanalyse - was sind die Bedürfnisse, Wünsche und Motivationen des Klienten?*
2) *Problem- und Konfliktanalyse - wo liegen Defizite, Traumatisierungen, Störungen oder Konflikte, die aufzulösen oder zu mindern sind?*

3) *Lebensweltanalyse - wie ist die Familiensituation des Klienten, seine "social world", sein sozio-ökologisches Setting, seine Pflegesituation, usw.?*
4) *Kontinuum-Analyse - wie hat sich das Leben des Patienten vollzogen, wie wird dieser Vollzug eingeschätzt und wie zeigt er sich in seinen Auswirkungen hier und jetzt und für die Zukunft?*
5) *Ressourcen-Analyse - was steht dem Patienten an Eigen- und Fremdressourcen, z.B. soziales Netzwerk, physische Konstitution, Bildung und intellektuelle Klarheit, Lebenserfahrung, Coping-Strategien usw. (George 1980, 25 ff), zur Verfügung?*

Aus diesen Analysedimensionen lassen sich für die therapeutische Einzel- und Gruppenarbeit die relevanten Grob- und Feinziele ableiten, und zwar jeweils spezifisch für die zur Rede stehende Gruppe oder Person.

Der diagnostischen Phase für die Planung und Placierung von Interventionen ist deshalb große Sorgfalt und Aufmerksamkeit zu schenken. Die Bedingungen für eine Gruppe in einem Altenwohnheim, einem Altenpflegeheim, einer gerontopsychiatrischen Station, einer Altentagesstätte, einem Altenbildungsprogramm im Rahmen der Volkshochschule, einem Selbsthilfeprojekt sind zumeist sehr verschieden. Die methodischen Vorgehensweisen für überwiegend reparative Arbeit unterscheiden sich von evolutiven Strategien, die den Aspekten Selbsterfahrung, Persönlichkeitsentwicklung und Kreativitätsförderung größeren Raum geben. So können und sollen hier keine unbesehen generalisierbaren Konzepte angeboten werden. Integrative Interventionen sind person-, gruppen- und situationsspezifisch. Ein differentieller Ansatz in der Gerontotherapie hat als Konsequenz, daß wir letztlich auf Kasuistik verwiesen bleiben: die Beschreibung einer Therapie, die Beschreibung einer Gruppe, einer Heimsituation, die Darstellung einer konkreten Intervention, das Vorstellen eines spezifischen methodischen Experiments. All diesen Berichten und Materialien eignet eine gewisse Einmaligkeit. Sollen Prinzipien oder Regeln aus ihnen abgeleitet werden, so müssen diese an die jeweils neue Situation adaptiert werden, nachdem aufgrund der Analyse des Lebenszusammenhanges erarbeitet wurde, was jeweils notwendig wäre. Selbst Aussagen über Zusammensetzung, Dauer, Größe und Laufzeit von Gruppen bleiben von eingeschränkter Aussagekraft. Natürlich wird man in vielen Gruppen, etwa mit gerontopsychiatrischen Patienten, von kleiner Gruppengröße, 6-8 Patienten, auszugehen haben, aber es mag sich durchaus empfehlen, auch zwischendurch immer wieder mit der Gesamtstation von 30 oder 40 Patienten eine Gruppenaktivität zu unternehmen. Das ganze Stations-Setting ist ja Gruppe. Regelhaftigkeiten lassen sich allenfalls aus dem Gesundheitszustand, der Fähigkeit des alten Menschen, Komplexität zu reduzieren und Kontakte wahrzunehmen, herleiten. Mit zunehmender Einschränkung der sensorischen und kognitiven Fähigkeiten wird auch die Gruppengröße eingeschränkt. Vielleicht bleibt nur noch "das Zimmer als Gruppe". Die für die Zusammenstellung therapeutischer Gruppen grundlegende Regel "Heterogenität ohne Extrempositionen" (Petzold/Berger 1978) gilt für die Arbeit mit alten Menschen nur bedingt. Bei ihnen ist für den Schwerpunkt des Vorgehens Altershomogenität wünschenswert. Demente Patienten oder sehr hinfällige Hochbetagte lassen sich nicht in einer permanenten Gruppe mit rüstigen, geistig klaren und aktiven alten Menschen zusammenfassen. In gleicher Weise sind feste Therapiegruppen, in denen alte und junge Menschen gemischt sind, problematisch, weil spezifische Problemkonstellationen, die nur oder überwiegend die Lebenssituation alter bzw. junger Menschen betreffen, nicht in ausreichendem Maße thematisiert und bearbeitet werden können. Im Hinblick auf die Zusammensetzung, was Männer und Frauen, Schichtzugehörigkeit, Krankheitsbilder oder ähnliches anbetrifft, gilt wiederum das Postulat "Heterogenität ohne Extrempositionen". Die altershomogene Gruppe ermöglicht die Auseinandersetzung mit gemeinsamen Problemen, die Entwicklung gemeinsamer Coping-Strategien, das Unternehmen gemeinsamer Aktivitäten in den Lebensalltag hinein. Probleme aber tauchen auf durch einen "Monotonie-Effekt", eine gewisse "Inzucht-Wirkung", wenn nämlich keine anregenden Impulse aus dem Außenfeld kommen. Wir haben aus diesem Grunde mit geschlossenen Gruppen alter Menschen immer wieder auch therapeutische Gruppenaktivitäten durch Beiziehen von Freunden und Angehörigen unternommen oder auch durch ein gemeinsames Veranstalten von Selbsterfahrungswochenenden mit jungen Menschen, in denen, für beide Teile fruchtbar, ein Austausch zwischen den Generationen stattfinden konnte. Es waren derartige Veranstaltungen eingebaut in die Aktivitäten der fortlaufenden Gruppe.

6.2 Interventionsstil

Ein anderes Moment, das wir durchgängig als verschieden von der Arbeit mit jüngeren Patienten fanden, war die Notwendigkeit eines aktiveren Interventionsstils, als wir ihn gemeinhin praktizieren. Es hat dies einerseits mit der Lerngeschichte vieler alter Menschen zu tun, die von einem "Gruppenleiter" Leitung erwarten, Anregungen. Es hat weiterhin mit einer gewissen "Hospitalisierung im Alter" (Petzold 1979c) zu tun. Durch Repressionen und Strategien der Passivierung haben alte Menschen oftmals Eigenaktivität verloren, die Möglichkeit, aktiv zu werden. Es ist sehr schwer, derartige - oft erst im letzten Lebensabschnitt erfolgte - Neurotisierungen zu überwinden, da neues, anderes Verhalten auf befremdete Umwelt und auf negative Sanktionen stößt. Schließlich ist davon auszugehen, daß auch ein gewisses "disengagement" (Cumming/Henry, 1961; Hochschild 1976), nicht als Folge von Deprivationssituationen, sondern als "natürlicher" Rückzugs-, Besinnungs-, Introversionsvorgang bei vielen alten Menschen eintritt, was den Gruppenleiter zu einer aktiveren Haltung führt, um das Gruppengeschehen in Gang zu bringen. Auch das stärkere Einbeziehen der jeweiligen sozialen Welt der alten Menschen macht ein aktiveres Vorgehen erforderlich. Jedoch machen Rückzugstendenzen und leichte Verunsicherbarkeit, zuweilen hohe Kränkbarkeit, weil das Leben wunde Stellen durch fortwährende Kränkung geschaffen hat, auch erforderlich, daß die Aktivität im Therapeutenverhalten auf repressive zwingende Momente (puschen) besonders sorgfältig überprüft werden muß. Ein gleiches gilt auch für die Interaktionen innerhalb der Gruppe, die aktiv gefördert werden müssen, um Barrieren überwinden zu helfen. Das erfordert aber auch eine besondere Vorsicht, damit die Gruppe lernt, was es heißt, miteinander gut umzugehen und sich keine unnötigen Verletzungen zuzufügen. Erst auf einer solchen Basis können dann auch anstehende Konflikte angegangen werden und eine gute Chance für konstruktive Lösungen haben. Es werden, schaut man auf die Literatur zur Gruppentherapie mit alten Menschen, immer wieder Konzepte, Überlegungen, Weltbilder aus der Psychotherapie mit Jüngeren und insbesondere aus den Erlebnis- und Denkbezügen der zumeist jüngeren Therapeuten auf den Lebenszusammenhang der alten Menschen übertragen. "Offenheit" als Desiderat therapeutischer Gruppenarbeit hat in der Arbeit mit alten Menschen eine andere Färbung. Offenheit muß am Bedürfnis nach Privatheit gemessen werden, das für den alten Menschen kennzeichnend ist. Die Gruppe als Ort des Kontaktes, als Überschreitung von Isolation in Richtung Gemeinschaft darf in diesem Geschehen nicht das Moment der Privatheit (Kruse 1980) übergehen. "Privatheit ist ein interpersonaler Grenzkontrollprozeß, der die Interaktion mit anderen in Gang bringt und reguliert" (Altmann 1975, 10). Die Teilnehmer müssen die Kontrolle über ihre Grenzen behalten und sie so weit ausdehnen und öffnen, wie es ihren Möglichkeiten und ihrem Wohlbefinden entspricht. Auch die Interventions- und Deutungstechnik des Therapeuten wird sich an den Faktoren Verletzlichkeit und Privatheit auszurichten haben.

7. Die therapeutische Beziehung in der Gerontotherapie

Die Rolle des Therapeuten und die therapeutische Beziehung in der Gerontotherapie wird sich mit der Vielfalt der Settings, Zielsetzungen und Aufgaben jeweils zu wandeln haben, und auch die Wahl der Methode und der Medien bleibt nicht ohne Einfluß. Rollenspiel erfordert z.B. andere Interventionsformen als bewegungstherapeutisches oder rein verbales Vorgehen (Petzold/Berger, 1979). In der Regel wird die Therapie von Therapeuten durchgeführt, die wesentlich jünger sind als ihre Patienten. Sie könnten deren Söhne oder Töchter sein. Das wirft für die Handhabung der Gegenübertragung oft erhebliche Schwierigkeiten auf. Die Auseinandersetzung mit dem eigenen, künftigen Alter, dem Faktum der eigenen Endlichkeit einerseits, und die Auseinandersetzung mit dem eigenen Altern, dem Altern wichtiger Bezugspersonen, z. B. der Eltern, andererseits wird hier unerläßlich, um nicht zu Fehlhaltungen in der therapeutischen Arbeit zu kommen, wie z.B. übermäßig scharfe Abgrenzung oder Verlust der Distanzierungsfähigkeit. Je nach den Bedürfnissen und dem Zustand der Patienten ist nämlich im Unterschied zu der Mehrzahl therapeutischer Gruppen mit jüngeren Menschen das Erfordernis gegeben, die Gegenübertragung zu einem guten Teil zuzulassen und "Hilfs-Ich-Funktionen" zu übernehmen (Goldfarb 1953; 1955, 1969). Es kommt vielfach zu einer Umkehr der üblichen Übertragungskonstellation, zumindest was die Initialphase der Therapie anbetrifft, daß die alten Patienten nämlich die jüngeren Therapeuten als Kind oder Enkelkind erleben, und zwar mit unterschiedlichem Grad an Realitäts- oder Phantasiecharakter. Der alte Mann verhält sich so, als sei der Therapeut sein Sohn. Die alte Frau träumt: "Ach, hätte ich doch so einen Sohn"; oder: "Ach, wäre doch mein Sohn wie der Doktor X". Es treten Idealisierungen im Vergleich mit den eigenen Kindern, die zuweilen weit entfernt wohnen oder nicht sehr häufig zu Besuch kommen, auf. Es sind derartige Übertragungen differentiell zu handhaben. Zuweilen wird es notwendig, sie zu deuten und zu desillusionieren. Öfter jedoch noch - und dies besonders im hohen Senium oder in der Arbeit mit Sterbenden (Petzold 1984) - wird es notwendig, derartige Übertragungen anzunehmen. Die Ziele der klassischen Übertragungsarbeit: Nachreifung, Verselbständigung, Autonomie, Entlassung ins Leben, greifen für die Arbeit mit alten Menschen oftmals nicht. Geht es doch vielmehr darum, Hilfen zu geben, eine immer größere Abhängigkeit annehmen und aushalten zu lernen, ja sich mit ihr wohl zu fühlen. Es sind dies Zieldimensionen, die gerade für einen jüngeren Menschen schlecht anzunehmen sind, konfrontieren sie ihn doch mit eigener möglicher Infirmität und Abhängigkeit. Es treten weiterhin Gegenübertragungen auf, in denen sich der Therapeut als Kind des alten Menschen sieht, dem er mit Würde und Respekt gegenüberzutreten hat, wobei eine Vorstellung von Würde aus der Perspektive der Jugend zugrundegelegt wird und Projektionen, Idealisierungen und Überlegenheitswünschen erfolgen können, die für den alten Menschen quälend werden. Je nachdem, mit welcher Population man es zu tun hat, kommt man als Therapeut immer wieder in die Situation, alten Menschen Vater oder Mutter sein zu müssen. Dies jedoch kann nur in guter Weise gelingen, wenn man in der Auseinandersetzung mit dem eigenen Vater und der eigenen Mutter so weit kommt, daß man annehmen kann, zu Eltern der eigenen Eltern zu werden. Es tritt eine "umgekehrte ödipale Situation" (Grotjahn 1955) ein, deren gute Handhabung in der therapeutischen Beziehung von eminenter Bedeutung ist; denn Zurückweisungen, fehlende Empathie, Versagen von Liebe und Zuwendung wirkt kränkend und krankmachend, führt zu depressiven und psychosomatischen Reaktionen (vgl. Petzold 1985c, 305 ff).

Dependenzwünsche, regressive Strebungen, aggressives Auflehnen gegenüber der involutiven Bewegung bestimmen aber nicht nur das Übertragungs/Gegenübertragungsgeschehen zum Therapeuten, sondern auch die Übertragung auf die

Gruppe als Ganzes. Ihre bergende Funktion als "große Mutter" (Battegay 1969) oder als "sichernde Vaterinstanz" (Petzold 1969) gewinnt besondere Bedeutung.

Je nach Alter, Gesundheitszustand und geistiger Klarheit kann die therapeutische Beziehung von einem partnerschaftlichen Umgang, einem zielorientierten Arbeitsbündnis, einer intermittierenden Unterstützung bis zu einer regressiven Abhängigkeit, einem Dauersupport, ja bis zu einer Wahlverwandtschaft gehen. Letzteres ist besonders der Fall, wenn die Therapie in eine Sterbebegleitung übergeht, zu einem "Charon-Dienst" wird (Petzold 1965,1984). Die therapeutische Beziehung im Einzelkontakt und in der Gruppe muß gerade für die regressiveren Phasen des Alternsverlaufs "Objektkonstanz" gewährleisten. Im sicheren Raum der Gruppe kann es dann zu einer Stagnation, Reversion oder Transformation des Involutionsprozesses kommen. Schon verlorene Kompetenzen werden wiedergewonnen, oder es wird ihr Abbau aufgehalten, oder es tritt eine Umwandlung ein, die eine andere Form von Progression möglich macht, indem neue Befriedigungsmöglichkeiten, Kontaktformen und Sinnbezüge gewonnen werden (Modell 1970; Zetzel 1970; Petzold 1985c, 467). Auch hier müssen Idealisierungen der Gruppe und des Therapeuten in der Regel eher angenommen als gedeutet oder konfrontiert werden. Dies wirft für die persönliche Ökonomie des Therapeuten oftmals Probleme auf, die eine "kritische Masse" erreichen und seine Abwehr perforieren können, wenn nicht Supervision oder entlastendes kollegiales Gespräch Hilfen bieten (vgl. Huck/Petzold, 1984). Insbesondere die empathische Haltung, die dem überwiegend gerontotherapeutisch tätigen Psychotherapeuten abverlangt wird, vermag zu Destabilisierungen zu führen, da die Identifikation neben den Aspekten eigener Endlichkeit auch ein scharfes Wahrnehmen der multiplen Kränkungen, denen alte Menschen ausgesetzt sind, bewirkt. Es wird auf diese Weise Regression als Deprivationsreaktion oder Apathie-Syndrom deutlich, ein Phänomen, das Cath (1965) treffend als "Depletion" bezeichnet hat, ausgelöst durch die "Kumulation negativer Außenwelteinwirkungen" bzw. durch die "Omnikonvergenz mehrerer Ereignisse". Die therapeutische Beziehung muß gegen die Depletion - wir haben von Depotenzierung in allen Bereichen gesprochen (Petzold/Bubolz, 1976) - ein Gegengewicht setzen, muß "gute Objekte" gegen den "Feind von außen", gesellschaftliche Kränkungen stellen, und gegen den "Feind von innen" als internalisierten Negativkonzepten über das Alter, die zu negativen Selbstattributionen führen (Petzold 1985c, 15, 500 ff und 1979c). Schon Linden formuliert als Strategie, daß man der von außen gesetzten "Rezession" (Linden 1963) entgegenwirken müsse und hierzu eine aktive Haltung notwendig sei, da Apathie und regressiver Rückzug Eigenaktivierung und selbstregulierende Restabilisierung begrenze.

In unserem Übersichtsbericht über die Psychotherapie mit alten Menschen (Petzold 1979a) konnten wir zeigen, daß die Mehrzahl der Autoren, die über gerontotherapeutische Gruppenarbeit berichten, eine aktive Technik verwendet und befürwortet, in der therapeutischen Beziehung also nicht nach dem Prinzip klassisch-psychoanalytischer Abstinenz verfährt, sondern mit Humor, Lebendigkeit, Übernahme von Verantwortung, aktiver Zuwendung vorgeht. Es ist hierbei auffällig, daß vielfach Elemente und Strategien eingesetzt werden, die wir aus der Kindertherapie kennen (Petzold/Ramin, 1986). Auch hier finden wir ja eine andere Abstinenz, die sich wohl eher als eine "Eindeutigkeit der Kommunikationen und Interaktionen" kennzeichnen läßt. Wenngleich es problematisch ist, das Alter als Regression in eine "zweite Kindheit" zu charakterisieren, so enthält diese alte Metapher doch richtige Anteile. Sie birgt die Gefahr, alte Menschen vorzeitig und unangemessen zu depotenzieren. Andererseits kann auch eine Aktivierung und das Abverlangen von "Verantwortlichkeit bis ans Ende" zu sehr quälenden Situationen führen. Hier gilt es abzuwägen und unter der ethischen Norm, die "Würde des alten Menschen als Subjekt zu respektieren", zu handeln. Die Realität des Patienten als "Mitmensch auf gleicher Ebene" zu akzeptieren bedeutet nicht, sich regressiven Wünschen zu verweigern oder kindliches Verhalten abzuweisen. In bestimmten Stadien der Altersregression treten Phänomene wie Distanzverlust, Verminderung von Affektregulierung und Impulskontrolle, Aufkommen archaischer Emotionalität auf. Die Reaktivierung des Altgedächtnisses macht nicht nur frühe Erinnerungsinhalte im szenischen Bereich zugänglich, sondern aktiviert auch frühe Emotionalität. Dies erfordert eine entsprechende Gestaltung der therapeutischen Beziehung. Insbesondere bei regressiven Einbrüchen, in denen archaische Ängste sich mit den ralen Ängsten des bevorstehenden Todes mischen (McCarthy 1980), wo primäre Verlusterfahrungen sich mit Verlusterlebnissen des Seniums verbinden, kann es angezeigt sein, mit direktem körperlichem Kontakt

Sicherheit und Trost zu vermitteln. Professionelle Therapeuten verhalten sich hier häufig unbeholfen bis an die Grenze des Unmenschlichen. Sie können hier oft von den spontanen und menschlich stimmigen Verhaltensweisen junger Altenhelferinnen bzw.des Pflegepersonals lernen. Ein klassisches psychoanalytisches Training bedeutet für die Arbeit mit alten Menschen in gewisser Weise eine "deformation professionelle", die man erst überwinden muß. Auf der anderen Seite muß auch dem Therapeuten geholfen werden, seine Ich-Stabilität zu gewährleisten. Die Haltung der selektiven Offenheit und partiellen Teilnahme (Petzold 1980), wie sie für die Rolle des Therapeuten und die therapeutische Beziehung in der Integrativen Therapie kennzeichnend ist, erweist sich hier als hilfreich. Besonders bei sehr archaischen Reaktionen wie Verwirrtheit, Desorientierung, Wahnvorstellungen, Halluzinationen, wie sie als reaktive Phänomene bei starken Belastungserscheinungen auftreten oder als passagere psychotische Reaktionen vorkommen, ist eine derartige Haltung des Zugewandtseins und Abgegrenztseins in einem hilfreich. Die Altersregression führt Patienten durch die Reaktivierung früher Erfahrungen auch in die Bereiche der magischen Phase, ja primärnarzißtischen Milieus und läßt damit auch entsprechende Gefühle, Bilder, Phantasmen aufkommen. Ich vertrete die These, daß ein Gutteil der sogenannten Alterspsychosen als regressive Reaktivierung archaischer Gefühls- und Erlebniswelten aus dem Primärbereich zu betrachten ist. Wird nämlich im therapeutischen Kontakt und bei Pflegehandlungen mit einer Haltung der Sorge, mit körperlicher Zuwendung, mit emotionalem Zuspruch reagiert, wie es für den Umgang mit Kleinkindern in Belastungssituationen kennzeichnend ist, so klingt derartige Symptomatik oft wieder ab. Es tritt eine Stabilisierung ein, die es erlaubt, den Patienten in eine Gruppe aufzunehmen und ihn auf diese Weise "zu halten". Die Geschwisterformationen in derartigen Gruppen gewährleisten ein Element der Sicherung. Die Präsenz der anderen reduziert Ängste. Aufkommende Rivalitäts- und Konkurrenzgefühle aktivieren Potentiale und sind deshalb eher positiv als negativ zu bewerten.

Grundsätzlich kann für die therapeutische Beziehung in der Gruppe von den und zu den Therapeuten sowie der Teilnehmer untereinander ausgesagt werden, daß die empathischen Qualitäten Wertschätzung und Akzeptanz im Zentrum stehen müssen, da sie eine versöhnliche Haltung gegenüber dem vergangenen und gegenwärtigen Leben und gegenüber dem Sterben ermöglichen. Als besondere Kraftquelle für eine solche Haltung erweist sich die Reaktivierung von Grundvertrauen aus der frühen Mutter-Kind-Dyade im "bergenden Schoß der Gruppe" und unter der sichernden Präsenz des Therapeuten. Die Gruppe vermag dann in gewisser Weise zum "Schoß der Familie" zu werden, in dem man getragen wird und aufgehoben und gahalten, so daß die Angst, in die bodenlose Dunkelheit und den Abgrund des Todes zu stürzen, ausgehalten werden kann.

8. Widerstände und Abwehr

Die vielfältigen faktischen Kränkungen und Bedrohungen in der Lebenssituation alter Menschen, die Reaktivierung frühen psychischen Materials, die Verknappung der Lebenszeit und das unausweichliche Ende des Todes rufen Widerstände hervor und führen zu vielfältigen Abwehrphänomenen auf den verschiedensten Ebenen. Dabei sind die Widerstände zunächst einmal intrapersonaler Art; sie helfen dem alten Menschen, Bedrohungen der Integrität seines Selbst, seiner Ich-Stabilität und seiner Identität zu widerstehen. Wir können deshalb auch von "protektiven Widerständen" (Petzold 1981) sprechen. Weiterhin finden sich mutative Widerstände, die sich Veränderungen widersetzen, weil auch diese mit der Einschränkung der Orientierungsmöglichkeiten im Alter als bedrohlich erlebt werden. Widerstände sind Ausdruck von Kraft, die genutzt werden kann, indem man "re-sistance in as-sistance umwandelt" (Perls 1980). Erst wenn durch den Therapeuten oder durch Gruppenmitglieder die vom Widerstand geschützten Wundstellen berührt werden, wird der Widerstand ein interpersonaler. Nach gestalttherapeutischem Konzept tauchen im Widerstandsgeschehen Abwehrphänomene als psychische Operationen des Widerstandes auf, die, wie dieser selbst, durchaus positiv zu bewerten sind,denn sie gewährleisten Stabilität und werden erst durch Chronifizierung und Einschränkung der Erlebnis- und Verhaltensmöglichkeiten problematisch. Es finden sich in der Arbeit mit alten Menschen alterstypische Widerstands- und Abwehrphänomene und - durch das Reaktivierungsphänomen - archaische Abwehroperationen gegenüber pathogenen Situationen. An pathogenen Situationen unterscheiden wir:

1) *Defizite*, die durch Unterstimulierung oder einseitige Stimulierung (Monotonie-Effekt) entstehen und sich gerade bei alten Menschen durch Deprivationserscheinungen, institutionelle Isolation und "Hospitalisierung im Alltag" finden.
2) *Störungen*, d.h. inkonstante oder uneindeutige Stimulierungen durch Ambivalenzen, Double-bind-Kommunikationen, Unterbrechung von "Objektkonstanz" durch Wechsel der Bezugs- und Pflegeperson bzw. häufige Verlegung, Ambivalenz bei Pflegehandlungen.
3) *Traumata*, d.h. externe Überstimulierung durch kritische Lebensereignisse, wie z.B. Umgebungswechsel, oder interne Überstimulierung durch Trennungen (Objektverlust) oder Verletzung leiblicher Integrität (Verlust des Augenlichts oder des Gehörs; vgl. Petzold 1985c, S. 358 und S. 383).
4) *Konflikte*, d.h. gegenläufige Stimulierung durch unterschiedliche innere Strebungen oder äußere Ansprüche (vgl. Petzold 1984; 1984a).

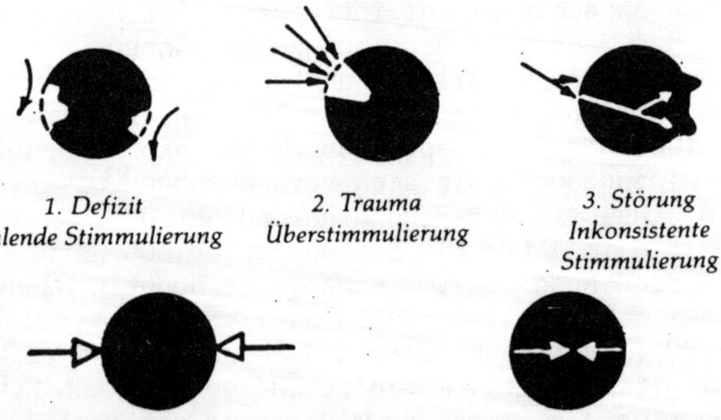

1. Defizit *Fehlende Stimmulierung*

2. Trauma *Überstimmulierung*

3. Störung *Inkonsistente Stimmulierung*

4a. Äußerer Konflikt (antagonistische Stimmulierung)

4b. Innerer Konflikt (antagonistische Stimmulierung)

Pathogene Konstellation

Als typische Abwehrreaktionen finden wir bei Alterspatienten das Muster der Anästhesierung (Apathie-Syndrom), das durch die Reaktivierung archaischer Rückzugsformen (apathischer Säugling) besonders nachhaltig sein kann und eventuell in archaische Regression führt, die bei radikaler "Depletierung" zum Tode führt. Es findet sich Abwehr durch Retroflektion (Perls 1980). Es richten sich aggressive Impulse, deren Abfuhr nach außen verhindert und unterbunden wird, gegen das Selbst und führen zu Depression und psychosomatischen Reaktionen. Es findet sich der Mechanismus der Spaltung, die es dem alten Menschen erlaubt, Bereiche seiner nicht ertragbaren Realität abzublenden; und auch hier kommt es als Folge zu psychosomatischen Reaktionen. Häufig ist auch die Verleugnung der negativen oder bedrohlichen Lebensumstände und Zukunftsperspektiven, die allerdings mit fortschreitender Involution nicht aufrechterhalten werden kann und durch zumeist archaischere Abwehrformen, wie die schon aufgeführten, abgelöst wird oder durch die Abwehrform der Konfluenz, also symbiotische Verschmelzungswünsche mit den Bezugspersonen. Es äußern sich Widerstände und Abwehroperationen nicht nur im Bezug auf den Therapeuten oder in der lateralen Übertragungsdynamik zwischen den Patienten, sondern auch auf der gruppalen Ebene (Petzold 1973). Institutionelle Gruppen, z.B. Stationsgruppen oder auch Therapiegruppen in freier Praxis, können, wenn für die Gruppe oder für die Mehrzahl der Teilnehmer die Belastungssituationen zu groß werden, kollektiv retroflektieren, was depressive Gruppen im Gefolge hat. Diese Situation kann sich derart verschärfen, sofern es nicht gelingt sie aufzulösen, daß sie selbst bedrohlich wird und zu einem "Wandel in der Abwehr" führt, etwa dergestalt, daß die Gruppe sich anästhesiert, sich also in ihrer Reaktionsfähigkeit extrem einengt oder konfluent wird, Fusionen schafft, symbiotische Unabgegrenztheiten, die kaum aufzulösen sind und sehr direktive Intervetionen erforderlich machen (Petzold/Maurer, 1985).

Je vitaler und kognitiv kompetenter, je empathie- und je abgrenzungsfähiger die alten Menschen einer Gruppe sind, desto ähnlicher sind die Interventionsstrategien denjenigen, wie sie uns aus der Arbeit mit Menschen der mittleren Lebensphase bekannt sind.

Bei der Betonung des Faktums, daß Widerstände Stützphänomene sind und Abwehroperationen sinnvolle Bewältigungsleistungen, wird eine Modifikation der psychoanalytischen Abwehrkonzepte vorgenommen. Weiterhin wird nicht von einer eingegrenzten Zahl von Abwehrmechanismen (A. Freud, 1936) ausgegangen - auch wenn wir hier einige besonders herausgestellt haben -, sondern von einer Vielzahl, die nach ihrer Funktion für den alten Menschen oder für die Gruppe jeweils aufgefunden und herausgearbeitet werden muß. Eine Festschreibung und Negativbewertung oder eine eher willkürliche Einordnung von Bewältigungsvorgängen (z.B. Haan, 1977; vgl. Thomae 1983, 95) erscheint uns nicht sinnvoll. Eine brauchbare Differenzierung sehen wir in der Unterscheidung von unbewußten, bewußten und bewußtseinsnahen Abwehr- und Bewältigungsoperationen, eine Unterscheidung, die von den Belastungs- und Bewältigungstheorien sozialpsychologischer Prägung (Lazarus/ Launier, 1978; Thomae 1970; 1983) gestützt wird. Sie vermeidet eine Aufteilung in "coping" und "defending" (Haan 1977) in der Form, daß unter "coping" ausschließlich erfolgreich stabilisierende Ich-Prozesse mit rationaler und realitätsorientierter Charakteristik zu verstehen seien und unter "defence" Abwehrmechanismen, die "zwanghaft, verneinend, rigid, verzerrend im Bezug auf die intersubjektive Realität und Logik" (ibid 1977, 34) seien. Die positive Kraft der Abwehr und ihre Charakteristik als Bewältigungsmechanismus wird hier nicht gesehen. Auch eine schichtspezifische Perspektive wird ausgeblendet. Was für einen Menschen der Mittelschicht, der über noch zahlreiche Ressourcen verfügt, als "defence" charakterisiert werden könnte, wird für einen Menschen aus einer benachteiligten Schicht mit geringen Ressourcen durchaus eine adäquate Coping-Strategie sein können. In manchen Situationen rettet z.B. eben nur Rigidität. Abwehr- und Coping-Mechanismen müssen in ihrer Wertigkeit immer von ihrer situativen Funktionalität her betrachtet werden und, sofern sie bewußt oder bewußtseinsfähig sind, von der Bewertung derjenigen, die diese Bewältigungsstrategie verwenden. Der Analyse von Abwehr und Coping-Strategien auf der individuellen und gruppalen Ebene kommt in der Gruppenarbeit deshalb besondere Bedeutung zu. Es werden diese Strategien bewußtgemacht und auf ihre Funktionalität, ihre Stärke und ihre einschränkenden bzw. begrenzenden Wirkungen hin analysiert. Das Bewußtmachen vergangener Bewältigungsleistungen hat einen positiv verstärkten Effekt. Dabei ist natürlich darauf zu achten, daß Abwehrstrategien nur in einer Form aufgedeckt werden, daß ihr stabilisierendes Potential nicht verlorengeht. Sie werden deshalb manchmal auch nicht aufgedeckt. Beim Auffinden von Coping-Strategien und Abwehrmechanismen sind für uns nicht nur die tiefenpsychologischen Perspektiven bedeutsam. Die neuere Coping-Forschung hat Bewältigungsstile herausgearbeitet, die die tiefenpsychologische Sicht durch eine sozialpsychologische in sinnvoller Weise ergänzen. Lazarus und Launier (1978/1981, 244) definierten Bewältigungsprozesse wie folgt: "Bewältigung besteht sowohl aus verhaltensorientierten als auch intrapsychischen Anstrengungen, mit umweltbedingten und internen Anforderungen, sowie den zwischen ihnen bestehenden Konflikten fertig zu werden..., die die Fähigkeiten einer Person beanspruchen oder übersteigen". Eine solche Definition, und auch der kognitive Ansatz von Thomae (1968), schließt die tiefenpsychologische Perspektive durchaus ein. Aber sie greift weiter, weil sie neben unbewußten seelischen Mechanismen auch lebensgeschichtlich erworbene social skills einbezieht und auch die Bedeutung der "Bewältigungs-Ressourcen" berücksichtigt (Volkman/Schaefer/Lazarus, 1979). Die Erarbeitung von Bewältigungsstrategien in der Gruppenarbeit ist deshalb immer auch an eine "Ressourcen-Analyse" gekoppelt. Die Gruppe selbst wird zu einem "Pool von Ressourcen", in dem die Erfahrungen und Mittel, Möglichkeiten zur Partizipation und Empathie und die Hilfsbereitschaft der Teilnehmer zusammenfließen. Auch gemeinsame Bewältigungsleistungen sind Ressourcen oder die "joint competence", die gemeinsame Kompetenz im Erkennen, Analysieren, Bewerten bzw. Neu- und Umbewerten von Situationen. Die Dinge, die bewältigt werden müssen und bei denen Abwehr- bzw. Bewältigungsstrategien eingesetzt werden, sind ja äußere und innere Anforderungen, denen gegebenenfalls mangelnde Ressourcen gegenüberstehen (Lazarus/Launier, 1978). Die Bewertung der bedrohlichen Anforderungen hängt also wesentlich von der "Ressourcenlage" ab, und wenn diese sich ändert, wenn die Ressourcen der anderen Gruppenmitglieder hinzukommen, kann dies zu einer erheblichen Entlastung führen. Insbesondere das, was wir mit dem Begriff "Feind von außen" konzeptualisiert haben (Petzold 1965), nämlich die negativen Attributionen und die Deprivationen, die der alte Mensch von seiner Umgebung erfährt, kann auf diese Weise angegangen werden. Dem "Feind von innen" (ibid.) ist schon schwerer zu begegnen, weil es sich um über lange Zeit verinnerlichte Haltungen, negative Altersbilder handelt, die zu abträglichen Selbstattributionen führen. Aber auch hier vermag die Gruppe Neubewertungen zu fördern. Wie weit sie durchschlagen, hängt von dem Grad der Verfestigung derartiger Muster ab und zum anderen von der Ressourcenlage der Gruppe selbst: Kann sich die Gemeinschaft der in der Gruppe versammelten alten Menschen gegenüber den Belastungen des Alltags, den institutionellen Zwängen und Grenzen, den gesellschaftlichen Negativbewertungen durchsetzen, oder welche Bewältigungsstrategien muß die Gruppe selber einsetzen, um mit diesem Druck fertig zu werden? Im übrigen kann auch die Einsicht in negative Bedingungen Belastung schaffen, wenn z.B. "die ganze Misere" deutlich wird". Deshalb müssen die Einsichtsprozesse in der Gruppe und durch die Gruppe gut dosiert werden.

In besonderer Weise als nützlich für die Arbeit mit alten Menschen haben sich für uns die von Thomae (1968) herausgearbeiteten Bewältigungsstrategien erwiesen (vgl. von Langermann 1970; Lehr 1980). Er unterscheidet leistungsbezogene, anpassungsbezogene, defensive, evasive und aggressive Bewältigungsformen. In der Gruppenarbeit versuchen wir leistungsbezogene Reaktionsformen auf Belastungssituationen zu fördern, indem die realitätsgerichteten Kräfte zur Bewältigung der Situation durch attentive, kognitive, koordinative, schöpferische und Willensleistungen gestützt, ermöglicht und bekräftigt werden. Die Analyse von belastenden Situationen in der Gruppe, die Diskussion von Veränderungsmöglichkeiten, die Erprobung solcher Möglichkeiten im Rollenspiel, die Auseinandersetzung über kreative Medien bieten hier ausgezeichnete methodische Hilfen (vgl. Petzold 1985c). Die leistungsbezogenen Reaktionsformen intendieren ein alloplastisches Verhalten, ein Einwirken auf die Umwelt, das wir in der Integrativen Therapie unter dem Begriff des creative change fassen (Petzold 1975). Die anpassungsbezogenen Reaktionsformen entsprechen dem, was wir in der Gestalttherapie unter creative adjustment verstehen (Perls et al., 1951). Es handelt sich um ein autoplastisches Verhalten, durch das das Individuum seine Situation mit den Anforderungen des Umfeldes in Übereinstimmung bringt. Diese Übereinstimmung geschieht in erster Linie durch die Modifikation des eigenen Verhaltens und nicht durch eine Veränderung der Umwelt (Thomae 1968, 83 f). Anpassung ist durchaus eine sinnvolle, und in vielen Fällen gegenüber dem Aufwand und dem Einsatz für Veränderungen eine bessere Bewältigungsstrategie als manche leistungsbezogene Reaktionsform. Das gilt insbesondere bei verknappter Ressourcenlage, wie sie vielfach für das Alter kennzeichnend ist. Auch kann sich z.B. die Korrektur von Erwartungen, die Verlagerung von Interessen, die Veränderung von Motivationen als sehr entlastend erweisen.

Anpassungsleistungen vollziehen sich in der Gemeinschaft der Gruppe meistens leichter als durch das Bemühen des einzelnen. Es entsteht ein kollektives, multidimensionales Milieu, in dem unabänderliche Verzichtleistungen besser ertragen werden können.

Defensive Reaktionsformen versuchen, die von einem Individuum als belastend erlebten Einflüsse aus dem subjektiven Lebensraum herauszuhalten (Thomae 1968). Verdrängung, Verleugnung, Verkehrung ins Gegenteil, Selbstbetrug, im wesentlichen also intrapsychische Abwehrmechanismen sind hier einzuordnen und auch die schon aufgeführten der Anästhesierung, Retroflexion, Konfluenz usw. Insbesondere in einengenden institutionellen Bedingungen oder bei sehr geringer Ressourcenlage kann es sinnvoll sein, defensive Techniken zu stützen. Ansonsten bietet die Gruppe zumeist Möglichkeiten, sie durch andere Daseinstechniken und Bewältigungsstrategien zu ersetzen, die weniger einschränkend sind.

Evasive Techniken beziehen sich auf ein physisches oder ideatives "Herausgehen aus einem Spannungsfeld" (ibid.). Arztwechsel, Urlaub, aber auch das in eine Gruppe gehen kann als evasive Reaktion gesehen werden. Sehr häufig hat die Teilnahme an der Gruppe sowohl in der institutionellen wie auch in der offenen Gruppenarbeit mit alten Menschen einen evasiven Charakter. Die Gruppe ermöglicht es ihnen, dem Forderungsdruck, der Frustration, der Deprivation, die sich in ihrer Lebenssituation finden, zu entgehen. Hier ist darauf zu achten, ob die Gruppe ausreicht, als Schonraum und Erholungszone die Belastungen des Spannungsfeldes zu kompensieren. Dies ist zuweilen der Fall, besonders wenn, wie es für die gerontotherapeutische Gruppe oftmals kennzeichnend ist, die therapeutische Gruppe zu einem Stück Lebensfeld wird, bedeutsamer Bestandteil im Leben des alten Menschen.

Aggressive Bewältigungstechniken versuchen eine Zerstörung oder Schädigung der Noxe. Sie sind, wie in der Theorie von Dollard und Miller (1949), die andere Möglichkeit neben der Flucht, neben der Abwehr. Wir treffen aggressive Daseinstechniken recht häufig an bei alten Menschen, etwa in der Form von Abwertungen, Negativismen, querulatorischem Verhalten. Es sind diese Strategien durchaus effektiv, zeigen doch empirische Untersuchungen, daß aggressive ältere Menschen mit Belastungssituationen besser fertig werden als solche mit einem mehr defensiven oder evasiven Verhaltsstil (Saup 1983). Dennoch bringen aggressive Daseinstechniken auch Nachteile wie Isolation, Ablehnung, Freudlosigkeit mit sich. In der Gruppenarbeit können sie sich zum Teil sehr störend auswirken. Sie bergen aber auch ein konstruktives Potential in sich, wenn sie von der Gesamtgruppe aufgenommen und in Form eines nachdrücklichen Eintretens für eigene Rechte und eines aggressiven Sich-zur-Wehr-Setzens gegen Beschneidungen eingesetzt werden (vgl. Petzold 1985c, 355). Die Initiativen der grauen Panther können unter dieser Perspektive interpretiert werden; und auch in verschiedenen Gruppenprojekten, die wir mit alten Menschen durchgeführt haben, läßt sich das konstruktive Moment aggressiver Daseinstechniken immer wieder finden (z.B. ibid. 51).

Das Bewußtmachen der Abwehr- und Bewältigungsstrategien in der Gruppe stellt ihr ein Potential zur Verfügung, das sie insgesamt nutzen kann, das aber auch von einzelnen Teilnehmern in ihren Lebenszusammenhang übertragen werden kann. Das Bewußtsein, daß man in der Lage ist, dem "Feind von außen" zu widerstehen, daß man Möglichkeiten hat, Bedrohung abzuwehren, daß man Potentiale effektiver Bewältigung zur Verfügung hat, erweist sich als eine positive und konstruktive Kraft im persönlichen wie im gruppalen Leben. Wir fördern dieses Moment, indem wir das Coping-Konzept in der Gruppen didaktisch erklären, die Zusammenhänge zwischen Belastung, Kontrollverlust, Abwehr und Bewältigung kognitiv zugänglich machen. Wir erklären die Zusammenhänge von Belastung und Ressourcenlage, von Situation und Bewertung. Bei letztgenanntem Aspekt ist allerdings darauf zu achten, daß durch den Verweis auf die Bedeutung kognitiver Bewertung keine Kränkungen gesetzt werden ("es ist ja nur alles eine Frage der Bewertung") und daß dadurch die Faktizität negativer Lebenssituationen nicht minimalisiert wird, eine Gefahr, die die kognitiven Theorien von Lazarus, insbesondere aber die von Thomae (1971; 1979), der immer wieder auf einer erfolgreichen Anpassung an das Alter besteht, nicht genug berücksichtigen (Krohn 1975; 1978).

Die aktive Auseinandersetzung von Gruppen mit Widerstandsphänomenen, Abwehrmechanismen und Coping-Strategien hilft ihnen, realitätsbezogenere, angemessenere Formen der Situationsbewältigung und Problemlösung zu finden und weiterhin negative Affekte, emotionale Staus und Streßreaktionen besser zu handhaben (Lazarus 1981). Es wird in der Gruppenarbeit über weite Strecken in praxi das getan, was in der Forschung durch die Untersuchung von Coping-Stilen versucht wird; die Herausarbeitung von Bewältigungsprozessen. Sieht man auf die entsprechenden Untersuchungen (Pearlin/Schooler, 1978; Pearlin et al.,

1981) und insbesondere auf solche, die sich mit Coping-Stilen alter Menschen befassen (Lehr 1980; Vaillant 1980 - es werden von ihm 18 Coping-Strategien beschrieben -; oder McCrae 1982 - er differenziert faktorenanalytisch 28 verschiedene Bewältigungsprozesse; Saup 1983 und Thomae 1983), so findet man zahlreiche Übereinstimmungen und Ähnlichkeiten bei zum Teil geringfügigen terminologischen Unterschieden. Es finden sich aber auch zahlreiche Divergenzen und Besonderheiten, die sich neben der unterschiedlichen Ausrichtung der Forscher auch aus der Verschiedenheit der Situationen, Bezugsgruppen und Personen ergeben. Ein solcher Befund ist ganz im Sinne der differentiellen Gerontologie. Aus diesem Grunde bietet sich die situative Analyse von Abwehr- und Bewältigungsstrategien in den Gruppen der Betroffenen mit Hilfe eines geschulten Gruppenleiters bzw. Therapeuten geradezu als methodischer Zugang an. Die Gruppenarbeit wird Aktionsforschung in eigener Sache und entspricht damit dem Aktionsforschungskonzept, wie es von Moreno inauguriert wurde (Petzold 1981a). Das Ausmaß, in dem ein solches Konzept realisiert werden kann, ist wiederum abhängig von der Situation der Gruppe, der Befindlichkeit ihrer Teilnehmer, ihrer allgemeinen Ressourcenlage. Es gibt Gruppen, in denen in sehr umfassender Weise Widerstands-, Abwehr- und Bewältigungsphänomene bewußtgemacht, bearbeitet und genutzt werden können (vgl. z.B. Petzold 1982a und 1985c, 325 ff), und andere, in denen die Möglichkeit zu einer solchen Arbeit sehr beschränkt ist und anpassende defensive oder evasive Bewältigungsstrategien im Vordergrund stehen. Eines zeigt sich jedoch immer:

Die Gruppe als neues soziales Netzwerk, als Generator neuer sozialer Welten, als Agentur wechselseitiger Hilfeleistung, als Ort selbstverfügter Kontrolle, als Reservoir an Ressourcen, als Matrix der Identität eröffnet in der gerontotherapeutischen Arbeit ein reiches und konstruktives Potential, Abwehr- und Bewältigungsstrategien in einer Weise zu nutzen, daß den Bedrohungen des "Feindes von innen" und des "Feindes von außen" begegnet werden kann und sich die Lebensqualität der alten Menschen entscheidend verbessert.

Literatur

Abraham, K., Zur Prognose psychoanalytischer Behandlungen im fortgeschrittenen Lebensalter, Internationale Zeitschrift für Psychoanalyse 6 (1919) 113-117.
-, The applicability of psychoanalytic treatment to patients at an advanced age, in: Abraham, K., Selected Papers, Hogarth Press, London 1942, 312-317.
Abramson, L., Seligman, M.E., Teasale, J.D., Learned helplessness in Humans: Critique and reformulation, Journal of Abnormal Psychology 87 (1978) 49-74.
Arie, T., Health Care for the elderly, Croom Helm, London 1981.
Altmann, I., The environment and social behaviour: Privacy, personal space, territory, and crowding, Monteray, Ca. 1975.
Altman, I., Wohlwill, J., Human Behaviour and environment: Advances in theory and research, Vol. I, New York 1976.
Atchley, R. C., The social forces in later life, Wadsworth, Belmont 1980.
Averill, J., Personal control over aversive stimuli and its relationship to stress., Psychol. Bulletin 80 (1973) 786-303.
Babschuk, N., Aging and primary relations, International Journal of Aging and Human Development 9 (1978) 137-151.
Baltes, M. M., Baltes, P. B., Ecopsychological relativity and plasticity of psychological aging, Zeitschrift für experimentelle und angewandte Psychologie 24 (1977) 179-198.
Baltes, M. M., Barton, E. M., Orzech, M. J., Lago D., Die Mikroökologie von Bewohnern und Personal. Eine Behaviour-Mapping-Studie im Altenheim, Zeitschrift für Gerontologie 16 (1983) 18-26.
Bandura, B., Pflegebedarf und Pflegepolitik im Wandel, Sozialer Fortschritt 32 (1983) 97-102.
Battegay, R., Die Gruppe als Ort des Haltes in der Behandlung Süchtiger, Praxis der Psychotherapie 11 (1966) 31-38.
-, Der Mensch in der Gruppe, Huber, Bern 1969, 3 Bde.
Bauer, H., Modell einer kommunalen Altenhilfe, in: Hohmeier, Pohl (1978) 157-182.
Bieulac, M., Bibliographie internationale de gerontologie sociale, Centre International de Gérontologie Sociale, Paris 1982 (2 Bde.).

Bergener, M., Lang, E., Lehr, U., Schmitz-Scherzer, R. (Hrsg.), Gerontology in the eighties and beyond, Springer, New York 1983.

Böschemeyer, U., Logotherapie mit alten Menschen, in: Petzold, Bubolz (1979) 59-76.

Brink, T. L., Geriatric Psychotherapy, Human Sciences Press, New York 1979.

Brown, G. W., Harris, T., Social origins of depression, London 1978.

Brusten, M., Hohmeier, J., Stigmatisierung. Zur Produktion gesellschaftlicher Randgruppen, Luchterhand, Neuwied 1975.

Bubolz, E., Bildung im Alter, Lambertus, Freiburg 1983.

Bujard, O., Lange, U., Armut im Alter, Beltz, Weinheim 1978.

Bungard, W., Isolation und Einsamkeit im Alter, Hanstein, Köln 1975.

Busse, E. W., Pfeiffer, E., Behaviour and adaptation in later life, Little Brown, Boston 1977[2].

Cath, St., Some dynamics of middle and later years: A study in depletion and restitution, in: Berezin, M., Cath, St. (Hrsg.), Geriatric psychiatry, International Universities' Press, New York 1965.

Condrau, G., Der Mensch und sein Tod, Benziger, Zürich 1985.

Cosacchi, S., Makabertanz, Hain, Maisenheim 1965.

Cremerius, J., Die Sprache der Zärtlichkeit und der Leidenschaft, Psyche 11 (1983) 988-1015.

Cumming, E., Henry, W., Growing old: The process of disengagement, Basic Books, New York 1961.

Dean, A., Lin, N., The stress-buffering role of social support, Journal of Nervous and Mental Disease 165 (1977) 403-417.

Dean, A., Lin, N., Ensel, W. M., The epidemiological significance of social support systems in depression, Research in Community and Mental Heath 2 (1981) 77-109.

Dieck, M., Wohnen und Wohnumfeld älterer Menschen in der BRD, Quelle & Meyer, Heidelberg 1979.

Dollard, J., Doob, L., Miller, M. E., Mowrer, O., Sears, R., Frustration and Aggression, Yale University Press, New Haven 1939.

Dollase, R., Sociometrie als Interventions- und Meßinstrument, Gruppendynamik 2 (1975) 82-92.

Dono, J., Falbe, C., Kail, B., Litwak, E., Sherman, R., Siegal, D., Primary groups in old age, Research on Aging 1 (1979) 403-433.

Dürckheim, K., Graf von, Alt werden. Zeit der Verwandlung, in: Petzold, Bubolz (1979) 21-38.

Edney, J., Territoriality, Psychological Bulletin 81 (1974) 959-973.

-, Human territories: Comment on functional properties, Environment and Behaviour 8 (1976) 31-47.

Ferenczi, S., A contribution to the understanding of psychoneurosis of the age of involution (1921) 17 (1947) (Final contributions to psychoanalysis), Basic Books, New York, 205-211.

-, Beitrag zum Verständnis der Psychoneurosen des Rückbildungsalters (1922), in: Bausteine zur Psychoanalyse Bd.III, 180-188, Huber, Bern 1939; 1964[2].

Filipp, S. H., Kritische Lebensereignisse, Urban & Schwarzenberg, München 1981.

Fischer, L., Die Institutionalisierung alter Menschen, Böhlau, Köln 1976.

Fittkau, B., Transpersonale Psychologie, Schwerpunktheft der Zeitschrift Integrative Therapie 3 (1984).

Folkman, S., Schaefer, C., Lazarus, R. S., Cognitive processes as meadiators of stress and coping, in: Hamilton, V., Warburton, D. M., Human stress and cognition, Chicester 1979, 265-298.

Fontana, A., The last frontier: The social meaning of growing old, Sage, Beverly Hills 1979.

Frankl, V. E., Der Wille zum Sinn, Huber, Bern 1972.

Freud, A., Das Ich und die Abwehrmechanismen (1936), Kindler, München 1964.

Freud, S., Die Sexualität in der Ätiologie der Neurosen, 1898, GW I.

-, Über Psychotherapie, 1905, GW V.

-, Die endliche und die unendliche Analyse, 1937, GW XVI.

George, L. K., Role transitions in later life, Brooks/ Cole Publishing Comp. Monterey 1980.

Goldfarb, A. I., Recommendations for psychiatric care in a home for the aged, Journal of Gerontology 8 (1943) 343-347.

-, Psychotherapy of aged persons, Psychoanalytic Review 2 (1955) 72-80.

-, Psychotherapy of the aged, Psychoanalytic Review 1 (1956) 68-81.

-, Patient-doctor-relationship in treatment of the aged person, Geriatrics 12 (1964) 18-25.

-, The psychodynamics of dependency, in: Kalish, R. (Hrsg.), The dependencies of old people, University of Michigan, Ann Arbor 1969.

Goodman, L. M., Death and the creative life, Springer Publishing Comp., New York 1981.

Goodman, P., Goodman, P., Communitas. Means of livelihood and ways of life, Vintage Books, New York, 1947, 1960².

Grond, E., Die Pflege verwirrter alter Menschen, Lambertus, Freiburg 1984.

Grotjahn, M., Psychoanalytic investigation of a 71-years-old man with senile dementia, Psychoanalytic Quarterly 9 (1940) 80-92.

-, Some analytic observations about the process of growing old, Part V, Psychoanalysis and the social sciences, Vol. III, G. v. Roheim (Hrsg.), International Universities Press, New York 1951, 301-312.

-, Analytic psychotherapy with the elderly, Psychoanalytic review 42 (1955) 419-417; dtsch. in: Petzold, Bubolz (1979) 77-88.

Gubrium, J. F., Time, roles and self in old age, Human Sciences Press, New York 1976.

Haan, N., Coping and defending, Academic Press, New York 1977.

Hartfield G., Die soziale Diskriminierung des Alters, Gegenwartskunde 4 (1971) 391-403.

Hautzinger, M., Altersdepression. Versuch einer psychologischen Begründung, Z. f. Gerontol. 11 (1978) 348-357.

-, Depressive Reaktionen im höheren Lebensalter, in: Hautzinger, M., Hoffmann, N., Depression und Umwelt, Kösel, Salzburg 1979a, 159-200.

-, Depression and age: Etiological and therapeutical remarks, Behav. Anal. Mod. 3 (1979b) 268-275.

-, Depression und gelernte Hilflosigkeit beim Menschen, Z. klin. Psychol. 27 (1979c) 356-365.

Hochschild, A. R., Disengagement theory: A logical, empirical, and phenomenological critique, in: Gubrium (1976) 53-87.

-, The unexpected community: Portrait of an old-aged subculture, University of California Press, Berkley 1978.

Hohmeier, J., Pohl, H.-J., Alter als Stigma, Suhrkamp, Frankfurt 1978.

Huck, K., Petzold, H., Death education. Thanatagogik - Modelle und Konzepte, in: Spiegel-Rösing, I., Petzold, H., Die Begleitung Sterbender, Junfermann, Paderborn 1984, 501-576.

Hunziker, B., Manser, A., Der alte Mensch. Ein Vergleich der Darstellung in Primarschul-Lesebüchern der deutschen Schweiz mit der gegenwärtigen Situation, Pro Senectute, Zürich 1983.

Huth, W., Glaube, Ideologie und Wahn, Nymphenburger, München 1984.

Iljine, V. N., Improvisiertes Theaterspiel zur Behandlung von Gemütsleiden, Teatralny Kurier, Beilage, Kiew 1909 (russ.).

-, Die Struktur des menschlichen Körpers, die Charakterologie und die Rolle des Geistes, Budapest 1923 (russ.).

-, Therapeutisches Theaterspiel, Sobor, Paris 1942 (russ.).

Janssen, H. H., Der Tod in Dichtung, Philosophie und Kunst, Darmstadt 1978.

Jelliffee, S. E., The old age factor in psychoanalytical therapy, Medical J. Record 121 (1925) 7-12.

Jennings, H. H., Individual differences in the social atom, Sociometry 3 (1941) 269-277.

-, Experimental evidence on the social atom at two time points, Sociometry 2 (1942) 135-145.

Joerißen, P., Lebenstreppe und Lebensalterspiel, in: Die Lebenstreppe. Schriften des Rheinischen Museumsamtes Nr. 23, Rheinlandverlag, Köln 1984.

Junker, J.-P., Alter als Exil. Zur sozialen Ausgrenzung alter Menschen, Zürich 1973.

Jüttemann, G., Psychologie am Scheideweg. Teilung oder Vervollständigung, in: G. Jüttemann, Psychologie in der Veränderung, Beltz, Weinheim 1983, 30-65.

Kaplan, B., Toward further research on family and health, in: Kaplan B., Cassel, J. (Hrsg.), Family and health: An epidemiological approach, Chapel Hill, N. C. 1975, 89-106.

Kastrinidis, P., Psychotherapie mit alten Menschen aus daseinsanalytischer Sicht, in: Petzold, Bubolz (1979) 39-57.

Kohut, H., Narzißmus, Suhrkamp, Frankfurt 1973.

-, Die Heilung des Selbst, Suhrkamp, Frankfurt 1981.

Krohn, M., Theorien des Alterns - von der biologischen zur interaktionistischen Erklärung, Psych. Diplomarbeit, psychol. Inst. Univ. München, München 1975.

-, Theorien des Alterns, in: Hohmeier, Pohl (1978) 54-75.

Kropotkin, P., Gegenseitige Hilfe, Kramer, Berlin 1977.

Kruse, L., Privatheit als Problem und Gegenstand der Psychologie, Huber, Bern 1980.

Küchler, T., Konzeptionelle und empirische Studie zum nonverbalen und verbalen Gefühlsausdruck bei Patienten mit psychosomatischen Erkrankungen, Diss. Phil. Fak. Univ. Hamburg, Hamburg 1982.
Küchler, T., von Salisch, M., Ein inhaltsanalytischer Ansatz zur Interpretation non-verbalen Verhaltens, in: Gruppendynamik 1 (1983) 3-25.
Kulenkampff, M., Der Soziale-Atom-Test, Moreno Institut, Überlingen 1982.
-, Der Situationstest. Ein diagnostisches Rollenspiel, Moreno Institut Überlingen 1982.
Langer, I. J., Rodin, J., The effects of choice and enhanched personal responsibility for the aged: A field experiment in an institutional setting, Journal of Personality and Social Psychology 34 (1976) 191-198.
Langermann, U. v., Reaktionsformen auf Belastungssituationen bei älteren Menschen, Diss. phil. Fac. Univ. Bonn, Bonn 1970.
Lantermann, E. D., Eine Theorie der Umwelt-Kompetenz. Architektonische und soziale Implikation für eine Altenheim-Planung, Zeitschrift für Gerontologie 9 (1976) 433-443.
Lawton, M. T., Environment and aging. Wadworth, Belmont, Ca., 1980.
Lawton, M. P., Rich, T. A., Hyg, S. M., Ecology and gerontology: An introduction, The Gerontologist 9 (1969) 76-77.
Lawton, M. P., Nahemow, L., Ecology and the aging process, in: Eisdorfer, C., Lawton, M. P., The psychology of adult development and aging, Washington 1973, 619-674.
Lawton, M. T., Brody, E. M., Turner-Massey, P., The relationships of environmental factor to changes in well being, The Gerontologist 18 (1978) 133-137.
Lazarus, R. S., Psychological stress and the coping process, McGraw-Hill, New York 1966.
-, Streß und Streßbewältigung. Ein Paradigma, in: Filipp (1981) 198-232.
Lazarus, R. S., DeLongis, A., Psychological stress and coping in aging, American Psychologist 38 (1983) 245-254.
Lazarus, R. S., Launier, R., Stress-related transactions between person and environment, in: Pervin, L. A., Lewis, M., Perspectives in interactional psychology, Plenum Press, New York 1978, 287-337; dtsch.: Streßbe-

zogene Transaktionen zwischen Personen und Umwelt, in: Nitsch, J., Streß, Theorien und Untersuchungen, Maßnahmen, Huber, Bern 1981, 213-259.
Lehr, U., Psychologie des Alterns, Steinkopff, Heidelberg 1971; 1979[4]a.
-, Altern als sozialpsychologisches und ökologisches Problem: Der Prozeß der aktiven Auseinandersetzung mit der Lebenssituation im Alter, Zeitschrift für Gerontologie 8 (1975) 79-80.
-, Interventionsgerontologie, Steinkopff, Darmstadt 1979b.
-, Alternszustände und Alternsprozesse, Zeitschrift für Gerontologie 13 (1980) 442-457.
-, Depression und Lebensqualität im Alter - Korrelate negativer und positiver Gestimmtheit. Ergebnisse der Bonner gerontologischen Längsschnittstudie, Zeitschrift für Gerontologie 15 (1982) 241-249.
Linden, M. E., Courtney, D., Human life cycle and its interruptions: Studies in gerontologic human relations I, American Journal of Psychiatry 109 (1953) 906-915.
Linden, M. E., Group psychotherapy with institutionalized senile women: Studies in gerontologic human relations. II, International Journal of Group Psychotherapy 3 (1953) 150-170.
-, The significance of leadership in gerontologic group psychotherapy: Studies in gerontologic human relations III, International Journal of Group Psychotherapy 4 (1954) 220-273.
-, Transference in gerontologic group psychotherapy: Studies in gerontologic human relations IV, International Journal of Group Psychotherapy 5 (1955)61-69.
-, Geriatrics, in: Slavson, S. R., (Hrsg.), Fields of group psychotherapy, International Universities Press, New York 1956.
-, Repression and recession in the psychose of aging, in: Zinberg, M. E., Kaufmann, I. (Hrsg.), Normal psychology of the aging process, International Universities Press, New York 1963, 125-142
Lopata, H., The social involvement of American Widows, Amer. Behav. Scientist 14 (1970) 41-48.
-, Widowhood in an American City, Schenkmann, Cambridge, Mass. 1973.
Majce, G., Hörl, J., Formen der Altenhilfe. Aufgaben und Probleme der offenen und geschlossenen Altenbetreuung, Institut für Stadtforschung, Wien (o.J.).
Majce, G., Zur Soziologie der Mehrgenerationenfamilie, in: Radebold, Schlesinger-Kipp (1982) 53-73.

Meier, R., Seemann, H.-J., Die Grauen Panther, Beltz, Weinheim 1982.
Malzahn, B., Psychotherapie im Alter? Ein empirischer Beitrag zu medizinisch-soziologischen Aspekten der Gerontologie, Diss. Univ. Ulm, Ulm 1974.
Matthews, S. H., The social world of old women: Management of self-identity, Sage Publications, Beverly Hills 1979.
McCarty, J. B., Death anxiety: The loss of the Self, Gardner Press, New York 1980.
McCrae, R. R., Age differences in the use of coping mechanisms, Journal of Gerontology 37 (1982) 454-460.
Meerloo, J. A. M., Transference and resistance in geriatric psychotherapy, Psychoanalytic Review 42 (1955) 72-82.
-, Modes of psychotherapy in the aged, Journal American Geriatric Society 9 (1961) 225-234.
Mercer, S., Kane, R. A., Helplessness and hopelessness among the institutionalized aged: An experiment, Health and Social Work 4 (1979) 91-116.
Miller, M., Suicide afte sixty, Springer, New York 1979.
Modell, A., Aging and psychoanalytic theories of regression, Journal of Geriatric Psychiatry 3 (1970) 139-146.
Moreno, J. L., Homo juvenis (Jesuitenwiese), Sommer 1909, in: Einladung zu einer Begegnung 1 (1914) 19-22; engl. Group Psychotherapy 3/4 (1970) 74-83.
-, Das Stegreiftheater, Gustav Kiepenheuer, Potsdam 1924; 2. erw. Aufl., Beacon House, Beacon 1970.
-, Who shall survive? An new approach to the problem of human interrelations, Nervous and Mental Disease Publishing Co., Washington 1934; erw. Ausg., Beacon House, Beacon 1953; gekürzte dtsch. Ausg., Die Grundlagen der Soziometrie, Westdeutscher Verlag, Opladen 1954, 1967[2].
-, Organisation of the social atom, Sociometric Review 1 (1936) 11-16.
-, Foundations of sociometry: an introduction, Sociometry 1 (1941) 15-35.
-, Psychodrama, vol. I, Beacon House, Beacon 1946.
-, The social atom and death, Sociometry 1 (1947) 80-85.
Moreno, J. L., Whitin, E. S., Application of the group method to classification, National commitee on prisons and prisonal labor, New York 1932.

Mueller, D. P., Social networks: A promising direction for research on the relationship of the social environment to psychiatric disorder, Social Science and medicine 14 (1980) 147-161.
Müller, Ch., Bibliografia gerontopsychiatrica, Huber, Bern 1973.
Narr, H., Soziale Probleme des Alters, Kohlhammer, Stuttgart 1976.
Ohlmeir, D., Radebold, H., Übertragungs- und Abwehrprozesse in der Initialphase einer Gruppenanalyse mit Patienten im höheren Lebensalter, Gruppenpsychotherapie und Gruppendynamik 5 (1972) 289-302.
Oswald, W. D., Fleischmann, U. M., Gerontopsychologie, Kohlhammer, Stuttgart 1983.
Oswald, W. D., Hermann, W. M., Kanowski, S., Lehr, U., Thomae, H., Gerontologie, Kohlhammer, Stuttgart 1984.
Palmore, E., Social patterns in normal aging: Findings from the Duke study, Duke University Press, Durham 1981.
Palmore, E., Cleveland, W. P., Nowlin, J. B., Stress and adaptation in later life, J. Gerontol. 34 (1979) 841-851.
Pearlin, L. I., Lieberman, M. A., Menaghan, E. G., Mullan, J. T., The stress process, Journal of Health and Social Behaviour 22 (1981) 337-356.
Pearlin, L. I., Schooler, C., The structure of coping, Journal of Health and Social Behaviour 19 (1978) 2-21.
Perls, F. S., Gestalt, Wachstum, Integration, Junfermann, Paderborn 1980.
Perls, F. S., Hefferline, R., Goodman, P., Gestalt Therapy, Julian Press, New York 1951.
Peterson, D. A., Facilitating education for older learners, Jossey-Bass, San Francisco 1983.
Petzold, H. G., Géragogie - nouvelle approche de l'éducation pour la viellesse et dans la viellesse. Publications de L'Institut St. Denis 1 (1965) 4-16, dtsch. in: Petzold 1985c, 11 ff.
-, L'analyse progressive en psychodrame analytique, Paris 1969 (mimeogr.)
-, Analytische Gruppenpsychotherapie, Gruppendynamik und szenisches Spiel als triadisches Psychodrama in der Arbeit mit Studenten, in: Petzold, H., Kreativität und Konflikte, Junfermann, Paderborn 1973, 167-205.
-, Psychotherapie und Körperdynamik, Junfermann, Paderborn 1974; 4. Aufl. 1984.

-, Integrative Therapie ist kreative Therapie, Düsseldorf, Fritz Perls Institut 1975 (mimeogr.)
-, Der Gestaltansatz in der psychotherapeutischen, soziotherapeutischen und pädagogischen Arbeit mit alten Menschen, Gruppendynamik 8 (1977) 32-48.
-, Die neuen Körpertherapien, Junfermann, Paderborn 1977a, 4. Aufl., 1985.
-, Integrative Geragogik, in: Petzold, Brown (1977b) 214-246 und in 1985c, 31 ff.
-, Psychodrama, Therapeutisches Theater und Gestalt als Verfahren der Interventionsgerontologie und Alterspsychotherapie, 1979a, in: Petzold, Bubolz (1979) 147-260.
-, Zur Veränderung der sozialen Mikrostruktur im Alter - eine Untersuchung von 40 sozialen Atomen alter Menschen, Integrative Therapie 1/2 (1979b) 51-78.
-, Schwerpunktheft Humanisierung des Alters, Zeitschr. f. humanist. Psychol. 1/2 (1979c).
-, Psychodrama-Therapie, Theorie, Methoden, Anwendung in der Arbeit mit alten Menschen, Junfermann, Paderborn 1979d.
-, Der Gestaltansatz in einer integrativen psychotherapeutischen, soziotherapeutischen und agogischen Arbeit mit alten Menschen, 1979e, in: Petzold, Bubolz (1979) 261-294.
-, Moreno - nicht Lewin - der Begründer der Aktionsforschung, Gruppendynamik 11 (1980) 142-166.
-, Die Rolle des Therapeuten und die therapeutische Beziehung, Junfermann, Paderborn 1980b.
-, Widerstand, ein strittiges Konzept in der Psychotherapie, Junfermann, Paderborn 1981a.
-, Das Hier- und-Jetzt-Prinzip in der psychologischen Gruppenarbeit: in: C. Bachmann, Kritik der Gruppendynamik, Fischer, Frankfurt 1981b, 214-299.
-, Dramatische Therapie, Hippokrates, Stuttgart 1982.
-, Der Mensch ist ein soziales Atom, Integrative Therapie 3 (1982a) 161-165.
-, Das therapeutische Theater Iljines in der Arbeit mit alten Menschen 1982b in: Petzold (1982) 318-334.
-, Theater oder das Spiel des Lebens, Verlag für Humanistische Psychologie, W. Flach, Frankfurt 1982c.
-, Integrative Intervention - a system approach to the planning and realization of drug therapy programs, Proceedings of the 12th Int. Conf. on Drug Dependence, 22.-26.3.1982; Bangkok, International Council on Alcohol and Addictions, Lausanne/Genf 1982d.

-, Psychotherapie, Meditation, Gestalt, Junfermann, Paderborn 1983.
-, Integrative Therapie. Der Gestaltansatz in der Begleitung und psychotherapeutischen Betreuung sterbender Menschen, in: Spiegel-Rösing, Petzold (1984) 431-500.
-, Vorüberlegungen und Konzepte zu einer integrativen Persönlichkeitstheorie, Integrative Therapie 1/2 (1984a) 73-115.
-, Die Gestalttherapie von Fritz Perls, Lore Perls und Paul Goodman, Integrative Therapie 1/2 (1984b) 5-72.
-, Interventionsforschung - Zur Veränderung der Struktur und des sozialen Klimas in Altenheimen, Projekt Pensionistenheime der Niederösterreichischen Landesregierung, Projektpapier, Wien 1985.
-, Leiblichkeit. Philosophische, gesellschaftliche, therapeutische Perspektiven, Junfermann, Paderborn 1985a.
-, Neue Körpertherapien für den bedrohten Körper, Vortrag auf der New Age-Tagung, Zürich 18.11.1984, in: Petzold, H., Psychotherapie und Friedensarbeit (in Vorbereitung), 1985b.
-, Mit alten Menschen arbeiten. Bildungsarbeit, Psychotherapie, Soziotherapie, Persönlichkeitsentwicklung, Pfeiffer, München 1985c.
Petzold, H. G., Bubolz, E., Bildungsarbeit mit alten Menschen, Klett, Stuttgart 1976.
-, -, Theorien zum Prozeß des Alterns und ihre Relevanz für geragogische Fragestellungen, in: Petzold, Bubolz (1976a) 116-144.
-, -, Konzepte zu einer integrativen Bildungsarbeit mit alten Menschen, in: Petzold, Bubolz (1976b) 37-60.
Petzold, H. G., Berger, A., Die Rolle der Gruppe in der integrativen Bewegungstherapie, Integrative Therapie 2 (1978) 79-100; repr. dieses Buch.
-, -, Integrative Bewegungstherapie und Bewegungserziehung in der Arbeit mit alten Menschen, in: Petzold, Bubolz (1979) 197-426.
Petzold, H. G., Bubolz, E., Psychotherapie mit alten Menschen, Junfermann, Paderborn 1979.
Petzold, H. G., Maurer, Y., Integrative Gestaltpsychotherapie, in: Maurer, Y., Bedeutende Psychotherapieformen der Gegenwart, Hippokrates 1985.
Petzold, H. G., Spiegel-Rösing, I., Geronto- und Thanatotherapie, in: Thomann, H., Egg, R., Handbuch der Psychotherapie, Kohlhammer, Stuttgart, 1985.
Petzold, H. G., Ramin, G., Schulen der Kinderpsychotherapie, Junfermann, Paderborn 1985 (in Vorbereitung).

Pilisuk, M., Minkler, M., Supportive networks: Life ties for the elderly, Journal of Social Issues 36 (1980) 95-160.

Radebold, H., Zur Indikation direkter und indirekter psychotherapeutischer Verfahren im Bereich der Geriatrie, actuelle gerontologie 4 (1974) 479-483.

-, Psychoanalytische Gruppenpsychotherapie mit älteren und alten Patienten, Zeitschrift für Gerontologie 9 (1976) 128-142.

-, Der psychoanalytische Zugang zu älteren und alten Menschen, in: Petzold, Bubolz (1979) 89-101.

-, Gruppenpsychotherapie im Alter, Vandenhoeck & Ruprecht 1983.

Radebold, H., Bechtler, H., Pina, I., Psychosoziale Arbeit mit älteren Menschen. Theoretische und methodische Falldarstellungen, Lambertus, Freiburg 1973.

-, -, -, Therapeutische Arbeit mit älteren Menschen, Lambertus, Freiburg 1981; 2. Aufl. 1984.

Radebold, H., Gruber, F., Psychosoziale Gerontologie. Modell für ein Curriculum, Lambertus, Freiburg 1979.

Radebold, H., Schlesinger-Kipp D., Familien- und paartherapeutische Hilfen bei älteren und alten Menschen, Vandenhoeck & Ruprecht, Göttingen 1982.

Rahm, D., Gestaltberatung, Junfermann, Paderborn 1979; erw. 2. Aufl. 1986.

Rao, D. B., The team approach to integrated care of the elderly, Geriatrics 1 (19766) 88-96.

Reimann, H., Reimann, H., Das Alter, Goldmann, München 1974.

Reichel, W., The geriatric patient, H P Publishing Company, New York 1978.

Richter, H. E., Lernziel Solidarität, Rowohlt, Reinbek 1974.

Rodin, J., Managing the stress of aging: The role of control and coping, in: Levine, S., Orsin, H., Coping and help, New York 1980, 171-202.

Rosenmayr, L., Die späte Freiheit, Severin & Siedler, Berlin 1983.

Saup, W., Übersiedlung ins Altenheim, Beltz, Weinheim 1984.

Segal, H., The field of death: Notes on the analysis of an old man, International Journal Psychoanal. 39 (1958) 178-181.

Seligman, M. E. P., Helplessness: On depression, development and death, San Francisco 1975; dtsch. Erlernte Hilfslosigkeit, Urban & Schwarzenberg, München 1972.

Shibutani, T., Reference groups as perspectives, American Journal of Sociology 60 (1955) 562-568.
-, Society and personality, Prentice-Hall Englewood Cliffs, N. J., 1961.
Schaefer, C., Coyne, J. C., Lazarus, R. S., The health-related functions of social support, Journal of Behavioural Medicine 4 (1982) 381-406.
Scheler, M., Tod und Fortleben, in: Scheler, H. (Hrsg.), Schriften aus dem Nachlaß, Bern 1957, 2. Aufl.
Schick, I., Alte Menschen in Heimen, Köln 1978.
Schmitz, R. H., Entstehung und Entwicklung der Gestalt des Todes, in: Bilder und Tänze des Todes, hrsg. v. Kreis Unna, Bonifatius, Paderborn 1982.
Schneider, H. D., Ressourcen im Alter, Zeitschrift für Gerontologie 12 (1979) 426-443.
Schur, M., Freud - sein Leben in Bildern und Texten, Suhrkamp, Frankfurt 1985.
Schooler, K. K., Environmental change and the elderly, in: Altman, Wohlwill (1976) 265-296.
Schulz, R., Hanusa, B., Experimental social gerontology: A social psychological perspective, Journal of Social Issues 36 (1980) 30-46.
Schwarzer, R., Streß, Angst, Hilflosigkeit, Stuttgart 1981.
Sperling, E., Massing, A., Reich, G., Georgi, H., Wöbbe-Mönks, Die Mehrgenerationen Familientherapie, Vandenhoeck & Ruprecht, Göttingen 1982.
Sternberger, D., Über den Tod. Suhrkamp, Frankfurt 1981.
Stonequist, E., The marginal man, Scribners, New York 1937.
Strauss, A., A social world perspective, in: Denzin, N. K., Studies in symbolic interaction, JAI Press, Greenwich 1978, 190-228.
Strauss, A., Glaser, B., Status Passage, Aldine Press, Chicago 1971.
Tews, H. P., Soziologie des Alterns, Quelle & Meyer, Heidelberg 1974, 1979².
Thomae, H., Das Individuum und seine Welt, Hogrefe, Göttingen 1968.
-, Theory of Aging and cognitive theory of personality, Human Development 13 (1970) 1-16.
-, Die Bedeutung einer kognitiven Persönlichkeitstheorie für die Theorie des Alterns, Zeitschrift für Gerontologie 4 (1971) 8-18.
-, Ökologische Aspekte der Gerontologie, Zeitschrift für Gerontologie 9 (1976) 407-410.
-, Patterns of Aging, Karger, Basel 1976a.

-, Alternsstile und Alternsschicksale. Ein Beitrag zur differentiellen Gerontologie, Huber, Bern 1983.
Thurman, A. H., Piggins, C. A., Drama activities with older adults: A handbook for leaders, Haworth Press, New York 1982.
Tolsdorf, C. C., Social networks, support, and coping, Family Process 15 (1976) 407-417.
Unruh, T., Aufruf zur Rebellion "Graue Panther machen Geschichte", Klartext Verlag, Frankfurt 1984.
Unruh., D. R., Invisible lifes. Social worlds of the aged, Sage, Beverly Hills 1983.
Vaillant, G. E., Adaptation to life, Little Brown, Boston, Toronto 1977.
Veelken, L., Soziale Geragogik. Soziologische und sozialpädagogische Hilfen für Alte und Vorbereitung zur Daseinsbewältigung im Alter, Haag & Herchen Verlag, Frankfurt 1981.
Walker, K. N., MacBrid, A., Vachon, M. L., Social support networks and the crisis of bereavement, Social Science and Medicine 11 (1977) 35-41.
Waltz, M., Soziale Faktoren bei der Entstehung und Bewältigung von Krankheit. Ein Überblick über die empirische Literatur, in: Bandura, B., Soziale Unterstützung und chronische Krankheit. Zum Stand der sozialepidemiologischen Forschung, Frankfurt 1981, 40-119.
Weakland, J. H., Herr, J. J., Beratung älterer Menschen und ihrer Familien, Huber, Bern 1984.
Wieltschnig, E., Unabhängigkeit im Alter, Huber, Bern 1982.
Wiendick, G., Zur psychosozialen Bedingtheit des Alterssuizids, actuelle gerontologie 3 (1973) 271-274.
Williams, T. S., Rehabilitation in the aging, Raven Press, New York 1984.
Wittenberg, R., Zur Ausgliederung älterer Menschen aus dem Straßenverkehrssystem, in: Hohmeier, Pohl (1978) 124-137.
Wittkowski, J., Tod und Sterben. Ergebnisse der Thanatopsychologie, Quelle & Maier, Heidelberg 1978.
Wolf., K., Treatment of geriatric patients in a mental hospital, Journal of the Geriatric Society 4 (1956) 472-479.
-, Group psychotherapy with geriatric patients in a veterans administration hospital, Group Psychotherapy 1/2 (1961) 85-89.
-, Geriatric psychiatry, C. Thomas, Springfield 1963.
-, The emotional rehabilitation of the geriatric patient, C. Thomas, Springfield 1970.

Wolk, S., Kurtz, J., Positive adjustment and involvement during aging and expectancy for internal control, Journal of consulting and clinical Psychology 43 (1975) 173-178.
Zetzel., E., Aging and psychoanalytic theories of regression, Journal of Geriatric Psychiatry 3 (1970) 152-159.
Zimmermann, D., Soziale Isolation und Einsamkeit bei psychiatrischen Langzeitpatienten, Beltz, Weinheim 1982.
Zimmermann, R., Alter und Hilfsbedürftigkeit, Enke, Stuttgart 1977.

Hilarion Petzold, Renate Frühmann

NACHWORT

Historische und kritische Bemerkungen zu verdeckten ideologischen Momenten in der psychologischen Gruppenarbeit

Als Psychoanalytiker daran gingen, Gruppenbehandlungen durchzuführen, geschah dies nicht auf der Grundlage einer Theorie der sozialen Gruppe, die aus dem psychoanalytischen Theoriengebäude entwickelt worden war und nach einer praktischen Umsetzung verlangte. Es geschah auch nicht, weil man in der Gruppe sein Geld schneller und leichter verdient als in zahllosen Einzelstunden - ein Aspekt, durch den sich seit den 60er Jahren die Gruppentherapie bei niedergelassenen Therapeuten zunehmend verbreitete (unabhängig davon, ob man nun für Gruppenbehandlung ausgebildet war oder nicht). Es geschah vielmehr aus einer Notlage. Amerikanische und britische Armeepsychiater konnten die Vielzahl der psychischen Dekompensationen und "Frontneurosen" psychiatrisch und einzeltherapeutisch nicht mehr adäquat versorgen, und so begannen sie mit Gruppenbehandlungen. Die Arbeiten von Ackermann (1945), Lazell (1945) u.a. in den USA an den Venterans Administration Hospitals und von Major Bion, Major Rickman, Lieutenant Colonel Main an den britischen psychiatrischen Rehabilitationskliniken haben hier ihren Hintergrund. Der Rapport über "Some approaches to group problems in the British army" der Psychiater und Psychoanalytiker Lieutenant Colonel J.D. Sutherland und Major G.A. Fitz-Patrick dokumentiert diese Entwicklung. Von den vielen Vorteilen des neuen Ansatzes wird von Lazell (1945, 104) an erster Stelle angeführt: "Many patients can be treated at the same time".

Schon 1943 hatte das "Technical Bulletin 103" des US-War Department festgestellt: "Group therapy has adventages over individual therapy in dealing with suspicious and guilt feelings and minimizes personal feelings [sic!]"; und das "War Department Bulletin TB Med 84" empfahl Morenos Psychodrama als Gruppentherapy. Sutherland und Fitz-Patrick (1945) schreiben:

"In the course of the war, the psychiatrists in the British Armee were confronted with a number of problems

which were appreciated by them to belong to the institution of the army as a whole or to groups within it and which accordingly could best be treated by methods dealing with the dynamics of the group in it's total setting. These problems were new to the psychiatrist who therefore had to tackle them without previous direct experience of what was involved."(S.205)... "These psychiatrists had all been engaged in psychotherapeutic work with the neuroses and shared dynamic psychological viewpoints largely deriving from psychoanalytic sort. Most of them were also interested in the wider social aspects of the neuroses and their prophylaxis" (S.206).

Ohne ausreichende theoretische Vorarbeit mußten also diese Therapeuten plötzlich mit Gruppen umgehen, und aus diesen Erfahrungen entwickelten sie Konzepte, Theoreme und Interventionsstrategien, und zwar unter dem Druck einer militärischen Situation, wie ein Zitat aus dem grundlegenden Aufsatz von Bion und Rickman aus dem Jahr 1943 illustrieren mag:

"Das Wort 'Gruppentherapie' kann zweierlei bedeuten. Es kann einerseits die Behandlung einer Anzahl von Einzelpersonen im Rahmen spezieller therapeutischer Sitzungen bezeichnen oder andererseits ein planmäßiges Bemühen, in einer Gruppe die Kräfte herauszubilden, die zu reibungslosem Zusammenwirken führen." - "Bei der Behandlung von Einzelpersonen wird die Neurose als das Problem der Einzelperson aufgezeigt. Bei der Behandlung einer Gruppe muß sie als Problem der Gruppe aufgezeigt werden. Dieses Ziel setzte ich mir, als mir die Leitung der Rehabilitationsabteilung einer psychiatrischen Klinik der Britischen Armee übertragen wurde. Zunächst mußte ich daher feststellen, welche Auswirkungen dieses Ziel für die Zeiteinteilung und die Organisation der Abteilung haben würde" (Bion 1943/1971, 7). "Nachdem ich mich vielleicht eine Stunde lang mit solchen Dingen herumgeschlagen hatte, war mir klar, was hier von Nöten war: Disziplin. ...Hier waren unter einem Dache drei- bis vierhundert Männer vereint, denen bei ihren Einheiten schon die therapeutischen Segnungen zuteil geworden waren, die in militärischer Disziplin, gutem Essen und regelmäßiger Betreuung liegen; aber das hatte offensichtlich nicht ausgereicht, sie vor der Einweisung in eine psychiatrische Klinik zu bewahren. In einer psychiatrischen Klinik bilden solche Charaktere die gesamte Population, und wenn sie bis in die Reabilitationsabteilung vorgedrungen sind, unterliegen sie nicht

einmal mehr so geringfügigen Beschränkungen wie der, im Bett bleiben zu müssen. Ich kam zu der Überzeugung, hier sei Disziplin von der Art nötig, wie sie ein erfahrener Kommandeur eines etwas verlodderten Bataillons an der Front zustande bringt. Welcher Art aber ist diese Disziplin? Da unbedingt etwas geschehen mußte, suchte und fand ich eine Arbeitshypothese. Ich gelangte zu der Überzeugung, die erforderliche Disziplin hänge von zwei Hauptfaktoren ab: 1. der Existenz eines Feindes, der eine gemeinsame Gefahr und ein gemeinsames Ziel darstellt; 2. der Existenz eines Offiziers, der sich als erfahrener Mann eigener Schwächen bewußt ist, die Würde seiner Leute achtet und weder ihren guten Willen noch ihre Feindseligkeit fürchtet... Er wird seine Aufgabe darin sehen, Menschen mit Selbstachtung heranzubilden, die sozial angepaßt und daher bereit sind, Verantwortung gegenüber der Gemeinschaft zu übernehmen, im Kriege wie im Frieden. Nur auf diese Weise wird er -[der Psychiater]- von den tiefen Schuldgefühlen frei sein, die sonst alle seine Bemühungen um Behandlung zunichte machen würden... So stand ich dann wieder an meinem Ausgangspunkt: der Notwendigkeit, bei der Behandlung einer Gruppe die Neurose als Problem der Gruppe aufzuzeigen. Aber meine Abschweifung über das Problem der Disziplin hatte mich auf zwei neue Gedanken gebracht. Die Neurose muß als Gefahr für die Gruppe aufgezeigt werden, und die Gruppe muß irgendwie dazu gebracht werden, ihre Aufdeckung als gemeinsames Ziel zu betrachten" (ibid. 8f).

Sicher, diese Überlegungen sind im Krieg und in einer militärischen Situation geschrieben worden. Was aber unverständlich ist, ist, daß diese Hintergründe von den Autoren selbst in ihren Veröffentlichungen nach dem Kriege nicht weiter reflektiert wurden, ja, daß von ihnen, auf den so gewonnenen Erfahrungen aufbauend, weitreichende Konklusionen für die Formulierung einer Gruppentheorie gezogen wurden. Vielleicht ist das eigenartige Faktum, daß Bion seit seiner letzten Veröffentlichung über Gruppen 1951 bis zu seinem Tode 1979 - trotz anderweitiger Publikationstätigkeit - sich nie mehr zum Thema Gruppe und Gruppenarbeit geäußert hat ein Hinweis auf Abwehrprozesse des Autors - aus "tiefen Schuldgefühlen"? Auch von Rickman und Main finden sich keine nennenswerten Beiträge über Gruppenarbeit oder "therapeutische Gemeinschaft" mehr. Mußte das Thema in friedlicheren Zeiten verdrängt werden?

Noch seltsamer mutet es an, wenn andere psychoanalytische Autoren, die sich überwiegend oder weitgehend auf die Konzepte Bions stützen, wie z.B. Thelen, Slater, Argelander, Ohlmeier u.a. (vgl. Sandner 1978, 1985), diese Zusammenhänge weder kritisch reflektieren noch psychodynamisch interpretieren. Es wurden vielmehr Konzepte und Theoreme übernommen; und weil man mit ihnen auch die Interventionspraxis und die Strukturierung des Settings unbesehen übernahm, fand man auch einen Teil der beschriebenen Phänomene, die man ganz eindeutig als interventions- und strukturbediengte Artefakte klassifizieren muß (was Bion 1971, S. 140 selbst in Rechnung stellt), denn andere Settings bringen andere Phänomene hervor. In einer Situation wie der einer psychiatrischen Rehabilitationsabteilung unter Kriegsbedingungen, mit kampfuntauglich gewordenen Soldaten, verlodderten Charakteren und dem dabei von Bion gezeigten Selbstverstandnis als Offizier/Gruppentherapeut, muß es zu Phänomenen kommen wie zu den von unserem Autor bewirkten und dann beschriebenen "Grundannahmen". Daran hat sich trotz Bions Analyse der Führerposition und ihrer Charakteristik für jede der Grundannahmen - schaut man auf die Struktur des Settings in den Tavistock-Gruppen - nichts geändert, und zwar sowohl in der Grundannahmengruppe wie auch (in subtiler Weise) in der Arbeitsgruppe. Es bleiben nämlich die einzelnen Teilnehmer und die Gesamtgruppe vom Gruppenleiter/-therapeuten abhängig, der "Anwalt der Realität" (welcher - seiner?) ist. Von ihm geht es aus, daß er "sehr energisch auf die Realität der Anforderung der Gruppe an ihn hinweist, ganz gleich, wie phantastisch ihre Aufhellung diese Anforderung erscheinen läßt, und ebenso auf die Realität der Feindseligkeit, die durch seine Erklärung hervorgerufen wird" (Bion 1943/ 1971,73)."Was Bion allerdings nicht thematisiert, ist seine Rolle als Gruppenleiter und die Frage, in welche Situation er die Teilnehmer durch sein Setting und seine Weise des Intervenierens bringt, obwohl er letztere in vielen Beispielen schildert" (Sandner 1985, 79). Es kann unter den geschilderten militärischen Bedingungen und der gegebenen Interventionspraxis wohl kaum zu anderen Phänomenen kommen, als zu solchen, die Bion herausgefunden hat und herausfinden mußte: Abhängigkeit, Paarbildung (mit idealisierenden Heils- und Messiaserwartungen) und Kampf/Flucht.

Die allmächtige Position des Gruppenleiters wird von den Nachfolgern Bions noch verschärft, wenn z.B. Ezriel, Sutherland und Argelander alle Reaktionen der Gesamtgruppe (und das sind ja immerhin zwischen 6 und 12 verschiedene Menschen) allein auf den Leiter beziehen. Alles hängt von ihm ab wie die Soldaten im Krieg vom Befehl ihres Offiziers. Die durch diese Technik ausgelösten "regressiven Verschmelzungsprozesse" (Ohlmeier 1979) entdifferenzieren die Persönlichkeiten in der Gruppe - wiederum wie beim Militär. W. Schindler hat 1972 auf derartige "Massenphänomene" und ihre Gefahren hingewiesen, und Sandner (1985) arbeitet die Artefaktproblematik deutlich heraus.

Die Umwandlung einer Grundannahmegruppe führt zu einer "Arbeitsgruppe" - wohl in Parallelisierung zum "Arbeitsbündnis", denn offenbar scheint es wohl außer Übertragung bzw. pathologischen Grundannahmen und Arbeit bzw. Funktionsfähigkeit für eine bestimmte Form des psychoanalytischen Denkens nicht viel mehr zu geben. In einer arbeitsfähigen Gruppe ist nach Bion soviel Disziplin hergestellt, daß militärische wie zivile Aufgaben bewältigt werden können.

Der durch die Kriegssituation gegebene Situationsdruck und das Theoriedefizit in den Anfängen psychoanalytischer Gruppentherapie, besonders in Großbritannien, führte zu verschiedenen, meist skizzenhaften Entwürfen von Theorien. So lag es nahe, die Modalität der psychoanalytischen Einzelbehandlung bzw. die für die Einzelbehandlungen entworfenen Theorien (hier vornehmlich kleinianischer Prägung) auf die Gruppe zu übertragen, indem die Gruppe als Ganzes hypostasiert und damit gleichsam zum Patienten auf der Couch wird, der sich der Analyse unterzieht (vgl. Ezriel, Sutherland, Argelander). Die Probleme und Einseitigkeiten einer solchen strikten Übertragung des klassischen psychoanalytischen Settings auf die Gruppe hat Battegay (1985) mit guten Gründen kritisiert. Daß gerade die britischen Psychoanalytiker den Übergang von der Einzel- zur Gruppenbehandlung gefunden hatten, war sicher nicht zuletzt dadurch bestimmt, daß sie deutlich von Melanie Klein und über sie von der ungarischen Schule der Psychoanalyse beeinflußt waren. Sandor Ferenczi und Melanie Klein verstanden die Psychodynamik als die verinnerlichten Beziehungen des Individuums zu seinen wichtigen Bezugspersonen, aber auch als die aktuale Dynamik zwischen dem Individuum und seiner sozialen Welt und nicht als Dynamik zwischen Ich, Es und Über-Ich wie im klassischen Ansatz von Freud. Die Konzepte der "Object-Relation-Theory" (Sutherland 1963; Fairbairn 1952) ermöglichten eine Öffnung zur Gruppe hin, wie sie dann auch von den verschiedenen Richtungen der englischen Schule, insbesondere an der Tavistock-Klinik oder durch den Ferenczi-Schüler Michael Balint, weiterentwickelt wurden.

Ein anderer Therapeut dieser Generation, Major A.S. Foulkes, der gleichfalls als Armeepsychiater mit Gruppen arbeitete, versuchte seinen spezifischen Hintergrund für diese neuartige Form der Behandlung fruchtbar zu machen. Wie F.S. Perls war er nämlich in Frankfurt Assistent von Kurt Goldstein gewesen und deshalb mit der Organismustheorie und den Konzepten der Gestaltpsychologie vertraut. So versuchte er, von dieser Seite her seinen gruppentherapeutischen Entwurf zu begründen und das dyadische Modell der Psychoanalyse zu überwinden: "Der gesunde Organismus funktioniert als ein Ganzes und kann als System in einem dynamischen Gleichgewicht beschrieben werden... Es paßt sich ständig aktiv den sich ständig ändernden Umständen und Umweltbedingungen an, in denen es lebt" (Foulkes 1948). Gruppenereignisse sind "Teil einer Gestalt, deren 'Figuren' (Vordergrund) sie bilden, während sich der Grund (Hintergrund) in der Gruppe manifestiert" (Foulkes 1970). Derartige Formulierungen finden sich vielfach auch im Werk von F.S. Perls. Foulkes greift noch eine Anregung auf: die Konzepte des sozialen Netzwerks und der "Matrix of identity", die J.L. Moreno 1934 und 1944 formuliert hatte. Dieser Zusammenhang ist für die Ausbildung des Foulkes'schen Ansatzes bisher unbeachtet geblieben - unlängst noch von seinen Schülern (Behr et al. 1985). Foulkes' Bild vom Individuum als "Knotenpunkt im Netzwerk einer Gruppe" greift Morenos Konzept des "sozialen Atoms" (Moreno 1934, 86ff) auf. Wir finden bei Moreno folgende Definitionen:

"Network. A psychological structure which consists largely of the chain formation in which individuals comprising certain links in it are unacquainted with those more distant links but can exert an influence upon one another by indirection.

Social atom. The smallest constellation of psychological relations which can be said to make up the individual cells in the social universe. It consists of the psychological relations of one individual to those other individuals to whom he is attracted or repelled and the relation to him.." (ibid.1934, 432).

Matrix of identity: "This co-being, co-action, and co-experience, which in the primary phase, exemplify the infants relationship to the persons and things around him, are characteristics of the matrix of identity. This matrix of identity lays the foundation for the first emotional learning process of the infant" (Moreno, Moreno 1944, 101).

Die Vernetzung zwischen Menschen waren die "group analytical basis" (so Moreno 1932, 90) für soziometrisch begründete Gruppentherapie.

Wie die Mehrzahl der frühen britischen Gruppenanalytiker war Foulkes mit dem Werk Morenos vertraut. Major Fitz-Patrick hatte bei Kriegsende das Moreno Institut besucht, und es bestanden auf verschiedenen Ebenen Kontakte.* Foulkes (1966, 168) bezieht sich sogar explizit auf Helen Jennings, Morenos Mitarbeiterin, mit der er die Experimente in der Hudson-Anstalt durchführte. So stellt Zerka Moreno in ihrem Übersichtsreferat (1966, 95) fest: "We had already met S.H. Foulkes in New York at the Psychodramatic Institute when he visited the U.S.A. He is a prolific writer on group psychotherapy in England; his work shows great skill in combining Morenos' ideas - the Here-and-Now; the socio-genesis, the social atom, the psychosocial network - with psychoanalytic use and field theory."

Foulkes war offenbar in seiner Theorienbildung von der Armeesituation weniger beeinflußt worden als durch den Einfluß seiner Lehrer Kurt Goldstein und Paul Schilder (der auch schon mit Gruppen experimentierte) und die Impulse von Moreno und Jennings sowie soziologischer Denker aus der "Frankfurter Schule", mit der er als Leiter der Klinik des Psychoanalytischen Institutes (1931-1933) Kontakt hatte. Er war also in anderer Weise auf die Arbeit mit Gruppen vorbereitet. Sein breiterer Ansatz und Hintergrund (Petzold 1986) fand aber bis in die jüngste Zeit, gemessen an der weiten Verbreitung der Ideen von Bion, wenig Beachtung.

Wenn auch Moreno seine einflußreichen Theorien nicht unter den Bedingungen der Kriegssituation entwickelt hatte, so müssen seine ersten gruppenpsychologischen und gruppen-

* So hat Main das Prinzip und den Terminus der "Therapeutic Community" (Moreno 1936), wie sie vom Begründer der modernen Gruppentherapie in der Hudson-Anstalt inauguriert wurde, als Anregung für seine Versuche übernommen, mit therapeutischen Gemeinschaften zu arbeiten, die von Maxwell Jones weiterentwickelt wurden.

therapeutischen Experimente Anfang der 30er Jahre gleichfalls mit kritischer Sorgfalt betrachtet werden; denn - sieht man von seinen Versuchen mit dem Stegreifspiel (1924) einmal ab - er entwickelte seine Soziometrie und Gruppenarbeit im Strafvollzug, als Gefängnispsychiater in Sing-Sing (1931-1932) und in der Anstalt für schwererziehbare Mädchen in Hudson (1932-1936). In diesen Unternehmungen stehen Disziplin und Anpassung, trotz aller Humanisierungsansprüche im Vordergrund. Dem Einfluß der "totalen Institution" Strafvollzug kann man sich offenbar genauso schwer entziehen wie dem Einfluß der "totalen Institution" Armee. So steht als Charakterisierung der "Gruppenmethode" im Einleitungsteil des Textes, den Moreno später als "The first book of group psychotherapy" bezeichnete, folgendes:

"The process of grouping and co-ordination is simplified to the degree that it can be carried out under the direction of the psychiatrist assisted by a socially trained staff at a minimum expense. Such groupings will tend to eliminate many of the disciplinary and administrative duties now entailed upon the overburdened staff of officers, and facilitate and strengthen the warden in the control of his institution" (Moreno 1932).

Die Therapiegruppen im spontanen Rollenspiel mit den Zöglingen der Hudson-Anstalt verwandten psychologische Trainingsmethoden unter Vorwegnahme von verhaltenstherapeutischen Prinzipien (Petzold 1982), um sozial erwünschtes, angepaßtes Verhalten möglichst schnell und effektiv zu erlangen. Trotz der bahnbrechenden Leistung Morenos für einen psychologisch gestützten Strafvollzug (Haskel 1974) gerät er hier mit vielen seiner ursprünglichen Prinzipien in Konflikt. Er selbst steht ja unter dem Druck, als immigrierter jüdischer Psychiater in den USA sich einen Namen zu machen, ein Terrain zu erhalten; er muß wie viele einwandernde Mediziner mit einer sozial wenig anerkannten Position beginnen: als Gefängnispsychiater.

Die Rollenmethoden erwiesen sich in der Tat als sehr geeignet, "socially desirable behaviour" hervorzubringen. Dabei ist charakteristisch, daß der nicht hinterfragte Einfluß des "Psychodramadirektors" ein entscheidendes Moment in diesen Prozessen der Verhaltensformung darstellt. Rollentraining ohne Reflexion der Normen und Werte, der beeinflussenden Machtfaktoren und ökonomischen Bedingungen von Rollen stellt noch heute einen Schwachpunkt des Psychodramas dar, der neben anderen Einflußgrößen auf die unaufgearbeitete Entstehungsgeschichte dieses Verfahrens im "Correctional Setting" zurückgeführt werden kann. Die Untersuchung von I. Greenberg (1968), der durch Psychodrama 1966 Studenten der politischen Wissenschaften (sic!), die verständlicherweise der Einberufung nach Vietnam ausgesprochen ablehnend gegenüberstanden, durch psychodramatisches Rollenspiel und ein entsprechendes experimentelles Design zu einer positiveren Haltung gegenüber der Einberufung und dem amerikanischen Vietnam-Engagement motivieren konnte, mag hier als beunruhigendes Beispiel stehen.

Die konsequente Reflexion der Macht des Leiters, der Gruppennormen, des Gruppendruckes des "manipulativen Potentials von Leiter und Gruppe" (und ich verwende diesen Ausdruck nicht nur in negativer Konnotation) müßte in das gruppentherapeutische Vorgehen als konstitutives Element eingebaut werden, um Mißbrauch und Fehlentwicklungen vorzubeugen.

Schließlich noch einige Worte zur Aktionsforschung und zur Gruppendynamik in der Form, die auf Lewin und seine Schüler zurückgeht (denn auch diese beiden Begriffe und Konzepte wurden von Moreno inauguriert; vgl. Petzold 1980a, b). Auch Lewin hatte sich in den USA durchzusetzen, und er hatte die Nöte der Emigration kennengelernt, ausgelöst durch einen autoritären Führer im Nazideutschland, dessen Bevölkerung in einer kollektiven "malignen Regression" ein ungeheures destruktives Potential entfacht hatte. Lewin sah das Problem - verkürzt - im Zerfall demokratischer Strukturen, und so war ihm das Fördern demokratischer Verhaltensweisen ein besonderes Anliegen. Seine berühmten Gruppenexperimente, die sich mit demokratischen, autokratischen und Laisser-faire-Führungsstilen befassen, sind auf diesem Hintergrund zu sehen. Eine Untersuchung über das hierbei implizierte "Demokratieverständnis" steht leider noch aus. Aber sein "Training in democratic leadership" (Lewin 1938; Bavelas/Lewin 1942) trägt alle Anzeichen einer "verordneten Demokratie", einer Demokratie durch "Leadership" und der Manipulation von Gruppen, wenn auch mit "gutem Ziel". Auch die Gruppendynamik hat bei aller Rede vom Konzept der "counter dependence" in der Lewin-Schule nicht analysiert, worauf denn die gruppendynamische Bewegung selbst "counter dependent" reagiert hat. Wie im Werk Morenos oder in Ansätzen der englischen Gruppenanalyse, wie beim Entstehen der Psychoanalyse oder der Urschrei-Therapie muß nicht nur die Motivation, ja Pathologie der Gründerpersönlichkeit in Augenschein genommen werden - Marianne Krüll (1979) hat durch die Untersuchungen der Familiendynamik in Freuds Herkunftsfamilie wesentliche Einflußgrößen für die Entwicklung der psychoanalytischen Theorie herausgearbeitet -, sondern es müssen auch die Entstehungsbedingungen des Verfahrens im Kontext seiner historischen Situation reflektiert werden. Auf welche gesellschaftlichen und ökonomischen, psychologischen und soziologischen Konstellationen war das Entstehen und die Durchsetzung des Verfahrens eine Reaktion (Petzold 1980, 1985)?

So wurden dann Gruppendynamik und Aktionsforschung von Lewin und seinen Schülern zunehmend im Bereich einer Wirtschaft und Industrie eingesetzt, deren reibungsloses Funktionieren unter Kriegs- und Nachkriegsbedingungen um jeden Preis gewährleistet werden mußte. Es wurden diese Interventionen keineswegs im Sinne der ursprünglichen Zielsetzungen ein Beitrag zu einem besseren Demokratieverständnis, sondern bei genauer Analyse der in den Veröffentlichungen beschriebenen Settings und Ziele ein Beitrag zu einer subtileren Ausbeutung von Lohnarbeitern durch psychologisch geschultes Management: "Management consists of getting jobs done through people" - so der Einleitungssatz einer entsprechenden Arbeit des Lewin-Schülers Bavelas (1947, 183) - und weiterhin zur Lösung sozialer Konflikte in dem Sinne, daß die Produktion ungestörter vorangehen konnte (Bavelas, Lewin 1942).

Die in der Gruppendynamik seit ihren Anfängen praktizierte und Lewins Feldtheorie ideologisch verkürzende Hier-und-Jetzt-Haltung (Petzold 1981) führte nicht nur auf der biographischen Ebene der Teilnehmer zu einer ahistorischen Betrachtungsweise, sondern auch auf der Ebene der Gruppe und der gruppendynamischen Bewegung selbst: "Eine Rationalität, die das beständige Lernen aus dem Hier-und-Jetzt sucht und die 'Rebarbarisierung' [ein Ausdruck, der auf Lewin zurückgeht, m.E.] der Erfahrung als Bedingung für eine bedeutsame Entfaltung von Persönlichkeit und Gesellschaft anerkennt, anstatt den Tatsachen, Gefühlen und Möglichkeiten der Gegenwart willkürlich ihre gewohnte Form aufzuzwingen, ist eine Rationalität als Werkzeug der Entfaltung und Veränderung, nicht eines dogmatischen Konservativismus oder einer doktrinären Form" (Benne 1972, 259). Der rigide Zwang, das Hier-und-Jetzt einzuhalten, überkommene Rollen ablegen zu müssen, der ungeheure Konformitätsdruck gruppendynamischer Laboratorien, in denen ganz bestimmte Vorstellungen von "authentischem Verhalten" und "demokratischen Reaktionen" erwartet werden, werden durch derartig anspruchliche Formulierungen nur mäßig kaschiert.

Das gilt im übrigen auch für viele Formen der Gruppentherapie, die am T-Group-Modell orientiert sind. Auch die Metareflexion des gruppendynamischen Laboratoriums und der T-Group-Methoden auf den gesamtgesellschaftlichen Hintergrund und auf die Funktion derartiger Verfahren hin ist unverzichtbar. Dies gilt nicht nur für die Zeit ihres Entstehens; sondern für die gesamte Zeit, in der sie praktiziert werden und Resonanz finden, muß gefragt werden, welche Funktionen diese Art von Arbeit für die jeweilige gesellschaftliche Situation hat. Diese Fragen sind gelegentlich gestellt worden (Horn 1972; Bach 1981), allerdings hauptsächlich für die Gruppendynamik; für die Gruppenpsychotherapie stehen sie noch weitgehend aus.

Damit kommen wir zu den zentralen kritischen Fragestellungen, die den Hintergrund dieses Nachwortes bilden und die wir den Lesern dieses Sammelwerkes ans Herz legen wollen, und zwar sowohl für den Gebrauch der hier vorgestellten Methoden und Materialien, als auch für die Reflexion der eigenen Praxis: Welche Funktion hat Gruppenarbeit im übergeordneten gesellschaftlichen Kontext? Welche Probleme dieses Kontextes reproduzieren sich im Rahmen der Gruppe? Welche individuellen und kollektiven Anpassungsleistungen werden von der Gruppe und in der Gruppe verlangt?

Wo Gruppen entstehen, werden für das Individuum Anpassungsleistungen erforderlich. Dies ist ein unvermeidbarer und durchaus sinnvoller und wichtiger Prozeß zur Regelung des sozialen Miteinanders. Derartige Situationen stehen aber auch in der Gefahr der Repression des Individuums, besonders wenn in therapeutischen Gruppen das Moment der Regression hinzukommt und durch Übertragung und Abhängigkeit die Position allmächtiger Leiter nicht hinterfragbar, geschweige denn beeinflußbar wird. - Genauso wichtig ist es, die impliziten und expliziten Annahmen des Therapeuten und seines Verfahrens in den Diskurs zu bringen. Was geschieht durch das Konzept der "Rebarbarisierung" oder durch Interventionspraktiken und Konzepte wie die von Bion oder Argelander mit Menschen? Es ist nämlich keineswegs nur so, daß Gruppen zum zwielichtigen Aktionsfeld für "Trainer", Gruppenleiter oder Therapeuten werden, die, schlecht oder gar nicht "durchanalysiert", ihre narzißtischen Allmachtsphantasien oder ungelösten ödipalen Probleme agieren, sondern Gruppen werden auch zur Plattform durchanalysierter Zeloten, die meinen, ihr gruppentherapeutisches oder -psychologisches Konzept sei das einzige Explikationsraster gruppaler Wirklichkeit oder der Wirklichkeit schlechthin. Wir haben Menschen an der "methodisch sauberen" Arbeit solcher Therapeuten, insbesondere bei sehr einseitigen Verfahren, zerbrechen sehen. Solche Formen der Gruppenarbeit sind kaum weniger problematisch, ja gefährlich, als die "wilden Gruppen" des Psychomarktes. In einer Zeit, in der die Ohnmacht der helfenden Berufe, der "hilflosen Helfer" (Schmidbauer 1977, 1983) in den sozialtechnologisch durchorganisierten Wohlfahrtsstaaten besonders deutlich spürbar wird, muß die Frage nach der Macht des Therapeuten und des Machtmißbrauchs durch therapeutische Ideologien besonders nachdrücklich gestellt werden, und derartige kritische Anfragen sind ja auch an die Gruppendynamik (Bachmann 1981), die Gestalttherapie (Giese 1984), die Primärtherapie (Hemminger 1985) und die Psychoanalyse (Eschenröder 1984) gestellt worden. Selbst wenn solche Kritik Einseitigkeiten aufweist, muß sie ernst genommen werden.

Betrachtet man nämlich gewisse Methoden/Modelle der Gruppenpsychotherapie und Gruppendynamik, so wird man feststellen, daß sie in ihrer Einseitigkeit und aufgrund ihrer Interventionstechnik Formen pathologischen oder dysfunktionalen Sozialverhaltens evozieren - oft genug induzieren - und auf diese Form in unangemessener Weise zentrieren. Die totale Verweigerung von Kommunikation in der "abstinenten" Initialphase psychoanalytischer Gruppen, die die natürliche Erwartung auf Kommunikation radikal durchkreuzt, muß in die Verwirrung führen, in eine Hilflosigkeit, die auch bei ganz gesunden Menschen archaische Abwehrmuster aufkommen läßt. Die völlig unstrukturierte Situation einer T-Gruppe verlangt nach einer Ordnung. Wen nimmt es Wunder, wenn Rangfolgen im Sinne einer Hackordnung entstehen? Der Situationsdruck durch initiales Schweigen verlangt nach einer Lösung. Was also, wenn durch "Spaltung" in kleinere Einheiten die so hilflos gemachten bzw. gewordenen Gruppenmitglieder versuchen, Subgruppen zu schaffen, kleinere Felder, in denen Kommunikation wieder möglich wird? Die permanente Deutung individuellen Verhaltens als Aktion der Gruppe kränkt den Einzelnen - und durch Identifikation mit ihm auch die übrigen Gruppenmitglieder -, bedroht ihn, und so entstehen Aggression oder Flucht, Niedergeschlagenheit oder der Versuch, in Größenphantasien zu entkommen. Und da die Regeln, Ziele und

Normen, die Anpassungsleistungen, die gewünscht werden, von seiten sich verweigernder "Trainer" nicht offengelegt sind (sie sind natürlich da, in den verdeckten Erwartungen, die durch die Theorie gesetzt werden, es gibt nämlich keine "völlig unstrukturierte Situation", auch sie ist eine Struktur), werden Anpassungsleistungen mühsam erarbeitet und schließlich, wenn auch unter großen Spannungen und Schwierigkeiten, erbracht. Die deutungsmächtigen Therapeuten oder Trainer aber können in der Interpretation der Phänomene, die sie selbst bewirkt und ausgelöst haben, noch einmal aus einer belehrenden Elternposition aufzeigen: "Seht nur, wie unreif (pathologisch) ihr euch verhalten habt! Hier geht's lang!" Kommt es zu einer Hinterfragung der Therapeuten, vielleicht sogar zu einer aggressiven Auflehnung, so wird auch dieses Moment durch Deutung entweder als Widerstand aufgezeigt oder als Bestätigung der Theorie apostrophiert. "Es mußte ja so kommen, seht ihr, die Theorie stimmt!" Oft ist es, wie wenn man jemanden im dunklen Keller heraumlaufen läßt, obwohl man am Lichtschalter steht (Watzlawick 1978).

Gerade die Experimente der Großgruppendynamik haben hier Ungutes praktiziert. Es ist nicht damit getan, das Ganze als ein etwas seltsames Gesellschaftsspiel abzutun: die mächtigen Gestalttherapeuten, die das Geschehen auf dem "Hot Seat" kontrollieren und - wie Fritz Perls - darüber verfügen, wer nun "arbeiten" darf und wer nicht, die Leute "aus dem Hot Seat" werfen, wenn sie sich nicht konform verhalten, z.B. nicht im Hier-und-Jetzt bleiben (warum auch?); die mächtigen Gruppendynamiker, die jeden Rückgriff auf Außenrollen coupieren mit Interventionen, die einen eindeutigen Strafcharakter haben (warum darf man eigentlich nicht sein, wer man ist?); die mächtigen Gruppenanalytiker, die jede Äußerungsform in bestimmten Stadien der Gruppenentwicklung einer basalen sexuellen Symbolik zuordnen und als Ausdruck archaischer Grundannahmen interpretieren; die mächtigen Psychodramatiker, die Teilnehmern Rollen zuweisen, die sie nicht spielen wollen - sie alle müssen sich fragen lassen: Mit welchem Recht, auf welcher Grundlage? Welches Spiel spielt ihr da eigentlich? Es geht hier nicht nur um das Agieren individueller Pathologie von seiten irgendeines Trainers. Es geht um die Pathologie der Urheber einseitiger und deshalb letztlich in totaler Anwendung falscher Konzepte und der Trainer, die sich diese Konzepte zu eigen machen, indem sie sie für unbezweifelbar "wahr" halten und reproduzieren; und es geht um die Befragung der fundamentalen Konzeptionen gruppentherapeutischer Verfahren oder von Therapie schlechthin und die Hinterfragung der gesellschaftlich sanktionierten Machtstrukturen der Spezialisten, die sie praktizieren; denn

"unter der Last von Leid und Schuld ist das gequälte Individuum bald bereit, seinen Zustand subjektiv im Sinne der theoretischen Konzeption zu akzeptieren, so wie er ihm von den Praktikern der Therapie dargestellt wird. Es kommt zur 'Einsicht', d.h. die Diagnose wird subjektiv wirklich für ihn. Die Theorie kann noch vervollkommnet werden. Sie kann z.B. jeglichen Zweifel an der Therapie seitens des Patienten oder Therapeuten in einer Weise theoretisch vorwegnehmen, die einer Liquidation solcher Zweifel gleichkommt. Für diejenigen der Patienten steht dann eine Theorie des 'Widerstandes', für die des Therapeuten eine Theorie der 'Gegenübertragung' zur Verfügung. Eine erfolgreiche Therapie bringt eine Symmetrie zwischen dem theoretischen Apparat und seiner subjektiven Aneignung durch das Bewußtsein des Patienten zustande. Sie resozialisiert den Abweichler in die objektive Wirklichkeit der symbolischen Sinnwelt seiner Gesellschaft" (Berger, Luckmann 1970, 121).

Wenn auch eine solche "Rückkehr zur Normalität persönliche Genugtuung mit sich bringt" (ibid.), vom Leidensdruck befreit, so kann dies nicht als Legitimation für derartig arbeitende Therapie ausreichen. Es müssen eben diese - zuweilen wohl auch nicht umgehbaren - Mechanismen transparent gemacht werden, damit Dogmatismen und Traditionalismus, die immer wieder besonders in den etablierteren Formen der Psychotherapie als Expertengemeinschaften in einem spezifischen (und weitgehend gesellschaftskonformen) Sinnmonopol herausgebildet werden, nicht zu einer Zwangsapparatur werden, in der individuelle und gruppale Freiheit eingeengt und Lebensvielfalt "kalibriert" und standardisiert werden muß.

Als Beispiel sei auf die Psychoanalyse verwiesen, der wir uns verbunden fühlen und deren kulturkritisches Potential außerordentliche Bedeutung hatte und hat. Sie hat aber durch ihre Institutionalisierung als gesellschaftlich akzeptierte Expertengemeinschaft ausgrenzende Monopol- und Machtstrukturen herausgebildet, die unserer Auffassung nach dem ursprünglichen Anspruch grundsätzlich entgegenstehen (vgl. auch Lohmann 1983). Wie kommt es z.B., daß es nur eine Zusatzbezeichnung 'Psychoanalyse' nicht aber eine für Gesprächstherapie, Psychodrama, Transaktionsanalyse usw. gibt? Daß nur die Experten mit dieser Zusatzbezeichnung längerfristige Behandlungen bei besonders schweren Krankheitsbildern durchführen dürfen, wobei der empirische Effizienznachweis im Sinne kontrollierter Studien eher dürftig ist, von einer Kosten-Nutzen-Analyse einmal ganz zu schweigen. Wie kommt es zu der Auffassung, daß nur psychoanalytische Experten z.B. Borderline-Patienten effektiv behandeln, so daß allein diese Behandlungen finanziert werden? Wie kommt es, daß bei Behandlung neurotischer Patienten die Anträge auf Behandlung im Rahmen psychoanalytischer Theorie und Terminologie formuliert werden müssen, diese Anträge dann psychoanalytischen Gutachtern zur Beurteilung zugeleitet werden, von deren Entscheidung die Genehmigung der Therapie im Sinne der Kostenübernahme durch die Kassen abhängt? Gibt es keine anderen Interpretationsmöglichkeiten solcher Erkrankungen? Gibt es keine anderen Möglichkeiten der Begutachtung?

Dies alles sind Beispiele für die Monopolisierung von Privilegien, von Kontrollmechanismen und von Wirklichkeitsinterpretationen, deren "ekklesialer" Charakter bei genauer Betrachtung nur zu deutlich wird. Hier liegt eine Gefahr, die Therapie als Agentur sozialer Kontrolle und Anpassung schlechthin eignet und die sie - und hier stimmen wir den Analysen von Berger und Luckmann, aber auch von Goodman, Ilitsch und Foucault zu - parallel stellen zur institutionalisierten Pädagogik als System der Überwachung und Disziplinierung. Im schlechtesten Fall stellt sich Therapie in den Dienst der Strategien der Nihelierung als Form des Umgangs mit abweichendem Verhalten, das durch "weiche" therapeutische und edukative Maßnahmen nicht mehr zur "Raison", d.h. zur Sinnkonformität, gebracht werden kann (z.B. psychiatrische und psychotherapeutische Interventionen bei politischen Dissidenten). Wenn Therapie eine Ethik radikaler Wertschätzung von Lebensvielfalt, Meinungsvielfalt, Sinnvielfalt praktiziert, wenn Intersubjektivität als grundsätzliche wechselseitige Wertschätzung in ihr und durch sie praktiziert wird, wenn Machtstrukturen transparent gemacht werden und theoretischer und praktischer Dogmatismus kein Feld findet, wenn Therapie klarsichtig macht für gesellschaftliche Zwangsstrukturen und Patienten dafür ausrüstet, bewußt mit ihnen umzugehen, ohne daß sie sich selbst deformieren müssen, wenn sie ihr kulturkritisches Potential über den gesellschaftlich konzidierten Rahmen hinaus aktualisiert (im Hinblick auf

Repressionsstrukturen, auf Friedensarbeit, auf Umweltzerstörung, auf restriktive Legislationen, auf pathologisches Politikerverhalten), dann wirken Therapie und Gruppenarbeit in einem guten Sinne emanzipatorisch, heilend, humanisierend für den Gesellschaftszusammenhang und in einem guten Sinne stabilisierend für die verfassungsmäßig niedergelegten Grundrechte.

Das Postulat des Verzichts auf Monopolstellungen und der Bescheidenheit im Hinblick auf einen umfassenden und absoluten Gültigkeitsanspruch der eigenen Sinnexplikation, nicht zuletzt eine Selbstbeschränkung im Hinblick auf die Monopolisierung von Privilegien (insbesondere pekuniäre Remunerationen und Kontrolle) machen diese Forderungen - leider - zu einem sehr schwierigen Unterfangen, das eigentlich in jeder therapeutischen Gruppe beginnen muß, aber vor den Gruppierungen etwa therapeutischer Interessen- und Fachverbände oder der "Therapeutenschaft" nicht Halt machen dürfte. Hier den eigenen ethischen Ansprüchen treu zu bleiben und sie in den verschiedenen Formen der Institutionalisierung zu bewahren und durchzusetzen, ist ungeheuer schwierig. (Wir, die wir seit Jahren in vorderster Front berufspolitisch arbeiten, wissen, wovon wir hier reden.)

Auch unsere heutige "historische Situation" hat also ihre determinierenden Momente. Die Kälte unserer Zeit und die Notwendigkeit von Geborgenheit, von vermittelnden sozialen Gruppierungen unter den vielfältigen Bedrohungen, denen sich der Mensch von heute ausgesetzt sieht (Stichworte: Overkill, Tod der Biosphäre, Waldsterben), macht psychologische Gruppenarbeit durchaus sinnvoll, aber nur dann, wenn damit diese Probleme nicht ausgeblendet werden, Entlastung durch Ersatzbefriedigung erfolgt, sondern wenn die Fragen "nach den Ursachen hinter den Ursachen" sowohl individuellen Leides als auch mikrogruppaler und makrogruppaler Probleme gestellt werden. Gruppen - wie Psychotherapie und Sozialarbeit überhaupt - dürfen Leid nicht individualisieren oder auf das Mikromilieu eingrenzen; sie müssen zu gemeinsamem Handeln, zu kollektiver Kooperation auch im Außenfeld befähigen, wo immer dies möglich wird. Nur dann können Gruppen ihr kreatives, wirklichkeitsveränderndes Potential entfalten. Nur dann kann "ein Mensch zum therapeutischen Agens für den anderen, eine Gruppe zum therapeutischen Agens für die andere" werden (Moreno 1932; vgl. auch die Arbeiten von H.E. Richter).

Die vorliegenden beiden Bände und das unlängst erschienene Werk von Kutter (1985), das eine Vielzahl z.T. sehr divergenter Modelle psychoanalytischer und tiefenpsychologisch fundierter Gruppenarbeit darstellt, machen - so hoffen wir - deutlich, daß es weitaus weniger an gesicherter Kenntnis im Bereich der psychologischen Gruppenarbeit gibt, als man gemeinhin annimmt, und daß es viele Wege der Heilung, des Wachstums und der Manipulation (wiederum: der Begriff kann negativ verstanden werden, muß es aber nicht) gibt. Wir finden in den Gruppentherapie, in der Gruppendynamik, in "Psychogruppen" (ein Terminus, den Helen Jennings schon in den 30er Jahren prägte) viele einseitige Modelle, viele Verkürzungen von Lebensvielfalt - und dies nicht nur im Sinne einer guten Reduktion von Komplexität. Wir finden auch einige komplexe, differenzierte, undogmatische "offene Modelle" - und wir finden viel Ideologie. Dies ist an sich nichts Schlechtes, nur muß es explizit gemacht werden - auch, und wo immer möglich, gegenüber den Patienten bzw. den Gruppenteilnehmern. Die blendende Analyse des Ideologiecharakters von Gruppen, die J.B. Pontalis vor bald 30 Jahren geschrieben hat (vgl.dieses Buch Bd. I), gilt nicht weniger für unsere Zeit. Es hat sich so viel nicht geändert. Im Gegenteil, es ist vieles noch prägnanter geworden.

Das von uns herausgegebene Werk, die in ihm vorgestellten Ansätze und Verfahren sollen deshalb kritisch gelesen werden. Diese Materialsammlung bietet einen breiten Überblick über Entwicklungen, Vertiefungen, zuweilen auch Verflachungen bei den Gruppenmethoden, die in Therapie und psychosozialer Arbeit zum Einsatz kommen. Die Vielfalt der Ansätze spiegelt die Komplexität des Gegenstandes wider, denn es geht um Menschen in Gruppen und Institutionen. Das verbietet jeden Dogmatismus, jeden absoluten Gültigkeitsanspruch.

Mit Gruppen zu arbeiten bedeutet, gemeinschaftlich eine methodische Suchbewegung zu vollziehen. Nur muß man wissen, was man sucht. Das erfordert nicht nur eine umfassende Kenntnis der gruppenpsychotherapeutischen und sozialpsychologischen Literatur; es wird darüber hinaus ein Wissen um Lebenszusammenhänge, um menschliche Verstrickungen und menschliches Leiden erforderlich, eine langjährige und intensive Auseinandersetzung mit den Strebungen der eigenen Person, insbesondere mit den Wünschen nach Macht und dem eigenen Begehren, und eine bescheidene Haltung im Hinblick auf die Reichweite der eigenen Explikationsmodelle. Dies ist ein hoher Anspruch, der an die Leiter von Gruppen gestellt wird und der nicht leicht zu realisieren ist. Mit Perfektionismusstreben wird man ihm nicht nachkommen können; wohl aber mit Sorgfalt, redlicher und kontinuierlicher Arbeit an theoretischen und methodischen Fragestellungen, mit der Bereitschaft, sich Supervision und kollegialer Kontrolle auszusetzen, und dem Willen, das Bewußtsein der eigenen Grenzen beständig wach zu halten.

Gruppentherapeuten und Gruppenleiter kommen in ihrer Arbeit mit einer Vielzahl von Menschen, Milieus, Lebensstilen und Werten in Kontakt. Deshalb ist immer wieder eine "tolerante Haltung" gegenüber anders Denkenden und Fühlenden als conditio sine qua non für das Leiten von Gruppen postuliert worden (Bradford 1972). Wir halten diese Forderung für unzureichend. Heilende und fördernde Gruppen entstehen für die Menschen, die sich in ihnen bewegen dann, wenn wir über die Toleranz hinaus Wertschätzung gegenüber Andersartigkeit entwickeln, praktizieren und damit weitervermitteln. Es würde damit ein Beitrag über die Heilung des Einzelnen hinaus für ein besseres Zusammenleben in der Gesellschaft, ja zwischen unterschiedlichen Gesellschaftsformen geleistet.

Literatur

Ackermann, N.W., Theoretical aspects of group psychotherapy, Sociometry 3/4 (1945) 117-124.

Ammon, G., Gruppenpsychotherapie, Hoffmann & Campe, Hamburg 1973.

Argelander, H., Die Analyse psychischer Prozesse in der Gruppe I und II, Psyche 23 (1963) 450.

-, Gruppenprozesse - Wege zur Anwendung der Psychoanalyse in Behandlung, Lehre und Forschung, Rowohlt, Reinbek 1972.

Bachmann, C.H., Kritik der Gruppendynamik, Fischer, Frankfurt 1981.

Battegay, R., Der Mensch in der Gruppe, Bd. I, 1967, 5. Aufl. 1976; Bd. II 1967, 4. Aufl. 1973; Bd. III 1969, 3. Aufl. 1979, Huber, Bern.

-, Gruppenpsychotherapy: Sozialpsychologische und psychoanalytische Aspekte, in: Kutter (1985) 21-44.

Bavelas, A., Lewin, K., Training in democratic leadership, J. Abnorm. Soc. Psychol., 37 (1942) 115-199.

Bavelas, A., Role play in work and management training, Sociatry 1/2 (1947) 183-191.

Behr, H.L., Hearst, L.E., Von der Kleij, G.A., Die Methode der Gruppenanalyse im Sinne von Foulkes, in: Kutter (1985(93-120.

Benne, K.D., Von der Polarisierung zur Paradoxie, in: Bradford et al. (1972) 235-268.

-, Human relations als Erziehungsziel, in: Petzold (1973) 9-21.

Berger, P.L., Luckmann, Th., Die gesellschaftliche Konstruktion der Wirklichkeit. Eine Theorie der Wissenssoziologie, Fischer, Frankfurt 1970.

Bion, W.R., Rickman, J., Intra-group tensions in therapy, Lancet, Nov. (1943).

Bion, W.R., Erfahrungen in Gruppen und andere Schriften, Klett, Stuttgart 1971.

Bradford, L.B., Gibb, J.R., Benne, K.D., Gruppentraining. T-Gruppentheorie und Laboratoriumsmethode, Klett, Stuttgart 1972.

Bradford, L.B., Einführung - Erwachsenenbildung und psychologische Gruppenarbeit, in: Petzold (1973) 7-8.

Bubolz, E., Bildung im Alter. Der Beitrag therapeutischer Konzepte zur Geragogik, Lambertus, Freiburg 1983.

Eschenröder, Ch., Hier irrte Freud, Urban & Schwarzenberg, München 1984.

Ezriel, H., Bemerkungen zur psychoanalytischen Gruppentherapie 1952, in: Ammon (1973) 108-122.
Fairbairn, W.R.D., Psychoanalytic studies of the personality, Hogarth, London 1952.
Foulkes, S.H., Introduction to group-analytic psychotherapy, Heineman Medical Books, London 1948.
-, Some basic concepts in group psychotherapy, in: Moreno et al. (1969) 166-172.
-, Dynamische Prozesse in der gruppenanalytischen Situation, Gruppentherapie und Gruppendynamik (1970) 70-81.
-, Anthony, J.E., Group Psychotherapy: The psychoanalytic approach, Penguin Books, London 1973, 3. Aufl.
-, Über die Interpretation in der analytischen Gruppentherapie, in: Ammon (1973) 273-287.
-, Gruppenanalytische Psychotherapie, Kindler, München 1974; Fischer, Frankfurt 1986[2].
-, Praxis der gruppenanalytischen Psychotherapie, Reinhardt, München 1978.
Giese, E., "Bleib bei dir und geh' da ganz raus", VPP 16 (1984) 575-591.
Greenberg, I.A., Psychodrama and audience attitude change, Thyrsos Publishing, Beverly Hills 1968.
Haskel, M.R., The contibution of J.L. Moreno to the treatment of the offender, Group Psychotherapy 1/4 (1974) 147-158.
Heigl-Evers, A., Konzepte der analytischen Gruppenpsychotherapie, Vandenhoeck & Ruprecht, Göttingen 1978.
Hemminger, H., Flucht in die Innenwelt, Ullstein, Frankfurt 1980.
Horn, K., Gruppendynamik und der subjektive Faktor. Repressive Entsublimierung oder politische Praxis, Suhrkamp, Frankfurt 1972.
Iljine, V.N., Improvisiertes Theaterspiel zur Behandlung von Gemütsleiden, Theatralny Kurier, Kiwe 1909 (russ.).
-, Therapeutisches Theaterspiel, Sobor, paris 1942 (russ.).
Krüll, M., Freud und sein Vater, Beck, München 1979.
Kutter, P., Modelle psychoanalytischer Gruppenpsychotherapie als Verhältnis von Indiviuum und Gruppe, Gruppenpsychotherapie und Gruppendynamik 13 (1978) 134-151.
-, (Hrsg.) Methoden und Theorien der Gruppenpsychotherapie, Frommann-Holzboog, Frankfurt 1985.
Lazell, E.W., Group psychotherapy, Sociometry 3/4 (1945) 101-107.
Lewin, K., Experiments on autocratic and democratic atmospheres, The Social Frontier 4 (1938) 316-319.

-, Lippitt, R., An experimental approach to the study of autocracy and democracy: Preliminary note, Sociometry I (1938) 292-300.
-, The solution of a Chronic Conflict in the Factory, Proceedings of the Second Brief Psychotherapy Council, Institute for Psychoanalysis, Chicago (1944) 36-46.
-, Resolving social conflicts, Harper, New York 1948.
Lohmann, H.-M., (Hrsg.), Das Unbehagen in der Psychoanalyse. Eine Streitschrift, Qumran, Frankfurt 1983.
Moreno, J.L., Das Stegreiftheater, Kipenheuer, Potsdam 1924.
-, Application of the group method to classification, National Committee on Prisons and Prison Labor, New York 1932.
-, Who shall survive? Nervous and Mental Disease Publishing Co., Washington 1934.
-, Psychodrama and the psychopathology of inter-personal relations, Sociometry 1 (1937) 9-76.
-, Friedemann, A., Battegay, R., Moreno, Z.T., The international handbook of group psychotherapy, Philosophical Library, New York 1966.
Moreno, Z.T., Evolution and dynamics of the group psychotherapy movement, in: Moreno et al. (1966) 27-128.
Moreno, J.L., Moreno, F.B., The spontaneity theory of child development, Sociometry 2 (1944) 89-128.
Ohlmeier, D., Gruppenpsychotherapy und psychoanalytische Theorie, in: Uchtenhagen, A., Battegay, R., Friedemann,A., (Hrsg.) Gruppenpsychotherapie und soziale Umwelt, Huber, Bern 1975, 548-557.
-, Bemerkungen zur gurppentherapeutischen Anwendung der Psychoanalyse, in: Fischle-Carl, H., (Hrsg.), Theorie und Praxis der Psychoanalyse, Bonz, Stuttgart 1979, 148-160.
Petzold, H.G., Kreativität und Konflikte. Psychologische Gruppenarbeit mit Erwachsenen, Junfermann, Paderborn 1973.
-, Psychodrama and role-playing in group work, in: Benne K.D., Bradford, L.P., Gibb, G.R., Lippitt, R.D. (Hrsg.), The Laboratory Methods of Changing and learning, Science and Behavior Books, Palo Alto 1975.
-, Fritz Perls und die Gestalttherapie, in: F.S. Perls, Gestalt, Wachstum, Integration, Junfermann, Paderborn (1980) 7-16.
-, Moreno - nicht Lewin - der Begründer der Aktionsforschung, Gruppendynamik 11 (1980a) 142-166.
-, Moreno und Lewin und die Ursprünge der psychologischen Gruppenarbeit, Zeitschrift f. Gruppenpäd. 6 (1980b) 1-18.

-, Das Hier-und-Jetzt-Prinzip in der psychologischen Gruppenarbeit, in: Bachmann (1981) 214-299.
-, Zur Geschichte des Rollenspiels als Methode der Verhaltensmodifikation, Schwalbacher Blätter 4 (1982) 145-164.
-, Der Schrei in der Therapie, in: Petzold, H.G., Leiblichkeit, Junfermann, Paderborn (1985) 547-572.
Rice, A.K., Führung und Gruppe, Klett, Stuttgart 1971.
Richter, H.E., Die Gruppe, Rowohlt, Reinbek 1978.
-, Lernziel Solidarität, Rowohlt, Reinbek 1979.
Sandner, D., Psychodynamik in Kleingruppen, Reinhardt, München 1978.
-, Analyse der Gruppe als Ganzes - eine umstrittene Perspektive, in: Kutter (1985) 69-92.
Schindler, W., Gefahrenmomente in gruppenanalytischer Theorie und Technik, Gruppentherapie und Gruppendynamik 5 (1972) 237-244.
-, Die analytische Gruppentherapie nach dem Familienmodell, Reinhardt, München 1980.
-, Ein Leben für die Gruppe - Erfahrungen eines Gruppentherapeuten der ersten Generation, in: Kutter (1985) 47-68.
Schmidbauer, W., Die hilflosen Helfer, Rowohlt, Reinbek 1977.
-, Helfen als Beruf, Rowohlt, Reinbek 1983.
Seifert, Th., Die Gruppentherapie im Rahmen der Analytischen Psychologie, in: Kutter (1985) 173-190.
Slater, P.E., Mikrokosmos. Eine Studie über Gruppendynamik, Fischer, Frankfurt 1970.
Sutherland, J.D., Fitzpatrick, G.A., Some approaches to group in the British Army, Sociometry 3/4 (1945) 205-217.
-, Bemerkungen zur psychoanalytischen Gruppentherapie 1952, in: Ammon (1973) 95-107.
Thelen, H.A., Dynamics of groups at work, Human dynamic's laboratory, Chicago 1954.
Watzlawick, P., Wie wirklich ist die Wirklichkeit, Huber, Bern 1978.

Mitarbeiterverzeichnis

Angelika Berger, Dipl.-Soz.päd., Rottes 105, 4044 Neuss-Kaarst 2

Mario M. Ernst, Dipl.-Psych., Friedrichstr. 6b, 7750 Konstanz

Hartmut Dziewas, PD Dr.med., Psychiatrische Klinik des Universitätskrankenhauses Hamburg-Eppendorf, Martinistr. 52, 2000 Hamburg 20

Jörg Fengler, Prof. Dr., Lehmkaulenweg 33, 5305 Gielsdorf/Bonn

Renate Frühmann, Marx-Reichlich-Str. 12, A-5020 Salzburg

Andor Harrach, Dr.med., Hühnefelder Str. 17, 3501 Edermünde/Grifte

Günter Heisterkamp, Prof. Dr.phil., Institut für wissenschaftliche Individualpsychologie, Schützenstr. 52, 4000 Düsseldorf

Friederike Lott, Dr.phil., Friedensstr. 8, A-5020 Salzburg

Paul Matzdorf, Prof. Dr., Frankenforster Weg 3, 5330 Königswinter

Michael-Lukas Moeller, Prof. Dr., Günthersburgallee 77, 6000 Frankfurt/M. 60

Greta Petersen, Dipl.-Psych., Furtwänglerstr. 5, 6900 Heidelberg

Hilarion G. Petzold, Prof. Dr., Fritz Perls Institut, Brehmstr. 9, 4000 Düsseldorf

Alfred Pritz, Dr.phil., Untere Weißgerberstr. 17/3, A-1030 Wien

August Ruhs, Dr.med., Institut für Tiefenpsychologie und Psychotherapie der Universität Wien, Lazarettgasse 14, A-1090 Wien

Raoul Schindler, PD Dr.med., Bennogasse 8, A-1080 Wien

Udi-Jutta Schneewind, Dr.phil., Elisabeth Klinik, Schwerter Str. 240, 4600 Dortmund 41

Astrid Schreyögg, Dipl.-Psych., Lenbachstr. 5, 8500 Nürnberg

Dirk Schwoon, Dr.phil., Psychiatrische Klinik des Universitätskrankenhauses Hamburg-Eppendorf, Martinistr. 52, 2000 Hamburg 20

Josef Shaked, Institut für Tiefenpsychologie und Psychotherapie der Universität Wien, Lazarettgasse 14, A-1090 Wien

Ullrich Sollmann, Dr.phil., ISA, Postfach 250531, 4630 Bochum

Horst-Dietmar Spittler, Dipl.-Psych., Hiltruperstr. 45, 4400 Münster

Reihe Vergleichende Psychotherapie

Band 1: H. Petzold, E. Bubolz (Hrsg.), Psychotherapie mit alten Menschen
Band 2: H. Petzold (Hrsg.), Die Rolle des Therapeuten und die therapeutische Beziehung
Band 3: H. Petzold (Hrsg.), Widerstand - Ein strittiges Konzept in der Psychotherapie
Band 4: K. Schneider (Hrsg.), Familientherapie in der Sicht psychotherapeutischer Schulen
Band 5: H. Petzold (Hrsg.), Methodenintegration in der Psychotherapie
Band 6: I. Spiegel-Rösing, H. Petzold (Hrsg.), Die Begleitung Sterbender
Band 7: H. Petzold, R. Frühmann (Hrsg.), Modelle der Gruppe in Psychotherapie und psycho-sozialer Arbeit